U0573042

权威·前沿·原创

皮书系列为
"十二五""十三五"国家重点图书出版规划项目

人权蓝皮书

BLUE BOOK OF
CHINA'S HUMAN RIGHTS

中国人权事业发展报告 *No.8*
（2018）

ANNUAL REPORT ON CHINA'S HUMAN RIGHTS No.8
(2018)

中国人权研究会／编
主　编／李君如
副主编／常　健

社会科学文献出版社
SOCIAL SCIENCES ACADEMIC PRESS（CHINA）

图书在版编目（CIP）数据

中国人权事业发展报告 . NO. 8，2018 / 李君如主编
. -- 北京：社会科学文献出版社，2018.8
（人权蓝皮书）
ISBN 978 - 7 - 5201 - 3333 - 3

Ⅰ.①中…　Ⅱ.①李…　Ⅲ.①人权 - 研究报告 - 中国
- 2018　Ⅳ.①D621.5

中国版本图书馆 CIP 数据核字（2018）第 188170 号

人权蓝皮书

中国人权事业发展报告 No. 8（2018）

主　　编／李君如
副 主 编／常　健

出 版 人／谢寿光
项目统筹／刘骁军
责任编辑／关晶焱　郭锡超

出　　版／社会科学文献出版社（010）59367161
地址：北京市北三环中路甲29号院华龙大厦　邮编：100029
网址：www.ssap.com.cn
发　　行／市场营销中心（010）59367081　59367018
印　　装／三河市龙林印务有限公司

规　　格／开 本：787mm×1092mm　1/16
印 张：33.5　字 数：508 千字
版　　次／2018 年 8 月第 1 版　2018 年 8 月第 1 次印刷
书　　号／ISBN 978 - 7 - 5201 - 3333 - 3
定　　价／138.00 元

皮书序列号／PSN B - 2011 - 215 - 1/1

主要编撰者简介

李君如 男，研究员，博士生导师，中国人权研究会副会长，中共中央党校原副校长，第十届全国政协委员、第十一届全国政协常委，国务院政府特殊津贴享受者。曾发表《中国在人权事业上的历史性进步》《人权实现及其评估方法研究》《社会建设与人权事业》《"十二五"规划与中国人权事业发展》《中国的文化变革与人权事业的进步》《中国梦，中国人民的人权梦》《在全面推进法治中全面保障人权》等学术论文，曾获联合国艾滋病规划署颁发的"艾滋病防治特殊贡献奖"。

常　健 男，博士，教授，博士生导师，中国人权研究会常务理事，南开大学人权研究中心（国家人权教育与培训基地）主任，国务院政府特殊津贴享受者。曾出版《人权的理想·悖论·现实》《当代中国权利规范的转型》《效率、公平、稳定与政府责任》《中国公共冲突化解的机制、策略和方法》《社会治理创新与诚信社会建设》《中国人权保障政策研究》等学术专著，主编或参与主编《中国特色人权发展道路研究》、《当代中国人权保障》、《公务员人权培训教师用书》、《公务员人权培训学员用书》、《人权知识公民读本》、《中国人权建设60年》、《中国人权在行动》（2003～2004、2005、2006～2007、2008～2009、2010、2011、2012、2013年）、《公共冲突管理评论》（2014、2015、2016年）、《公共冲突管理》、《领导学教程》、《欧美哲学通史（现代哲学卷）》，参与翻译《人权百科全书》，主译《领导学》《公共部门管理》《公用事业管理》，在专业学术期刊发表学术论文100余篇。

人权蓝皮书工作室：南开大学人权研究中心

摘　要

这是有关中国人权事业发展的第八本蓝皮书，重点分析研究 2017 年中国人权事业的最新进展。

全书包括总报告、专题报告、调研报告和个案研究以及附录。

总报告重点讨论了中国人权事业发展进入新时代后所提出的新要求。

20 篇专题报告聚焦于 2017 年中国人权事业各领域的发展状况。在生存权和发展权栏目中包括 4 篇研究报告，分别分析了构建人类命运共同体与南南人权合作，"一带一路"倡议与发展权在中西部地区的实现，深度贫困地区脱贫攻坚与维护农村贫困人口人权，以及交通基础设施建设与发展权保障。在经济、社会和文化权利栏目，共有 3 篇报告，分别涉及统一城乡基础医保与公民社会保障权利的平等保障，公共卫生应急体系的完善与公民生命健康权利保障，以及水污染防治与健康权利保障。在公民权利和政治权利栏目，有 3 篇报告，分别讨论规范公安执法权与人权保障，律师执业权利保障的新进展，以及县乡人大换届选举中的公民选举权保障。在特定群体的人权保障栏目，共有 6 篇报告，分别涉及《反家暴法》的实施对妇女权利保障的影响，中国禁止性骚扰与妇女权益保障的新进展，未成年人网络安全治理新进展，校园安全建设与未成年人人身安全保障新进展，残疾人融合就业的新进展，以及残疾人义务教育阶段受教育权利保障的进展。在人权立法和国际合作栏目有 3 篇报告，分别涉及 2017 年国家人权立法，2017 年中国在人权领域的国际合作与交流，以及金砖国家厦门会议对国际人权合作的贡献。在人权教育与培训栏目，有 1 篇报告讨论了中国警察人权法治教育与培训的情况。

在调研报告和个案研究部分，共有 4 篇报告，分别涉及悬崖村落反贫困

调研报告，三江源地区民生权利保障状况调查报告，天津市建设"胸痛中心"保障居民医疗权调研报告，以及从人民法院 346 份国家赔偿决定书看人权司法保障的进步。

2 篇附录分别是 2017 年中国人权大事记以及 2017 年制定、修订或修改的与人权直接相关的法律法规。

所有报告的撰写都本着严肃认真的科学态度，遵循蓝皮书关于权威性、前沿性、原创性、实证性、前瞻性、时效性的要求，实事求是地反映 2017 年中国人权事业的实际发展，客观地分析取得的进步和存在的问题，并在充分研究的基础上提出促进各项人权保障的政策建议，对中国人权事业发展的前景做出展望。

目 录

Ⅲ　调研报告和个案研究

Ⅳ　附录

皮书数据库阅读**使用指南**

总 报 告

General Report

B.1

中国人权事业发展进入新时代

李君如　常　健*

摘　要： 随着中国特色社会主义进入新时代，中国人权事业发展也进
入了新时代。新时代需要满足人民对人权的新需求，立足人
的全面发展促进更全面的人权保障，坚持协调发展促进更均
衡的人权保障，提升发展质量促进更充分的人权保障，加强
法治和制度建设促进更可靠的人权保障。为适应新时代要求，
人权研究者应当积极开展有关新时代的人权研究、教育和文
化建设。

关键词： 人权新时代　人的全面发展　人权法治保障

* 李君如，研究员、博士生导师，中国人权研究会副会长，原中共中央党校副校长；常健，南
开大学周恩来政府管理学院教授、博士生导师，中国人权研究会常务理事，南开大学人权研
究中心主任。

2017 年 10 月中国共产党第十九次全国代表大会根据中国发展的实际，做出了"中国特色社会主义进入新时代"的重要判断①。新时代对中国人权事业发展也提出了新要求，正如习近平所指出的，"中国共产党第十九次全国代表大会描绘了中国发展的宏伟蓝图，必将有力推动中国人权事业发展，为人类进步事业作出新的更大的贡献"②。

习近平在省部级主要领导干部"迎接党的十九大"专题研讨班开班式上对理论建设和理论创新提出要求，指出："我们要在迅速变化的时代中赢得主动，要在新的伟大斗争中赢得胜利，就要在坚持马克思主义基本原理的基础上，以更宽广的视野、更长远的眼光来思考和把握国家未来发展面临的一系列重大战略问题，在理论上不断拓展新视野、作出新概括。"③ 2017 年11 月 1 日，中国人权研究会在全国人大会议中心召开了"深入学习贯彻党的十九大精神座谈会"。2017 年 12 月 19 日，中国人权研究会和广东省委宣传部主办、广州大学人权研究院承办的"新时代中国人权事业的发展"研讨会在广州举行④。人权专家学者们围绕新时代中国人权事业发展展开了热烈的讨论，深入探讨了新时代中国人权事业的方向、特征、逻辑起点和战略目标，新时代对人权保障的新需求和实现方式，以及新时代中国人权研究、教育和文化建设的方向。

一　新时代中国人权事业的方向、特征、逻辑起点和战略目标

党的十九大庄严地宣布"中国特色社会主义进入了新时代"，中国人权

---

① 习近平：《决胜全面建成小康社会　夺取新时代中国特色社会主义伟大胜利——在中国共产党第十九次全国代表大会上的报告》（2017 年 10 月 18 日），人民出版社，2017，第 11 页。
② 《习近平致首届"南南人权论坛"的贺信》，2017 年 12 月 7 日，中国政府网，http：//www. gov. cn/xinwen/2017 – 12/07/content_5245144. htm。
③ 转引自河沿《担负起理论工作者的时代使命》，《红旗文稿》2017 年第 15 期。
④ 贺林平：《开启新时代中国人权事业发展新征程——"新时代中国人权事业的发展"研讨会综述》，《人民日报》2017 年 12 月 21 日，第 6 版。

事业也伴随着中国历史方位的这一大变化，进入了中国特色社会主义新时代。围绕新时代中国人权事业的方向、特征、逻辑起点和战略目标，专家们提出了自己的理解。

关于新时代中国人权事业发展的方向，专家们认为，是更充分、更均衡地保障中国人民的各项人权。正如中宣部副部长、中国人权研究会副会长崔玉英所说的，党的十九大报告指出，我国社会的主要矛盾已经转化为人民日益增长的美好生活需要和不平衡不充分的发展之间的矛盾。新时代新矛盾对实现更加平衡和更加充分的发展提出了新要求，也对更加充分保障人民发展权提出了新要求。党的十九大开启了全面建设社会主义现代化国家的新征程，这也是我国人权保障水平向更高层次迈进的新起点。习近平总书记强调坚持在发展中保障和改善民生，在幼有所育、学有所教、劳有所得、病有所医、老有所养、住有所居、弱有所扶上不断取得新进展，不断促进社会公平正义；强调坚持健全民主制度，丰富民主形式，拓宽民主渠道，将人民当家作主落实到国家政治生活和社会生活之中；强调坚持全面依法治国，加强人权法治保障，保护人民人身权、财产权、人格权，充分保障人民平等参与、平等发展权利，保证人民依法享有广泛权利和自由；强调坚持人与自然和谐共生，建设美丽中国，为人民创造良好生产生活环境①。

关于新时代中国人权事业的特征，中国人权研究会副会长、原中央党校副校长李君如从指导思想、主要矛盾、历史背景和与世界人权事业的关系四个方面进行了分析②。

第一，新时代中国人权事业，是在习近平新时代中国特色社会主义思想指导下的伟大事业。党的十九大把十八大以来的创新理论概括为习近平新时代中国特色社会主义思想，并把这一马克思主义中国化的最新成果同马克思列宁主义、毛泽东思想、邓小平理论、"三个代表"重要思想、科学发展观一并确立为党的行动指南，写入党章。推进中国人权事业发展，要坚持以习

---

① 崔玉英在"新时代中国人权事业的发展"研讨会上的讲话，2017 年 12 月 19 日。
② 李君如：《中国人权进入了新时代》，在中国人权研究会"深入学习贯彻党的十九大精神座谈会"上的发言，2017 年 11 月 1 日。

近平新时代中国特色社会主义思想为指南，将其与习近平关于中国特色人权的深刻思想作为一个整体加以深入研究，并同中国共产党历来的人权主张结合起来，形成一个中国特色的人权理论体系。

第二，新时代中国人权事业是在解决新时代社会主要矛盾过程中不断满足人民日益增长的美好生活需要的人权事业。以社会主要矛盾及其变动特点为根据，来划分社会发展阶段、确定各个发展阶段的中心工作，是从国情实际出发，而不是从所谓"人权普世价值"出发，有针对性地研究和解决中国人权问题的科学方法论。在半殖民地半封建的中国，中国的人权事业重点解决的是怎样在反帝反封建的斗争中求得民族独立和人民解放，使得中国人获得独立自主的集体人权。进入社会主义初级阶段后，特别是改革开放以来，中国的人权事业重点解决的是中国人民在解决"温饱问题"、"奔小康"和"全面建设小康社会"进程中的人权问题，特别是最基本的生存权和发展权。今天，中国特色社会主义已经进入新时代，我国社会主要矛盾转化为人民日益增长的美好生活需要和不平衡不充分的发展之间的矛盾，同时我国依然处在社会主义初级阶段，这一基本国情没有变。在这种情况下，党和国家的工作所致力的，是在继续推动发展的基础上，解决好发展不平衡不充分问题，大力提升发展质量和效益，更好地满足人民在经济、政治、文化、社会、生态等方面日益增长的需要，推动人的全面发展、社会全面进步。与此相联系，中国人权事业也要与时俱进，在继续保障生存权和发展权的同时，进一步关注和满足人民在民主、法治、公平、正义、安全、环境等方面的人权。党的十九大报告明确提出了"加强人权的法治保障"；在强调"全面依法治国是国家治理的一场深刻革命"时，提出要"加强宪法实施和监督，推进合宪性审查工作，维护宪法权威"；在论述"打造共建共治共享的社会治理格局"时，明确提出要"保护人民人身权、财产权、人格权"。这说明，中国特色社会主义新时代对人权事业提出了更高的、更广泛的要求，必须以"不断满足人民日益增长的美好生活需要"为大坐标来研究新时代的人权问题。

第三，新时代中国人权事业，是在决胜全面建成小康社会、开启全面建设社会主义现代化国家新征程中的人权事业。十九大报告指出，中国特色社会主义进入新时代，意味着近代以来久经磨难的中华民族迎来了从"站起来"、"富起来"到"强起来"的伟大飞跃。中国人"站起来"是中国人权事业的第一次飞跃，"富起来"是中国人权事业的第二次飞跃，"强起来"必将实现中国人权事业新的伟大飞跃。"强起来"就是要在全面建成小康社会的基础上，再奋斗"两个15年"即"分两步走"：第一阶段，基本实现社会主义现代化；第二阶段，到21世纪中叶把我国建成富强民主文明和谐美丽的社会主义现代化强国。在新时代研究"尊重和保障人权"，需要在中华民族"强起来"的历史进程中，研究"决胜全面建成小康社会、开启全面建设社会主义现代化国家新征程"中的人权保障问题。

第四，新时代中国人权事业，是在和各国人民同心协力构建人类命运共同体历史进程中的人权事业。十九大报告指出："中国共产党始终把为人类作出新的更大的贡献作为自己的使命。"[①] 在新时代，中国不仅要通过提升中国人权保障水平为世界人权事业做贡献，还要进一步通过参与国际事务和全球治理，促进世界人权事业的发展。今天的世界出现了许多不确定性，针对"世界怎么了，我们怎么办"的困惑，习近平总书记提出了"构建人类命运共同体，实现共赢共享"的"中国方案"。中国人权事业同世界人权事业的联系日益紧密，中国在人权事业中获得的进步也日益受到国际社会的关注。中国的人权理论工作者已经从"请进来"到"走出去"，在国际社会发出中国的声音，这是新时代中国人权事业的历史性进步。中国人权事业需要进一步顺应时代要求，在"人类命运共同体"思想的指导下，为世界人权的发展做出贡献。

关于新时代中国人权事业的逻辑起点，专家们认为，应当从中国人权事业已经取得的成就以及面临的主要矛盾两个方面来加以分析。中国人权研究会常务理事、武汉大学人权研究院执行院长汪习根说，党的十九大报告指出，我国社会的主要矛盾已经转化为人民日益增长的美好生活需要和不平衡

[①] 习近平：《决胜全面建成小康社会　夺取新时代中国特色社会主义伟大胜利——在中国共产党第十九次全国代表大会上的报告》（2017年10月18日），人民出版社，2017，第11页。

不充分的发展之间的矛盾。这涉及两个方面：一个是人民的需要，从人权法理论角度来讲，就是基本权利和利益的诉求，利益在形式上表现为人权，利益是人权内在的实体，权利是利益需求的外在表现，人民的需要构成了目标预测；另一个是现实状况中存在的差距，将高远的目标同我们现实的国情和取得的成就与存在的某些问题相对照，就可以看出我们应从什么地方出发，找准目标定位①。

关于新时代人权事业建设的战略目标，专家们认为，它必须与国家社会主义现代化建设两个阶段的总体目标相一致，与国家发展战略的两个阶段相一致。在汪习根看来，人权建设的战略目标也可以分两步。第一个阶段，在全面建成小康社会的前提下，从人权得到保障到人权得到充分保障。十九大报告提出，从 2020 年到 2035 年，要基本建成现代化国家，现代化国家也应当是现代化人权的国家。第二个阶段，从基本建成人权大国到建成一个现代化的人权强国。十九大报告提出，从 2035 年到 21 世纪中叶，要建成富强、民主、文明、和谐、美丽的社会主义现代化国家。到那时，我们的物质文明、精神文明、政治文明、社会文明、生态文明全面提升，全体人民共同富裕基本实现，我国人民将享有更加幸福、安康的生活，中国成为一个人权强国②。

二　新时代对人权保障的新需求和实现方式

中国特色社会主义新时代对人权保障提出了新的要求。一方面，人民要求更全面、更均衡、更充分、更可靠的人权保障；另一方面，国家在满足这些更高要求方面还存在一定的差距，要采取有效和可行的方式来满足这些新的人权需求。专家们围绕新时代人权保障的新需求及其满足方式展开了热烈的讨论。

---

① 汪习根在中国人权研究会"深入学习贯彻党的十九大精神座谈会"上的发言，2017 年 11 月 1 日。

② 汪习根在中国人权研究会"深入学习贯彻党的十九大精神座谈会"上的发言，2017 年 11 月 1 日。

（一）立足人的全面发展促进更全面的人权保障

在新时代，人民要求更加全面的人权保障，不仅要求保障生存权，而且要求保障发展权、环境权；不仅要求保障经济、社会和文化权利，而且要求保障公民权利和政治权利①。为了更加全面地保障人权，十九大报告将"促进人的全面发展"置于更加突出的位置。报告中三处提到要更好地推动、不断地促进"人的全面发展"，这不仅意味着要将人真正作为发展的主体，而且要求对人的各方面权利予以全面的尊重和保障。报告特别强调要使"人民平等参与、平等发展权利得到充分保障"，在公民权利方面特别提出要"保护人民的人身权、财产权、人格权"，在政治权利方面强调要"扩大人民有序政治参与，保证人民依法实行民主选举、民主协商、民主决策、民主管理、民主监督……保证人民依法享有广泛权利和自由……保障人民知情权、参与权、表达权、监督权"②。

中国人权研究会常务理事、山东大学人权研究中心主任齐延平认为，党的十九大报告体现了各项人权相互依存、协调发展的理念。报告中对当前的社会基本矛盾的变化做出了重大的判断，人民美好生活需要日益广泛，十九大报告特别提出了在民生、法治、公平、正义、安全、环境等各方面的要求，并为回应这些要求做出了具体的行动安排。这些方案与我们长期坚持的全面推进经济、社会、文化权利和公民权利、政治权利协调发展，坚持人权的普遍原则和中国实际相结合，在更高水平上保障中国人民的人权，促进人的全面发展，在精神上是高度统一的③。

---

① 常健：《十九大报告对中国人权保障新需求的全面回应》，在中国人权研究会"深入学习贯彻党的十九大精神座谈会"上的发言，2017 年 11 月 1 日。参见常健《中国人权事业迈向新阶段》，《人民日报》（海外版）2017 年 11 月 25 日，第 1 版。
② 习近平：《决胜全面建成小康社会　夺取新时代中国特色社会主义伟大胜利——在中国共产党第十九次全国代表大会上的报告》（2017 年 10 月 18 日），人民出版社，2017。
③ 齐延平在中国人权研究会"深入学习贯彻党的十九大精神座谈会"上的发言，2017 年 11 月 1 日。

（二）坚持协调发展促进更均衡的人权保障

在新时代，人民要求更加均衡的人权保障，特别要提升中西部、乡村和边远贫困地区人权保障水平，使他们能够与全国发达地区享受同等的人权保障水平①。为促进更加均衡的人权保障，十九大报告在六处提到要逐步实现、不断促进"全体人民共同富裕"②。报告提出了一系列促进人权均衡保障的具体战略，包括乡村振兴战略、区域协调发展战略、可持续发展战略，开展脱贫攻坚、精准脱贫等，报告还在教育、社会保险、救助体系等方面提出了城乡一体化战略。

人权保障的不平衡，是新时代人权发展必须面对和解决的重要问题。中国人权研究会常务理事、中国人民大学人权研究中心主任韩大元指出，十九大报告所提出的新发展理念，极大地丰富了人权的新内涵，有助于我们正确认识人权发展中的不平衡、不充分问题，使我们在未来促进人权的发展过程中回应中国真实的人权状况和人权需求。必须承认，在中国人权事业发展过程中，虽然我们取得了重大的成就，但人权的原则和人权的实践之间仍存在较大的差距，城乡的人权发展水平之间，各阶层的人权发展水平之间，以及国内人权和国际人权的发展水平之间，客观上存在不平衡、不充分的问题。如何解决好这种不平衡、不充分问题，将是我们落实好习近平总书记人权思想的重要课题③。西南政法大学人权研究院院长助理赵树坤教授对人权保障不平衡问题做出了具体分析。她认为，人权保障不平衡问题主要是发展机会和发展成果享有方面的不平衡，它涉及由性别差异、民族差异、城乡差异、地区差异、阶层差异、收入差异、健康差异等方面所导致的在权利享受方面

---

① 常健：《十九大报告对中国人权保障新需求的全面回应》，在中国人权研究会"深入学习贯彻党的十九大精神座谈会"上的发言，2017 年 11 月 1 日。参见常健《中国人权事业迈向新阶段》，《人民日报》（海外版）2017 年 11 月 25 日，第 1 版。

② 习近平：《决胜全面建成小康社会　夺取新时代中国特色社会主义伟大胜利——在中国共产党第十九次全国代表大会上的报告》（2017 年 10 月 18 日），人民出版社，2017。

③ 韩大元在中国人权研究会"深入学习贯彻党的十九大精神座谈会"上的发言，2017 年 11 月 1 日。

的差异①。汪习根认为，平等保障人民的参与权、发展权是新时代促进更平衡的人权保障的重要方面。党的十七大报告、十八大报告两次提出了要保障全体人民平等参与、平等发展的权利，十九大报告在此基础上进一步提出要使人民平等参与、平等发展的权利得到充分保障②。

（三）提升发展质量促进更充分的人权保障

在新时代，人民要求更加充分的人权保障，提高各项人权的保障水平③。为了促进更加充分地保障人权，十九大报告提出要"坚持在发展中保障和改善民生"④，并具体提出"必须多谋民生之利、多解民生之忧，在发展中补齐民生短板、促进社会公平正义，在幼有所育、学有所教、劳有所得、病有所医、老有所养、住有所居、弱有所扶上不断取得新进展，深入开展脱贫攻坚，保证全体人民在共建共享发展中有更多获得感"⑤。

新时代新矛盾对实现更加平衡和更加充分的发展提出了新要求，也对更加充分地保障人民发展权提出了新要求。崔玉英认为，习近平新时代中国特色社会主义思想，坚持把发展作为解决问题的关键，坚持把实现人民的发展权作为首要的基本人权，以发展促进发展权的实现。习近平新时代中国特色社会主义思想坚持创新、协调、绿色、开放、共享的新发展理念，更加注重发展质量和效益，更加关注人民在民主、法治、公平、正义、安全、环境等方面的权益诉求，努力缩小城乡、区域、行业收入差距，不断促进社会公平正义，更好地满足人民在经济、政治、文化、社会、生态等方面日益增长的

---

① 赵树坤在"新时代中国人权事业的发展"研讨会上的发言，2017年12月19日。

② 汪习根在中国人权研究会"深入学习贯彻党的十九大精神座谈会"上的发言，2017年11月1日。

③ 常健：《十九大报告对中国人权保障新需求的全面回应》，在中国人权研究会"深入学习贯彻党的十九大精神座谈会"上的发言，2017年11月1日。参见常健《中国人权事业迈向新阶段》，《人民日报》（海外版）2017年11月25日，第1版。

④ 习近平：《决胜全面建成小康社会 夺取新时代中国特色社会主义伟大胜利——在中国共产党第十九次全国代表大会上的报告》（2017年10月18日），人民出版社，2017。

⑤ 习近平：《决胜全面建成小康社会 夺取新时代中国特色社会主义伟大胜利——在中国共产党第十九次全国代表大会上的报告》（2017年10月18日），人民出版社，2017。

需要，让改革发展成果更多更公平地惠及全体人民，着力使人民获得感、幸福感、安全感更加充实，更有保障①。

专家们对人权保障不充分的方面进行了具体的分析。赵树坤具体分析了人权保障不充分问题。她认为，人权保障不充分问题主要集中在发展权的实现程度方面。个人发展权的充分实现，应该依托不断提升个人发展潜能、持续促进个人发展能力的各种社会机制的供给。它涉及生命权、健康权、受教育权、劳动权、政治参与权等内容。发展权作为集体人权，其保障要求国家和政府要为个人充分实现个体意义上的发展权提供公共产品，诸如安全的交易环境，充分的知识产权保护体系，严格公正的执法环境，公正公开的司法保障机制，开放包容的跨区、跨国交流机制，以及人与自然和谐的生态环境，等等。而这种集体意义上的发展权，这些公共产品的供给只能依靠政府、国家来实现②。

对于如何更充分地满足人权保障的需求，汪习根认为，中国特色社会主义人权建设需要坚持基本国情。初级阶段是中国人权的基本国情和最大实际，因为无论是减贫、教育、就业、健康、住房、社会保障等民生方面的人权，还是关于民主政治的发展、人民当家作主地位进一步的提高，以及在生态文化等方面权益的实现，都要立足于当下③。韩大元认为，人权的建设必须在社会主义事业的总体进程中开展。人权的发展不是孤立的问题，推动人权的大发展一定要结合中国特色社会主义的历史进程，既不能空想、空谈，也不能坐等，要实实在在地推动人权发展。人权的发展应该在"五位一体"的总格局、"四个全面"的战略布局框架下整体性地推动④。

---

① 崔玉英在"新时代中国人权事业的发展"研讨会上的发言，2017年12月19日。
② 赵树坤在中国人权研究会"深入学习贯彻党的十九大精神座谈会"上的发言，2017年11月1日。
③ 汪习根在中国人权研究会"深入学习贯彻党的十九大精神座谈会"上的发言，2017年11月1日。
④ 韩大元在中国人权研究会"深入学习贯彻党的十九大精神座谈会"上的发言，2017年11月1日。

（四）加强法治和制度建设促进更可靠的人权保障

在新时代，人民要求更加可靠的人权保障，不仅要求通过广泛的人权教育和具体的人权政策来维护和保障人权，而且要求通过科学立法、严格执法、公正司法和全民守法使人权得到可以明确预期的法治保障①。为了使人权得到更可靠的保障，十九大报告从法治化和制度化两方面做出了战略部署。在法治化方面，十九大明确提出要"加强人权法治保障"，"深化依法治国实践"，"坚持厉行法治，推进科学立法、严格执法、公正司法、全民守法。成立中央全面依法治国领导小组，加强对法治中国建设的统一领导。加强宪法实施和监督，推进合宪性审查工作，维护宪法权威"②。在制度化方面，十九大报告反复强调要"加强人民当家作主制度保障"③，提出要"健全人民当家作主制度体系，发展社会主义民主政治"；"发展社会主义民主政治就是要体现人民意志、保障人民权益、激发人民创造活力，用制度体系保证人民当家作主"；"推进社会主义民主政治制度化、规范化、程序化，保证人民依法通过各种途径和形式管理国家事务，管理经济文化事业，管理社会事务"；"加强协商民主制度建设，形成完整的制度程序和参与实践，保证人民在日常政治生活中有广泛持续深入参与的权利"④。

专家们认为，人权与法治是相互联系、相互依赖的。在齐延平看来，尊重和保障人权是法治的基本出发点，法治是保障人权、促进人权发展的根本途径。只有全面落实依法治国方略，全面建成法治政府，不断提高政府公信力，人权才能得到切实的尊重和保障。十九大报告坚持了人权保障与法治建

---

① 常健：《十九大报告对中国人权保障新需求的全面回应》，在中国人权研究会"深入学习贯彻党的十九大精神座谈会"上的发言，2017 年 11 月 1 日。参见常健《中国人权事业迈向新阶段》，《人民日报》（海外版）2017 年 11 月 25 日，第 1 版。
② 习近平：《决胜全面建成小康社会 夺取新时代中国特色社会主义伟大胜利——在中国共产党第十九次全国代表大会上的报告》（2017 年 10 月 18 日），人民出版社，2017。
③ 习近平：《决胜全面建成小康社会 夺取新时代中国特色社会主义伟大胜利——在中国共产党第十九次全国代表大会上的报告》（2017 年 10 月 18 日），人民出版社，2017。
④ 习近平：《决胜全面建成小康社会 夺取新时代中国特色社会主义伟大胜利——在中国共产党第十九次全国代表大会上的报告》（2017 年 10 月 18 日），人民出版社，2017。

设的有机统一。报告在基本方略部分进一步明确指出，全面推进依法治国的总体目标是建设中国特色社会主义法治体系，建设社会主义法治国家。全面依法治国是中国特色社会主义的本质要求和重要保障。为了实施全面依法治国方略，决定成立中央全面依法治国领导小组，加强对法治中国建设的统一领导，加强宪法实施和监督，推进合宪性审查工作，这将依法治国和人权保障有机统一起来①。

人权需要法治保障。法治的保障是促进人权制度化的重要建构。全面促进人权，应该更加重视法治的人权保障功能。韩大元从四个方面对十九大报告中有关人权法治保障的内容进行了分析。第一，全面依法治国，通过法治来保障人权。党的十八届四中全会通过了《中共中央关于全面推进依法治国若干重大问题的决定》，提出要"加强人权司法保障"。党的十九大报告将人权保障的内涵扩大到"加强人权法治保障"②，这意味着中国人权保障要扩大到立法、执行、司法和守法各个环节，扩大到政治、经济、社会、文化的总体发展。第二，十九大报告明确提出"树立宪法法律至上，法律面前人人平等的法治理念"③，这要求我们在"宪法法律至上"的理念下推进人权的法治保障。十九大报告提出，"加强宪法实施和监督，推进合宪性审查工作，维护宪法权威"④。宪法是我国法律体系的核心，维护宪法、法律至上、依宪治国是全面依法治国的核心，也是人权法治保障的根本。第三，以全面促进公平正义来带动人权价值的落实。全面深化改革，以促进社会公平正义、增进人民的福祉为基本的出发点。公平正义的价值理念贯穿于整个十九大报告中，从经济到社会、从国内到国际，整个报告中充分展现了中国

① 齐延平在中国人权研究会"深入学习贯彻党的十九大精神座谈会"上的发言，2017年11月1日。
② 习近平：《决胜全面建成小康社会 夺取新时代中国特色社会主义伟大胜利——在中国共产党第十九次全国代表大会上的报告》（2017年10月18日），人民出版社，2017。
③ 习近平：《决胜全面建成小康社会 夺取新时代中国特色社会主义伟大胜利——在中国共产党第十九次全国代表大会上的报告》（2017年10月18日），人民出版社，2017。
④ 习近平：《决胜全面建成小康社会 夺取新时代中国特色社会主义伟大胜利——在中国共产党第十九次全国代表大会上的报告》（2017年10月18日），人民出版社，2017。

共产党人新的公平观和正义观。第四，强调人权保障的实践性。中国人权事业发展既要在价值理念上遵循人权的规律，也要让人民在实践当中实实在在地感受到人权的存在。如果只讲价值、只讲理论，人民感受不到生活中的人权，那么人权是没有生命力的。因此，十九大报告强调了人权保障实践的重要性，这是十九大报告的一个重要特点。十九大报告在教育、就业、收入、社会保障、脱贫、健康中国、食品安全等方面实实在在地展现了中国共产党人在人权方面的新形象①。

法治的真谛是人权。深圳大学宪政人权研究中心执行主任李薇薇认为，人权是法治的灵魂、内容、目标。在法治社会，法律应该确认人的尊严、自由和权利。从十八大报告到全面依法治国重大问题的决定，再到法治政府建设纲要，涉及法治国家、法治政府、法治社会，要求依法治国、依法行政，重点是治官和吏治，它有利于人民权利的保障。坚持以人民为中心的发展思想，需要把人权融入法治建设当中，使法治建设具有灵魂②。

从人权保障法治化的历史来看，坚持人权的法治保障与全面依法治国的总目标是完全一致的。汪习根指出，正是在国家法治体系的建设中，国家尊重和保障人权被写入宪法，保障人权的一整套法律制度规范体系的建设不断推进。全面依法治国要建成五个基本体系，这五个体系都包含了人权方面的指标和要素。第一，要建立完备的法律规范体系。在人权立法方面，不仅涉及宪法、法律和法规，还包括法治社会的建设，涉及民间社会的习惯以及法律规范等。第二，建立高效的法治实施体系。从党的十八届三中全会提出"完善人权司法保障制度"，到十八届四中全会提出"加强人权司法保障"，再到十九大报告确立"加强人权法治保障"并做出全方位部署，都是在建立和完善人权法治实施体系。第三，要建立有力的法治保障体系。人权的法治保障体系非常重要，在组织机构的保障方面涉及我们已经建立的人权协调机制，是非常具有中国特色的，在世界上都具有独特的地位，值得好好宣

---

① 韩大元在中国人权研究会"深入学习贯彻党的十九大精神座谈会"上的发言，2017年11月1日。

② 李薇薇在"新时代中国人权事业的发展"研讨会上的发言，2017年12月19日。

传，理直气壮地去发展好。第四，建立有力的法治监督体系。加强对权力的监督制约，构建繁复的法治监督体系在根本上是为了确保公权力始终在维护人民权利的轨道上运行。第五，形成完善的党内法规体系。党内法规体系建设根本的价值目标是实现全体人民的权利，无论是依规治党还是从严治党，都是为了这个目标①。

三　新时代人权研究、教育和文化建设

迎接中国人权发展的新时代，需要采取一系列实际行动。对人权研究工作者来说，应当广泛开展新时代人权的研究、教育和文化建设。

习近平新时代中国特色社会主义思想中蕴含着丰富的人权内容，是新时代人权研究的重点内容。全国人大常委会副委员长、中国人权研究会会长向巴平措认为，习近平新时代中国特色社会主义思想，进一步丰富了中国人权观和人权思想，成为我们坚持走中国特色社会主义人权发展道路遵循的基本思想，为中国人权事业的发展指明了方向。要原原本本、原汁原味地学习好党的十九大精神，要特别注意提炼习近平新时代中国特色社会主义思想的人权内涵，要不断丰富和发展中国特色人权理论和话语体系。新时代孕育新思想，新思想催生新理论，中国人权研究会要广泛地发动全国人权研究工作者坚定人权自信，自觉运用习近平新时代中国特色社会主义思想，指导人权理论研究，以使命担当、科学严谨的工作作风开展工作，以习近平新时代中国特色社会主义思想为指导，立足中国人权实践，努力提炼具有国际影响的新概念、新表述，进一步提升中国人权话语的国际影响力②。崔玉英指出，习近平新时代中国特色社会主义思想提出了许多新理念、新论断，不仅为中国人权事业的发展创造了更为广阔的空间，也为人权研究和宣传工作提供了重

---

① 汪习根在中国人权研究会"深入学习贯彻党的十九大精神座谈会"上的发言，2017 年 11 月 1 日。
② 向巴平措在中国人权研究会"深入学习贯彻党的十九大精神座谈会"上的发言，2017 年 11 月 1 日。

要思想源泉，是我们做好工作的重要指引和根本原则①。当前摆在人权理论工作者面前最为紧迫，也是最为重要的一项政治任务，就是对习近平新时代中国特色社会主义思想当中丰富的人权内涵和思想精髓进行系统的研究。要按照习近平总书记的要求，坚持马克思主义的立场、观点和方法，从我国的实际出发，遵循我国发展的逻辑，注重采取理论和实践、历史和现实、当前和未来相结合的方法，深入、透彻地领会每一个点，进一步创新新时代中国特色社会主义人权理论体系，更好地指导推动我们的人权工作②。要加强对习近平总书记关于中国人权发展道路、以人民为中心、保障人民发展权、人权法治保障、构建人类命运共同体等重要思想的研究，并在此基础上，不断加深对中国人权的基本概念、基本范畴、基本特征、基本属性等方面的研究，探究我国人权事业发展的规律与特征，总结我国人权事业发展的经验与成绩，不断丰富和完善新时代中国特色社会主义人权理论内涵③。

国家人权教育和培训基地是开展人权研究的重要力量，应当承担起新时代人权研究的重任。崔玉英要求国家人权教育和培训基地与人权研究机构要紧紧围绕党的十九大精神，提出一批重点选题，组织骨干力量来开展综合的研究和专题的研究，举办高端的理论研讨会。中国人权研究会自身还会举办一些高端的理论研讨会，不断地推出有深度、有说服力的研究成果④。韩大元认为，要结合人权基地的建设，加强人权研究、人权教育、人权实践，深入贯彻十九大报告的精神。在人权研究方面，更加注重马克思主义人权理论研究，尤其是将十九大的人权新理念和马克思主义的人权原理结合起来，使得习近平新时代中国特色社会主义人权思想更加体系化。在人权教育方面，要加强人权的学术体系、课程体系和教材体系的建设，使人权教育成为整个高校特别是法学教育的基本内容。要办好《人权》杂志，进一步发挥《人

① 崔玉英在"新时代中国人权事业的发展"研讨会上的发言，2017 年 12 月 19 日。
② 崔玉英在中国人权研究会"深入学习贯彻党的十九大精神座谈会"上的发言，2017 年 11 月 1 日。
③ 崔玉英在"新时代中国人权事业的发展"研讨会上的发言，2017 年 12 月 19 日。
④ 崔玉英在中国人权研究会"深入学习贯彻党的十九大精神座谈会"上的发言，2017 年 11 月 1 日。

权》杂志和人权期刊在推进人权学术研究、构建中国特色社会主义人权理论方面的基础作用①。

开展人权文化建设，树立人权自信，是新时代人权工作的重要内容。韩大元认为，新时代人权建设的重大目标，就是建立人权的文化自信。为提升人权的文化自信，需要将人权融入社会主义的核心价值体系。为此，我们不仅要构建一套有中国特色的现代人权制度体系，更要在人类文明的共同价值体系的基础上，确立中国的人权文化。新时代的人权建设，要在国际舞台上掌握话语权，要有说服力，还必须把国际人权话语合理的元素融入中国特色社会主义价值体系，使之成为世界人权体系的一部分，让中国的人权实践真正走向国际社会，成为国际人权体系的重要组成部分②。

---

① 韩大元在中国人权研究会"深入学习贯彻党的十九大精神座谈会"上的发言，2017 年 11 月 1 日。

② 韩大元在中国人权研究会"深入学习贯彻党的十九大精神座谈会"上的发言，2017 年 11 月 1 日。

专题报告
Thematic Reports

· （一）生存权和发展权 ·

B.2
构建人类命运共同体与南南人权合作

殷浩哲*

摘　要： 构建人类命运共同体是中国为全球人权治理提出的方案。南南人权合作是南方国家在人权领域构建人类命运共同体的生动实践。以团结促合作、以合作促发展、以发展促人权，这是南方国家人权实现的基本方式。中国为促进南南人权合作做出了积极的贡献。

关键词： 命运共同体　南南人权论坛　南南人权合作　发展权

---

* 殷浩哲，法学博士，南开大学周恩来政府管理学院博士后。

2017 年 1 月 18 日，习近平主席在日内瓦万国宫出席"共商共筑人类命运共同体"高级别会议，并发表题为《共同构建人类命运共同体》的主旨演讲，提出"构建人类命运共同体"这一重大理念，从伙伴关系、安全格局、经济发展、文明交流、生态建设等五个方面进行阐述，认为国际社会应坚持对话协商，坚持共建共享，坚持合作共赢，坚持交流互鉴，坚持绿色低碳。2017 年 10 月，习近平总书记在中共十九大报告中呼吁"各国人民同心协力，构建人类命运共同体"。一段时期以来，"构建人类命运共同体"重大理念得到国际社会热烈响应，被联合国大会、安全理事会、人权理事会等载入相关决议。"构建人类命运共同体"已成为国际人权话语体系的重要组成部分，为推进全球人权治理朝着公正合理的方向发展发挥了重要作用。

2017 年 12 月 7～8 日，由国务院新闻办公室、外交部共同举办的首届"南南人权论坛"在北京举行。论坛以"构建人类命运共同体：南南人权发展的新机遇"为主题，吸引了来自世界 70 多个国家和国际组织的 300 余位代表出席论坛。

习近平主席向论坛致贺信，指出："人人充分享有人权，是人类社会的伟大梦想。近代以来，发展中国家人民为争取民族解放和国家独立，获得自由和平等，享有尊严和幸福，实现和平与发展，进行了长期斗争和努力，为世界人权事业发展作出了重大贡献。中国共产党和中国政府坚持以人民为中心的发展思想，始终把人民利益摆在至高无上的地位，把人民对美好生活的向往作为奋斗目标，不断提高尊重与保障中国人民各项基本权利的水平。前不久召开的中国共产党第十九次全国代表大会描绘了中国发展的宏伟蓝图，必将有力推动中国人权事业发展，为人类进步事业作出新的更大的贡献。当今世界，发展中国家人口占 80% 以上，全球人权事业发展离不开广大发展中国家共同努力。人权事业必须也只能按照各国国情和人民需求加以推进。发展中国家应该坚持人权的普遍性和特殊性相结合的原则，不断提高人权保障水平。国际社会应该本着公正、公平、开放、包容的精神，尊重并反映发展中国家人民的意愿。中国人民愿与包括广大发展中国家在内的世界各国人民同心协力，以合作促发展，以发展促人权，共同构建人类命运共同体。本次论坛以'构建人类命运共同体：南南人权发展的新机遇'为主题，顺应世界潮流，契合发展要求。希望各位代表和各位嘉宾深入探讨交流，为促进发展中国家人民享有更加充分的人权、实现全人类共同繁荣发展贡献真知灼见。"①

论坛讨论通过了《北京宣言》，宣言指出："各国政府和各国人民应本着共商共建共享的原则，同心协力构建人类命运共同体"，"人类命运共同体汇聚着世界各国人民对和平、发展、繁荣向往的最大公约数"，"南南合作是促进发展中国家发展和人权进步的重要途径。南南国家之间应以同舟共济、权责共担、互帮互助、合作共赢的精神，坚持以团结促合作，以合作促发展，以发展促人权，努力实现更加充分的人权保障"②。

与会人士认为，习近平主席致论坛的贺信，奉行人民至上的价值取向和以人民为中心的发展思想，坚持人权的普遍性和特殊性相统一，强调以合作促发展、以发展促人权，呼吁共同构建人类命运共同体，对广大发展中国家乃至世界人权事业发展具有重要引领作用。《北京宣言》集中反映了与会代表对推进南方国家人权发展的心声，明确指出南南合作是促进南方国家发展和人权进步的重要途径，是此次论坛的重要标志性成果。与会代表围绕"构建人类命运共同体与促进全球人权治理""包容性发展和南南人权的实现""南南国家教育权的保障""南南国家减贫及粮食权的保障""中国与南南合作——对推进世界人权事业发展的重要作用""南南国家健康权的实现"六个分议题进行了深入讨论交流，形成了一系列具有开创性的观点。此次论坛为广大南方国家提供了人权合作领域的交流平台。在南南合作的框架内探讨人权发展，对于深化和拓展南南合作，促进南方国家人权事业发展具有重要的意义。

---

① 《习近平致"首届南南人权论坛"的贺信》，人民网，2017年12月7日，http：//world. people. com. cn/n1/2017/1207/c1002 - 29692397. html。

② 首届"南南人权论坛"《北京宣言》，人民网，2017年12月8日，http：//politics. people. com. cn/n1/2017/1208/c1001 - 29695653. html。

习近平主席提出的构建人类命运共同体重大理念，体现了全新的人类社会价值追求，树立了新的人权观，为全球人权治理提供了新方案，为南南合作创造了新机遇，指明了建立南南命运共同体这一南南人权合作的新目标。一年来，国内外专家学者围绕构建人类命运共同体重大理念与全球人权治理、构建人类命运共同体重大理念与南南人权合作等话题进行研究，取得了丰硕成果，归纳起来主要有以下几个方面。

一　构建人类命运共同体：全球人权治理的中国方案

为进一步研究人类命运共同体的人权内涵及其与全球人权治理的关系，2017 年，中国人权研究会在国内外举办多次以构建人类命运共同体和全球人权治理为主题的国际和国内会议。3 月 8 日，在联合国人权理事会第 34 次会议期间，中国人权研究会与中国常驻日内瓦联合国代表团在日内瓦万国宫共同举办"共同构建人类命运共同体：全球人权治理的新路径"主题边会。6 月 8 日，在南开大学举办"构建人类命运共同体与全球人权治理"理论研讨会。6 月 14 日，在联合国人权理事会第 35 次会议期间，中国人权研究会与中国常驻日内瓦联合国代表团在日内瓦万国宫共同举办"构建人类命运共同体与人权"国际研讨会。9 月 13 日，在联合国人权理事会第 36 次会议期间，中国人权研究会与荷兰阿姆斯特丹自由大学跨文化人权中心在日内瓦万国宫共同举办"构建人类命运共同体与发展权的实现"主题边会。通过举办这些会议，推动了对"构建人类命运共同体"重大理念的研究，特别是其人权内涵的研究，宣介了中国人权观和中国近年来人权事业取得的巨大成就，引导国际社会加深了对人类命运共同体重大理念的理解和认识。

（一）构建人类命运共同体重大理念蕴含着丰富的人权内涵，是对人权理论的重大发展

"人人得享人权"是人类孜孜以求的崇高目标，人权保障是构建人类命

运共同体的重要组成部分①。"构建人类命运共同体"重大理念，植根于我国源远流长的和文化，回应了人类社会面临的共同困难，着眼于解决全球性人权问题，强调对话协商、共建共享、合作共赢、交流互鉴、绿色低碳，强调相互尊重、和平安全、共同发展、共同繁荣，从人类文明进程和世界未来走向的高度赋予全球人权事业发展新内容。

在思想源流上，中国人权研究会顾问、中国社会科学院荣誉学部委员刘海年教授认为，这一理念是以马克思主义为指导，传承中国优秀历史文化，总结中国特色社会主义建设经验，放眼当今世界，对人类前途命运深入思考提出的②；中国人权研究会理事、上海交通大学凯原法学院郑戈教授认为，"人类命运共同体"概念中的中国传统元素主要来自中国古典思想中一直存在的"和而不同"以及"求大同，存小异"的观点、中国古代国际关系思想（即"天下"观）中以仁为本而不是以势为本的核心观念、儒家经典中看重"雪中送炭"而不是"锦上添花"的扶危济困思想③。在思想内涵上，中国人权研究会常务理事、广州大学人权研究院副院长陈佑武教授认为，这一理念赋予了人权观念新的时代内涵，主要表现在：在人权主体上强调人类整体，在人权内容上强调共同安全与共同发展，在人权本质上强调共同利益与共同价值，在人权实现上强调共同义务与共建共赢④。在具体指向上，中国人权研究会会长向巴平措认为，这一理念所要求建设的一个持久和平、普遍安全、共同繁荣、开放包容、清洁美丽的世界，正是当今世界人权事业发展在生存权、发展权、健康权、和平权、安全权、环境权等方面的具体表现⑤。

① 王毅：《共同促进和保护人权　携手构建人类命运共同体》，《人民日报》2017年2月27日，第21版。
② 刘海年：《建设人类命运共同体是人权理论的新发展》，"构建人类命运共同体与全球人权治理"理论研讨会（2017年6月8日，南开大学）参会论文。
③ 郑戈：《从"和平共处五项原则"到"构建人类命运共同体"》，"构建人类命运共同体与人权"国际研讨会（2017年6月14日，日内瓦）主题发言论文。
④ 陈佑武：《人类命运共同体理念对人权观念的发展》，"构建人类命运共同体与全球人权治理"理论研讨会（2017年6月8日，南开大学）参会论文。
⑤ 向巴平措：《"构建人类命运共同体与全球人权治理"理论研讨会开幕式致辞》。

（二）构建人类命运共同体重大理念是新的人权观，是对西方人权观的超越

构建人类命运共同体重大理念在人权观上之"新"主要体现在以下两个方面。（1）"人类"的视角。中国人权研究会常务理事、吉林大学人权教育与研究中心执行主任何志鹏教授认为，这一世界图景理念提倡的是"人类"命运共同体，而不是"国家"命运共同体，是一个以人的命运为起点、以人为价值尺度、以人的幸福为目标的思想，是一个人本主义的、人类中心的理念，因而是对具体人权种类的深入和强化，是对人权的体系化认知，也是对人权实现方式的指引①。（2）全球化的视域。中国人权研究会秘书长鲁广锦认为，这一理念站在全球化视域认识世界人权事业的发展，既坚持了人权的普遍性原则，又强调了人权的差异性原则；既坚持了人权的价值正义，又突出了人权的时代内涵，超越了传统人权观，树立了"全人类的共同命运"新标尺②。

构建人类命运共同体重大理念强调的人权发展观主要体现在以下几个方面。（1）包容发展。鲁广锦认为，应坚持不同文明的兼容并蓄、互相尊重、取长补短、共同进步，让文明交流互鉴成为推动人类社会进步的动力和维护世界和平的纽带③。（2）合作发展。中国人权研究会理事、西北政法大学人权研究院副院长钱锦宇教授认为，应进行广泛的国际合作而非狭隘的大国对抗，强调"人类命运与共"和风险共担，寻求对话、结伴与共赢合作，拒绝对抗、结盟与零和博弈④。（3）平等发展。中国人权研究会副会长、西南

---

① 何志鹏：《人类命运共同体对人权理论的贡献》，"构建人类命运共同体与人权"国际研讨会（2017年6月14日，日内瓦）主题发言论文。
② 鲁广锦：《构建人类命运共同体的人权意义》，"构建人类命运共同体与人权"国际研讨会（2017年6月14日，日内瓦）致辞稿。
③ 鲁广锦：《构建人类命运共同体的人权意义》，"构建人类命运共同体与人权"国际研讨会（2017年6月14日，日内瓦）致辞稿。
④ 钱锦宇：《全球治理现代化视域中的人类命运共同体：中国的理论表达与实践》，"构建人类命运共同体与发展权的实现"边会（2017年9月13日，日内瓦）主题发言论文。

政法大学校长付子堂认为，应坚持"共商、共建、共享"的原则，每个国家，不论大小、强弱、贫富一律平等，不论政治体制、意识形态、宗教文化差别，都作为国际社会成员平等参与全球治理①。（4）整体发展。中国人权研究会理事、南开大学人权研究中心副主任唐颖侠认为，构建人类命运共同体是一个整体性的布局，人权的保护同样应秉承整体性观念，经济、社会、文化权利与公民权利和政治权利同样重要，个人权利与集体权利并驾齐驱，权利与义务相互统一②。（5）协调发展。中国人权研究会常务理事、山东大学人权研究中心主任齐延平教授认为，为实现人的全面发展，各类人权应协调融合：个体权利与集体权利、公民权利和政治权利与经社文权利不是对立的而是统一的，各项权利都应获得同等关注，各项人权保障制度、目标与政策应是彼此协调、均衡的③。（6）多元价值。西南政法大学人权研究院副院长朱颖认为，人类命运共同体重大理念建构了多元人权价值观，这个多元价值观有四个支柱，分别是平等（发展）、合作（共赢）、安全（共治）、包容（互鉴），分别构成其价值属性、利益属性、权利属性和文化属性④。（7）开放发展。齐延平认为，人类命运共同体主义新人权观主张人权的开放性、动态性，没有适用于一切时代的超社会、超历史的自由与人权标准，应当动态地而不是静态地看待人权理论、人权保障体系和人权实践⑤。（8）可持续发展。唐颖侠和西南政法大学人权研究院副院长孟庆涛认为，构建人类命运共同体的五个方面，即伙伴关系、安全格局、经济发展、文明交流、生态建设，贯穿着可持续发展的理念，在共同的人类

① 付子堂：《构建新时代全球治理新模式的中国方案》，南南人权论坛（2017年12月7~8日，北京）参会论文。
② 唐颖侠：《构建人类命运共同体对全球人权治理的贡献》，南南人权论坛（2017年12月7~8日，北京）参会论文。
③ 齐延平：《人权观的重构：从西方中心主义到人类命运共同体主义》，南南人权论坛（2017年12月7~8日，北京）参会论文。
④ 朱颖：《人类命运共同体下的多元人权价值观建构》，南南人权论坛（2017年12月7~8日，北京）参会论文。
⑤ 齐延平：《人权观的重构：从西方中心主义到人类命运共同体主义》，南南人权论坛（2017年12月7~8日，北京）参会论文。

社会风险面前，不同国家之间的竞争式生存模式应当被共同式生存模式所取代，通过深化合作来强化共同的利益基础，保障人权、保障人类生存的可持续性①。

构建人类命运共同体重大理念打破了以往对国际关系的对立理解，超越了民族国家、社会制度和意识形态，体现了真正的全人类价值。齐延平、钱锦宇等认为，该理念突破了传统西方发达国家塑造的现代化道路的"西方中心主义"的逻辑和"文明—野蛮"二元性思维模式，主张各国应在共同价值基础上，尽最大可能求同而不是求异，既要在尊重各国文化传统、社会制度、历史背景和不同发展阶段所表现出来的特殊性和多元性的同时，积极履行国际人权法律义务，又要具有全球共同体意识，加强交流合作，共同应对新时代社会发展、科技革命对人的主体性、人性尊严、人权体系构成的新挑战，使各种人权观念从对抗走向合作②。

（三）构建人类命运共同体重大理念是基于对世界形势的准确判断为全球人权治理提出的新方案

构建人类命运共同体重大理念反映了在全球化的最新阶段展现出的日益相互依赖、休戚与共的人类利益格局，为应对当前突出的全球性挑战指明了根本出路，为制约西方霸权主义、推进全球整体化治理提供了具有重要启发意义的基础框架。

专家学者普遍认为，在全球化和信息技术革命的作用下，各国经济、政治、社会、文化各领域紧密联系在一起，同时也在共同应对恐怖主义、气候变化等层出不穷的全球问题。在各国政治、经济和社会系统相互交织的全球

---

① 唐颖侠：《构建人类命运共同体对全球人权治理的贡献》；孟庆涛：《"构建人类命运共同体"理念的人权意义——以风险社会为视角》，南南人权论坛（2017年12月7~8日，北京）参会论文。
② 齐延平：《人权观的重构：从西方中心主义到人类命运共同体主义》，南南人权论坛（2017年12月7~8日，北京）参会论文；钱锦宇：《全球治理现代化视域中的人类命运共同体：中国的理论表达与实践》，"构建人类命运共同体与发展权的实现"边会（2017年9月13日，日内瓦）主题发言论文。

化世界中，各国的利益已经密不可分，构建人类命运共同体理念精准反映了人类利益格局从"输赢分化"向"休戚与共"转变的新趋势，这就要求各国建立相互依存、团结与和谐的关系，只有相互扶助、相互促进、利益共享，才能共同发展、共同繁荣、共保安宁①。面对全人类的命运绑定在一起的客观事实以及其中蕴含的巨大风险，如何避免殖民主义时代强国转嫁风险、攫取资源、通过国际分工将弱国固定在劣势地位的不公正局面，② 构建人类命运共同体给出了答案。

学者们就构建人类命运共同体重大理念对全球人权治理的意义和推动作用进行了阐释论证。中国人权研究会常务理事、南开大学人权研究中心主任常健教授认为，该理念对化解全球治理困境具有重要的启发意义，它要求确立各国人民和全人类的集体人权，要求各国政府对各项集体人权承担共同和相互的义务，通过共建共商共享的集体人权平等原则，打破国家行动选择上的囚徒困境，为国际霸权主义行径设定集体人权的边际约束，实现人类整体利益的最大化③。中国人权研究会常务理事、中共中央党校人权研究中心主任张晓玲教授等认为，构建人类命运共同体开启了全球人权治理的新思维，是全球人权治理格局的新趋向，是全球人权治理规范的新标准，表征着发展中国家将在全球人权事业发展中发挥更为重要的作用，共商共建是世界各国平等参与全球人权治理的基本方式，文明交流与互鉴是各国促进全球人权治理的新常态④。中国人权研究会常务理事、中国国际问题研究院国际战略研

① 〔荷兰〕汤姆·茨瓦特：《构建人类命运共同体：国际人权体系的归宿》，根据"构建人类命运共同体与人权"国际研讨会（2017年6月14日，日内瓦）主题发言论文和"构建人类命运共同体与发展权的实现"边会（2017年9月13日，日内瓦）主题发言论文整理；常健：《构建人类命运共同体及其对全球人权治理的启示》，"构建人类命运共同体与人权"国际研讨会（2017年6月14日，日内瓦）主题发言论文。
② 郑戈：《从"和平共处五项原则"到"构建人类命运共同体"》，"构建人类命运共同体与人权"国际研讨会（2017年6月14日，日内瓦）主题发言论文。
③ 常健：《构建人类命运共同体及其对全球人权治理的启示》，"构建人类命运共同体与人权"国际研讨会（2017年6月14日，日内瓦）主题发言论文。
④ 张晓玲、赵明霞：《构建人类命运共同体：推进全球人权治理的新思维》，南南人权论坛（2017年12月7~8日，北京）参会论文。

究所所长陈须隆教授认为，构建人类命运共同体对中国推动全球人权治理体系变革也具有多方面的指导意义，其中包括构筑以合作共赢为核心的人权治理伙伴关系网络①。中国人权研究会理事、北京大学国际关系学院罗艳华教授将构建人类命运共同体对全球人权治理的推动作用归纳为六个方面：进一步提升人权的重要性、为人权概念的发展创造新契机、使人权领域的国际规范得到进一步的加强和发展、进一步促进国际人权领域的对话与合作、使人权的普遍性和特殊性更好地结合、进一步推动中国对全球人权治理的积极参与②。陈佑武认为，人类命运共同体理念实际上已经揭示了全球人权治理的中国方案，即以生存发展为条件，以和平安全为前提，在尊重和保障各国主权基础上促进全球人权治理③。中国人权研究会常务理事、中国社会科学院人权研究中心执行主任柳华文教授认为，人类命运共同体概念和思想为人权保护的国际交流与合作奠定了坚实的思想与理论基础，展现了新的历史时期以天下为己任的大国情怀，展现了与全人类同呼吸、共命运的负责任大国的态度，将深刻影响国内法和国际法的互动以及国内法治与国际法治的未来④。中国人权研究会理事、外交学院人权研究中心副主任李红勃教授认为，应进一步完善联合国人权保障机制，构建地区性人权保障机制，同时加强国与国之间的人权对话与合作机制，通过不同层次的国际人权保障机制促进全球人权的进步，通过人权推动构建人类命运共同体⑤。

---

① 陈须隆：《构建人类命运共同体与全球人权治理体系变革》，"构建人类命运共同体与人权"国际研讨会（2017年6月14日，日内瓦）主题发言论文。
② 罗艳华：《构建人类命运共同体对全球人权治理的推动作用》，南南人权论坛（2017年12月7~8日，北京）参会论文。
③ 陈佑武：《人类命运共同体的全球人权治理理念》，南南人权论坛（2017年12月7~8日，北京）参会论文。
④ 柳华文：《中国积极引领国际人权治理》，"构建人类命运共同体与全球人权治理"理论研讨会（2017年6月8日，南开大学）参会论文。
⑤ 李红勃：《"人类命运共同体"语境下的国际人权保障机制》，"构建人类命运共同体与人权"国际研讨会（2017年6月14日，日内瓦）主题发言论文。

二 南南人权合作：构建人类命运共同体
在人权领域的生动实践

一般认为，由于发展中国家的地理位置大多位于南半球和北半球的南部，因而发展中国家间的经济技术合作被称为"南南合作"，发展中国家也被称为"南方国家"。南南合作是南方国家自力更生、谋求进步的重要渠道，能够对世界格局产生重要而深远的影响。人权的更好实现是南南合作的重要目的之一，人权合作是南南合作的重要组成部分。近年来，国际局势发生新的变化，国际体系权力结构发生转型，南南人权合作面临着一系列机遇与挑战。"构建人类命运共同体"重大理念推进了南南人权合作，并赋予其新的动力和含义；"一带一路"通过区域性合作和开放式合作，力图带动沿线 64 个国家的发展，以实现合作共赢，使全球化发展及其现代化治理惠及全球 30.8 亿人口，为南南人权合作提供新路径。

（一）南南人权合作面临的机遇和挑战

关于南南人权合作面临的机遇，学者们认为，南南合作创造了新的发展空间，为合作提供了新的契机，使南部的新兴国家能够为最不发达国家提供成功经验，并为之提供发展援助[1]。南方国家在人权合作中具有天然的纽带和亲和性，以此为基础组建双边或多边的南南合作型共同体可产生彼此尊重、平等对话、亲诚惠荣的共感效应，互助互惠、相互交流、借鉴经验的共生效应，以及联合发声以形成集体话语权和集体影响力的集聚效应[2]。中国与世界各国的合作迅速加强，扩大了与世界各国的共同利益，这对世界广大

---

[1] 〔马达加斯加〕泰奥热内·拉乔纳里维洛（Théogène Rajaonarivelo）："La Chine Et La Cooperation Sud-Sud"，南南人权论坛（2017 年 12 月 7~8 日，北京）参会论文。

[2] 刘明：《南南合作型共同体的构建及全球人权治理中的南南视角》，南南人权论坛（2017 年 12 月 7~8 日，北京）参会论文。

发展中国家来说是十分积极的信号①。

在南南人权合作面临的外部挑战层面，布隆迪总统首席新闻顾问威利·尼亚米特韦等认为主要有以下几个方面：人权出现了"异化"，成为一种武器，以牺牲他人利益为代价，是为最强大国家的利益服务的工具，目的是支配而不是解放②；西方国家更多地秉承了政治霸权式的逻辑思路，而不是从维护人权的立场出发，一些非政府组织也采取了双重标准③；此外还有全球经济和金融危机造成世界范围的影响、实施发展策略面对的困难、气候变化和执行巴黎公约导致的挑战、在健康议程上的新挑战、可持续发展的挑战、单边强制措施和国际制裁的负面影响、更加排他性的经济贸易安排的崛起等④。在内部因素层面，南开大学周恩来政府管理学院陈·巴特尔教授等认为，由于发展水平、地域、文化和政治关切以及其他细微问题，如贫穷人口基数过大、经济滞后、不同的文化背景影响对人权的理解和对话等原因，南方国家愈加分裂⑤，而在可持续发展、工商业人权保障等方面的缺失以及围绕原材料开采而建立起来的租金型经济并不能引导当地国家通过深层次的经济结构转变来实现国家经济社会发展等，这加深了南方国家面临

---

① 〔斐济〕凯什米尔·马昆（Keshmeer Makun）："Realization of South-South Right to Development-with Poverty Alleviation, Health, Edication and Employ"，南南人权论坛（2017 年 12 月 7~8 日，北京）参会论文。

② 〔法国〕魏柳南（Lionel Vairon）："Towards a New Southern Approach of Human Rights"，南南人权论坛（2017 年 12 月 7~8 日，北京）参会论文。

③ 〔布隆迪〕威利·尼亚米特韦（Willy Nyamitwe）："Le Role De La Cooperation Sud-Sud Et De La Chine Dans La Promotion De La Cause Des Droits De L'Homme"，南南人权论坛（2017 年 12 月 7~8 日，北京）参会论文。

④ 〔伊朗〕穆罕默德·礼萨·高艾比（Mohammad Reza Ghaebi）："South-South Cooperation and Realization of the Right to Development Challenges and Opportunities"，南南人权论坛（2017 年 12 月 7~8 日，北京）参会论文。

⑤ 陈·巴特尔、李双龙：《"一带一路"建设对南南人权发展的机遇与挑战》；〔伊朗〕穆罕默德·礼萨·高艾比（Mohammad Reza Ghaebi）："South-South Cooperation and Realization of the Right to Development Challenges and Opportunities"；〔马来西亚〕张添财（Peter Chang）："China and South-South Cooperation—Important Role in Promoting Human Rights Development in the World—A Perspective From Malaysia"，南南人权论坛（2017 年 12 月 7~8 日，北京）参会论文。

的困境①。

除此之外，南开大学人权研究中心研究员刘明认为，南南人权合作还应避免旧有国际秩序下存在的一些国际合作陷阱，一是应遵循平等对话、自主自愿的交流和合作原则，避免凭借自己的影响力而控制和支配其他国家的"霸权陷阱"；二是在国家、跨国公司、非政府组织合作等领域，应以不侵犯对方人权为前提，避免"侵权陷阱"；三是应遵循互惠互助的基本原则，避开"零和博弈"的陷阱；四是应坚持人权事务的"非政治化"和"非对抗化"，避免"抱团陷阱"②。

（二）构建人类命运共同体重大理念为南南人权合作提供了新机遇和新愿景

在构建人类命运共同体重大理念下，南方国家及南南人权合作将迎来新机遇。荷兰阿姆斯特丹自由大学跨文化人权中心主任汤姆·茨瓦特教授认为，南方国家将不再像电影中的临时演员那样发挥辅助作用，而是成为全球治理体系中的正式利益相关方，中国将继续发挥领导作用，在人权领域团结南方国家③。加蓬国民议会秘书长布鲁斯·康斯坦·帕拉等做了进一步阐释，认为命运共同体可被看作不同愿景的拼接，以及现存重叠倡议的扩张，它提供了一个新机遇，将人权纳入南方国家的发展战略当中，这既是一种新思想，又是一种新的审视方式：公共政策必须致力于为公民提供生活条件，人类和社会发展质量的明显改善，以及公正地满足每个人有权享有的基本需求；要重新考虑国际关系的当前性质，使其更加人道，更加公正，更加符合

---

① 〔马达加斯加〕泰奥热内·拉乔纳里维洛（Théogène Rajaonarivelo）："La Chine Et La Cooperation Sud-Sud"，南南人权论坛（2017 年 12 月 7~8 日，北京）参会论文。

② 刘明：《南南合作型共同体的构建及全球人权治理中的南南视角》，南南人权论坛（2017 年 12 月 7~8 日，北京）参会论文。

③ 〔荷兰〕汤姆·茨瓦特（Tom Zwart）："Building a Community of Shared Future for Mankind Through South-South Human Rights Cooperation"，南南人权论坛（2017 年 12 月 7~8 日，北京）参会论文。

我们所居住的世界的现实①。中国人权研究会理事、昆明理工大学管理与经济学院黎尔平教授认为,构建人类命运共同体重大理念可以为南南合作中的人权价值观构建提供全新的视角,因为南南合作中的各国面临着政治制度、经济发展模式以及历史文化的差异,面临着人权价值观上的多样性,该理念对南南合作中的人权价值观构建具有重要的指导意义②。西南政法大学人权研究院赵树坤教授等认为,南南人权治理中面临许多非传统性治理危机。中国作为发展中大国,通过倡导"构建人类命运共同体",推进"一带一路",在理念和实践两个层面,为南南人权治理提供了新的路径和可能的愿景③。

构建人类命运共同体重大理念为南南人权合作提供了新愿景——构建南南命运共同体。中国人权研究会副会长李君如认为,南方国家有共同的基础和共同的需要,有能力在世界上带头构建南南命运共同体。南方国家有共同的历史经历,都经历过国家没有主权、人民没有尊严,被殖民主义奴役和统治的悲惨历史,今天都在为保障本国人民的人权而不懈地奋斗着。南方国家有共同的历史机遇,在和平和发展的时代主题下已经不仅是维护世界和平的重要力量,而且正在成为世界经济发展的重要力量,成为推进世界人权事业发展的重要力量,产生越来越大的影响。南方国家面临共同的挑战,由于历史、文化和社会制度的不同,以及所处社会发展阶段的不同,面临的人权问题也各不相同,但是又有许多需要共同解决的人权问题,面临一系列共同挑战④。

---

① 〔加蓬〕布鲁斯·康斯坦·帕拉(Constant Paillat Brice):"Construire une communauté de destin pour l'humanité Nouvelles opportunités pour les droits de l'Homme Sud-Sud";〔马来西亚〕张添财(Peter Chang):"China and South-South Cooperation—Important Role in Promoting Human Rights Development in the World—A Perspective From Malaysia",南南人权论坛(2017年12月7~8日,北京)参会论文。

② 黎尔平:《论"人类命运共同体"对当代世界人权价值观的指导意义》,南南人权论坛(2017年12月7~8日,北京)参会论文。

③ 赵树坤、毛奎:《南南人权治理的中国理念贡献与实践——以全球人权治理为视域》,南南人权论坛(2017年12月7~8日,北京)参会论文。

④ 李君如:《南南人权合作有共同的基础共同的需要》,南南人权论坛(2017年12月7~8日,北京)参会论文。

（三）"一带一路"倡议为南南人权合作提供了新路径

"一带一路"倡议具有深远的人权意义。巴基斯坦常驻联合国日内瓦代表法鲁克·阿克特·阿米尔等认为，"一带一路"倡议的原则是实现自由贸易，反对保护主义，强调更有活力、包容性以及可持续全球化的重要性，尊重领土完整与主权独立，不但产生经济福利，还能更好地保护人权，是一个里程碑式的倡议[1]。李君如认为，"一带一路"倡议把原来由西方发达国家主导的从大西洋到太平洋的海洋经济全球化，拓展为由"一带一路"沿线国家共同建设的，把海洋经济和内陆经济联通的全方位的经济全球化，在尊重各国主权和平等互利的基础上，通过"政策沟通、设施联通、贸易畅通、资金融通、民心相通"这"五通"，构建起新型的国际合作关系，使得"一带一路"沿线国家形成一个没有霸权主义、没有殖民主义的"命运共同体"，造福这些国家的人民[2]。中国人权研究会常务理事、中共中央党校国际战略研究院李云龙教授认为，"一带一路"倡议目标清晰、路径明确，描绘了实现发展权的新蓝图，提供了实现发展权的现实路径和可行方案，是南南合作促进发展的典范，一定会极大地促进沿线国家的发展权[3]。

专家学者对人类命运共同体理念和"一带一路"倡议之间的关系做了深入研究，认为二者是抽象与具体、理念与实践路径的关系[4]。中国人权研究会常务理事、西南政法大学人权研究院执行院长张永和教授等认为，人类

---

[1] 〔巴基斯坦〕法鲁克·阿克特·阿米尔（Farukh Akhter Amil）："Building a Community of Shared Future for Mankind"；〔智利〕路易斯·拉腊因·阿罗约（Luis Larrain Albrto）："The Pacific Alliance and One Belt One Road Promoting Human Rights Through Economic Freedom"，南南人权论坛（2017年12月7~8日，北京）参会论文。

[2] 李君如：《南南人权合作有共同的基础共同的需要》，南南人权论坛（2017年12月7~8日，北京）参会论文。

[3] 李云龙：《"一带一路"倡议与发展权的实现》，南南人权论坛（2017年12月7~8日，北京）参会论文。

[4] 付子堂：《构建新时代全球治理新模式的中国方案》，南南人权论坛（2017年12月7~8日，北京）参会论文。

命运共同体理念为"和平发展权"奠定了理论基础，中国的"一带一路"建设则是与各沿线国家一起谋求"和平发展权"的最佳实践模式；通过"一带一路"倡议，中国将其价值观、经验与文化与世界建立起联系，中国正在致力于发展新的伙伴关系，发挥"软实力"的作用，实现共同发展与繁荣的目标；"一带一路"倡议的推进是朝着人类命运共同体目标迈进的实现过程，中国理念、中国道路和中国标准将充分融入亚欧大陆国家的治理制度当中，为全球化开辟更恢宏的新篇章①。

三 团结—合作—发展：南南人权合作的价值依归和必由之路

以团结促合作、以合作促发展、以发展促人权，这是南方国家人权实现的基本方式。南方国家间尽管在经济、政治、社会、文化方面有很大差别，但由于其具有类似的历史境遇、相近的发展阶段以及相似的人权需求，在交流交往合作过程中形成了以发展权为中心的人权共识。人权共识是南南人权合作的基础，南南人权合作和南方国家人权共识的形成，对全球人权发展的走向会产生重要和深远的影响。

（一）南南人权合作的基本原则是团结平等

关于南南合作的含义和性质，尼日利亚外交部公使衔参赞艾斯玛乌·伊瑞娜·迪瑞苏等进行了以下界定：南南合作指的是各发展中国家之间从团结互助的精神出发在某些领域内展开的合作，是一种建立在从类似经验和同情中产生的团结的平等主体之间的伙伴关系，这种伙伴关系的重点是通过建立和加强现有的联系来促进发展，并为加强经济和政治合作的友好

---

① 张永和：《人类命运共同体与"和平发展权"论纲》；〔智利〕路易斯·拉腊因·阿罗约（Luis Larrain Albrto）："The Pacific Alliance and One Belt One Road Promoting Human Rights through Economic Freedom"；付子堂：《构建新时代全球治理新模式的中国方案》，南南人权论坛（2017年12月7~8日，北京）参会论文。

对话开辟渠道①。

南南合作坚持平等互利、不干涉内政、不附加条件，尊重文化多样性，这也是重要的人权原则，构成与传统对外援助的本质区别。南非姆贝基非洲领导力研究所研究员谭哲理等认为，传统的对外援助长期以来是在国际上谈判和宣传人权的主要场所，受援国的国内外经济发展计划、贸易和工业合作项目都以支持援助国资本和精英组织为导向，援助国的"发展权"与受援国"人的发展权"并不一致，因此造成了诸多负面影响，如受援国长期的债务负担、发展方向受制于人、大多数穷人利益受损、不平等的技术获取、社会差距拉大等；南南人权合作提供了另一种模式的平台，它基于团结原则而非恩庇主义，涉及的概念更具宽度和深度，打破了以前由西方主导的援助联盟，降低了对发达国家的依赖性，促进世界格局的平衡调整②。

（二）南方国家形成了以发展权为中心的人权共识

南方国家由于有着相似的历史遭遇，在现实发展中面临着相似的机遇与

---

① 〔尼日利亚〕艾斯玛乌·伊瑞娜·迪瑞苏（Asimawu Irene Dirisu）："Realization of South-South Right to Development, Focus on Poverty Alleviation, Health, Education and Employment"；〔马达加斯加〕泰奥热内·拉乔纳里维洛（Théogène Rajaonarivelo）："La Chine Et La Cooperation Sud-Su"；〔伊朗〕穆罕默德·礼萨·高艾比（Mohammad Reza Ghaebi）："South-South Cooperation and Realization of the Right to Development Challenges and Opportunities"，南南人权论坛（2017年12月7~8日，北京）参会论文。

② 〔南非〕谭哲理（Paul Tembe）："Governance and Local Value Systems as an Overarching Framework for Human Rights"；〔圭亚那〕尤奈特·德奇纳·卡明斯·爱德华兹（Yonette Decina Cummings-Edwards）："Significance of China and South-South Cooperation to the Development of Global Human Rights Undertakings"；〔泰国〕鲍恩·雅思托恩（Boworn Yasintorn）："North's Right to Development as Opposed to South's Human Rights to Development"；〔赞比亚〕慕缇娜·斯特拉·穆沙巴蒂（Mutinta Stella Mushabati）："Building a Community of Common Destiny China and South-South Cooperation-Its Importance to Promote International Human Rights Cause"；〔马达加斯加〕泰奥热内·拉乔纳里维洛（Théogène Rajaonarivelo）："La Chine Et La Cooperation Sud-Sud"；〔圭亚那〕尤奈特·德奇纳·卡明斯·爱德华兹（Yonette Decina Cummings-Edwards）："Significance of China and South-South Cooperation to the Development of Global Human Rights Undertakings"，南南人权论坛（2017年12月7~8日，北京）参会论文。

挑战，在人权观上也有很多接近和相似之处。如强调生存权和发展权的重要性，强调平等原则和不干涉内政，强调各项人权间不可分割、相互依存，强调集体权利和国家责任等。常健指出，1964 年成立的 77 国集团和 1961 年成立的不结盟运动是由南方国家组成的最重要的两大全球性组织，其成员覆盖了联合国 2/3 的成员国。历次 77 国集团外长会议宣言几乎都出现了人权（human rights）这一词语，各次不结盟运动首脑会议后发表的最后文件中会设"人权"专节表达不结盟运动的人权主张，这些文献集中宣示了南方国家的人权理念、原则和行动要求。具体而言，一是在人权类别上，南方国家特别强调生存权、发展权、人民自决权、自然财富和资源主权、和平权、环境权、在联合国的表达权和参与权等集体人权，食物权、住房权、健康权等经济和社会权利，以及妇女、儿童、残疾人、老年人、移民、原住民、难民等特定群体的权利。二是在人权原则上，南方国家主张各项人权的不可分割和相互联系，将消除贫困和实现发展权作为最优先的人权目标，自由权的行使必须承担相应的义务和责任，民主没有唯一的模式，关注实现人权的基础条件，人权领域合作必须以尊重国家主权为前提，尊重发展中国家选择自己发展道路的权利，应当以建设性而非压制性的方式处理人权问题，反对"人道主义干涉"，反对在人权问题上的政治化、选择性和双重标准，不同文化间应当宽容和对话，跨国公司应承担尊重人权的义务和责任等。三是在国际人权机制和全球人权治理上，包括增加南方国家在联合国人权机构中的代表性和参与机会，加强人权领域的国际合作，使联合国人权理事会的普遍定期审议机制避免政治化、选择性和双重标准等①。

南方国家把实现发展权摆在首要和中心的位置。刘明认为，由于在过去数十年里，东亚及太平洋、南亚和撒哈拉以南非洲三大地区占了全球贫困人口的 95% 左右，对于南方国家而言，发展本国经济，消除本国公

---

① 常健：《南南合作对世界人权发展的贡献》，南南人权论坛（2017 年 12 月 7~8 日，北京）参会论文。

民的贫困，解决因贫困所带来的饮食、疾病、教育、医疗等民众的生存和发展问题是首要责任，实现国民的经济、社会、文化权利是更为迫切的要求①。

1. 强调发展权的根本性、不可剥夺性、与其他权利不可分割，以及实现发展权的优先性

许多学者认为，只有促进以人为中心的发展，才能更好地享有人的尊严以及平等和体面的生活；没有发展，就不可能有任何有意义的和真正的自由与幸福，因而发展权在人权体系中具有根本性的地位；发展权的基础是《联合国宪章》、《世界人权宣言》和第一代与第二代人权文书以及《发展权利宣言》、《维也纳宣言和行动纲领》等，是一项具有普适性的和不可剥夺的权利，是基本人权的重要部分，因此，不能将发展权利和其他权利分裂开来；离开"发展权利"承认所谓自由权利带来的只有幻觉，社会经济变革的发展权利实际上是享受被称为自由或者政治权利的一项不可否认的前提条件②。

2. 强调保障发展权实现的国家义务

坦桑尼亚革命党法律事务部主任安东尼·坎亚马援引《发展权利宣言》的条款指出，各国对创造有利于实现发展权的国内和国际条件负有主要责任，各国有义务相互合作，保证发展并消除发展的障碍。发展权同时是一项个人和集体的权利，属于所有个人和所有民族，国家是实现发展权利关键的行动者，应确保制定合适的发展政策，旨在持续提高全体人民和所有个人的

---

① 刘明：《南南合作型共同体的构建及全球人权治理中的南南视角》，南南人权论坛（2017 年 12 月 7~8 日，北京）参会论文。

② 〔多哥〕巴马齐·科斯·涛（Bamazi Kossi Tchaa）："Presentation at South-South HR Forum"；〔老挝〕维莱腊·瑟隆碟（Vilayluck Seneduangdeth）："Realization of the RTD 's Lao PDR"；〔坦桑尼亚〕安东尼·坎亚马（Anthony Kanyama）："Building A Community of Shared Future for Mankind and New Opportunities for Human Rights Development"；〔尼泊尔〕尤布拉吉·森格罗拉（Yubaraj Sangroula）："New Economic World Order Outlining a Framework to a Shared Future for Sustainable Development"，南南人权论坛（2017 年 12 月 7~8 日，北京）参会论文。

福祉①。亦有学者指出，作为创造有利于实现发展权的国内和国际条件的首要责任者，各国有义务相互合作，以促进和保护有利于发展的适当的政治、社会和经济秩序②。

3. 坚持以人为本的发展，发展权的实现应摆在南南人权合作的优先地位

多位专家学者指出，必须努力采取以人为本的发展办法，以确保人的尊严，从而促进基本人权的实现③；南方国家发展伙伴在发展中应将人的权利放在第一位，促进人权、发展自主权以及环境保护的实现，所选择的经济发展道路一定要把解决贫困、健康、教育与就业问题列为重中之重，从而实现发展权④；实现以减贫、医疗保健、教育和就业为重点的南南发展权是一项集体责任，必须采取步骤，确保、促进和维持能够实现有意义的和社会包容发展的国家和国际安排，发达国家和发展中国家都应该为实现南南发展权提供必要的动力⑤。

（三）以合作促进南方国家人权发展

面对南南人权合作的机遇和挑战，南方国家应以团结合作抓住机遇应对挑战，以人权看待发展，重视发展权的实现；应强化国家责任，拓展合作领域，注重发挥联合国的作用；应使人民免于贫困，并使人民的健康权、受教育权、就业权等得到充分保障。

---

① 〔坦桑尼亚〕安东尼·坎亚马（Anthony Kanyama）："Building A Community of Shared Future for Mankind and New Opportunities for Human Rights Development"，南南人权论坛（2017年12月7~8日，北京）参会论文。

② 〔巴西〕布鲁纳·加格利亚尔迪（Bruna Gagliardi）："Inclusive Development and Realization of South-South Human Rights"，南南人权论坛（2017年12月7~8日，北京）参会论文。

③ 〔巴基斯坦〕法鲁克·阿克特·阿米尔（Farukh Akhter Amil）："Building a Community of Shared Future for Mankind"，南南人权论坛（2017年12月7~8日，北京）参会论文。

④ 〔斐济〕凯什米尔·马昆（Keshmeer Makun）："Realization of South-South Right to Development- with Poverty Alleviation, Health, Edication and Employ"，南南人权论坛（2017年12月7~8日，北京）参会论文。

⑤ 〔尼日利亚〕艾斯玛乌·伊瑞娜·迪瑞苏（Asimawu Irene Dirisu）："Realization of South-South Right to Development, Focus on Poverty Alleviation, Health, Education and Employment"，南南人权论坛（2017年12月7~8日，北京）参会论文。

1. 作为南南合作中心目的的发展是一项人权，应以人权看待发展

赞比亚司法部条法司高级法官慕缇娜·斯特拉·穆沙巴蒂等指出，南南合作越来越多地对人权的发展赋予应有的重视，逐步将人性、人类尊严和个人价值等概念纳入合作框架之内，落后的国家在南南合作的框架下能够通过知识、技能和资源的交流互换以及集体行动和共同计划的实现来促进人权的发展，南南合作的核心是促进发展权利的实现，发展本质上是一项人权[①]。泰国国家人权委员会前主席、权利基金会主席巴利亚·斯里萨拉卡等认为，基于人权的发展以人权的实现作为发展目标之一，为贸易、投资和资本流动自由化的社会维度提供了平衡[②]。伊朗外交部人权司司长穆罕默德·礼萨·高艾比认为，南方国家应该开始和促进一个更为广阔的对话，人权这一重要事项能够因此成为每一项合作发展项目的核心基础[③]。

2. 以团结合作抓住机遇应对挑战

阿尔巴尼亚前总统外事顾问齐利里姆·切帕尼等指出，南方国家必须摆脱追随其他人设定的议程的定位，而是自身设定议程，以弥补南北合作中所表现出来的缺陷；南方国家之间需要在更大层面上学习、分享和交换信息，在所有领域开展合作，团结应对恐怖主义、毒品贩运、贫困、健康、教育和就业等问题，通过"建立共识"来履行集体责任；应当开展有效的国际合作，相互学习最佳实践，消除发展的障碍。应坚持"新的多边主义"，在团结的基础上进行更广泛更公平的全球治理，使所

---

① 〔赞比亚〕慕缇娜·斯特拉·穆沙巴蒂（Mutinta Stella Mushabati）："Building a Community of Common Destiny China and South-South Cooperation-Its Importance to Promote International Human Rights Cause"；〔布隆迪〕威利·尼亚米特韦（Willy Nyamitwe）："Le Role De La Cooperation Sud- Sud Et De La Chine Dans La Promotion De La Cause Des Droits De L'Homme"，南南人权论坛（2017 年 12 月 7～8 日，北京）参会论文。

② 〔泰国〕巴利亚·斯里萨拉卡（Parinya Sirisarakan）："Rights-based Approach to Development ESCR Protection to Alleviate Poverty through International Human Rights Treaties"，南南人权论坛（2017 年 12 月 7～8 日，北京）参会论文。

③ 〔伊朗〕穆罕默德·礼萨·高艾比（Mohammad Reza Ghaebi）："South-South Cooperation and Realization of the Right to Development Challenges and Opportunities"，南南人权论坛（2017 年 12 月 7～8 日，北京）参会论文。

有人权都得到保障①。联合国人权理事会咨询委员会主席米哈伊尔·亚历山德罗维奇·列别杰夫等认为，在进行人权合作时，要确保各国发展中的非选择性和客观性、尊重文化特殊性和多样性；要充分照顾和尊重最弱势国家的利益，注重达到实质公平；要注重发挥联合国的作用，坚持《联合国宪章》、主权平等原则以及统一适用国际法；应该超越政治化和国家间的对抗，不应该使用具有破坏性和批评性的论调把政治决议强加给某些国家②。

3. 减少贫困是实现发展权的一个重要方面

尼泊尔加德满都法学院院长尤布拉吉·森格罗拉教授等认为，贫困是缺乏发展权的一个重大结果，导致食品、健康、就业、教育和足够生活水准权利的缺失，生活在贫困中的人通常被排除在权利之外，也被排除在社会和政治生活之外，因此，持续的贫困和日益加深的不平等是对发展、人权、和平、安全以及人类尊严的威胁，消除贫困关系到人的尊严。南方国家应将减

---

① 〔阿尔巴尼亚〕齐利里姆·切帕尼（Çlirim Çepani）："Promoting Protection and Development of Fundamental Human Rights"；〔巴西〕布鲁纳·加格利亚尔迪（Bruna Gagliardi）："Inclusive Development and Realization of South-South Human Rights"；〔斐济〕凯什米尔·马昆（Keshmeer Makun）："Realization of South-South Right to Development-with Poverty Alleviation, Health, Edication and Employ"；〔几内亚比绍〕巴西利安娜·塔瓦雷斯（Basiliana Tavares）："The Importance of South-South Cooperation between China and Developing in the Field of Human Rights"；〔巴基斯坦〕法鲁克·阿克特·阿米尔（Farukh Akhter Amil）："Building a Community of Shared Future for Mankind"；〔伊朗〕穆罕默德·礼萨·高艾比（Mohammad Reza Ghaebi）："South-South Cooperation and Realization of the Right to Development Challenges and Opportunities"；〔埃及〕艾哈迈德·苏莱曼（Ahmed Soliman）：Promoting Global Human Rights Governance；〔布隆迪〕威利·尼亚米特韦（Willy Nyamitwe）："Le Role De La Cooperation Sud - Sud Et De La Chine Dans La Promotion De La Cause Des Droits De L'Homme"，南南人权论坛（2017年12月7~8日，北京）参会论文。

② 〔联合国〕米哈伊尔·亚历山德罗维奇·列别杰夫（Mikhail Alexandrovich Lebedev）："Statement at the Opening Ceremony of SSHR Forum"；〔巴基斯坦〕法鲁克·阿克特·阿米尔（Farukh Akhter Amil）："Building a Community of Shared Future for Mankind"；〔阿尔巴尼亚〕齐利里姆·切帕尼（Çlirim Çepani）："Promoting Protection and Development of Fundamental Human Rights"；〔埃及〕艾哈迈德·苏莱曼（Ahmed Soliman）："Promoting Global Human Rights Governance"；〔马达加斯加〕泰奥热内·拉乔纳里维洛（Théogène Rajaonarivelo）："La Chine Et La Cooperation Sud-Sud"，南南人权论坛（2017年12月7~8日，北京）参会论文。

贫和满足基本需求融入基于人权的发展，将消除贫困作为主要目标，而且是最重要的也是最终的目标①。

四 中国在南南人权合作中的经验与贡献

中国自实行改革开放以来经济保持高速增长，在消除贫困、医疗健康、教育就业等方面取得了巨大的进步，走出一条成功的发展道路，也担当了越来越重的全球性责任。作为重要的南方国家，中国对南南人权合作的贡献有目共睹，并以自身实践为南方国家实现发展权积累了宝贵经验。中国的发展为解决人类问题贡献了中国智慧和中国方案，拓展了发展中国家走向现代化的途径，给世界上那些既希望加快发展又希望保持自身独立性的国家和民族提供了全新选择②。

（一）中国在实现发展权方面的世界贡献得到南方国家高度肯定

专家学者普遍认为，中国政府保障人民的所有基本权利，为其他国家树立了典范；中国与世界的合作迅速发展，扩大了与世界的共同利益③。中国社会科学院荣誉学部委员、广州大学人权研究院院长李步云指出，在

---

① 〔尼泊尔〕尤布拉吉·森格罗拉（Yubaraj Sangroula）："New Economic World Order Outlining a Framework to a Shared Future for Sustainable Development"；〔泰国〕巴利亚·斯里萨拉卡（Parinya Sirisarakan）："Rights-based Approach to Development ESCR Protection to Alleviate Poverty through International Human Rights Treaties"；〔泰国〕卡莫·甲蒙雅库（Kamol Kamoltrakul）："China and South-South Cooperation in Promoting Human Rights Development in the World"；〔巴西〕布鲁纳·加格利亚尔迪（Bruna Gagliardi）："Inclusive Development and Realization of South-South Human Rights"；〔泰国〕鲍恩·雅思托恩（Boworn Yasintorn）："North's Right to Development as Opposed to South's Human Rights to Development"；南南人权论坛（2017 年 12 月 7 ~ 8 日，北京）参会论文。

② 付子堂：《构建新时代全球治理新模式的中国方案》，南南人权论坛（2017 年 12 月 7 ~ 8 日，北京）参会论文。

③ 〔斐济〕凯什米尔·马昆（Keshmeer Makun）："Realization of South-South Right to Development-with Poverty Alleviation, Health, Edication and Employ"；〔泰国〕卡莫·甲蒙雅库（Kamol Kamoltrakul）："China and South-South Cooperation in Promoting Human Rights Development in the World"；南南人权论坛（2017 年 12 月 7 ~ 8 日，北京）参会论文。

过去的半个世纪里，全世界的脱贫人口中，十个有九个是中国人，即使在全球面临经济停滞和衰退的年代里，中国经济为全球经济的发展所做出的贡献也超过 30%①。中国人权研究会常务理事、武汉大学人权研究院执行院长汪习根教授认为，中国与南方国家充分合作，通过促进南南合作，形成了和平发展、自主发展、均衡发展、人本发展、全面发展、务实发展的发展权理念，提出经济发展权、政治发展权、社会发展权、文化发展权与生态发展权这五个方面的权利形式，开辟出了伙伴关系、发展援助、特别优惠和改善治理四种发展权的实现路径②。有学者指出，中国在南南合作和其他国际论坛上都表现出处理人权问题的成熟手段，在实现南南合作的目标方面发挥了重要作用，有助于改进社会指标，减少贫困，消除合作成员国的社会经济和两性之间的不平等③；中国是南南合作的关键贡献者之一，也是全世界发展中国家最大的外国投资者，中国对南南合作的影响力举足轻重④。

（二）中国为南方国家实现发展权积累了宝贵的经验

中国秉持以人民为中心的发展理念，坚持发展是第一要务，坚定履行国家责任。在具体路径方面，中国坚持法律和政策双管齐下，以国家人权行动计划做牵引，制度创新和试点先行相结合，国家统一规划和各地因地制宜相结合，保持政策极强的针对性和指向性，重视发挥科技的作用，积极开展国际合作，注重发展社会组织等民间力量的作用等。中国在长期实践中被证实

---

① 李步云：《充分实现人权是构建人类命运共同体的终极目标》，"构建人类命运共同体与全球人权治理"理论研讨会（2017 年 6 月 8 日，南开大学）参会论文。
② 汪习根：《基于南南合作的发展权实现之道——中国经验分享》，南南人权论坛（2017 年 12 月 7～8 日，北京）参会论文。
③ 〔几内亚比绍〕巴西利安娜·塔瓦雷斯（Basiliana Tavares）："The Importance of South-South Cooperation between China and Developing in the Field of Human Rights"，南南人权论坛（2017 年 12 月 7～8 日，北京）参会论文。
④ 〔赞比亚〕慕缇娜·斯特拉·穆沙巴蒂（Mutinta Stella Mushabati）："Building a Community of Common Destiny China and South-South Cooperation-Its Importance to Promote International Human Rights Cause"，南南人权论坛（2017 年 12 月 7～8 日，北京）参会论文。

可行有效的实现发展权的具体做法，为南方国家提供了借鉴，积累了经验。

1. 脱贫减贫方面

中国人民大学人权研究中心执行主任朱力宇等指出，中国脱贫减贫是通过全民参与、全面治理等多维互动得以实现的，在实践中坚持"先政策，后立法"的推进脱贫减贫模式，为解决包括区域性整体贫困在内的脱贫问题，实行全国性整体规划，实现了从"十二五"规划的"政策倾斜"到"十三五"规划的"政策倾斜和精准扶贫相结合"的转变；现在，制定立法规划和扩大地方立法权也逐步成为中国脱贫工作的重要方式。针对"老少边穷"地区，通过大力实施精准扶贫、精准脱贫战略，采取精准定位、明确目标，精准识别、分类施策，精准发力、瞄准重点，精准施策、强化保障，精准考核、落实责任等措施全力推进扶贫攻坚。中国在致力于消除自身贫困的同时，也高度重视减贫工作领域间的国际合作，通过学习国外先进的理念方法和减贫经验，不断提升理念、制定政策、改进做法，推动国内的扶贫开发，并与广大发展中国家合作开展政府对话、经验交流、人员培训、试点示范等，促进相关国家减贫，增强各国人民的友谊。中国取得的脱贫的历史性成就，有其自身的制度性因素，而最重要的是中国共产党对脱贫工作的领导①。

2. 受教育权保障方面

李红勃认为，中国近年来采取了多种措施，教育水平总体上显著提高，有效地保障了公民受教育权的普遍享有和公平实现。这些措施主要有以下三个方面。一是通过法律和政策推进教育公平。如修订《中华人民共和国教育法》，将促进教育公平转化为法律要求，落实为国家责任。在《国家人权行动计划（2016—2020年）》中明确提出要全面提升教育质量，促进教育公

---

① 朱力宇：《以全国性整体规划解决区域性整体贫困——中国脱贫工作的重要方式之一》；张伟：《在南南合作中，中国将如何推动全球人权议程的发展？》；程延军、李湃：《发展权的中国实践：中国扶贫减贫行动》；张庆安：《中国民族地区的减贫与发展——以湖南省湘西土家族苗族自治州精准扶贫为例》，南南人权论坛（2017年12月7～8日，北京）参会论文。

平。二是不断加大教育投入，实现教育资源供给公平。包括缩小城乡教育差距、区域教育差距、群体教育差距，提升少数民族教育发展水平等。三是通过市场手段弥补公办教育的不足，积极引导市场资本兴办民办教育，满足了公众对优质、特色教育的需求①。

3. 健康权保障方面

中国人权研究会常务理事、中国人民大学人权研究中心主任韩大元教授认为，在中国，人民的健康权是国家发展优先考虑的权益，政府创造条件使人人能够尽可能保持健康。2016年8月中国通过了"健康中国2030"规划纲要，明确提出"要把人民健康放在优先发展的战略地位"。以满足人民过上美好生活的新期待为基本理念，中共十九大报告明确提出"实施健康中国战略"，把人民健康作为民族昌盛和国家富强的重要标志。国民健康政策、食品安全已成为国家发展优先考虑的重要理念，体现了中国共产党"以人民为中心的发展观"。中国健康权保障机制与实践将为国际人权事业的发展提供新鲜的中国经验与智慧②。

4. 就业权保障方面

中国劳动和社会保障科学研究院研究员张丽宾认为，中国历来高度重视保障公民的就业权，通过强化政府促进就业的责任、保持经济稳定发展、提高经济发展质量和效益、鼓励创新创业激发活力、建立就业帮扶制度、强化公共就业服务、加强劳动者权益维护等方面，实现稳定和扩大就业、提高就业质量、促进公平就业的目标，有效保障了劳动者就业权的实现，积累了有特色的保障公民就业权的经验，值得国际社会借鉴③。四川大学法学院人权法律研究中心主任周伟教授等认为，当前，中国分享经济快速发展改变了传统的就业方式，创造了庞大的灵活就业机会，改变了社会的就业观念，改善

---

① 李红勃：《教育公平与人的全面发展》，南南人权论坛（2017年12月7~8日，北京）参会论文。
② 韩大元：《实施健康中国战略 保障人民健康权》，南南人权论坛（2017年12月7~8日，北京）参会论文。
③ 张丽宾：《中国保障公民就业权的经验和做法》，南南人权论坛（2017年12月7~8日，北京）参会论文。

了劳动者的工作环境，契合了经济结构优化、产业转型升级对劳动力结构变化的要求，其灵活便捷的参与方式更使之成为去产能背景下大城市和城镇灵活就业的途径之一①。

5. 社会保障方面

中国劳动和社会保障科学研究院费平认为，中国政府本着"全覆盖、保基本、多层次、可持续"的方针，着力加强社会保障制度建设。目前，我国覆盖城乡的社会保障体系框架基本建立，社会保险制度不断完善，覆盖范围不断扩大，保障水平稳步提高，公共服务体系不断健全。回顾中国社会保障的发展历程，主要有以下三点经验：一是必须坚持以人民为中心的发展思想，增进社会公平正义，促进全民共建共享；二是中国政府的政治责任和政治担当是中国公民获得社会保障权益的坚强后盾；三是必须牢固树立改革创新意识，逐步健全和完善社会保障制度体系②。

6. 妇女、儿童、残疾人权利保障及司法人权保障方面

第一，关于中国妇女权益保障的进展，中国人民大学人权研究中心秘书长陆海娜指出，男女平等是中国的一项基本国策和宪法原则，中华人民共和国成立以来，国家在促进性别平等方面取得了长足进步，比如提高女性劳动参与率、提高女童的入学率和女性受教育水平、保护就业女性的权利、实施生育保险制度，以及2016年开始实施反家暴法等，从而实现了妇女平等依法行使民主权利、平等参与经济社会发展、平等享有改革发展的成果③。第二，关于妇女健康权的保障，中国政法大学人权研究院夏吟兰教授认为，中国制定了一系列法律法规，形成了多方面、多层次的法律保障体系，通过制定《国家人权行动计划》《中国妇女发展纲要》以及有针对性地制定相关政策，促进和保护妇女健康，建立起具有中国特色、防治结合，关注服务均等

---

① 周伟、刘旭：《分享经济对中国促进就业的贡献与展望》，南南人权论坛（2017年12月7～8日，北京）参会论文。

② 费平：《扩大社会保障覆盖面 切实保障公民的社保权益——中国在维护公民社保权益方面的做法和经验》，南南人权论坛（2017年12月7～8日，北京）参会论文。

③ 陆海娜：《构建人类命运共同体理念下的妇女发展权解读》，南南人权论坛（2017年12月7～8日，北京）参会论文。

化的妇幼医疗保健服务体系①。第三，关于儿童权益保障，北京市青少年法律援助与研究中心主任佟丽华认为，中国在儿童生存、保护和发展方面制定了专门法律和政策，严厉打击针对儿童的违法犯罪行为；优先关爱特殊儿童，注重解决残疾儿童、流浪儿童、困境儿童等特殊弱势儿童群体的现实问题；民政部、全国妇联等通过试点项目，不断推动儿童社会保护制度、儿童福利制度建设等工作，取得了显著成效②。第四，关于残疾人权益保障，武汉大学人权研究院副院长张万洪教授认为，"一带一路"倡议下的残疾人事务合作交流，是南南合作背景下人权发展的新平台、新实践，有很强的务实性，应以联合国《残疾人权利公约》为指引，遵循相关的原则，使残疾人成为发展的主体，也使发展更具有包容性，促进南南人权的实现③。第五，关于司法人权保障，最高人民法院高级法官李晓指出，近年来，中国的司法改革进一步强化了人权保障机制，全面深化司法公开，有效提升了司法公信力，南方国家也应加强司法合作，共同推动构建公正、合理、透明的国际司法新体系，推动司法人权事业向更远的方向迈进④。

7. 对外援助、医疗卫生合作、气候变化等其他相关领域

第一，在对非援助实现非洲人民发展权方面，中国维和警察培训中心原主任高心满教授认为，中国并不以保护人权为借口干涉非洲国家内政，而是重视通过自身的发展以及与非洲合作和援助推动非洲人民发展权的保护，通过非洲的发展内生出人权自我保护的动力，这是建立在对非洲的国家主权尊重的基础上的保护，更具有广泛性和可接受性⑤。第二，在国际医疗卫生合

---

① 夏吟兰：《中国妇女健康权的法治保障》，南南人权论坛（2017 年 12 月 7～8 日，北京）参会论文。
② 佟丽华：《加强南南儿童权利保障合作，为构建人类命运共同体夯实基础》，南南人权论坛（2017 年 12 月 7～8 日，北京）参会论文。
③ 张万洪：《南南人权发展的新平台："一带一路"残疾人事务合作》，南南人权论坛（2017 年 12 月 7～8 日，北京）参会论文。
④ 李晓：《加强南南国家的司法合作，推动全球人权事业发展》，南南人权论坛（2017 年 12 月 7～8 日，北京）参会论文。
⑤ 高心满：《中国对非援助与非洲人权保护浅析》，南南人权论坛（2017 年 12 月 7～8 日，北京）参会论文。

作方面，西北政法大学王秀梅教授认为，中国历来重视与亚非拉国家的医疗卫生合作，积极参与国际医疗援助，持续时间长、涉及范围广，对防止疾病蔓延、保障当地人民的健康权做出了重要贡献；中国将探索医疗卫生合作的新形式，如促进对外医疗基础设施投资、开展多种形式的医疗软援助等，积极参与全球健康治理①。第三，在气候变化与可持续发展方面，天津工业大学人文与法学院院长范国华教授等认为，中国应对气候变化南南合作是国际气候援助合作的重要一环，对广大发展中国家开展了诸如人才培养、设备支持、资金援助等形式多样的援助项目，成效显著，已经成为世界应对气候变化南南合作的积极倡导者与实践者，彰显了中国作为负责任大国对国际责任的担当，进一步推动了广大发展中国家、小岛屿国家和不发达国家人民发展权和健康权的实现，为推进世界经济、社会、环境的可持续发展起到十分重要的作用②。

附：首届"南南人权论坛"《北京宣言》③

2017 年 12 月 7 日至 8 日，首届"南南人权论坛"在北京举行。中国国家主席习近平致贺信，中共中央政治局委员、中央宣传部部长黄坤明出席论坛开幕式，宣读习近平主席贺信并致辞，外交部部长王毅出席论坛开幕式并致辞。本届论坛由中华人民共和国国务院新闻办公室、中华人民共和国外交部共同举办，来自世界 70 多个国家和国际组织的 300 余位代表出席论坛并积极参与讨论，共商发展中国家和世界人权发展大计。

与会人士认为，习近平主席致论坛的贺信，奉行人民至上的价值取向和以人民为中心的发展思想，坚持人权的普遍性和特殊性相统一，强调以合作

---

① 王秀梅：《国际医疗卫生合作与公民健康权的保障——以南南合作框架下的中国对非医疗援助为例》，南南人权论坛（2017 年 12 月 7~8 日，北京）参会论文。

② 范国华、宋佳宁：《中国应对气候变化南南合作的展望——以发展权为视角》，南南人权论坛（2017 年 12 月 7~8 日，北京）参会论文。

③ 首届"南南人权论坛"《北京宣言》，人民网，2017 年 12 月 8 日，http：//politics. people. com. cn/n1/2017/1208/c1001 – 29695653. html。

促发展、以发展促人权，呼吁共同构建人类命运共同体，对广大发展中国家乃至世界人权事业发展具有重要引领作用。

与会人士强调，习近平主席提出的构建人类命运共同体重大理念，顺应时代潮流，契合发展要求，体现了全新的人类社会价值追求，为解决包括人权治理在内的全球性问题指明了方向，是中国为推进人类社会发展进步而做出的重大思想贡献。

与会人士指出，当今世界，发展中国家人口占80%以上，全球人权事业发展离不开广大发展中国家共同努力。多年来，发展中国家人权状况不断得到改善，为推进世界人权事业发展作出了重大贡献。但是，受多种因素的制约和影响，提高发展中国家人权保障水平依然面临诸多问题，需要广大发展中国家和国际社会持之以恒，不懈奋斗。

与会人士表示，中国从国情出发推进人权事业发展，以生存权和发展权为首要的基本人权，坚持全面的、发展的人权观，不仅自身人权事业发展取得巨大成就，也为世界人权事业发展作出了重大贡献，提供了中国经验。

与会人士围绕"构建人类命运共同体：南南人权发展的新机遇"这一主题进行了深入思考和讨论，并共同宣告如下：

第一条

为确保对人权的普遍认可和遵行，人权的实现必须考虑区域和国家情境，考虑政治、经济、社会、文化、历史和宗教背景。人权事业发展必须也只能按照各国国情和人民需要加以推进。各国应坚持人权的普遍性和特殊性相结合的原则，从国情出发选择适合本国实际的人权发展道路或保障模式。各国和国际社会有责任为实现人权创造必要条件，包括维护和平、安全与稳定，促进经济和社会发展，消除实现人权的各种障碍。

第二条

人权是所有文明的内在组成部分，应承认所有文明平等，都应受到尊重。应珍视并尊重不同文化背景的价值和社会道德，相互包容、相互交流、相互借鉴。各国政府和各国人民应本着共商共建共享的原则，同心协力构建人类命运共同体，建设持久和平、普遍安全、共同繁荣、开放包容、清洁美丽的世界，使人类远离恐惧，远离贫困，远离疾病、远离歧视。人类命运共同体汇聚着世界各国人民对和平、发展、繁荣向往的最大公约数。

第三条

生存权和发展权是首要的基本人权。发展权的主体是人民。为实现人类整体利益的最大化，应坚持个人发展权与集体发展权相统一，使各国人民拥有平等的发展机会，充分实现发展权。发展中国家应当特别重视保障人民的生存权和发展权，特别是获得相当的生活水准、足够的食物、衣着、安全饮用水、住房的权利，获得安全、工作、受教育的权利，以及健康权利和社会保障权利等。国际社会应将消除贫困和饥饿等作为首要任务，着力解决发展不平衡不充分不可持续问题，为发展中国家人民发展权的实现创造更多有利条件。

第四条

人人生而自由，在尊严和权利上一律平等。人的尊严不仅涉及人的自由，而且关系人的全面发展。人权是个人权利与集体权利的统一。各国人民的生存权、发展权、和平权、环境权等，既是重要的集体人权，又是实现个人人权的前提和基础。所有人权不可分割、相互联系。公民和政治权利的获得离不开同时获得经济、社会和文化权利，两者同等重要，相互依存。

第五条

人权不可剥夺，各国都应为推进人权法治保障而努力。对人权限制必须由法律规定，并只应为了保障其他社会成员的人权和基本自由（其中包括免于宗教亵渎、种族主义和歧视），且满足国家安全、公共秩序、公共健康、公共安全、公共道德和人民普遍福利的正当需要。每个人都对所有其他人和社会负有责任，享有人权和基本自由必须与履行相应责任相平衡。

第六条

各国应根据本国法律和所承担的国际义务，注重保障特定群体的人权和基本自由，包括少数族裔、民族、种族，宗教和语言群体，妇女、儿童和老人，以及迁徙工人、残障人士、原住民、难民和流离失所者。各国有义务尊重和保护宗教少数群体，宗教少数群体同样有义务适应本土环境，包括接受

和遵守所在地的宪法和法律，融入当地社会。人人有权选择自己的信仰，包括选择信仰宗教和不信仰宗教，选择信仰某种宗教或信仰另一种宗教，不受歧视。

第七条

南南合作是促进发展中国家发展和人权进步的重要途径。南南国家之间应以同舟共济、权责共担、互帮互助、合作共赢的精神，坚持以团结促合作，以合作促发展，以发展促人权，努力实现更加充分的人权保障。国际社会应本着平衡、包容、普惠和可持续的原则，积极支持发展中国家加快发展，不断提高发展中国家人权保障水平。

第八条

国际社会对人权事项的关切，应始终遵行国际法和公认的国际关系基本准则，其中至为关键的是尊重国家主权、领土完整和不干涉各国内政。各国应坚持主权平等的原则，所有国家不论大小，均有权决定其政治制度，控制和自由利用其资源，自主追求其经济、社会和文化发展。人权问题上的政治化、选择性和双重标准，滥用军事、经济或其他手段干涉他国事务，是与人权的目的和精神背道而驰。国际社会保护人权的相关行动必须严格遵守《联合国宪章》的相关规定，并应充分尊重当事国和区域组织的意见。

第九条

人权的实现永无止境，人权事业的发展永远在路上。人权保障没有最好，只有更好。人民的满意是检验人权及其保障方式合理性的最终标准。各国政府有责任根据人民的要求持续提高人权保障水平。国际社会应在平等和相互尊重基础上通过对话交流、互学互鉴和凝聚共识，促进人权合作。

B.3
"一带一路"倡议与发展权
在中西部地区的实现

陈积敏*

摘　要： "一带一路"是由中国倡议发起，由各方共同打造的全球公
共产品。"一带一路"倡议与中西部地区发展权的实现密切
相关。中西部地区以"一带一路"建设为契机，在基础设施
互联互通、增进贸易畅通、机制与平台利用、政府政策引导
与服务、发掘比较优势方面取得了较大成绩，但同时也面临
着基础设施建设尚需完善、经济结构亟待优化、对外开放程
度仍需提高、人才集聚效应缺乏、生态环境保护尤须加强等
方面的发展约束。中西部地区应在提升发展权方面找准问题，
补足短板，实现既快又好的均衡发展。

关键词： "一带一路"　中西部地区　发展权

　　"一带一路"是由中国倡议发起，由各方共同打造的全球公共产品。
它以欧亚大陆作为重点，同时向世界其他地区延展与辐射，具有广泛的
世界意义与国际影响。实际上，"一带一路"的目的在于统筹国际国内两
个大局，抓住促进共同繁荣、推动共同发展这条主线，在互动中实现中
国与世界的互利共赢。因而，"推进'一带一路'建设，要聚焦发展这个

---

* 陈积敏，中共中央党校国际战略研究院副研究员，主要研究方向：美国外交与中美关系、国际移民问题。

根本性问题，释放各国发展潜力，实现经济大融合、发展大联动、成果大共享"①。"一带一路"建设离不开国内各地区各部门的大力推动与积极参与，同时也为中国各地区的平衡发展，尤其是中西部地区发挥后发优势提供了重要机遇。

一 "一带一路"倡议与发展权的实现密切相关

1986年12月4日，联合国大会通过的《发展权利宣言》将发展权确立为一项人权，宣称"发展权利是一项不可剥夺的人权，每个人及各国人民均有权参与、促进并享受经济、社会、文化和政治发展，在这种发展中，所有人权和基本自由都能获得充分实现"。因而，"发展权"的根本原则是要在发展过程中做到以人为本。中国是《发展权利宣言》的积极倡导者，不断丰富着发展权的内涵。2016年12月，中华人民共和国国务院新闻办公室发布了《发展权：中国的理念、实践与贡献》白皮书，指出："发展权是一项不可剥夺的人权，象征着人类尊严和荣耀。唯有发展，才能消除全球性挑战的根源；唯有发展，才能保障人民的基本权利；唯有发展，才能推动人类社会进步。"② 中国不仅强调发展之于发展权的重大意义，而且还充分认识到发展成果的共享性、可持续性之于个人权利实现的重要性，同时也清楚地认识到发展的历史进程性，强调"发展永无止境，发展权的实现没有终点。在实现发展权问题上，没有完成时，只有进行时；没有最好，只有更好"③。作为一个发展中国家，中国也深切认识到发展权的主体既包括个人，也包括集体和国家，是个人权利与集体权利乃至国家权利的统一。

不仅如此，中国还是促进发展的主动践行者，"一带一路"倡议正是促

---

① 习近平：《携手推进"一带一路"建设——在"一带一路"国际合作高峰论坛开幕式上的演讲》（2017年5月14日），《人民日报》2017年5月15日，第3版。

② 《发展权：中国的理念、实践与贡献》白皮书，国务院新闻办公室，http：//www. scio. gov. cn/zfbps/32832/Document/1532315/1532315. htm。

③ 《发展权：中国的理念、实践与贡献》白皮书，国务院新闻办公室，http：//www. scio. gov. cn/zfbps/32832/Document/1532315/1532315. htm。

进人类发展权实现的一种具体实践。自 2013 年该倡议提出以来，"一带一路"建设逐渐从理念转化为行动，从愿景转变为现实。目前，全球 100 多个国家和国际组织积极支持和参与"一带一路"建设，联合国大会、联合国安理会等重要决议也纳入"一带一路"建设内容。2017 年 5 月"一带一路"国际合作高峰论坛的召开就是对过去三年多来"一带一路"建设成果与经验的归纳与总结，更是对未来"一带一路"建设的谋划与设计。"一带一路"实施 4 年多来，100 多个国家和国际组织积极支持参与，一大批有影响力的标志性项目顺利落成。2014 年至 2016 年，我国同"一带一路"沿线国家贸易总额超过 3 万亿美元，对"一带一路"沿线国家投资累计超过 500 亿美元。中国企业在 20 多个国家设立了 56 个经贸合作区，为有关国家创造了近 11 亿美元的税收和 18 万个就业岗位①。正源于此，"一带一路"倡议得到了国际社会的广泛认同与普遍支持。2017 年 3 月，联合国安理会一致通过关于阿富汗问题的第 2344 号决议，首次载入"构建人类命运共同体"理念，呼吁国际社会通过"一带一路"建设等加强区域经济合作，敦促各方为"一带一路"建设提供安全保障环境，加强发展政策战略对接，推进互联互通务实合作②。这些都充分说明"一带一路"与促进发展、保障人权方面的紧密关系。

但是，国际社会对"一带一路"建设仍然存在一些不清楚、不理解的地方，甚至存在误解与曲解，诸如"新殖民主义""新马歇尔计划""转移过剩产能"等论调不一而足。因此，我们仍有必要梳理一下"'一带一路'是/不是什么""'一带一路'给世界带来了什么"等基础性重大问题。

首先，"一带一路"是开放性、包容性区域合作倡议，而非排他性、封闭性的中国"小圈子"。当今世界是一个开放的世界，开放带来进步，封闭导致落后。"一带一路"倡议就是要把世界的机遇转变为中国的机遇，把

---

① 习近平：《携手推进"一带一路"建设——在"一带一路"国际合作高峰论坛开幕式上的演讲》（2017 年 5 月 14 日），《人民日报》2017 年 5 月 15 日，第 3 版。

② 《外交部就"构建人类命运共同体"重要理念首次载入联合国安理会决议答问》，新华网，2017 年 3 月 20 日，http：//www.xinhuanet.com/2017 – 03/20/c_1120661676.htm。

中国的机遇转变为世界的机遇。可以说，"一带一路"的开放包容性特征是其区别于其他区域性经济倡议的一个突出特点。其次，"一带一路"是务实合作平台，而非中国的地缘政治工具。"和平合作、开放包容、互学互鉴、互利共赢"的丝路精神成为人类共有的历史财富，"一带一路"就是现时代秉承这一精神与原则提出的重要倡议。"一带一路"从一开始就具有平等性、和平性特征。平等是中国所坚持的重要国际准则，也是"一带一路"建设的关键基础。同时，"一带一路"建设离不开和平安宁的国际环境和地区环境，和平是"一带一路"建设的本质属性，也是保障其顺利推进所不可或缺的重要因素。再次，"一带一路"是共商共建共享的联动发展倡议，而非中国的对外援助计划。"一带一路"建设的核心主体与支撑力量并不是政府，而是企业，根本方法是遵循市场规律，并通过市场化运作模式来实现参与各方的利益诉求，政府在其中发挥构建平台、创立机制、政策引导等指向性、服务性功能。又次，"一带一路"是和现有机制的对接与互补，而非替代。"一带一路"的核心内容就是要促进基础设施建设和互联互通，对接各国政策和发展战略，以便深化务实合作，促进协调联动发展，实现共同繁荣。显然，它不是对现有地区合作机制的替代，而是与现有机制互为助力、相互补充。最后，"一带一路"建设是促进人文交流的桥梁，而非触发文明冲突的引线。"一带一路"跨越不同区域、不同文化、不同宗教信仰，但它带来的不是文明冲突，而是各文明间的交流互鉴。因而，"一带一路"将"民心相通"作为工作重心之一，通过在科学、教育、文化、卫生、民间交往等各领域的合作，为"一带一路"建设奠定更为坚实的民意基础与更加牢固的社会根基①。法国前总理德维尔潘认为，"一带一路"建设非常重要，"它是政治经济文化上的桥梁和纽带，让人民跨越国界更好交流"②。

"一带一路"合作范围不断扩大，合作领域更为广阔。它不仅给参与各

---

① 陈积敏：《正确认识"一带一路"》，《学习时报》2018 年 2 月 26 日，第 2 版。

② 赵银平：《"一带一路"——习近平之道》，新华网，2017 年 5 月 19 日，http：//www. xinhuanet. com/politics/2017－05/19/c_129607528. htm。

方带来了实实在在的合作红利，也为世界贡献了应对挑战、创造机遇、强化信心的智慧与力量。首先，"一带一路"为全球治理提供了新的路径与方向。当今世界，和平赤字、发展赤字、治理赤字的严峻挑战正摆在全人类面前。这充分说明现有的全球治理体系出现了结构性问题，亟须找到新的破题之策与应对方略。作为一个新兴大国，中国有能力、有意愿同时也有责任为完善全球治理体系贡献智慧与力量。面对新挑战新问题新情况，中国给出的全球治理方案是：构建人类命运共同体，实现共赢共享，而"一带一路"正是朝着这个目标努力的具体实践。"一带一路"针对各国发展的现实问题和治理体系的短板，创立了亚洲基础设施投资银行、金砖国家新开发银行、丝路基金等新型国际机制，构建了多形式、多渠道的交流合作平台，这既能缓解当今全球治理机制代表性、有效性、及时性难以适应现实需求的困境，并在一定程度上扭转公共产品供应不足的局面，提振国际社会参与全球治理的士气与信心，同时又能满足发展中国家尤其是新兴市场国家变革全球治理机制的现实要求，大大增强了新兴国家和发展中国家的话语权，是推进全球治理体系朝着更加公正合理方向发展的重大突破。其次，"一带一路"为新时期世界走向共赢带来了中国方案。不同性质、不同发展阶段的国家，其具体的战略诉求与优先方向不尽相同，但各国都希望获得发展与繁荣，这便找到了各国共同利益的最大公约数。如何将一国的发展规划与他国的战略设计相对接，实现优势互补便成为各国实现双赢多赢的重要前提。"一带一路"正是在各国寻求发展机遇的需求之下，以及在尊重各自发展道路选择基础之上所形成的合作平台。因为立足于平等互利、相互尊重的基本国际关系准则，聚焦于各国发展实际与现实需要，着力于和各国发展战略对接，"一带一路"不仅是一条合作之路，更是一条希望之路、共赢之路。最后，"一带一路"为全球均衡可持续发展增添了新动力，提供了新平台。"一带一路"涵盖了发展中国家与发达国家，实现了"南南合作"与"南北合作"的统一，有助于推动全球均衡可持续发展①。不仅如此，"一带一路"倡议的理

---

① 陈积敏：《正确认识"一带一路"》，《学习时报》2018 年 2 月 26 日，第 2 版。

念和方向，同联合国2030年议程高度契合，完全能够加强对接，实现相互促进。联合国秘书长古特雷斯表示，"一带一路"倡议与2030年可持续发展议程都以可持续发展为目标，都试图提供机会、全球公共产品和双赢合作，都致力于深化国家和区域间的联系。他强调，为了让相关国家能够充分从增加联系产生的潜力中获益，加强"一带一路"倡议与2030年可持续发展议程的联系至关重要①。就此而言，"一带一路"建设还有助于联合国2030年可持续发展议程的顺利实现。

二 "一带一路"倡议大力促进中西部发展

"十三五"规划明确提出："以区域发展总体战略为基础，以'一带一路'建设、京津冀协同发展、长江经济带发展为引领，形成沿海沿江沿线经济带为主的纵向横向经济轴带，塑造要素有序自由流动、主体功能约束有效、基本公共服务均等、资源环境可承载的区域协调发展新格局。"② 党的十九大报告再次强调，中国"要以'一带一路'建设为重点，坚持引进来和走出去并重，遵循共商共建共享原则，加强创新能力开放合作，形成陆海内外联动、东西双向互济的开放格局"③。"一带一路"建设的推进离不开中西部地区的积极参与。2015年3月，国家发展改革委、外交部、商务部联合发布的《推动共建丝绸之路经济带和21世纪海上丝绸之路的愿景与行动》文件中也对中西部地区在"一带一路"建设中的定位做出了明

---

① 张瑾：《联合国秘书长：加强"一带一路"与2030年可持续发展议程的联系至关重要》，国际在线，2017年5月14日，http://news.cri.cn/20170514/e9a662d6-5382-ca1b-2ef8-d4dfc6c09dd2.html。
② 《中共中央关于制定国民经济和社会发展第十三个五年规划的建议（二〇一五年十月二十九日中国共产党第十八届中央委员会第五次全体会议通过）》，《人民日报》2015年11月4日，第1版。
③ 习近平：《决胜全面建成小康社会 夺取新时代中国特色社会主义伟大胜利——在中国共产党第十九次全国代表大会上的报告》（2017年10月18日），《人民日报》2017年10月28日，第1版。

确说明（见表1）①。2017年5月10日，推进"一带一路"建设工作领导小组办公室发布《共建"一带一路"：理念、实践与中国的贡献》的报告，报告为共建"一带一路"确定了五大方向：丝绸之路经济带有三大走向，一是从中国西北、东北经中亚、俄罗斯至欧洲、波罗的海，二是从中国西北经中亚、西亚至波斯湾、地中海，三是从中国西南经中南半岛至印度洋；21世纪海上丝绸之路有两大走向，一是从中国沿海港口过南海，经马六甲海峡到印度洋，延伸至欧洲，二是从中国沿海港口过南海，向南太平洋延伸②。可见，中西部省区市是"一带一路"建设的中坚力量之一。同时，"一带一路"建设也为提升中西部地区的发展能力与水平，促进中西部地区发展权的更好实现提供了重大机遇。

表1　中西部省区市在"一带一路"建设中的发展定位

省区市	"一带一路"建设中的定位
新疆	打造丝绸之路经济带核心区
陕西	打造西安内陆型改革开放新高地
宁夏	推进宁夏内陆开放型经济试验区建设
甘肃、青海	加快兰州、西宁开发开放
内蒙古	发挥连通俄蒙的区位优势
广西	加快北部湾经济区和珠江—西江经济带开放发展，打造西南、中南地区开放发展新的战略支点，形成21世纪海上丝绸之路与丝绸之路经济带有机衔接的重要门户
云南	打造大湄公河次区域经济合作新高地，建设成为面向南亚、东南亚的辐射中心
西藏	推进西藏与尼泊尔等国家边境贸易和旅游文化合作
重庆	打造重庆西部开发开放重要支撑
河南、湖北、湖南、江西、安徽	打造成都、郑州、武汉、长沙、南昌、合肥等内陆开放型经济高地

资料来源：根据《推动共建丝绸之路经济带和21世纪海上丝绸之路的愿景与行动》文件整理而成。

---

① 《授权发布：推动共建丝绸之路经济带和21世纪海上丝绸之路的愿景与行动》，新华网，http://news.xinhuanet.com/world/2015-03/28/c_1114793986.htm。

② 《（受权发布）共建"一带一路"：理念、实践与中国的贡献》，新华网，http://news.xinhuanet.com/politics/2017-05/10/c_1120951928.htm。

（一）基础设施互联互通，增强发展动能

"一带一路"建设的重点在于"五通"，即政策沟通、设施联通、贸易畅通、资金融通和民心相通，简言之就是要"互联互通"。其中，基础设施的互联互通是促进地区发展的重要前提，也是推动外向型经济发展的关键保障，尤其是道路联通。中西部地区的发展面临的一大瓶颈就是在与外界的道路联通方面发展相对滞后。"一带一路"建设将道路联通作为优先领域，为中西部地区的发展带来了前所未有的重大机遇，同时也形成了一批具有标志性的项目，如中欧班列与中新互联互通项目南向通道（以下简称"南向通道"）。

1. 中欧班列

由中国铁路总公司主导开行的中欧班列，经过 6 年多的培育和发展，已逐步成为跨欧亚铁路国际联运的知名品牌，累计开行 6000 多列。2017 年中欧班列开行数量为 3600 列，创中欧班列年度开行数量历史新高，超过 2011 年至 2016 年六年开行数量的总和[1]。目前，中欧班列已铺画运行线 57 条，国内开行城市达到 35 个，到达欧洲 12 个国家 34 个城市。2017 年 5 月，中国铁路总公司倡议，并与重庆、成都、郑州、武汉、苏州、义乌、西安等 7 家班列平台公司共同发起成立了中欧班列运输协调委员会，共同协调解决中欧班列发展中面临的问题，进一步降低物流成本，提高运行品质和效率[2]。据统计，2017 年 1～10 月，经满洲里铁路口岸进出境中欧班列共 1087 列，同比增长 17.9%，共 9.24 万个标箱，同比增长 37.54%，进出口贸易值为46.5 亿美元，同比增长 27.71%。目前，经满洲里口岸进出境中欧班列线路共 41 条，其中出境班列线路 30 条，入境班列线路 11 条[3]。

---

① 唐佳蕾：《2017 年中欧班列共开行 3600 列　超六年开行数量总和》，中国网，http://news. china. com. cn/txt/2018 - 01/02/content_50184205. htm。
② 樊曦：《中欧班列突破 6000 列》，《人民日报》2017 年 11 月 19 日，第 1 版。
③ 顾阳：《41 条中欧班列线路　经满洲里口岸出入境》，《经济日报》2017 年 11 月 20 日，第 10 版。

中欧班列还不断开设新的线路，服务于"一带一路"建设，同时也推动了相关地区的发展。2017 年 11 月 28 日，满载着水果、电子产品等货物的 79749 次集装箱班列驶出南宁南站，直通越南河内。这是广西开往越南的首趟中欧班列，标志着广西与东盟经济贸易合作开辟了物流新通道。目前，中越贸易物流主要以跨境陆路汽车运输为主，且跨境陆运能力已趋于饱和。中欧班列（中国南宁—越南河内）跨境集装箱直通运输将以大运量和安全、高效、实惠等运输优势，提升跨境物流通道能力①。此外，跨境铁路与公路的联通也实现了无缝对接，进一步提高了道路运输的便利性。2017 年 10 月初，经由重庆东盟公路班车运抵重庆南彭公路保税物流中心的 200 箱上万件国际著名品牌男装，经过分拣、换箱等作业后，登上中欧班列前往欧洲。至此，重庆东盟公路班车首次实现与中欧班列（重庆）的无缝联结。重庆东盟班车与中欧班列（重庆）实现对接，打通了中欧班列（重庆）与重庆东盟班车之间联结的节点，形成了一条横跨欧亚大陆的多式联运国际贸易新通道②。

2. 南向通道

中新互联互通项目南向通道建设是在中新（重庆）战略性互联互通示范项目框架下，以重庆为运营中心，中国西部相关省区市（如重庆、广西、贵州、甘肃）与新加坡等东盟国家通过区域联动、国际合作共同打造、有机衔接"一带一路"的复合型国际贸易物流通道。"南向通道"利用铁路、公路、水运、航空等多种运输方式，由重庆向南经贵州等省市，通过广西北部湾等沿海沿边口岸，通达新加坡及东盟主要物流节点，进而辐射南亚、中东、澳大利亚等区域；向北与中欧班列连接，利用兰渝铁路及甘肃的主要物流节点，连通中亚、南亚、欧洲等地区③。南向通道的形成将有效节省运营

① 庞革平：《广西至越南开通首趟中欧班列》，《人民日报》2017 年 11 月 29 日，第 10 版。
② 韩振：《重庆东盟公路班车与中欧班列（重庆）实现对接》，新华网，http://news.xinhuanet.com/2017-10/03/c_1121760354.htm。
③ 冉瑞成、吴陆牧：《中新互联互通建设加快推进》，《经济日报》2017 年 11 月 27 日，第 7 版。

成本，提高运输效率。例如，从重庆经长江航运出海是 2400 公里，运输时间超过 14 天，如果重庆经铁路到北部湾港口约是 1450 公里，运距缩短 950 公里，运输时间只有 2 天，大大节约运距和时间成本。如果从兰州向南到新加坡，比向东出海时间节约 5 天左右，陆海运距缩短约一半①。可见，南向通道向南连接 21 世纪海上丝绸之路和中南半岛，向北连接丝绸之路经济带，形成"一带一路"经西部地区的完整环线，是极具战略意义的陆海贸易新通道②。

不仅如此，各地还利用"一带一路"建设的契机，大力发展区域内基础设施建设与对外互联互通工程。以贵州省为例，该省加快推进设施联通建设，在西部地区率先实现县县通高速公路，西南出海便捷通道厦蓉高速黔桂界全线通车，全省高速公路通车里程 2017 年底突破 5800 公里，出省通道达到 17 个；高速铁路连通珠三角、长三角、京津冀、滇中等地区，高速铁路突破 1200 公里，铁路出省通道达到 14 个。通航机场实现 9 个市（州）全覆盖，"1 干 16 支"民用航空机场网络加快构建，国际航线达到 23 条，航线辐射中国港澳台、韩国、日本、泰国等 13 个国家和地区。黔深欧海铁联运班列实现常态化运营，川贵广—南亚物流大通道、渝桂黔陇—中新互联互通项目南向通道等大型综合交通枢纽建设加快推进，"数字丝路"跨境数据枢纽港启动建设，贵阳·贵安国家级互联网骨干直联点建成，贵州省与"一带一路"国家的便捷大通道加快构建，贵州作为西部地区"一带一路"重要连接线作用日益体现③。云南也全力配合国家努力实现与周边国家的互联互通。如今昆明—越南河内—海防、昆明至瑞丽、昆明至磨憨公路已实现全程高速化；泛亚铁路东线境内段已建成通车，玉溪—磨憨铁路加快推进。水运方面，澜沧江—湄公河航道二期整治项目前期工作正式启动，中越红河水

① 《中国西部地区首条南向出海通道启动建设　对接一带一路》，观察者网，http://www.guancha.cn/Project/2017_07_11_417623.shtml。
② 刘贤：《中国四地共建中新互联互通项目南向通道》，新华网，http://news.xinhuanet.com/fortune/2017–08/31/c_129693841.htm。
③ 王淑宜：《贵州省务实推进"一带一路"建设》，贵州省人民政府网站，http://www.gzgov.gov.cn/xwdt/gzyw/201711/t20171101_1079001.html。

运、中缅伊洛瓦底江陆水联运项目有序推进。航空方面,云南现已运营民用
运输机场 15 个,开通航线 413 条、国内外通航城市 159 个①。

(二)增进贸易畅通,实现开放发展

2017 年中西部主要省区市与"一带一路"相关国家的贸易额均有较大
幅度提升。西部地区,如四川、重庆、内蒙古、新疆等地贸易额增长明显。
2017 年 1 ~ 10 月四川省实现货物贸易进出口总值 3752.7 亿元(人民币,下
同),同比增长 48.4%。其中,出口 2051.6 亿元,增长 42.8%;进口
1701.1 亿元,增长 55.8%。"一带一路"部分沿线国家(地区)增势迅猛,
是 2017 年以来四川外贸进出口运行中的一大亮点。统计显示,1 ~ 10 月四
川与以色列(激增 1.2 倍)、埃及(激增 2.5 倍)、罗马尼亚(激增 4.9
倍)、伊拉克(激增 2.1 倍)等"一带一路"部分沿线国家(地区)外贸
增势良好。在"一带一路"倡议推动下,四川企业对外承包工程出口货物
30.3 亿元,激增 1.2 倍②。2017 年前三季度,重庆在与"一带一路"沿线
国家的合作中表现出两大特点。一是大幅推进"一带一路"沿线国家工程
建设。该市企业在"一带一路"沿线 12 个国家新签对外承包工程合同额
7.0 亿美元,占同期总额的 64%;新签项目合同数 43 份,较去年同期多 8
份。对外工程完成营业额 5.0 亿美元,占同期总额的 74%,较 2016 年增
长了 23 个百分点。二是紧扣"五通",着力与"一带一路"沿线国家设
施相连。前三季度,该市企业在"一带一路"沿线国家承包工程完成营
业额项目中,工业建设、交通运输建设、房屋建筑等设施联通项目占比突
出,分别达到 43.1%、26.5%、26.5%。同时,在 2017 年新签的对外工
程合同中,交通运输建设项目占比达 47.8%,通信工程建设、电力工程

---

① 王淑宜:《贵州省务实推进"一带一路"建设》,贵州省人民政府网站,http://www.
gzgov. gov. cn/xwdt/gzyw/201711/t20171101_1079001. html;《云南:五通搭桥融入一带一路》,
新华网,http://news. xinhuanet. com/local/2017 – 10/27/c_1121868555. htm。
② 杨福:《1 ~ 10 月四川货物贸易进出口同比增 5 成 "一带一路"沿线部分国家增势迅猛》,
一带一路网,https://www. yidaiyilu. gov. cn/xwzx/roll/36603. htm。

建设等项目占比达 19.5%、15.4%①。11 月 8 日，呼和浩特海关表示，2017 年前三季度，内蒙古自治区对"一带一路"沿线国家进出口金额为 463.9 亿元，比去年同期增长 35.2%。自 2016 年 1 月起，内蒙古对"一带一路"沿线国家进出口金额持续增长，蒙、俄两国为主要贸易伙伴。其中内蒙古对蒙古国进出口为 197.6 亿元，大幅增长 50.5%；对俄罗斯进出口 160.4 亿元，增长 20.2%②。前三季度新疆外贸总值超千亿元人民币，达 1028 亿元，同比增长近三成。其中，出口 888.5 亿元，同比增长 27.8%；进口 140 亿元，同比增长 42.8%。其中，新疆与"一带一路"沿线贸易伙伴进出口增长 35.6%，高出同期新疆进出口增速近 6 个百分点。哈萨克斯坦和吉尔吉斯斯坦是主要贸易国，进出口总值分别达 451 亿和 228 亿元，同比增幅大③。

中部地区，如湖北、山西、湖南、江西等地与"一带一路"相关国家贸易也呈现了同样的增长趋势。经商务部确认，2017 年 1~7 月，湖北省对外承包工程新签合同额首次突破 100 亿美元大关，达 128.4 亿美元，超过 2016 年一年的总额，鄂企已成为"一带一路"上的亮丽中国名片。其中，在"一带一路"沿线国家承包工程新签合同额 79.3 亿美元，占总额的 61.8%④。10 月 27 日，太原海关发布最新统计数据，2017 年前三季度，山西省进出口总值 837.6 亿元，同比增长 4.8%。其中，出口 508 亿元，同比增长 6.1%；进口 329.6 亿元，同比增长 2.9%。贸易顺差 178.4 亿元，同比增长 12.7%。其中，对"一带一路"沿线国家进出口 177.8 亿元，同比增长 0.6%⑤。据海关统计，2017 年前三季度，湖南省对"一带一路"沿线

① 《前三季度我市"一带一路"沿线国际合作加快》，重庆市商务委员会网站，http://wsy.cq.gov.cn/news/readnews/nid/0ec8703d725b49f4324103af5e058fab。
② 李爱平：《前三季度内蒙古对"一带一路"沿线国家进出口超 460 亿元》，中国新闻网，http://www.chinanews.com/cj/2017/11-08/8371491.shtml。
③ 李晓玲：《新疆外贸大幅增长 "一带一路"红利持续释放》，新华网，http://news.xinhuanet.com/2017-10/25/c_1121854313.htm。
④ 吴浩：《鄂企"一带一路"上大显身手》，《中华工商时报》2017 年 8 月 28 日，第 1 版。
⑤ 孟婷：《前三季度山西省进出口总值 837.6 亿元》，人民网，http://sx.people.com.cn/n2/2017/1031/c189130-30870776.html。

国家进出口总额 370.9 亿元，同比增长 45.8%，其中，对俄罗斯、乌克兰、匈牙利等 9 个沿线国家出口同比增长一倍多。自该倡议提出以来，湖南省与"一带一路"相关国家的交通基础设施互联互通水平不断提升，特别是铁路和航空运输发展迅速，有力地推动了贸易增长。其中，湘欧快线已发展覆盖了沿线国家 13 个主要城市，前三季度进出口货物 10.7 万吨，增长 2 倍，进出口总额 35.8 亿元，增长 1.3 倍①。江西省主动参与国际经济合作，对外承包工程不断取得重大突破。截至 2017 年底，全省完成对外承包营业额 37.9 亿美元，增长 8.47%，总量排名全国第七，新签合同额 37.2 亿美元，增长 102%。统计数据显示，江西省在"一带一路"沿线 21 个国家完成对外承包工程营业额 8.31 亿美元，占全省对外承包工程总额的 22%；新签合同额 5.96 亿美元，增长 243%。江西省企业在"一带一路"沿线国家的承包工程业务发展后劲不断增强，其中超大型项目屡有斩获，继 6 月江西国际经济技术合作公司拿下 12.45 亿美元的赞比亚卢恩公路建设总承包项目后，11 月，江西建工集团又在"一带一路"沿线重要国家孟加拉国，与马来西亚企业合作成功签下总额 12.3 亿美元的住房建设项目，并且全部由江西建工总承包施工②。

（三）利用现有机制，构建新的平台

推进"一带一路"建设，机制与平台构建尤为关键。中西部省区市有效利用现有机制来推介本地区的特色优势产业，同时也结合自身特点以及国际市场需求积极探索构建新的平台。例如，机制方面，中国一直倡导要充分发挥上海合作组织（SCO）、中国—东盟"10 + 1"、亚太经合组织（APEC）、亚欧会议（ASEM）、中阿合作论坛、中国—海合会战略对话、大湄公河次区域（GMS）经济合作、中亚区域经济合作（CAREC）等现有多

---

① 何昌笠、罗扬帆、周月桂：《前三季度我省对"一带一路"沿线国家进出口大增》，《湖南日报》2017 年 10 月 26 日，第 10 版。
② 刘佳惠子：《深耕"一带一路"沿线国家　江西对外承包工程总量跃居全国第七》，《江西日报》2018 年 1 月 9 日，第 2 版。

边合作机制作用，使更多国家和地区参与"一带一路"建设。平台方面，中国将继续发挥沿线各国区域、次区域相关国际论坛、展会以及中国—东盟博览会、中国—亚欧博览会、欧亚经济论坛、中国国际投资贸易洽谈会，以及中国—南亚博览会、中阿博览会、中国西部国际博览会、中国—俄罗斯博览会、前海合作论坛等平台的建设性作用①。可见，这些机制与平台建设当中很大一部分是以中西部省区作为主体展开的。

2017 年中西部省区市利用现有机制与平台在推动"一带一路"建设和促进本区域发展方面取得了较大成绩。2017 年 6 月 3 ~ 7 日，由国家发改委、商务部、全国工商联、国家工商总局、陕西省政府等共同主办的"2017 丝绸之路国际博览会暨第 21 届中国东西部合作与投资贸易洽谈会"在西安举行，陕西省重点推介项目 422 个，总投资 8900 亿元，主要涉及农业、能源化工、制造业、轻纺食品医药、战略性新兴产业等九大类。据统计，本届丝博会陕西省代表团共签订利用外资项目合同总投资额 57.18 亿美元②。2017 年 10 月 27 日，第十一届中国（合肥）国际文化博览会在合肥滨湖国际会展中心开幕，吸引来自印度、巴基斯坦、伊朗、埃及等"一带一路"沿线国家的近 70 名展商参加③。2017 年 12 月 5 ~ 7 日，第九届中国新疆商品展览会在乌兹别克斯坦首都塔什干举办，共有 45 家企业参展，涉及机电、建材、纺织、服装、食品、农业等传统领域和节能环保、绿色农业、国际物流等新兴产业④。

此外，部分省区还针对自身发展特点，推出了自选动作。2017 年 11 月 26 日，为推进与"一带一路"沿线国家旅游合作，进一步夯实"宁夏—迪

---

① 《授权发布：推动共建丝绸之路经济带和 21 世纪海上丝绸之路的愿景与行动》，新华网，http://news.xinhuanet.com/world/2015 - 03/28/c_1114793986.htm。
② 张维：《2017 丝博会暨第 21 届西洽会昨闭幕　陕西签约外资 57 亿美元》，人民网，http://sn.people.com.cn/n2/2017/0608/c381567 - 30296001.html。
③ 赵强、张强、夏莹：《第十一届合肥文博会开幕　"一带一路"沿线近 70 名展商参加》，一带一路网，https://www.yidaiyilu.gov.cn/xwzx/dfdt/31956.htm。
④ 沙达提：《新疆商品亮相乌兹别克斯坦》，《人民日报》（海外版）2017 年 12 月 8 日，第 3 版。

拜旅游年"合作基础,巩固"2017 中国—阿拉伯国家旅行商大会"交流合作成果,宁夏在迪拜举办"美丽中国·神奇宁夏"专场推介会。迪拜旅游主管部门及阿联酋各大旅行商、媒体等 100 多名代表应邀出席推介会①。

(四)加强政策引导与规划,发挥政府指导与服务作用

"一带一路"建设的主体是企业,但政府的政策导向与服务功能也不可或缺。为了加强政策指导,国务院组织成立了推进"一带一路"建设工作领导小组,中西部部分省区市也建立了相应的领导与协调部门(见表 2),并制定相关行动计划。2017 年 4 月 17 日,陕西省发布了《陕西省"一带一路"建设 2017 年行动计划》,提出了以建设综合立体交通网络、建设国际物流枢纽、推进大通关体系建设等构建交通商贸物流中心,以加强与重点国家地区经贸合作、加快国际合作产业园建设等构建国际产能合作中心,以强化科技领域合作、强化培训教育合作等构建科技教育中心,以深化国际旅游合作、推进智慧旅游系统等构建国际旅游中心,以打造金融聚集区、拓展金融业务等构建区域金融中心。同时,加强环保和生态领域合作,推进韩国与陕西省共建大气污染防治示范项目和西安高新技术产业开发区环保产业园;推进西安市与瑞典于奥默市垃圾分类项目合作,在西安浐灞生态区开展试点,完善现代城市垃圾网格化管理体系,办好重要国际合作活动,如欧亚经济论坛、丝博会暨西洽会、杨凌农高会、陕粤港澳经济合作周、全球秦商大会、西部跨采会等重大投资促进活动②。为了加强组织领导,2017 年 7 月 26 日,陕西省政府决定将省推进丝绸之路经济带新起点建设工作领导小组调整为省推进"一带一路"建设工作领导小组③。

---

① 《宁夏在迪拜举办推介会 推进与"一带一路"沿线国家旅游合作》,一带一路网,https://www.yidaiyilu.gov.cn/xwzx/dfdt/37457.htm。
② 《陕西省人民政府关于调整省推进"一带一路"建设工作领导小组的通知》,陕西省人民政府网,http://www.shaanxi.gov.cn/gk/zfwj/85229.htm。
③ 《陕西省人民政府关于调整省推进"一带一路"建设工作领导小组的通知》,陕西省人民政府网,http://www.shaanxi.gov.cn/gk/zfwj/85229.htm。

表2 中西部部分省区专设"一带一路"协调部门名称

省区	原名	现名
山西	参与"一带一路"建设工作领导小组(2016年4月)	未变更
湖南	推进"一带一路"建设工作领导小组(2016年1月)	"一带一路"建设暨国际产能合作工作领导小组(2016年4月)
江西	参与"一带一路"建设和推动长江经济带发展领导小组(2016年6月)	未变更
河南	参与建设"一带一路"工作领导小组(2016年8月)	未变更
四川	推进"一带一路"建设工作领导小组(2015年8月)	未变更
陕西	推进丝绸之路经济带新起点建设工作领导小组	推进"一带一路"建设工作领导小组(2017年7月)
西藏	推进"一带一路"建设工作领导小组(2017年8月)	未变更

资料来源:根据各省区市文件整理而成。

2017年12月初,新疆维吾尔自治区人民政府研究出台了《新疆参与中蒙俄经济走廊建设实施方案》(简称《方案》),进一步完善了新疆与蒙古、俄罗斯两国在基础设施互联互通、经贸、人文和生态环保等领域合作的顶层设计。《方案》提出,要以基础设施互联互通为先导,以乌鲁木齐市、阿勒泰地区等沿线区域为依托,以塔克什肯、红山嘴、乌拉斯台、老爷庙等口岸为节点,以商贸物流和医疗合作为重点,以产业合作、多边贸易和优化生产要素为动力,加快对外开放步伐,持续提升新疆与蒙俄两国合作空间,全面推进丝绸之路经济带核心区建设与中蒙俄经济走廊建设深度融合①。

---

① 《〈新疆参与中蒙俄经济走廊建设实施方案〉发布》,一带一路网,https://www.yidaiyilu.gov.cn/xwzx/dfdt/38656.htm。

2017 年 5 月，江西省参与"一带一路"建设和推动长江经济带发展领导小组办公室制定了《江西省 2017 年参与"一带一路"建设工作要点》，指出 2017 年江西省参与"一带一路"建设总体要求是：认真贯彻创新、协调、绿色、开放、共享五大发展理念，落实好中央和省关于"一带一路"建设的工作部署，突出重点国别、重点企业、重大项目，全面对接融入"一带一路"建设，力争在通道、产业、经贸、人文交流等方面取得早期收获①。2017 年 11 月 23 日，湖南省委常委、常务副省长，湖南推进"一带一路"建设暨国际产能合作工作领导小组组长陈向群主持召开会议，深入贯彻落实中央精神，研究部署新阶段湖南省推进"一带一路"建设暨国际产能合作工作②。

为了提升贸易便利化、自由化，降低企业成本，各地区政府职能机关与金融机构也采取了积极措施。例如，2017 年 5 月 22 日，湖南出入境检验检疫局发布数据：1~4 月，该局为湖南省出口至"一带一路"沿线国家和地区的商品，签发原产地证书 12943 份，签证金额 7.33 亿美元，同比分别增长 53.66%、76.95%，为企业减少目标国关税超过 3000 万美元③。中国进出口银行湖南省分行充分发挥湘企"走出去"政策性融资主渠道作用，不断加大对湘企参与"一带一路"建设的金融支持力度。该行 5 月 15 日发布的数据显示，截至 4 月末，分行表内业务余额 681.95 亿元，其中，涉及"一带一路"项目的贷款余额 160.34 亿元，较年初新增 47.25 亿元，增长 42%④。广西税务部门主动作为，及时为"走出去"企业开展便捷办税服务，实时提供跨境税收抵免、出口退税等相关税收政策咨询辅导，"一对

---

① 《江西省参与"一带一路"建设和推动长江经济带发展领导小组办公室关于印发〈江西省2017 年参与"一带一路"建设工作要点〉的通知》，江西省发改委网站，http://www.jxdpc.gov.cn/departmentsite/dqcc/tztg/gztz/201705/t20170522_199991.htm。
② 《湖南省召开推进"一带一路"建设暨国际产能合作工作领导小组第二次会议》，一带一路网，https://www.yidaiyilu.gov.cn/xwzx/dfdt/38658.htm。
③ 《我省对"一带一路"原产地签证大增》，湖南省人民政府网站，http://www.hunan.gov.cn/hnyw/bmdt/201705/t20170523_4820371.html。
④ 《湖南进出口银行"一带一路"贷款新增 42%》，湖南省人民政府网站，http://www.hunan.gov.cn/zfsj/sjfb/201705/t20170518_4847938.html。

一"服务"走出去"企业，为企业量身定做境外税收风险防控方案等。2017 年，广西国、地税办理减免退税 637 亿元，同比增加 149.6 亿元，增长 30.7%，比全区税收增幅快 24.6%，有效促进了供给侧改革和"一带一路"建设①。

（五）深挖自身优势，实现跨越发展

发挥比较优势，实现跨越发展是中西部地区创新思维、强势崛起的关键策略。同时，"一带一路"建设也需要各地区深挖自身优势，发挥特色产业在推动地区发展中的作用。以广西为例，广西利用自身独特的旅游资源与区位优势，大力推动旅游业的发展。目前广西已与东盟 8 个国家建立了国际合作园区，包括中国—马来西亚（钦州）和关丹"两国双园"、中国—印尼经贸合作区等，并植入旅游要素推进相关合作；继续推进东兴—芒街、靖西—龙邦等跨境旅游合作区建设；指导防城港市、百色市（靖西、那坡）和崇左市申报设立国家边境旅游试验区，将防城港、崇左两市边境旅游试验区建设成为国家全域旅游示范区的边境版；按照中越两国政府协定，推进中越德天—板约跨境旅游合作区建设，建设全国首个国际旅游合作试验区，努力将其建造成为中国面向"一带一路"建设参与国的旅游合作典范。2017 年，广西共接待国内外游客 5.05 亿人次，同比增长 22.2%；实现旅游总消费 5299.5 亿元，同比增长 26.4%②。此外，广西还通过各种形式的活动来推动与"一带一路"相关国家的人文交流。例如，广西"一带一路手拉手"中国—东盟青年外语演讲大赛。企业是"一带一路"建设的主体，在促进地区发展中，企业也发挥着中坚作用，其中民营企业更是承载着巨大的社会功能。广西壮族自治区工商业联合会调查显示，广西民企在亚洲、北美洲、欧洲、非洲、大洋洲、南美洲等均有投资，遍及 46 个国家和地区。其中，

---

① 何伟：《广西减免退税 637 亿元助力供给侧改革和"一带一路"建设》，新华网，2018 年 2 月 27 日，http：//www.xinhuanet.com/2018－02/27/c_1122462143.htm。
② 吴丽萍、唐晓宁：《融入"一带一路"打响旅游品牌》，《广西日报》2018 年 1 月 12 日，第 1 版。

在"一带一路"沿线国家的项目数占比达 83.6%。广西民企在"一带一路"沿线国家投资行业较多，实力不断提升。据商务部门核准备案的境外投资企业统计，制造业企业占全部境外投资企业的 19.6%，涉及食品、机械制造、电子、建材、化工、造纸、农产品加工等行业，并逐步向先进制造业发展①。

三　中西部地区推进"一带一路"建设面临的问题与对策

中西部地区在推进"一带一路"建设、促进地区发展方面也存在不少现实问题与挑战，主要表现在以下几个方面。

第一，基础设施建设尚需完善。近年来，中西部地区在基础设施互联互通方面取得了巨大成绩，但和东部发达地区相比仍较薄弱，在基础设施建设方面还有较大提升空间。如果中西部地区在融入"一带一路"建设过程中不能尽快补足基础设施建设的短板，缩小与东部地区的差距，其在发展上仍将面临重大制约。尤其是随着互联网经济的快速发展，如果道路等基础设施跟不上，货物运输等物流成本居高不下，不仅制约地区经济发展，而且也会对社会民生的改善造成不利影响。

第二，经济结构亟待优化升级。近年来，中西部工业化进程推动产业结构的不断高度化，贵州、云南、甘肃和广西处于工业化中期的前半阶段，西藏和新疆处于工业化前期的后半阶段②。在我国经济结构发展变化的情况下，中西部地区企业的转型升级成为现实课题，而技术创新是转型升级的基础与关键。对于中西部地区经济发展来讲，如何发挥技术创新的效能，借助"一带一路"倡议提升企业竞争力，融入区域经济一

① 简文湘：《广西民企积极参与"一带一路"建设》，《广西日报》2017 年 4 月 19 日，第 10 版。

② 雷德雨：《"一带一路"建设背景下的西部经济发展：机遇、问题和策略》，《经济研究参考》2016 年第 8 期。

体化发展进程中，展示中西部地区区域经济发展的优势，是当前面临的现实问题①。

第三，西部地区对外开放程度加速提升，但与东部地区仍存在较大差距。2017 年 1～10 月，东部地区货物贸易进出口总额为 186144 亿元人民币，同比增长 14.7%；东北地区为 7593 亿元，同比增长 17.9%；中部地区为 14591 亿元，同比增长 19.2%；西部地区 16895 亿元，同比增长高达 26.1%。西部、中部、东北地区外贸 2017 年 1～10 月同比增速在四大板块中分别位居第一、第二、第三，东部地区外贸增速放缓②。这一成绩的取得与"一带一路"建设有着密不可分的关系。"一带一路"等项目的建设，使中西部地区辐射范围扩大到中亚、西亚和东南亚国家，中欧班列的开通更是密切了中西部地区与欧洲及"一带一路"沿线国家的联系，增强了对外经贸合作空间。2017 年上半年中西部地区与"一带一路"沿线国家的贸易额占其总贸易额的 1/3 以上，新疆名列首位，贸易额占比达近 90%，同时，中西部与"一带一路"沿线国家贸易额同比增长也达近 30%，高于全国整体水平③。然而，从进出口总额的绝对量来看，东西部地区存在很大差距。因而，东西部地区在区域经济发展方式、产业结构和竞争优势方面差距较大，亟待扩大西部地区的对外开放水平，提高经济外向度。

第四，人才集聚效应缺乏。中西部地区的发展离不开智力资源的支持，无论是传统产业升级，还是新业态的发展都需要通过技术创新来加以推动，人才的广泛集聚便显得尤为重要。然而，中西部地区在这方面还缺少足够的吸引力。这可以从中西部地区与东部地区产业结构的比例对比中窥见一斑。尽管近年来中西部地区第三产业在 GDP 中的比重有所上升，但东部地区

① 宋萌、刘涵：《借助"一带一路"推动西部大开发》，《人民论坛》2017 年第 31 期。
② 《重磅！陆海内外联动、东西双向互济的开放格局已悄然做好准备》，海关信息网，http：//www. haiguan. info/NewsInfor/MacroscopicaAnalyseDetail. aspx？ id＝3911。
③ 《重磅！陆海内外联动、东西双向互济的开放格局已悄然做好准备》，海关信息网，http：//www. haiguan. info/NewsInfor/MacroscopicaAnalyseDetail. aspx？ id＝3911。

第三产业已经成为经济价格中的绝对主力，而第三产业主要的要素就是高素质人才。与此同时，东部地区高技术产业的规模也远高于其他地区，高技术产业和第三产业共同决定了高级人力资本对东部地区经济增长的拉动作用明显[1]。

第五，生态环境保护亟须加强。从生态承载能力的角度来看，相比较东部地区，我国西部地区存在生态环境脆弱的劣势，宁夏、甘肃、贵州、西藏、青海等西部省区属于生态环境极强度脆弱区，四川、云南和内蒙古属于生态环境强度脆弱区，生态环境脆弱的现实使得区域经济发展面临更大的生态风险。由于西部地区生态环境脆弱，加之产业结构、经济发展水平以及能源利用效率等问题，可能在排放拐点到来之前触及环境承载能力极限而引发环境系统崩溃[2]。因而，中西部地区是生态环境保护的重点地区，在维持生态平衡方面具有重要意义。然而，近年来中西部地区生态问题相对突出，如甘肃祁连山生态保护问题。

有鉴于此，中西部地区在提升本地区发展权方面应找准问题，补齐短板，抓住并用好"一带一路"建设提供的重大发展机遇，激活本地区的主观能动性，注重发挥比较优势，激发发展动能，提升发展能力，促进本地区的均衡发展并最终实现人的全面发展。

第一，完善基础设施建设，提高公共服务水平。基础设施建设是推进区域经济发展的根本保障，同时也是中西部地区借力"一带一路"建设扩大对外开放的重要基础。中西部地区应根据本地的比较优势和"一带一路"格局中的发展定位，完善铁路公路机场港口等交通基础设施、电子商务等信息基础设施、保税区等领域的建设，提高对外开放水平。同时，提高中西部城镇的教育、医疗等公共服务水平，推动西部地区的城镇化建设，培育一系列新的区域增长极，加快城乡一体化进程，形成连接东部发

---

① 陶敏阳、汪波、张铁钢：《中国经济增长动力及区域差异因素研究——基于省域面板数据实证分析》，《区域金融研究》2017年第3期。
② 雷德雨：《"一带一路"建设背景下的西部经济发展：机遇、问题和策略》，《经济研究参考》2016年第8期。

达地区的经济支撑带①。

第二，改造传统产业，实现产业优化、升级与"走出去"。鉴于中西部地区资源富集但生态环境脆弱的特点，该地区的发展应该立足区位特点，遵循绿色发展的理念，利用后发优势，重点发展自身具有优势的技术密集型产业与特色优势产业（如旅游与文化产业），并利用信息化和先进技术改造与升级传统产业。与此同时，"一带一路"的参与方主要是新兴经济体和发展中国家，这些国家的基础设施建设相对薄弱，发展需求较为迫切，从而为国内的优势产能如通信、电力设备、家电制造产业提供了重要机遇。不仅如此，作为重要的航空、电子、机械等装备制造业产业基地，中西部地区在装备制造业产业基础和研发能力方面具有一定的竞争优势，应当鼓励与支持上述产业进入海外市场，在竞争中成长与壮大，通过竞争力的提升获得更高的国际认可度与市场份额。

第三，加大人才引进力度，形成既能吸引人又能留住人更能成就人的人才发展体制机制。中西部地区发展的硬基础正在逐步改善，但软基础尚需进一步加强，尤其是人才的引进与使用。可以说，中西部地区人才引进面临内外两方面的困境：一是中西部地区对于人才的吸引力不强，二是东部地区在人才引进方面的竞争优势明显，从而客观上加剧了中西部地区人才引进的难度。为此，中西部地区一方面应出台更具吸引力的人才引进政策，同时要建立起一套有效的用人机制，让人才既能引得来，又能留得住；另一方面，可以考虑中西部地区人才补偿机制，即如果东部地区想要引进中西部地区的人才，需要为此向中西部地区提供相应的经济补偿。此外，东部地区与中西部地区可以实行人才流转制度，即东部地区与中西部地区建立人才交流与对接机制，从而实现人力资源的共享与均衡。

第四，大力培育生态产业，努力实现可持续发展。所谓生态产业是指基

---

① 雷德雨：《"一带一路"建设背景下的西部经济发展：机遇、问题和策略》，《经济研究参考》2016 年第 8 期。

于生态承载力和资源禀赋，运用生态技术和循环经济技术建立的具有高效生态过程、和谐生态功能的产业。它通过将生产、流通、消费、回收、环境保护等纵向结合，将不同行业的生产工艺横向耦合，以及将生产基地与周边环境纳入整个生态系统统一管理，谋求资源的高效利用和有害废弃物向系统外的零排放①。当前，世界上越来越多的国家开始建设生态产业园。中西部地区可取各家之长，加强探索研究，积极建设符合地域特点、具有广阔市场前景的生态产业园，真正走出一条绿色可持续发展之路。

———————————

① 陈宗兴：《在一带一路建设中实现经济发展和生态保护双赢》，《人民日报》2017 年 7 月 11 日，第 7 版。

B.4
深度贫困地区脱贫攻坚与维护
农村贫困人口人权

李云龙*

摘　要： 深度贫困地区包括连片的深度贫困地区、深度贫困县和贫困村。深度贫困地区的脱贫是当前农村扶贫的主要难点，也是有效维护贫困人口人权的关键。2017 年，中国政府精准扶贫工作重点转向深度贫困地区，制定了一系列促进深度贫困地区脱贫攻坚的政策措施，推动贫困地区生产生活条件全面改善，贫困人口大量减少。脱贫攻坚取得重大进展。

关键词： 深度贫困　脱贫　贫困人口

　　2017 年 6 月，习近平总书记对山西进行考察。在此期间，他于 23 日在太原市主持召开深度贫困地区脱贫攻坚座谈会，听取脱贫攻坚进展情况汇报，集中研究破解深度贫困之策，强调脱贫攻坚要重点研究解决深度贫困问题，聚焦精准发力，攻克坚中之坚，确保深度贫困地区和贫困群众同全国人民一道进入全面小康社会。党的十八大以来，中央实施精准扶贫战略，脱贫攻坚取得决定性进展，6000 多万贫困人口稳定脱贫，贫困发生率下降到 4% 以下。与此相应，我国农村扶贫形势也发生了重大变化，深度贫困地区的脱

---

* 李云龙，博士，中央党校国际战略研究院教授、博士生导师，主要研究方向：人权和国际关系。

贫成为当前农村扶贫的主要难点和工作重点，也成为现阶段有效维护贫困人口人权的关键。

一　深度贫困地区成为我国脱贫攻坚的主战场

深度贫困地区指的是连片的深度贫困地区、深度贫困县和贫困村。集中连片的深度贫困地区指"三区三州"，即西藏全区、四省（青海、云南、四川、甘肃）藏区、新疆南疆四地州（和田、阿克苏、喀什、克孜勒苏），以及四川凉山、云南怒江、甘肃临夏等三个州。2016 年底，"三区三州"人口总量仅占全国的 1.9%，但有 350 多万贫困人口，占全国贫困人口的 8.2%；贫困发生率为 16.69%，是全国的 3.7 倍①。这些地区生存条件恶劣，基础设施落后，公共服务缺乏。深度贫困县是指全国最困难的 20% 的贫困县。全国贫困县由两部分组成，一是 592 个国家扶贫开发工作重点县，二是 680 个集中连片特殊困难地区县。这两部分中间有交叉，扣除交叉后，全国贫困县的总数是 832 个。在这 832 个贫困县中，贫困程度最深的 120 个县，县均贫困人口近 3 万人，分布在 14 个省区，贫困发生率平均为 23%。贫困村是全国贫困人口的主要聚集地。全国 60% 的贫困人口居住在 12.8 万个建档立卡贫困村。这意味着，2016 年底，全国有 2600 万贫困人口生活在基础设施和公共服务严重滞后的贫困村。从人群构成来看，深度贫困人口主要是残疾人、孤寡老人、长期患病者等，以及部分教育文化水平低、缺乏技能的贫困群众。疾病是造成贫困的一个重要原因。根据 2014 年底的统计，在全国建档立卡贫困人口中，因病致贫的占了 42.1%②。

---

① 《扶贫用地政策论坛》，国土资源部网站，2017 年 10 月 9 日，http：//www.mlr.gov.cn/wszb/2017/fpydzclt/jiabin/index_1205.htm；《黄康生：加大力度推进"三区三州"深度贫困地区脱贫攻坚》，人民政协网，2017 年 8 月 29 日，http：//www.rmzxb.com.cn/c/2017 – 08 – 29/1755433.shtml。

② 《国新办举行"互联网＋"社会扶贫有关情况新闻发布会》，国务院新闻办公室网站，2017 年 7 月 5 日，http：//www.scio.gov.cn/xwfbh/xwbfbh/wqfbh/37601/37742/xgfbh37747/index.htm。

河北省对该省深度贫困县的调查很好地反映了深度贫困的现状。河北深度贫困县的特点是贫困人口集中、贫困发生率高。深度贫困县的贫困人口占全省贫困人口总数的 22% 以上。深度贫困县的贫困发生率超过 15%，高于全省贫困县的平均水平近 9 个百分点。深度贫困村的贫困发生率几乎达到 35%，比全省贫困村的平均水平高近 24 个百分点。深度贫困县收入远远低于全省平均水平，其人均国内生产总值为 21650 元，只有全省平均水平的 50.7%；人均公共财政预算收入为 1386 元，只有全省平均水平的 36.2%；农民人均可支配收入为 5928 元，只有全省平均水平的 49.7%。深度贫困县基础设施和住房条件差，贫困村的村内道路、入户路及大量危房都需要维修和重建。深度贫困县的贫困人口中近 60% 是低保、五保贫困户，80% 以上是因病致贫（患慢性病、患大病）、因残致贫，超过 45% 是 60 岁以上贫困人口①。

贫困是重大人权问题，消除贫困是人权全面发展的基础。在实现 7 亿多人成功脱贫后，中国已进入消灭贫困的最后阶段。中国正在全面快速地推进脱贫攻坚工程，目标是到 2020 年彻底消灭绝对贫困。通过多年的扶贫开发和精准扶贫，绝大部分贫困问题都得到解决。现在剩余的贫困问题基本都是深度贫困问题，是脱贫攻坚的硬骨头。只有彻底解决深度贫困问题，才能实现脱贫攻坚目标。深度贫困已经引起中国共产党和中国政府的高度重视，成为农村扶贫工作的重点，必将得到彻底解决。随着深度贫困地区和深度贫困人口全面脱贫，中国脱贫攻坚将取得最后胜利，中国农村贫困人口人权状况将得到根本改善。

二 中国政府推动深度贫困地区脱贫攻坚的政策措施

2017 年 6 月 23 日，习近平总书记发表《在深度贫困地区脱贫攻坚座谈会上的讲话》，全面分析了我国深度贫困状况，提出要加快推进深度贫困地区脱贫攻坚，确保深度贫困地区和贫困群众同全国人民一道进入全面小康社

---

① 习近平：《在深度贫困地区脱贫攻坚座谈会上的讲话》，《人民日报》2017 年 9 月 1 日。

会。为此，要加大对深度贫困地区的投入支持力度。新增的脱贫攻坚资金、脱贫攻坚项目、脱贫攻坚举措都要集中到深度贫困地区。各部门的惠民项目应向深度贫困地区倾斜，各级财政对深度贫困地区的转移支付规模要进一步加大，对深度贫困地区的金融投入要增加，资本市场要注意安排深度贫困地区的企业上市，保险机构对深度贫困地区的保费要适当降低。新增建设用地指标要优先提供给深度贫困地区，允许深度贫困县在省域范围内使用城乡建设用地增减挂钩指标。深度贫困地区的公共服务、基础设施以及基本医疗问题是今后工作重点。深度贫困地区要重点发展贫困人口能够受益的产业。交通建设项目、水利工程项目和生态保护项目都要使贫困人口直接受益。东部地区和中央单位要加大对深度贫困地区的帮扶力度[①]。

习近平总书记在深度贫困地区座谈会的讲话发表以后，中国政府扶贫工作重点迅速转向深度贫困地区。2017 年 9 月，中共中央办公厅和国务院办公厅印发《关于支持深度贫困地区脱贫攻坚的实施意见》，提出要中央统筹重点支持"三区三州"；新增的脱贫攻坚资金、项目、举措主要用于深度贫困地区；进一步加大对深度贫困地区的中央财政投入力度、金融扶贫支持力度、项目布局倾斜力度、易地扶贫搬迁实施力度、生态扶贫支持力度、干部人才支持力度和社会帮扶力度[②]。各部门相继制定和发布支持深度贫困地区发展的政策措施。

第一，加大深度贫困地区基础设施建设力度。2017 年 12 月，交通运输部印发《支持深度贫困地区交通扶贫脱贫攻坚实施方案》，进一步加大对深度贫困地区支持力度，规定交通扶贫新增资金、新增项目、新增举措主要向"三区三州"倾斜；提高"三州"国家规划公路项目车购税补助标准，国家高速公路提高到项目建安费的 50%，普通国道提高到项目建安费的 100%，建制村通硬化路执行 70 万元/公里标准；重点推进"三区三州"国家高速公路网建设，未来三年建设规模约为 1500 公里；加快普通国道未贯通路段

---

① 习近平：《在深度贫困地区脱贫攻坚座谈会上的讲话》，《人民日报》2017 年 9 月 1 日。
② 《中办国办印发意见　支持深度贫困地区脱贫攻坚》，新华网，2017 年 11 月 22 日。

建设，建设规模约为 8600 公里；加快贫困地区乡镇和建制村通硬化路建设，2018～2019 年实现贫困地区 128 个乡镇和剩余 5700 个建制村通硬化路，建设规模约为 8.4 万公里；加大对深度贫困地区较大人口规模撤并建制村（自然村）通硬化路建设支持力度，2018～2020 年建设规模约为 4.6 万公里，解决 1.2 万个撤并建制村（自然村）的通畅问题；2018～2020 年"三区三州"公路安全生命防护工程实施约 3.3 万公里，改造约 1300 座危桥①。2017 年 8 月，水利部印发《水利部关于加快推进深度贫困地区水利改革发展的实施意见》，要求加大深度贫困人口较多省份农村饮水安全巩固提升年度中央投资安排强度，优先安排深度贫困地区小型农田水利、小型水库建设等项目，重点支持深度贫困地区中小河流治理、小型病险水库除险加固建设；国家水土保持重点工程要进一步向深度贫困地区倾斜，加快推进深度贫困地区重大水利工程建设②。2017 年 10 月，国家能源局印发《关于加快推进深度贫困地区能源建设助推脱贫攻坚的实施方案》，要求在深度贫困地区优先布局重大能源投资项目和安排资金，优先安排"三区三州"能源重大投资项目；各类能源项目优先在深度贫困地区布局建设，优先安排中央补助性资金；进一步加大贫困地区配电网建设改造投资力度，重点加快推进"三区三州"等深度贫困地区农网改造升级；进一步加快实施动力电全覆盖工程，到 2020 年，为西藏 2 万个贫困自然村通动力电；光伏扶贫规模优先向深度贫困地区安排，优先支持"三区三州"建设光伏扶贫项目；确保深度贫困地区光伏扶贫项目补贴及时到位，保障深度贫困地区光伏扶贫项目电网接入③。

第二，国土资源和金融政策向深度贫困地区倾斜。2017 年 12 月，国土资源部印发《关于支持深度贫困地区脱贫攻坚的意见》，提出一系列具体举

---

① 《支持深度贫困地区交通扶贫脱贫攻坚实施方案》，交通运输部网站，2017 年 12 月 26 日，http：//www. mot. gov. cn/2017wangshangzhibo/2017twelve/zhibozhaiyao/201712/t20171226_2960141. html。

② 《水利部关于加快推进深度贫困地区水利改革发展的实施意见》，《中华人民共和国水利部公报》2017 年第 3 期。

③ 《关于加快推进深度贫困地区生源建设助推脱贫攻坚的实施方案》，国家能源局网站，2017 年 11 月 8 日，http：//www. gov. cn/xinwen/2017 – 11/08/content_5238087. htm。

措，放宽贫困地区用地限制，增加贫困地区供地数量，支持深度贫困地区脱贫攻坚。在土地利用规划计划管理方面，足额保障深度贫困地区基础设施、易地扶贫搬迁、民生发展等用地。在城乡建设用地增减挂钩政策方面，深度贫困地区开展增减挂钩，可不受指标规模限制，可预先使用或交易一定比例的增减挂钩节余指标。在创新土地利用政策方面，深度贫困地区可探索以出租、合作等方式盘活利用空闲农房及宅基地，可利用节约的建设用地以入股、联营方式发展农村新产业新业态。在耕地保护方面，深度贫困地区可放宽规定，调整种植结构，但仍按耕地管理。对深度贫困地区建设用地实行审批特殊政策，可边建设边报批。深度贫困地区申报世界地质公园、国家地质公园，可不受申报单位命名年限及申报名额的限制。在矿业权投放、开采总量控制指标等方面，向深度贫困地区倾斜[①]。在全国新增建设用地计划总量逐年下降的情况下，国土资源部专项安排贫困地区用地计划指标，足额保障扶贫开发用地需求。2015 年，对 592 个国家扶贫开发工作重点县单独安排每县新增建设用地指标 300 亩，专项用于扶贫开发；2016 年，这一指标增加到每县 600 亩；2017 年，专项安排用地计划指标的贫困县扩大到 832 个，包括集中连片特困地区及其他国家扶贫开发重点县[②]。2017 年 12 月，中国人民银行、银监会、证监会、保监会联合印发《关于金融支持深度贫困地区脱贫攻坚的意见》，要求金融部门新增金融资金优先满足深度贫困地区、新增金融服务优先布设深度贫困地区，2020 年以前深度贫困地区贷款增速每年高于所在省（区、市）贷款平均增速，支持深度贫困地区打赢脱贫攻坚战。对深度贫困地区符合条件的企业首次公开发行股票适用"即报即审、审过即发"政策；支持深度贫困地区符合条件的企业在全国中小企业股份转让系统挂牌实行"专人对接、专项审核"，适用"即报即审，审过即挂"政策，减免挂牌初费；对深度贫困地区符合条件的企业发行公司债、资产支

---

① 《国土资源部创新六项政策支持深度贫困地区脱贫攻坚》，《国土资源报》2017 年 12 月 6日。

② 《扶贫用地政策论坛》，国土资源部网站，2017 年 10 月 9 日，http：//www.mlr.gov.cn/wszb/2017/fpydzclt/jiabin/index_1205.htm。

持证券的，适用"即报即审"政策；支持深度贫困地区符合条件的企业发行短期融资券、中期票据、扶贫票据、社会效应债券等，会费减半。对涉及深度贫困地区的上市公司并购重组项目，优先安排加快审核①。

第三，产业扶贫政策支持深度贫困地区发展。2018 年 1 月，农业部印发《关于深入实施贫困村"一村一品"产业推进行动的意见》，要求到 2020 年，将有条件的贫困村建设成为"一村一品"专业村，每个村至少明确发展 1 项特色种养业、传统手工业或休闲观光农业等，主导产业产值占全村农业总产值的比重达到 30% 以上；每个专业村至少建立 1 个农民合作社或与龙头企业有效对接；专业村有劳动能力的贫困户能掌握 1~2 项实用技术。为此，要加大对贫困村、贫困户发展特色产业的投入力度，加大扶贫小额信贷支持力度，为建档立卡贫困户提供"五万元以下、三年以内、免担保免抵押、合理利率放贷、扶贫资金贴息、县建风险补偿金"的小额信贷，解决贫困户发展产业的启动资金问题②。2017 年 11 月，国家林业局印发《关于加快深度贫困地区生态脱贫工作的意见》，明确到 2020 年，在深度贫困地区力争完成营造林面积 1200 万亩，组建造林扶贫专业合作社 6000 个，吸纳 20 万贫困人口参与生态工程建设，50% 的新增生态护林员指标要安排到深度贫困地区，生态产业带动约 600 万贫困人口增收③。2018 年 1 月，国家旅游局、国务院扶贫办印发《关于支持深度贫困地区旅游扶贫行动方案》，提出支持深度贫困地区旅游扶贫的目标任务，要求到 2020 年，"三区三州"等深度贫困地区在旅游扶贫规划水平、乡村旅游扶贫减贫措施、乡村旅游扶贫人才培训质量、特色旅游产品品质、乡村旅游品牌、旅游综合效益等方面有明显提升，乡村旅游有效带动和促进"三区三州"等深度贫困地区如期脱贫。该方案提出要组织实施旅游扶贫规划攻坚工程、旅游扶贫宣

① 《关于金融支持深度贫困地区脱贫攻坚的意见》，中国人民银行网站，2018 年 1 月 15 日，http：//www. pbc. gov. cn/goutongjiaoliu/113456/113469/3462547/index. html。
② 《农业部办公厅关于深入实施贫困村"一村一品"产业推进行动的意见》，农业部网站，2018 年 1 月 10 日，http：//www. taoyuan. gov. cn/Item/118512. aspx。
③ 《推动深度贫困地区生态脱贫协同共进》，《中国绿色时报》2017 年 11 月 29 日。

传推广工程、旅游扶贫精品开发工程、旅游基础设施提升工程、旅游扶贫示范创建工程、旅游扶贫人才培训工程，推进旅游扶贫各项工作落地生根①。

第四，健康和教育扶贫政策促进深度贫困地区脱贫攻坚。2017年中央部门发布的健康扶贫和教育扶贫的文件，也同深度贫困地区脱贫攻坚直接相关。国家卫计委等16部门于2016年印发《关于实施健康扶贫工程的指导意见》，要求到2020年，贫困地区人人享有基本医疗卫生服务，农村贫困人口大病得到及时有效的救治保障，个人就医费用负担大幅减轻，因病致贫、因病返贫问题得到有效解决②。2017年4月，国家卫计委等6部门制定《健康扶贫工程"三个一批"行动计划》，提出2017~2020年，对患有大病和长期慢性病的农村贫困人口（指建档立卡贫困人口和农村低保对象、特困人员、贫困残疾人），实施分类分批救治，大病集中救治一批，慢病签约服务管理一批，重病兜底保障一批，有效解决因病致贫、因病返贫问题。开展农村贫困家庭大病专项救治，对患有大病的农村贫困人口实行集中救治。对患有慢性疾病的农村贫困人口实行签约健康管理。对农村贫困人口在大病保险起付线、报销比例等方面给予重点倾斜。将农村贫困人口全部纳入医疗救助范围③。2017年2月，国家卫计委办公厅等印发《农村贫困人口大病专项救治工作方案》，对"健康扶贫管理数据库"里的建档立卡农村贫困人口和经民政部门核实核准的农村特困人员和低保对象中，罹患食管癌、胃癌、结肠癌、直肠癌、终末期肾病、儿童白血病和儿童先天性心脏病等大病患者进行集中救治。对上述疾病实行单病种付费，控制费用总额，同时充分发挥基本医保、大病保险、医疗救助等制度的衔接保障作用，降低患者实际自付费用④。教

---

① 《国家旅游局、国务院扶贫办印发〈关于支持深度贫困地区旅游扶贫行动方案〉》，《中国旅游报》2018年1月18日。

② 《关于实施健康扶贫工程的指导意见》，国家卫计委网站，2016年6月21日，http://www.nhfpc.gov.cn/caiwusi/s7785/201606/d16de85e75644074843142dbc207f65d.shtml。

③ 《健康扶贫工程"三个一批"行动计划》，国家卫计委网站，2017年4月20日，http://www.nhfpc.gov.cn/caiwusi/s3577c/201704/4eed42903abd44f99380969824a07923.shtml。

④ 《农村贫困人口大病专项救治工作方案》，国家卫计委网站，2017年2月23日，http://www.nhfpc.gov.cn/yzygj/s3593/201702/a7acc08691414eb3877dbd968505be04.shtml。

育部和国务院扶贫办于 2016 年联合印发了《职业教育东西协作行动计划（2016—2020 年）》。该行动计划以职业教育和培训为重点，以就业脱贫为导向，实现东部地区职教集团、高职院校、中职学校对西部地区的结对帮扶全覆盖；东部地区兜底式招收西部地区建档立卡贫困家庭子女接受优质中职教育，毕业后优先推荐在东部地区就业；按照东西劳务协作要求，职业学校帮助每个有劳动能力且有参加职业培训意愿的建档立卡贫困人口接受公益性职业培训①。2017 年 9 月，教育部办公厅印发《职业教育东西协作行动计划滇西实施方案（2017－2020 年）》，规定东部上海、天津、江苏、浙江四省（市）和东部 10 个职教集团对口帮扶滇西 10 州市职业教育发展，招收滇西地区贫困家庭学生和“两后生”（未升学的应往届初、高中毕业生）到东部地区省（市）接受优质职业教育，每年总计招收不少于 6000 名。这些学生除享受免学费、国家助学金及当地学生同等奖（补）政策外，每人每年还可以得到云南省 5000 元左右、上海市不少于 1000 元、中国教育发展基金会 1000～2000 元资助。滇西 10 州市还对到东部接受职业教育的“两后生”予以生活和交通补贴②。

三 深度贫困地区脱贫攻坚取得决定性进展

十八大以来，以习近平同志为核心的党中央，把脱贫攻坚摆到治国理政的重要位置，举全党全国全社会之力，实施脱贫攻坚伟大工程。经过几年的努力，尤其是 2017 年的努力，脱贫攻坚战取得决定性进展，深度贫困地区的贫困状况显著改善。

自从 2015 年底中央做出打赢脱贫攻坚战的决定以来，2017 年可以说是脱贫攻坚全面发力的一年。在精准扶贫精准脱贫方略指导下，专项扶贫、行业扶贫、社会扶贫、东西协作扶贫等多种扶贫举措有机结合，相互支撑，有

---

① 《两部门将联合印发〈职业教育东西协作行动计划（2016—2020 年）〉》，中国政府网，2016 年 10 月 18 日，http://www.gov.cn/xinwen/2016－10/18/content_5120378.htm。
② 《职业教育东西协作行动计划滇西实施方案（2017－2020 年）》，教育部网站，2017 年 9 月 8 日，http://www.moe.edu.cn/srcsite/A07/zcs_zhgg/201709/t20170919_314758.html。

力推动脱贫攻坚。东西部扶贫协作实现了对 30 个民族自治州结对帮扶的全覆盖。东西扶贫劳务协作支持 577 万建档立卡贫困人口稳定就业①。全国已安排 28 万建档立卡贫困人口走上护林员岗位。全国累计派出 277.8 万名干部驻村帮扶，43.5 万名干部担任贫困村和基层党组织薄弱涣散村第一书记②。各级政府财政扶贫资金大幅增加。2013 年至 2017 年，中央财政专项扶贫资金累计投入 2787 亿元，平均每年增长 22.7%；省级财政扶贫资金累计投入 1825 亿元，平均每年增长 26.9%。安排地方政府债务 1200 亿元③。2017 年，中央和地方财政专项扶贫资金规模超过 1400 亿元。④ 安排易地扶贫搬迁专项贷款 3500 亿元。截至 2017 年 6 月底，扶贫小额信贷累计发放 3381 亿元⑤。

基础设施建设历来是扶贫的重点，也是深度贫困地区脱贫的基础。2017 年，深度贫困地区土地整治持续进行，对田、水、路、林、村进行综合治理，农业生产能力提高。中央土地整治工作专项资金和土地整治重大工程向贫困地区倾斜。目前实施的土地整治重大工程惠及近百个贫困县，其中国家扶贫开发重点县 55 个，650 多万农民受益，年人均增收近 700 元。宁夏中北部土地整治重大工程与中南部生态移民工程相结合，解决了 30 多万人易地扶贫搬迁问题。云南省在边境沿线连片实施土地整治重大工程，建成 350 多万亩高产稳产农田，人均拥有耕地增加 1 倍有余，保障了 20 多万人的"口粮田"⑥。贫困地区交通条件进一步改善。2017 年，贫困地区 9063 个建制村通硬化路，几乎是原计划的 130%，超额完成任务。新改建农村公路 28.5 万公里，预计完成乡道及以上公路安全生命防护工程 13 万公里，改造乡道及以上公路危桥 3300 座，实施 628 公里干线公路地质灾害防治，新增

---

① 《国新办举行脱贫攻坚工作新闻发布会》，国务院新闻办公室网站，2018 年 1 月 5 日，http：//www. scio. gov. cn/xwfbh/xwbfbh/wqfbh/37601/37742/index. htm。

② 黄俊毅：《脱贫攻坚稳步推进》，《经济日报》2018 年 1 月 3 日。

③ 黄俊毅：《脱贫攻坚稳步推进》，《经济日报》2018 年 1 月 3 日。

④ 黄俊毅：《脱贫攻坚稳步推进》，《经济日报》2018 年 1 月 3 日。

⑤ 《国新办举行脱贫攻坚工作新闻发布会》，国务院新闻办公室网站，2018 年 1 月 5 日，http：//www. scio. gov. cn/xwfbh/xwbfbh/wqfbh/37601/37742/index. htm。

⑥ 《扶贫用地政策论坛》，国土资源部网站，2017 年 10 月 9 日，http：//www. mlr. gov. cn/wszb/2017/fpydzclt/jiabin/index_1205. htm。

通客车建制村 8473 个[①]。以工代赈是一种由政府投资建设公共基础设施工程、贫困群众参加工程建设并获取劳务报酬，取代直接救济的开发式扶贫方式。自 1984 年实施以来，国家发展改革委已累计安排 1500 多亿元，累计发放劳务报酬 160 多亿元，在支持贫困群众物质脱贫与鼓励精神脱贫方面发挥了重要作用，受到贫困地区干部群众的广泛欢迎。2017 年 12 月，国家发展改革委提前下达 2018 年财政预算内以工代赈计划 38.4 亿元，其中，安排"三区三州"（西藏、新疆南疆四地州、四省藏区和四川省凉山州、云南省怒江州、甘肃省临夏州）以工代赈资金 34 亿元，占比约 90%，并要求其他省份对本省深度贫困县也要给予倾斜支持[②]。脱贫攻坚极大地改变了贫困地区面貌。目前贫困地区自然村通电接近全覆盖，通电话比率达到 98.2%，道路硬化率达到 77.9%[③]。

发展特色产业是脱贫攻坚的最根本途径。贫困地区充分发掘当地自然资源优势，依托特色资源优势发展壮大主导产业，大力发展乡村旅游和休闲农业，大力发展农产品电子商务，带动当地贫困农户脱贫增收。按照《贫困地区发展特色产业促进精准脱贫指导意见》的要求，农业部聚焦"三区三州"等深度贫困地区，重点支持西藏和四省藏区高原特色农产品基地建设和青稞、牦牛等特色产业发展，推进组团式援藏；支持南疆地区节水农业、设施农业等产业发展；支持四川凉山、云南怒江、甘肃临夏蔬菜及特色水果等产业和休闲农业与乡村旅游发展。各类支农措施进一步向深度贫困地区倾斜，促进贫困人口长期稳定脱贫[④]。2017 年，深度贫困地区产业蓬勃发展。光伏扶贫项目成效显著。"十三五"以来，国家能源局光伏扶贫项目已帮扶约 80 万建档立卡贫困户。自 2015 年启动光伏扶贫试点工作以来，国家能源

———————

① 《2017 年第十二次例行新闻发布会》，交通运输部网站，2017 年 12 月 26 日，http：//www. mot. gov. cn/2017wangshangzhibo/2017twelve/。

② 《国家发展改革委提前下达 2018 年以工代赈资金 38.4 亿元 90% 投向"三区三州"等深度贫困地区》，国家发改委网站，2017 年 12 月 21 日，http：//dqs. ndrc. gov. cn/。

③ 黄俊毅：《脱贫攻坚稳步推进》，《经济日报》2018 年 1 月 3 日。

④ 《农业部：五方面举措促进农业竞争力、农民收入双提升》，新华网，2017 年 12 月 29 日，http：//www. xinhuanet. com/politics/2017 - 12/29/c_129779100. htm。

局先后安排光伏扶贫项目 790 万千瓦，聚焦国家级贫困县建档立卡贫困村的建档立卡贫困户，在有光伏建设条件的地方优先扶持深度贫困地区和无劳动能力贫困人口。2017 年末，国家能源局和国务院扶贫办联合印发《关于下达"十三五"第一批光伏扶贫项目计划的通知》，下达 8689 个村级光伏扶贫电站、总装机 4186237.852 千瓦的光伏扶贫项目计划，惠及 710751 户建档立卡贫困户[1]。根据国家发改委 2016 年 3 月《关于实施光伏发电扶贫工作的意见》，到 2020 年，要在前期开展试点的、光照条件较好的 16 个省的 471 个县的约 3.5 万个建档立卡贫困村，以整村推进的方式，保障 200 万建档立卡无劳动能力贫困户（包括残疾人）每年每户增加收入 3000 元以上[2]。2017 年，光伏扶贫村级电站已覆盖 3 万个以上贫困村[3]。

旅游产业门槛低、就业多、带动性强、辐射面广、融合度高，适合有条件的贫困地区发展。旅游业已成为深度贫困地区脱贫攻坚的有力抓手和重要支撑。国家旅游局会同 11 个部门于 2016 年 8 月制定的《全国乡村旅游扶贫工程行动方案》全面实施。设立国家乡村旅游扶贫观测中心，开展乡村旅游扶贫 8 项行动和旅游"万企帮万村"结对帮扶行动，建设 280 个全国旅游扶贫示范项目，推广"景区带村、能人带户、企业＋农户、合作社＋农户"等旅游扶贫模式。2015～2017 年，共举办 3 期"三区三州"深度贫困地区旅游扶贫专题培训班和 12 期旅游扶贫村村干部培训班，培训 3450 名村干部和旅游带头人。旅游扶贫覆盖了 2.3 万个贫困村。[4] 旅游在推动精准扶贫、巩固脱贫成果方面作用显著。据测算，2017 年全国乡村旅游 25 亿人次，旅游消费规模超过 1.4 万亿元[5]。2017 年，预计全省乡村旅游投资 210

[1] 《国家能源局光伏扶贫三年惠及全国 80 万贫困户》，新华网，2018 年 1 月 9 日，http://www.xinhuanet.com/power/2018-01/09/c_1122232559.htm。
[2] 《关于实施光伏发电扶贫工作的意见》，国家发改委网站，2016 年 4 月 1 日，http://www.ndrc.gov.cn/zcfb/zcfbtz/201604/t20160401_797325.html。
[3] 黄俊毅：《脱贫攻坚稳步推进》，《经济日报》2018 年 1 月 3 日。
[4] 黄俊毅：《脱贫攻坚稳步推进》，《经济日报》2018 年 1 月 3 日。
[5] 李金早：《2018 年全国旅游工作报告》，中国网，2018 年 1 月 9 日，http://travel.china.com.cn/txt/2018-01/09/content_50205965.htm。

亿元以上，接待游客 1.8 亿人次，实现总收入 1600 亿元，累计直接从业人员 46 万人、间接就业 135 万人，预计带动 18 万贫困人口脱贫①。2017 年，四川"交通 + 旅游""文化 + 旅游"项目建设以及"四大片区"旅游扶贫中心工作成效显著，省旅发委联合省财政厅下达 1.205 亿元省级旅游发展资金，撬动市县统筹整合旅游扶贫资金 18.66 亿元。预计 2017 年全省可实现乡村旅游收入 2283 亿元，有 543 个旅游扶贫重点村脱贫，受益贫困人口达 12.6 万人，占全省 105 万计划脱贫人口的 12%②。

电商是一个特别适合贫困地区发展的产业。全国已有 428 个贫困县开展电商扶贫试点③。2017 年 1~9 月，全国 832 个国家级贫困县实现网络零售额 818.1 亿元，同比增长 53.1%，高出全国农村增速 14.8 个百分点。其中，国家级贫困县中的示范县实现网络零售额 521.5 亿元，同比增长 59.7%，高出全国 832 个国家级贫困县增速 6.6 个百分点，增速差较 1~6 月扩大 0.7 个百分点。全国 14 个集中连片特困地区县（共 680 个），1~9 月共实现网络零售额 546.8 亿元，同比增速为 44.1%，高出全国农村 5.8 个百分点。在线旅游和食品保健行业对其网络零售总额增长的贡献率分别高达 52.0%、21.9%，较 1~6 月贡献率分别提升 2.5 个、4.7 个百分点，反映出连片深度贫困地区依托农产品和旅游发展电商格局明显④。

有些深度贫困地区自然条件恶劣，极度不适合人类生存，易地搬迁是最好的脱贫方式。按照《全国"十三五"易地扶贫搬迁规划》，2017 年搬迁建档立卡贫困人口 340 万人，2018 年计划搬迁 280 万人⑤。到 8 月底，2017

---

① 《国家旅游局局长李金早来云南，他对旅游扶贫说了什么?》，新华网云南频道，2018 年 1 月 5 日，http://www.yn.xinhuanet.com/travel/2018 - 01/05/c_136874085.htm? from = timeline。
② 《四川旅游扶贫成效显著 带动 3.7 万贫困户脱贫》，中国网，2017 年 12 月 31 日，http://travel.china.com.cn/txt/2017 - 12/31/content_50180532.htm。
③ 黄俊毅：《脱贫攻坚稳步推进》，《经济日报》2018 年 1 月 3 日。
④ 《2017 年 1~9 月全国农村电子商务运行情况》，商务部网站，2017 年 10 月 27 日，http://scjss.mofcom.gov.cn/article/cx/201710/20171002660911.shtml。
⑤ 《全国"十三五"异地扶贫搬迁规划》，国家发改委网站，2016 年 10 月 31 日，http://www.ndrc.gov.cn/zcfb/zcfbtz/201610/t20161031_824886.html。

年度易地扶贫搬迁项目已开工1.4万多个，项目开工率达95%，累计竣工项目4000多个，项目竣工率28%。在纳入2017年搬迁计划的人口中，已有159万建档立卡贫困人口落实了帮扶措施，户均帮扶1人以上①。2016～2017年，国家发改委累计下达搬迁建设任务589万人，下达中央财政贴息贷款控制规模2014亿元、中央预算内投资约438亿元、"十三五"专项建设基金500亿元、地方政府债务约1000亿元。按易地扶贫搬迁近6000亿元的总规模计算，各渠道下达的资金额度已达到70%，有效保障了工程建设需要②。到2020年，深度贫困地区将有1/3以上的村庄实施易地扶贫搬迁③。

增加贫困人口财产性收入可以加快脱贫攻坚进程。2012年以来，全国增减挂钩收益返还农村资金总额达2753亿元，项目区农民人均年收入提高30%以上。2016年2月，国土资源部出台《关于用好用活增减挂钩政策积极支持扶贫开发及易地扶贫搬迁工作的通知》。明确在连片特困地区和国家扶贫开发工作重点县开展易地扶贫搬迁，允许将城乡建设用地增减挂钩指标在省域范围内流转使用。这一政策大大增加了指标流出地区土地收益，贫困地区增减挂钩指标交易价格由县域范围内的每亩5万～10万元提高到每亩20万～30万元④。2016年2月至2017年9月，贫困地区获得级差收益461亿元，超过同期中央财政对易地扶贫搬迁的投资规模，大大增加了贫困人口财产性收入⑤。2017年，增减挂钩节余指标在省域内流转使用的政策适用范围由原来的832个贫困县拓展到1250个贫

---

① 《发改委：1～8月全国开工易地扶贫搬迁项目1.4万多个　开工率达95%》，人民网，2017年9月15日，http://finance.people.com.cn/n1/2017/0915/c1004-29539101.html。

② 《扶贫用地政策论坛》，国土资源部网站，2017年10月9日，http://www.mlr.gov.cn/wszb/2017/fpydzclt/jiabin/index_1205.htm。

③ 《〈国土资源部关于支持深度贫困地区脱贫攻坚的意见〉新闻发布会》，国土资源部网站，2017年12月6日，http://www.mlr.gov.cn/wszb/2017/tpgj/jiabin/index_1205.htm。

④ 《扶贫用地政策论坛》，国土资源部网站，2017年10月9日，http://www.mlr.gov.cn/wszb/2017/fpydzclt/jiabin/index_1205.htm。

⑤ 《〈国土资源部关于支持深度贫困地区脱贫攻坚的意见〉新闻发布会》，国土资源部网站，2017年12月6日，http://www.mlr.gov.cn/wszb/2017/tpgj/jiabin/index_1205.htm。

困县。截至 2017 年 6 月，贫困地区 13 个省份增减挂钩节余指标已协议交易 334.53 亿元。四川省巴中市流转增减挂钩节余指标 4500 亩、总金额 13.2 亿元，古蔺县、叙永县以"古叙挂钩项目"指标收益为基础，发行了全国第一支易地扶贫搬迁项目收益债券 20 亿元。河南省深化落实增减挂钩政策，在全省范围内开展宅基地复垦券交易，首批 6148 亩宅基地 A 类复垦券拍卖，筹集脱贫资金 18.4 亿元。重庆市贫困区县全年成交地票 14.74 万亩、292.44 亿元，4.53 万建档立卡贫困户通过地票交易获得财政收入 12.2 亿元①。

健康扶贫有效解决了因病致贫、因病返贫问题。2017 年，健康扶贫项目累计救治贫困患者 420 多万人②。大病重病慢性病专项救治工作覆盖面不断扩大，远程医疗覆盖所有贫困县。截止到 2017 年 10 月底，有扶贫任务的省份均已制定本省份工作方案。目前已确诊病例为 15.8 万人，已救治 10.6 万人，提供诊疗服务 20 余万人次。部分省份还在国家要求的 9 种大病的基础上，扩大了病种覆盖范围，如江西扩大到 25 种，山西扩大到 24 种。农村贫困大病患者的医疗保障水平大幅提高。安徽将新农合、大病保险补偿比例分别提高 5 个和 10 个百分点，规定贫困人口在县、市、省三个级别的医疗机构就诊，个人年度自付费用分别不超过 3000 元、5000 元和 1 万元，超出部分合规的费用全部由政府兜底。四川建立扶贫救助基金，对贫困患者进行补助，保证个人自付比例不超过 10%。贵州推行健康扶贫补充保险，各病种实际报销比例提高到了 80% 以上③。

脱贫攻坚推动贫困人口持续减少。2012 年底，我国有现行标准下的贫困人口 9899 万人，到 2017 年底，减少到 3000 万人左右，五年累计减贫 6600 万人以上，仅 2017 年就减少了 1000 多万人。2016 年提出申请的全国

---

① 《扶贫用地政策论坛》，国土资源部网站，2017 年 10 月 9 日，http://www.mlr.gov.cn/wszb/2017/fpydzclt/jiabin/index_1205.htm。

② 《卫计委：健康扶贫累计就职贫困患者 420 多万人》，央广网，2018 年 1 月 9 日，http://news.cnr.cn/dj/20180109/t20180109_524092678.shtml。

③ 《国家卫生计生委 2017 年 11 月 24 日例行新闻发布会实录》，国家卫计委网站，2017 年 11 月 24 日，http://www.nhfpc.gov.cn/zhuz/xwfb/201711/f33d390de907426b85be6814fab442d6.shtml。

28 个贫困县全部通过国家专项评估检查，成功脱贫摘帽。2017 年，全国约有 100 个贫困县提出退出贫困县申请①。

四 深度贫困地区脱贫攻坚的若干思考

经过多年有效扶贫，中国贫困状况大幅改善，2017 年底贫困人口减少到 3000 万人左右，离 2020 年解决贫困问题的目标越来越近。但是，这并不意味着脱贫攻坚会很容易实现。目前的贫困人口主要居住在深度贫困地区，贫困程度深，脱贫能力差，扶贫的难度越来越高，因而需要付出更大的努力。最终实现脱贫攻坚目标，需要考虑到以下一些问题。

第一，合理安排脱贫攻坚进度。脱贫攻坚工程实施以来，从国家到基层都制定了详细的脱贫攻坚规划，根据实际情况，逐年落实，最终实现 2020 年脱贫目标。但是，有些地方为完成任务、体现政绩，出现了层层加码赶进度、层层提前脱贫的现象。盲目赶进度，就会不顾客观条件、无视发展规律，草率定目标，贸然上项目，很容易造成各种失误。2020 年全面脱贫是一个死任务，不能改变。可是，脱贫进度也不能随意提前。在脱贫攻坚上比速度，绝对要不得。要严格对标党中央确定的时间节点，规划上规定几年脱贫，就应扎扎实实地埋头苦干几年，不能为了提前摘帽，就降低标准。最后 3 年是脱贫攻坚收尾阶段，面临大量贫困县、贫困村和贫困户的摘帽验收工作，尤其要防止出现草率验收的情况。

第二，确保脱贫结果真实可靠、质量过硬。脱贫攻坚的目的是帮助贫困人口摆脱贫困，过上更好的生活。但是，有些地方、有些干部不在扶贫上面下功夫，而是热衷于"算账"，千方百计"算"出帮扶对象的脱贫"成绩"。部分地区甚至为了彰显脱贫成绩，在扶贫工作数据上造假，笔头动动就调高了贫困户收入，减少了贫困人口的数量。这种形式主义和官僚主义做

---

① 黄俊毅：《脱贫攻坚稳步推进》，《经济日报》2018 年 1 月 3 日。

法很容易把扶贫工作引入"脱实向虚"的误区。正如习近平总书记指出的，脱贫攻坚要切实防止形式主义，不能搞花拳绣腿，不能搞繁文缛节，不能做表面文章[1]。不能搞表格扶贫、表格脱贫，是否实现脱贫、脱贫质量如何，数字和表格说了不算，贫困地区人民说了才算数。贫困人口生活全面改善才是扶贫工作的最高尺度。

第三，确保脱贫标准得到严格执行。中共中央、国务院 2015 年 11 月做出的《关于打赢脱贫攻坚战的决定》明确规定了全国脱贫标准："到 2020 年，稳定实现农村贫困人口不愁吃、不愁穿，义务教育、基本医疗和住房安全有保障。实现贫困地区农民人均可支配收入增长幅度高于全国平均水平，基本公共服务主要领域指标接近全国平均水平。确保我国现行标准下农村贫困人口实现脱贫，贫困县全部摘帽，解决区域性整体贫困。"[2] 这是一个立体和综合的标准。根据这个标准，中央专门制定了具体的贫困退出机制。贫困人口退出标准是贫困户年人均纯收入稳定超过国家扶贫标准，同时吃穿不愁，义务教育、基本医疗、住房安全有保障。贫困村和贫困县的退出标准是贫困发生率降至 2% 以下（西部地区降至 3% 以下）[3]。这些标准清楚明确，可以量化，应综合考虑。我们既不能好高骛远，把脱贫标准定得很高，也不能降低标准，只考虑某一项标准（如收入标准）。只有 5 项条件全部满足，贫困户才算脱贫。

第四，积极探索新的扶贫脱贫措施和机制。脱贫攻坚进入最后阶段，贫困人口的结构发生重大变化。首先，贫困人口 60% 以上集中在自然条件差、经济基础弱的深度贫困地区。其次，在现有的 3000 万贫困人口中，持证残疾人和 65 岁以上的老人超过了 1000 万人。再次，因病致贫、因病返贫的贫困人口数量相当多，2016 年底有 553 万户。最后，还有部分贫困群众脱贫

① 习近平：《在深度贫困地区脱贫攻坚座谈会上的讲话》，《人民日报》2017 年 9 月 1 日。
② 《中共中央　国务院关于打赢脱贫攻坚战的决定》，《人民日报》2015 年 12 月 8 日。
③ 《中共中央办公厅　国务院办公厅印发〈关于建立贫困退出机制的意见〉》，中国政府网，2016 年 5 月 7 日，http://www.gov.cn/gongbao/content/2016/content_5073709.htm。

意志薄弱。目前贫困人口"无业可扶、无力脱贫"现象比较普遍①。这就意味着，以前百试不爽的各种扶贫办法，如产业脱贫、转移就业脱贫、教育脱贫等不再灵验了，需要探索新的扶贫脱贫路径。目前，健康扶贫、社会保障扶贫等成为越来越重要的扶贫形式。

---

① 《既要打赢，又要打好》，《人民日报》2018 年 1 月 22 日。

B.5
交通基础设施建设与发展权保障

许　尧*

摘　要：　必要的交通基础设施是保障人民基本生活水准、促进其发展
权实现不可或缺的基础条件。中国在人权事业发展过程中，
将交通视为发展的"先行官"：在《国家人权行动计划
(2016—2020年)》中单列改善城乡居民出行条件的内容；通
过修建大量铁路、公路、水路、民航等，为人们的发展提供
更安全、更便捷的条件；通过加大贫困地区的道路基础设施
建设，为他们摆脱贫困，发展经济、社会和文化事业奠定了
坚实的基础。

关键词：　交通基础设施　基本生活水准权利　发展权

作为人类的基本需求，出行是人们生产生活无法回避的重要活动，然
而，受到历史、环境、经济、技术等多种因素的制约，出行困难的情况在现
实中长期存在。十八大以来，党和政府通过大力加强交通基础设施建设，极
大地消除了人们的出行障碍，缓解了贫困落后地区的交通劣势，为不同地区
人们共享改革发展的成果提供了有利条件，为人们实现发展权提供了更坚实
的保障。

---

* 许尧，管理学博士，南开大学人权研究中心（国家人权教育与培训基地）、南开大学周恩来
政府管理学院副研究员，主要研究方向：人权政策、公共冲突管理。

一 交通基础设施建设的制度和资金保障

从 2015 年到 2017 年，国务院及交通运输部、科技部等多个部委先后出台了一系列法律法规政策（见表1），为交通基础设施的改善提供了制度支持和路线。

表 1　2015～2017 年交通运输领域的政策和规划

年份	颁布主体	政策名称
2017	国务院	《国内水路运输管理条例》(2017 年修订)
	国务院	《"十三五"现代综合交通运输体系发展规划》
	国家发展改革委、交通运输部、国家铁路局等	《铁路"十三五"发展规划》
	交通运输部	《交通运输行业质量提升行动实施方案》
	科技部、交通运输部	《"十三五"交通领域科技创新专项规划》
	交通运输部	《关于全面深入推进绿色交通发展的意见》
	交通运输部、国家旅游局等	《关于促进交通运输与旅游融合发展的若干意见》
	交通运输部、中共中央宣传部、中共中央网信办等	《关于鼓励和规范互联网租赁自行车发展的指导意见》
	交通运输部	《推进智慧交通发展行动计划(2017—2020 年)》
2016	交通运输部	《"十三五"交通扶贫规划》
	国家发展改革委、交通运输部、中国铁路总公司	《中长期铁路网规划》
	交通运输部	《交通运输科技"十三五"发展规划的通知》
	交通运输部	《城市公共交通"十三五"发展纲要》
	交通运输部	《水运"十三五"发展规划》
	交通运输部	《交通运输标准化"十三五"发展规划》
	交通运输部	《综合运输服务"十三五"发展规划》
	交通运输部	《交通运输信息化"十三五"发展规划》
	交通运输部、国家发展改革委	《推进物流大通道建设行动计划(2016—2020 年)》
2015	交通运输部	《全国公路水路交通运输环境监测网总体规划》
	交通运输部	《关于推进"四好农村路"建设的意见》

除上述政策外，由国务院新闻办公室和外交部牵头编制的《国家人权行动计划（2016—2020 年）》中规定，"改善城乡居民出行条件。国家高速铁路主线基本贯通。具备条件的县城通二级及以上公路，乡镇和建制村通硬

化路、通客车"。

综合研读和分析上述法律、政策和规划，可以发现其具有如下五个比较显著的特点：（1）对交通在国民经济社会发展中的"定位高"，将交通运输界定为"国民经济中基础性、先导性、战略性产业"①，将交通视为发展的"先行官"，这种定位决定了要将交通作为地方经济社会发展的优先事项，将交通设施建设作为其他方面建设的先决条件；（2）对各具体领域的"规划细"，可以看到在铁路、城市公共交通、水运等具体领域都有详细的规划，这些内容的具体化提高了可操作性，方便实施和监督；（3）强调在推进交通设施建设过程中的"高科技"，对智能化和信息化提出了很多具体要求；（4）强调各种运输方式之间的"系统化"，强调要平衡各种运输方式，形成安全、便捷、高效、绿色、经济的综合交通体系；（5）强调交通基础设施建设和其他发展目标的"融合"，比如交通设施建设要和旅游融合，要和当地的扶贫融合，要和"一带一路"建设、京津冀协同发展、长江经济带发展等衔接等，可以看出，这些政策文件不是就交通说交通，而是将交通放在国民经济社会发展和人权保障的大局中谋划交通基础设施建设。

在相关政策的支持下，中国政府不断加大交通类基础设施投入，使交通设施的固定资产投入长期维持在全社会固定资产投资的5%左右，2013～2016年，铁路、公路、水运等固定资产投资持续维持在较高水平（见表2、图1）②，四年内交通固定资产投资总额达到了102011.81亿元。2017年前三季度，交

---

① 参见《"十三五"现代综合交通运输体系发展规划》，中国网，http://www.china.com.cn/guoqing/2017-08/25/content_41472335.htm，最后访问日期：2017年12月28日。
② 表2、表3、表4、表5、表6、表7、表8，图1、图2，如无特殊注明，资料来源均为交通运输部每年度发布的交通运输业统计公报，具体为：（1）交通运输部：《2016年交通运输业发展统计公报》，交通运输部网站，http://zizhan.mot.gov.cn/zfxxgk/bnssj/zhghs/201704/t20170417_2191106.html；（2）交通运输部：《2015年交通运输行业发展统计公报》，交通运输部网站，http://zizhan.mot.gov.cn/zfxxgk/bnssj/zhghs/201605/t20160506_2024006.html；（3）交通运输部：《2014年交通运输行业发展统计公报》，交通运输部网站，http://zizhan.mot.gov.cn/zfxxgk/bnssj/zhghs/201504/t20150430_1810598.html；（4）交通运输部：《2013年交通运输行业发展统计公报》，交通运输部网站，http://zizhan.mot.gov.cn/zfxxgk/bnssj/zhghs/201405/t20140513_1618277.html。最后访问日期均为2017年12月25日。

通固定资产投资达到了 22485 亿元，同比增长 14.4%①。截至 2016 年底，中国"五纵五横"综合运输大通道基本贯通，综合交通网络初步形成，长期大力度的投入极大地改善了人们的出行条件，城乡居民能够更便捷、更方便地进行生产和生活活动，为其发展权的实现提供了强有力的支持。

表 2　2013～2016 年交通固定资产投资额

项目	2013 年	2014 年	2015 年	2016 年
铁路建设（亿元）	6657.5	8088	8238	8015
公路建设（亿元）	13692.20	15460.94	16513.30	17975.81
水运建设（亿元）	1528.46	1459.98	1457.17	1417.37
交通固定资产投资总额（亿元）	22190.67	25259.51	26659.00	27902.63
占全社会固定资产投资比例（%）	5.0	4.9	4.7	—

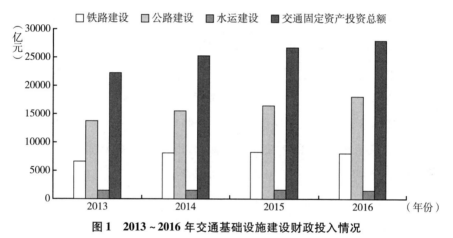

图 1　2013～2016 年交通基础设施建设财政投入情况

二　不同种类的交通基础设施建设与发展权保障

中国政府高度重视交通基础设施的建设，从具体领域来看，可以分为铁路、公路、水路、航空等方面。

---

① 《交通运输部：前三季交通固定资产投资 22485 亿　增 14.4%》，中国网，http://www.china.com. cn/news/txt/2017－10/26/content_41797947.htm，最后访问日期：2017 年 12 月 28 日。

（一）铁路建设

铁路在运载能力、时间准确性、安全性等方面具有显著优势，是综合交通运输体系的骨干和主要交通方式之一。中国高度重视通过铁路建设来快速提升人们出行的便利性，将铁路视为国民经济大动脉和重大民生工程来抓，取得了重要成就。铁路建设为连接发达地区与欠发达地区，消除或弱化区域壁垒，将欠发达地区的资源优势转变为现实经济效益，大幅度节约人们的出行成本做出了重要贡献。同时，中国加大了对高铁的研发和建设力度，在动车组牵引、制动、网络控制系统等方面全面实现了自主化，在高铁技术的安全性、智能化、人性化、经济性、多种环境下的适应性等方面均达到了国际先进水平。

近年来，中国在铁路建设上高歌猛进，在营业里程、复线里程、电气化里程、高铁里程等方面均取得了持续的快速发展（见表3）。到2017年底，铁路营业里程达到13万公里，高铁覆盖65%以上的百万人口城市[1]。高铁运营里程达到2.5万公里，占世界运营里程的三分之二[2]。按照国家发展改革委、交通运输部、中国铁路总公司联合制定的《中长期铁路网规划》，要建设"八纵八横"的高速铁路网，到2020年，高铁将达到3万公里，覆盖80%以上的大城市，到2025年，高铁将达到3.8万公里。可以预测，中国高铁占世界高铁的份额在未来十年内还会大幅度增加。到2020年，中国铁路网规模预计将达到15万公里，到2025年，预计将达到17.5万公里左右[3]。

---

① 《交通基础设施跨越式发展 "五纵五横"大通道基本贯通》，中国产业经济信息网，http://www.cinic.org.cn/xw/cjxw/415035.html，最后访问日期：2017年12月28日。

② 《数读政府工作五年成绩单》，新华网，http://www.xinhuanet.com/video/sjxw/2018-03/05/c_129823109.htm，最后访问日期：2018年3月5日。

③ 参见钟超《"八纵八横"：大手笔续筑铁路强国梦》，《光明日报》2016年7月25日；《中长期铁路网规划》，国家发改委网站，http://www.ndrc.gov.cn/zcfb/zcfbtz/201607/W020170213333938328309.pdf，最后访问日期：2017年12月22日。

表3　2013~2017年全国铁路建设运营情况

单位：万公里

项目	2013年	2014年	2015年	2016年	2017年
营业里程	10.3	11.2	12.1	12.4	13.0
复线里程	4.8	5.7	6.5	6.8	—
电气化里程	5.6	6.5	7.5	8.0	—
高铁里程	—	1.6	1.9	2.2	2.5

在铁路建设快速发展的同时，全国铁路网密度不断提升，2013~2016年从107.4公里/万平方公里提升到了129.2公里/万平方公里，提高了20.3%。在铁路基础设施得以大幅度改善的同时，铁路运输设备也实现了同步增长，具体见表4。

表4　2013~2016年铁路运输移动设备拥有量

项目	2013年	2014年	2015年	2016年
铁路客车拥有量（万台）	5.88	6.06	6.50	7.1
动车组数量（组）	1308	1411	1883	2586
动车数量（辆）	10464	13696	17648	20688

从表4中可以看出，2013年到2016年，铁路客车拥有量增长了20.7%。更为突出的是，动车组数量和动车数量在四年间均增长了97.7%，几乎翻了一倍（见图2）。2017年，"复兴号"高铁成功运营。这些设备的提升，为真正实现民众的出行便利提供了可能。

在取得上述成绩的基础上，2017年11月20日，国家发展改革委、交通运输部、国家铁路局、中国铁路总公司发布关于印发《铁路"十三五"发展规划》的通知，明确了七项重点任务：完善铁路设施网络、提升技术装备水平、改善铁路运输服务、强化安全生产管理、推进智能化现代化、推动铁路绿色发展、加强国际交流合作[1]。可以乐观地预测，中国人乘坐火车外出的便利性将会进一步提高。

---

[1] 《铁路"十三五"发展规划》，交通运输部网站，http://zizhan.mot.gov.cn/zfxxgk/bnssj/zhghs/201712/P020171201302806894502.pdf，最后访问日期：2017年12月16日。

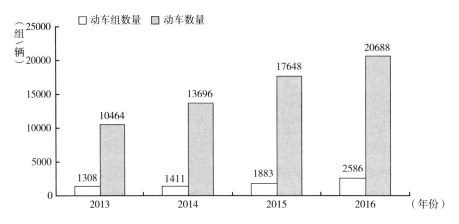

图 2　2013～2016 年动车组和动车数量趋势

（二）公路建设

公路是人们出行最常用的基础设施。尤其是广大农村地区，公路是人们连接外界的不可或缺的基础，是农业和农村发展的先导性、基础性设施。截至 2016 年底，全国农村公路通车总里程达到 396 万公里（见表 5），乡镇和建制村通公路率分别达到 99.99% 和 99.94%，通硬化路率分别达到 99.00% 和 96.69%，通客车率分别达到 99.02% 和 95.37%，全国农村公路列养率达到 97.5%[①]。

从 2013 年到 2017 年，中国新建改建农村公路 127.5 万公里[②]。2017 年，多项任务超额完成：计划新改建农村公路 20 万公里，实际完成新改建农村公路 28.5 万公里；计划实施乡道及以上公路安全生命防护工程 8 万公里，预计完成 13 万公里；计划实施乡道及以上公路危桥改造 1800 座，实际

---

① 《政协提案第 3833 号　关于小汽车进入寻常农家，农村公路修建标准亟待提升的提案》，交通运输部网站，http://zizhan.mot.gov.cn/zfxxgk/bnssj/glj/201707/t20170724_2550538.html，最后访问日期：2018 年 1 月 10 日。

② 《一图读懂 2018 年全国交通运输工作会议》，中国青年网，http://news.china.com/domestic/945/20171226/31872789.html，最后访问日期：2017 年 12 月 28 日。

完成 3300 座①。到 2017 年底,高速公路覆盖 97% 的 20 万人口城市及地级行政中心,二级及以上公路通达 96.7% 的县②,达到 13.6 万公里③。这些基础设施的全面改善,有效地便利了人们的出行,使得他们的经济活动、社会交往、文化活动都具备了更好的条件。

表5 2013～2017 年全国公路总里程及公路密度

项目	2013 年	2014 年	2015 年	2016 年	2017 年
公路总里程(万公里)	435.62	446.39	457.73	469.63	489.02
高速公路里程(万公里)	10.44	11.19	12.35	13.10	13.6
农村公路里程(万公里)	378.48	388.16	398.06	395.98④	—
全国公路密度(公里/百平方公里)	45.38	46.50	47.68	48.92	—
公路建设投资额(亿元)	13692	15461	16513	17976	—

注:2017 年公路总里程数据为笔者依据"2018 年全国交通运输工作会议"公布的 5 年增长量计算而成。

资料来源:《交通基础设施跨越式发展"五纵五横"大通道基本贯通》,中国产业经济信息网,http://www.cinic.org.cn/xw/cjxw/415035.html,最后访问日期:2017 年 12 月 28 日。

值得关注的是,在公路建设过程中,需要克服很多难题,建设者们"遇水搭桥、逢山开路",在桥梁建设和隧道建设上不断克服难关,为确保道路畅通、路线最短做出了突出的贡献。2013～2016 年公路桥梁和隧道建设情况见表6。

---

① 《2017 年交通运输更贴近民生实事》,交通运输部网站,http://zizhan.mot.gov.cn/zfxxgk/bnssj/bgt/201702/t20170220_2166472.html。最后访问日期:2017 年 12 月 21 日;《今年交通运输 11 件更贴近民生实事全部兑现 2018 年推进 12 件更贴近民生实事》,交通运输部网站,http://www.mot.gov.cn/jiaotongyaowen/201712/t20171227_2961339.html,最后访问日期:2018 年 1 月 11 日。

② 参见《交通基础设施跨越式发展"五纵五横"大通道基本贯通》,中国产业经济信息网,http://www.cinic.org.cn/xw/cjxw/415035.html,最后访问日期:2017 年 12 月 28 日。

③ 参见《数读政府工作五年成绩单》,新华网,http://www.xinhuanet.com/video/sjxw/2018-03/05/c_129823109.htm,最后访问日期:2018 年 3 月 5 日。

④ 2016 年农村公路里程比 2015 年降低了 2.08 万公里,主要是村道减少了。2015 年村道为 231.31 万公里,2016 年减少到 225.05 万公里,减少了 6.26 万公里。县道和乡道总体有小幅增加。

表6　2013～2016年公路桥梁和隧道建设情况

名称	单位	2013 年	2014 年	2015 年	2016 年
桥梁	数量（万座）	73.53	75.71	77.92	80.53
	长度（万米）	3977.80	4257.89	4592.77	4916.97
隧道	数量（处）	11359	12404	14006	15181
	长度（万米）	960.56	1075.67	1268.39	1403.97

交通运输部委托北京交通大学对部分民生实事开展了第三方评估。评估结果显示，交通运输更贴近民生实事，受到人民群众的普遍关注，社会满意度较好。其中，农村公路建设、公路安全生命防护工程平均满意度分别达到87.87%、95.22%[①]。

（三）水路建设

水路在长距离运送大量货物、旅游观光等方面具有明显优势。中国在过去几年中进一步加强水路建设，与2013年相比，2016年的内河航道里程、万吨级以上泊位、十万吨级以上泊位分别增长了1.0%、15.8%、38.7%，表明中国在内河航道里程基本稳定的情况下，泊位建设有了迅速提高，实现了对水路更充分的利用。2013～2016年的水路建设情况见表7。

表7　2013～2016年水路建设情况

项目	2013 年	2014 年	2015 年	2016 年
内河航道里程（万公里）	12.59	12.63	12.70	12.71
万吨级以上泊位（个）	2001	2110	2221	2317
十万吨级以上泊位（个）	261	306	331	362

---

① 庄妍：《今年交通运输11件更贴近民生实事全部兑现　2018年推进12件更贴近民生实事》，交通运输部网站，http://www.mot.gov.cn/zhuanti/2018jiaotonggongzuo_HY/2018meitibaodao/201712/t20171227_2961862.html，最后访问日期：2018年3月5日。

在水路建设中，长江水路的建设具有突出的重要意义。2017 年，在长江航务管理局的推动下，完成航道维护疏浚量 7952 万方，长江干线货物通过量达 25 亿吨，同比增长 8.0%，长江干线规模以上港口货物吞吐量 24.4 亿吨，同比增长 7.5%，完成集装箱吞吐量 1650 万标准集装箱，同比增长 8.2%，较好地发挥了长江黄金水道对沿江产业布局的支撑作用①。

（四）民航建设

到 2017 年底，民航运输机场达 229 个，服务覆盖全国 88.5% 的地市、76.5% 的县②。相对于 2013 年，2017 年的民用航空机场数量增长了 18.7%；2016 年的定期航班通航机场、定期航班通航城市、年旅客吞吐量 100 万人次以上通航机场分别增长了 13.7%、13.8%、26.2%（见表 8）。这表明，中国的民航建设持续稳步完善，尤其是 100 万人次以上通航的较大机场数量有了迅速增长。

表 8　2013～2017 年民航基础设施建设情况

单位：个

项目	2013 年	2014 年	2015 年	2016 年	2017 年
民用航空机场	193	202	210	218	229
定期航班通航机场	190	200	206	216	—
定期航班通航城市	188	198	204	214	—
年旅客吞吐量 100 万人次以上通航机场	61	64	70	77	—

2017 年，全国实现运输飞行 1059 万小时、436 万架次，比 2016 年分别增长 11.6% 和 10.1%，年运输飞行总量首次突破千万小时，未发生运输航

①《加快现代化建设　推动高质量发展奋力书写交通强国长江篇——访交通运输部长江航务管理局局长、党委书记唐冠军》，交通运输部网站，http://www.mot.gov.cn/zxft2017/tuidongjianshefazhan/index.html，最后访问日期：2018 年 1 月 11 日。

② 参见《交通基础设施跨越式发展"五纵五横"大通道基本贯通》，中国产业经济信息网，http://www.cinic.org.cn/xw/cjxw/415035.html，最后访问日期：2017 年 12 月 28 日。

空事故①。民航事业的进步为人们通过航空来实现更快捷的出行提供了条件。

在完善上述基础设施的同时，不断完善公民出行安全和出行便利等公共服务的提供，比如通过 12306 网络售票提高了人们订票的便利性，通过公布每天的气象条件为人们选择交通工具提供更多信息等。相关软硬件的综合推进，方便了人们的出行。表 9 归纳了 2013～2016 年各种交通渠道的运送旅客量。

表9　2013～2016 年不同交通渠道运送旅客量

项目	2013 年	2014 年	2015 年	2016 年
营业性客运量(亿人)	212.26	220.94	194.32	190.02
旅客周转量(亿人公里)	27573.40	30097.39	30047.01	31239.87
铁路旅客发送量(亿人)	21.06	23.57	25.35	28.14
铁路旅客周转量(亿人公里)	10595.62	11241.85	11960.60	12579.29
营业性公路客运量(亿人)	185.35	190.82	161.91	154.28
公路旅客周转量(亿人公里)	11250.94	12084.10	10742.66	10228.71
城市客运系统运送旅客(亿人)	1283.35	1315.66	1303.17	1285.15
水路客运量(亿人)	2.35	2.63	2.71	2.72
水路旅客周转量(亿人公里)	68.33	73.34	73.08	72.33
港口完成旅客吞吐量(亿人)	1.85	1.83	1.85	1.85
民航旅客运输量(亿人次)	3.5	3.9	4.36	4.88
民航旅客周转量(亿人公里)	5658.5	6334.2	7270.66	8359.54

在完备的交通设施的保障下，中国运输服务能力名列世界前茅。截止到 2017 年底，铁路、民航客运量平均增长率达到 10% 左右，高铁动车组累计发送旅客突破 70 亿人次，公共交通年客运量超过 900 亿人次，34 个城市开

---

① 《2018 年全国民航航空安全工作会议召开》，交通运输部网站，http://www.mot.gov.cn/jiaotongyaowen/201801/t20180102_2967428.html，最后访问日期：2018 年 1 月 11 日。

通运营城市轨道交通，高铁、高速公路、城市轨道交通运营里程以及港口深水泊位数量均居世界第一①。

三　贫困地区交通基础设施建设与发展权保障

贫困地区往往是交通设施落后的边远山区，出行条件差，这导致这些地区在下述方面处于非常不利的地位：第一，交通基础条件落后，造成了很多地方取水、上学、取暖等多方面的困难，导致其基本生活水准不高；第二，交通基础条件落后带来生产活动的不便，提高了从事农业、工业、服务业劳动的成本，产品运送出去的成本比较高，很难将自身的资源优势转变为发展优势；第三，受到交通不便的制约，与外界的交流不多，在思想观念、信息等方面比较闭塞，这进一步制约了当地的经济社会发展。

同时，贫困地区受地理位置偏远、地质条件复杂、施工难度很大、投资回报率较低等因素限制，交通运输发展面临着建养成本高、地方财力弱、融资难度大等特殊困难。这些因素相互作用，导致贫困地区交通基础设施建设落后，并在很大程度上促进了贫困代际传递的恶性循环。

近年来，中共中央、国务院将加大扶贫力度作为政府工作的重中之重，将交通扶贫视为打赢脱贫攻坚战的"先手棋"，将消除贫困地区民众的出行障碍作为重中之重来抓。交通运输部制定实施了《集中连片特困地区交通建设扶贫规划纲要（2011—2020年)》②《"十三五"交通扶贫规划》，对通过交通建设来推进扶贫工作进行了整体性、系统性的安排。2016年，国家

---

① 参见《交通基础设施跨越式发展"五纵五横"大通道基本贯通》，中国产业经济信息网，http：//www. cinic. org. cn/xw/cjxw/415035. html，最后访问日期：2017年12月28日；《一图读懂2018年全国交通运输工作会议》，中国青年网，http：//news. china. com/domestic/945/20171226/31872789. html，最后访问日期：2017年12月28日。

② 规划范围包括六盘山区、秦巴山区、武陵山区、乌蒙山区、滇桂黔石漠化区、滇西边境山区、大兴安岭南麓山区、燕山—太行山区、吕梁山区、大别山区、罗霄山区等区域的连片特困地区。参见《集中连片特困地区交通建设扶贫规划纲要》，中国交通扶贫网，http：//zizhan. mot. gov. cn/zhuantizhuanlan/qita/zhongguojiaotongfupin/zhengcejiedu/201308/t20130826_1471784. html，最后访问日期：2017年12月22日。

发改委发布《关于进一步发挥交通扶贫攻坚基础支撑作用的实施意见》，以革命老区、民族地区、边疆地区、贫困地区为重点，加快实施交通扶贫"双百"工程。

整体而言，通过交通基础设施建设来推进贫困地区人们脱贫致富，主要做了如下工作。

第一，加大集中连片地区的国家高速公路建设，建设脱贫致富的"康庄大道"。交通运输部发布《集中连片特困地区交通建设扶贫规划纲要（2011—2020 年）》，并且与 19 个省（区、市）就贯彻落实规划纲要和 11 个集中连片特困地区交通建设扶贫专项规划、推进集中连片特困地区交通运输发展签署了共建协议。到 2020 年，集中连片特困地区的国家高速公路将基本贯通。

第二，加大贫困地区的铁路建设，让贫困地区搭乘上快速发展的"列车"。通过铁路建设尤其是高铁建设，为贫困地区交通设施改善提速。中国高铁的迅猛发展，成为许多贫困地区发展的重要推动力量。由于高铁线路的开通，许多地区的经济社会发展迅速跃升到一个新的层次。2017 年，先后开通宝兰高铁、西成高铁、武九高铁、石济高铁等多个线路[①]，汉中、绵阳、天水、宝鸡等多个较贫困的地区成为高铁网覆盖的区域，其中西成高铁首次实现铁路穿越秦岭，在群山峻岭间开辟出一条新"蜀道"；中国铁路总公司帮扶洛阳栾川贫困地区开通高铁"奇境栾川"号，促进"高铁 + 扶贫 + 旅游"有机结合[②]。高铁在从根本上改善当地的交通出行条件的同时，也让经济落后地区有机融入社会整体发展，促进了信息、科技、产业的传播和融合。

第三，大量新建改建农村公路，建设贫困地区的"幸福小康路"。"十八大"以来，交通运输部在贫困地区公路建设方面累计投入了超过 7000 亿元车购税资金，支持建设了 7.5 万多公里国省道和 44 万多公里农村公路，带动了全社会公

---

① 《"十三五"交通扶贫规划及交通扶贫工作开展情况发布会》，国务院新闻办公室网站，http：//www. scio. gov. cn/xwfbh/xwbfbh/wqfbh/33978/35482/，最后访问日期：2018 年 1 月 15 日。

② 陈亚：《"高铁"遇上"扶贫"，旅行变得更有意义》，多彩贵州网，http：//comment. gog. cn/system/2017/05/03/015663488. shtml，最后访问日期：2018 年 1 月 15 日。

路建设投资超过 2.5 万亿元①。全国新建改建农村公路 127.5 万公里，99.24% 的乡镇和 98.34% 的建制村通上了沥青路、水泥路，乡镇和建制村通客车率分别达到 99.1% 和 96.5% 以上，城乡运输一体化水平接近 80%②。2017 年，计划贫困地区 7000 个建制村通硬化路，实际完成 9063 个建制村通硬化路③。

第四，提升农村公路安全水平，打造群众出行的"平安放心路"。建设"四好农村路"，切实把农村公路建好、管好、护好、运营好。实施 30 万公里农村公路安保工程，改造农村公路危桥，加强农村公路上的安全生命防护工程建设和 1.5 万座危桥改造，对通客车村道上不符合安全通客车要求的窄路基路面进行加宽改造，提升公路安全水平④。

第五，推进"交通 + 特色产业"扶贫，打造"特色致富路"。"十三五"时期，计划建设约 3.2 万公里资源路、旅游路、产业园区路，进一步强化交通对产业扶贫的基础支撑作用，支持贫困地区特色产业发展。

第六，提升运输服务水平。"十三五"时期，计划支持贫困地区改造建设县城老旧客运站 150 个、乡镇客运综合服务站 1100 个，实现具备条件的建制村通客车全覆盖⑤。2017 年，计划新增通客车建制村 4000 个，实际新增 8473 个⑥。

---

① 《交通运输部：到 2020 年实现贫困地区国家高速公路主线基本贯通》，中国扶贫在线，http：//f. china. com. cn/2017 – 10/10/content_50034576. htm，最后访问日期：2018 年 1 月 15 日。

② 《习近平对"四好农村路"建设作出重要指示》，新华每日电讯，2017 年 12 月 26 日。

③ 《今年交通运输 11 件更贴近民生实事全部兑现　2018 年推进 12 件更贴近民生实事》，交通运输部网站，http：//www. mot. gov. cn/jiaotongyaowen/201712/t20171227_2961339. html，最后访问日期：2018 年 1 月 11 日。

④ 《规划明确"十三五"时期交通扶贫六大任务》，国新网，http：//www. scio. gov. cn/xwfbh/xwbfbh/wqfbh/33978/35482/zy35486/Document/1524848/1524848. htm，最后访问日期：2018 年 1 月 17 日。

⑤ 《规划明确"十三五"时期交通扶贫六大任务》，国新网，http：//www. scio. gov. cn/xwfbh/xwbfbh/wqfbh/33978/35482/zy35486/Document/1524848/1524848. htm，最后访问日期：2018 年 1 月 17 日。

⑥ 《今年交通运输 11 件更贴近民生实事全部兑现　2018 年推进 12 件更贴近民生实事》，交通运输部网站，http：//www. mot. gov. cn/jiaotongyaowen/201712/t20171227_2961339. html，最后访问日期：2018 年 1 月 11 日。

第七，一些特殊困难条件的改善。通过专项行动等措施对一些特殊的困难条件加以改善。比如，在金沙江、怒江、澜沧江等地区存在人们靠溜索过河出行的方式，其具有安全系数低、运载量限制大、对人们的身体条件要求高等特点，政府通过"溜索改桥"规划，将约290对溜索改造成桥梁，惠及904个行政村的95.8万群众，助力改善65.8万贫困人口的出行条件；对于改善出行条件代价极大、总体收益不明显的特殊地区的贫困居民，通过村庄整体搬迁，来改善他们的出行条件；四川省向来有"蜀道之难，难于上青天"的说法，交通设施建设需要克服重重困难，2013～2016年该省完成公路水路交通投资5200亿元，大致相当于新中国成立以来至2012年该省完成公路水路交通投资的总和，该省脱贫攻坚专项资金，一半投向交通基础设施建设，"蜀道难"变为了"蜀道畅"①。

交通运输条件的改善，使贫困地区矿产、能源、旅游等资源得到了更好的开发利用，贫困人口脱贫致富的步伐进一步加快，整体促进了贫困地区经济、社会、文化的发展和繁荣。

四　小结与展望

交通基础设施建设与实现人们的发展权密切相关。从最直接的角度来看，"要想富，先修路"，便利的交通能够为各类经济要素的低成本快速流动提供条件，是"生产要素进得来，产品服务出得去"的重要前提，是促进经济繁荣的必要条件；从间接的角度来看，便利的交通条件，能够有效扩大人们的行为选择半径，可以将更远地方的教育资源、文化资源、医疗资源、工作机会等为己所用，促进不同地区人们发展机会的均等化，降低人们对所驻地资源的强依赖性，降低人们获取和使用相关资源的时间成本和行为成本。从国家宏观的角度来，各类交通基础设施恰如一个国家的血管，各类资源、信息等在其中畅通地流动，是国民财富产生和积累的重要基础，是人

---

① 王眉灵：《"蜀道难"变"蜀道畅"　实现历史性跨越》，《四川日报》2017年5月2日。

们生活条件改善、生活品质提升的重要基础,是人们实现自我发展、自我提高的重要基础。

通过加强交通基础设施建设,夯实发展权保障的基础,体现了中国改革开放以来经济社会发展的基本经验。总结中国这些年的经济社会发展经验,我们可以看到,中国高度重视交通基础设施建设,重视减少人们的出行和交易成本,充分发挥了交通基础设施的"加速器"作用,对于促进经济要素间的良性流动,充分发挥基础设施建设的集聚效应、市场结构效应、创新和溢出效应等正面作用[1],保障人们的发展权具有十分关键的意义。尽管很少使用"人权"的语言来诠释"交通基础设施建设"的重要意义,但中国政府在全力促进扶贫与经济社会发展的实践中,摸索到了"交通基础设施"的战略性价值,这种认识在中国政府和民间达成了共识,并转化为系统化的政策和行动,从而在客观上促进人权事业的迅速发展。

回顾中国近些年走过的路,可以看出:(1)出行便利是人们生存和发展的重要内容和基本诉求,准确地、牢牢地抓住了"交通基础设施"建设这个"牛鼻子",就能够较快地促进地方经济社会发展条件的改善;(2)交通基础设施具有先导性、基础性和战略性,是典型的"公共物品",需要由政府主导提供,这是地区经济社会发展的必要基础;(3)交通基础设施建设,既能够有力促进贫困地区"基本生活水准"权利的保障和改善,也是促进全体国民"发展权"实现的重要条件。

在取得重大成就的同时,我们也必须看到中国的交通基础设施建设与人们的发展权保障还存在一些问题,比如:广大贫困地区的交通基础设施建设还处于相对较低的水平,保障人们基本生活水准的意义更显著一些,要实现对人们发展权更好的保障还需要进一步提高基础设施建设水平;相对于日益膨胀的人口及出行需求,城市的交通基础设施建设还面临很大的压力,车辆多、道路少的结构性矛盾还比较突出;在建设交通基础设施这些看得到的

---

① 参见郑广建《交通基础设施对经济增长的空间溢出效应分析》,《郑州航空工业管理学院学报》2017 年第 6 期。

"硬件"的同时，相关的"软件"建设还没有得到足够重视，如相关管理制度、服务理念、组织形式、文化引导等；城乡居民在享用某些交通基础设施时还需要缴纳较高的费用，出行成本较高的问题仍然存在；等等。

党的十九大报告在建设现代化经济体系的战略部署中提出交通强国建设，将"交通强国"与"科技强国、质量强国、航天强国、网络强国"并列，赋予了交通运输在新时代的新使命。中国已经制定了交通强国建设的战略目标，即从 2020 年到 21 世纪中叶分"两步走"。第一步：从 2020 年到 2035 年，基本建成交通强国，进入世界交通强国行列；第二步：从 2035 年到 21 世纪中叶，全面建成交通强国，进入世界交通强国前列①。我们相信，中国交通基础设施的不断改善，相关管理水平和服务理念的逐渐提升，将为中国城乡居民发展权的实现提供更强大的助力。

---

① 《一图读懂 2018 年全国交通运输工作会议》，中国青年网，http：//news. china. com/domestic/945/20171226/31872789. html，最后访问日期：2017 年 12 月 28 日。

B.6

统一城乡基础医保与公民社会
保障权利的平等保障

刘锐一 李 帆[*]

摘　要： 统一城乡医保是消除医保资源城乡二元分割、平等保障基本
医保服务的必要前提。2017 年，我国持续推进统一城乡医保
改革，完善法律政策支持体系、统一城乡医保基本制度政策、
整合城乡医保管理体系。目前，我国已经基本建成统一城乡
的医保体系，打破了基础医保城乡分割格局，城乡居民平等
享有基础医保资源，基础医保服务更加公平、高效、可及。
应进一步推进基础医保体系整合，提高医保运营管理水平，
解决医疗资源配置不均等问题。

关键词： 城乡居民医疗保险　统一城乡医保　社会保障权利

一　统一城乡医保是实现基本医保服务
公平可及的必要前提

医保是我国社会保障体系的重要组成部分。公平高效的全民医保体系不

---

* 刘锐一，四川大学灾后重建与管理学院博士研究生，主要研究方向：宪法学、人权法学；李
帆，四川大学灾后重建与管理学院博士研究生，主要研究方向：宪法学、人权法学。

仅为"人人有权享有能达到最高的体质和心理健康的标准"① 提供经济保障，也是避免公民因病致贫、因病返贫，维持适当生活水准的制度支撑。中国政府2016年9月29日发布的《国家人权行动计划（2016—2020）》，将"健全医疗保险制度。城乡医保参保率稳定在95%以上"列为人权事业的发展目标之一②。中国政府积极推进医保制度建设，不断健全和完善覆盖全民的医保体系。迄今为止，我国已经建立起以城镇职工医保、城镇居民基本医保、新农合为主体的基本医保体系，为实现全民医保提供了坚实的制度保障。

但职工医保、城镇居民医保和新农合多元分立的运行体制导致基础医保在统筹层次、风险分摊范围上具有很大局限性，医疗资源分配不公、普通民众"看病难，看病贵"等问题依然突出。同时，医保信息不统一导致重复参保问题比较突出，加重了民众经济负担，不同人群因民族、城乡、工作性质、收入、年龄等因素，享受到的医保资源和医保服务差别较大，造成医疗资源享有事实上的不平等。制度上的差异不仅有损公平与效率，而且难以满足市场经济条件下人口流动、身份变换的现实需要。

整合城乡医疗保险制度，打破城乡差异，有利于医保体系在政策制定、管理运行、经办服务等方面摒除城乡户籍因素的影响，剥除户籍制度所承载的医疗保障功能，缩小城乡居民医保差距。党的十九大报告提出，要加强社会保障体系建设，全面实施全民参保计划，完善统一的城乡居民基本医疗保障制度和大病保障制度③，为我国统一城乡医保制度建设，保障城乡居民平等享有社会保障权利指明了方向。整合城镇居民医保和新农合两项制度，建立统一的城乡居民基本医保制度，对于落实党的十九大要求，推进医药卫生

① 参见《经济、社会和文化权利国际公约》第12条。全国人大网，http：//www.npc.gov.cn/wxzl/wxzl/2001－06/01/content_136875.htm，最后访问日期：2018年2月26日。
② 《国家人权行动计划（2016~2020年）》，国务院新闻办公室网站，http：//www.scio.gov.cn/wz/Document/1492804/1492804.htm，最后访问日期：2018年3月6日。
③ 习近平：《决胜全面建成小康社会　夺取新时代中国特色社会主义伟大胜利——在中国共产党第十九次全国代表大会上的报告》，中国政府网，2017年10月27日，http：//www.gov.cn/zhuanti/2017－10/27/content_5234876.htm。

体制改革，解决社保保障不平衡问题，促进经济社会和谐发展和全面建成小康社会具有重要意义。

2013 年 11 月 15 日，《中共中央关于全面深化改革若干重大问题的决定》提出"整合城乡居民基本养老保险制度、基本医疗保险制度"以期"建立更加公平可持续的社会保障制度"①。基于此，2016 年 1 月《国务院关于整合城乡居民基本医疗保险制度的意见》（国发〔2016〕3 号）（以下简称《意见》）提出整合城镇居民基本医疗保险和新型农村合作医疗两项制度，建立统一城乡的居民基本医疗保险（以下简称"城乡居民医保"）制度。2017 年 5 月，国务院发布《深化医疗卫生体制改革 2017 年重点工作任务》（以下简称《工作任务》），将全民医保建设列为五项基本制度建设重点任务之一，旨在"推进城镇居民医保和新农合制度整合，逐步在全国范围内建立起统一的城乡居民医保制度，推动保障更加公平、管理服务更加规范、医疗资源利用更加有效，促进全民医保体系持续健康发展"②。《意见》是统一城乡医保制度的总体规划，对统一城乡医保工作提出了目标和要求。《工作任务》是《意见》的具体展开，明确了统一城乡医保改革工作的具体内容和步骤。

二　2017年统一城乡医保平等保障居民社会保障权利进展和成就

（一）完善法律政策支持体系

我国的城乡居民医疗保险制度立法主要是在《中华人民共和国社会保险法》（以下简称《社会保险法》）的基础上，以国务院的行政法规为指导，

---

① 《中共中央关于全面深化改革若干重大问题的决定》，中国政府网，2013 年 11 月 15 日，http：//www. gov. cn/jrzg/2013 –11/15/content_2528179. htm。

② 《国务院关于整合城乡居民基本医疗保险制度的意见》，中国政府网，2016 年 1 月 12 日，http：//www. gov. cn/zhengce/content/2016 –01/12/content_ 10582. htm。

在党和国家各项政策的推动下，通过地方法规、规章以及政策具体实施。在统一城乡基础医保的改革尚在进行中，《基本医疗卫生与健康促进法》尚未制定及《社会保险法》尚未修改的情况下，《国务院关于整合城乡居民基本医疗保险制度的意见》《深化医疗卫生体制改革2017年重点工作任务》等国务院行政法规和《人力资源社会保障部关于做好贯彻落实〈国务院关于整合城乡居民基本医疗保险制度的意见〉有关工作的通知》等部门规章明确了统一城乡医保的规划、目标和任务；各地出台相应的地方法规、规章和配套政策是统一后城乡医保制度运行的制度依据。

1. 法律、行政法规明确整合城乡居民基本医疗保险制度的目标与任务

除《社会保险法》外，卫生与健康领域第一部基础性、综合性的法律——《基本医疗卫生与健康促进法（草案）》于2017年12月22日在十二届全国人大常委会第三十一次会议上进行了首次审议，明确了"公民有依法参加基本医疗保险的权利和义务"①。2016年1月《国务院关于整合城乡居民基本医疗保险制度的意见》，要求推进城镇居民医保和新农合制度整合，逐步在全国范围内建立起统一的城乡居民医保制度。2017年5月，国务院发布《深化医疗卫生体制改革2017年重点工作任务》，将整合城乡医保制度作为2017年医疗卫生体制改革的重点任务之一。《人力资源社会保障部关于做好贯彻落实〈国务院关于整合城乡居民基本医疗保险制度的意见〉有关工作的通知》要求各地在认真总结和借鉴先行整合地区的成功经验的基础上制定总体规划和实施方案，列入当地"十三五"人力资源社会保障事业发展规划重点保障实施。各省市相继出台整合城乡居民基本医疗保险制度的实施意见及统一医保药品目录、定点机构协议管理等配套地方性法规、规章。

截至2017年底，31个省（区、市）和新疆生产建设兵团出台整合制度相关文件，22个省份明确由人社部门统一管理，部分省（自治区）实施统一城乡居民医保制度时间及配套文件见表1。

---

① 《基本医疗卫生与健康促进法草案初审　明确政府不举办营利性医疗机构》，中国人大网，2017年12月23日，http://www.npc.gov.cn/npc/cwhhy/12jcwh/2017-12/23/content_2034441.htm。

表 1　部分省（自治区）实施统一城乡居民医保制度时间及配套文件

地区	规范文件	时间
江苏	《江苏省人力资源社会保障厅关于实施统一的城乡居民医保制度相关政策的指导意见》（苏人社发〔2017〕341 号）	2018 年起实施统一的城乡居民医保制度。目前实行"一制两档"缴费的地区用 2～3 年的时间逐步过渡到同一筹资标准。实行"一制两档"缴费模式的设区的市，要按照权利与义务对等的原则，依据不同缴费水平合理统一确定同一药品、项目不同个人支付比例，并力争 2020 年前过渡到同一标准①
河南	《河南省人民政府办公厅关于整合城乡居民基本医疗保险制度的实施意见》（豫政办〔2016〕173 号）	2016 年 10 月底前，省人力资源社会保障部门牵头制定出台城乡居民医保的具体实施办法；2016 年年底前，完成城乡居民医保机构的整合、信息系统的统一管理以及与定点医疗机构的对接工作；2017 年全省实施统一的城乡居民医保制度②
湖南	《湖南省人民政府关于印发〈湖南省城乡居民基本医疗保险实施办法〉的通知》（湘政发〔2016〕29 号）	2017 年 1 月 1 日起施行③
云南	《云南省人民政府关于整合城乡居民基本医疗保险制度的实施意见》（云政发〔2016〕72 号）	从 2017 年 1 月 1 日起，全省各地统一执行城乡居民基本医保政策④
山西	《山西省人民政府关于整合城乡居民基本医疗保险制度的实施意见》（晋政发〔2016〕57 号）	从 2017 年起全省城乡居民医保实行市级统筹⑤

① 《省人力资源社会保障厅关于实施统一的城乡居民医保制度相关政策的指导意见》，江苏省人民政府网站，2017 年 11 月 24 日，http：//www.jiangsu.gov.cn/art/2017/11/24/art_57272_6685723.html。

② 《河南省人民政府办公厅关于整合城乡居民基本医疗保险制度的实施意见》，河南省人民政府网站，2016 年 9 月 30 日，http：//www.henan.gov.cn/zwgk/system/2016/10/10/010676482.shtml。

③ 《湖南省人民政府关于印发〈湖南省城乡居民基本医疗保险实施办法〉的通知》，湖南省人民政府网站，2016 年 12 月 6 日，http：//hdjl.hunan.gov.cn/szfmhgb2017/xxgk/wjk/szfwj/201612/t20161207_4824729.html。

④ 《云南省人民政府关于整合城乡居民基本医疗保险制度的实施意见》，云南省人民政府网站，2016 年 8 月 10 日，http：//www.yn.gov.cn/yn_zwlanmu/qy/wj/yzf/201608/t20160810_26478.html。

⑤ 《山西省人民政府关于整合城乡居民基本医疗保险制度的实施意见》，山西省人民政府网站，2016 年 11 月 8 日，http：//www.shanxigov.cn/sxszfxxgk/sxsrmzfzcbm/sxszfbgt/flfg_7203/szfgfxwj_7205/201611/t20161108_258268.shtml。

地区	规范文件	时间
安徽	《安徽省人民政府关于整合城乡居民基本医疗保险制度的实施意见》(皖政〔2016〕113号)	2017年6月底前①
广西	《广西壮族自治区人力资源和社会保障厅 卫生和计划生育委员会关于印发广西壮族自治区整合城乡居民基本医疗保险制度工作方案的通知》(桂人社发〔2016〕43号)	2017年1月1日开始实行全区统一的城乡居民医保制度②

资料来源：各地方政府网站。

2. 地方法规和规章及配套政策是统一城乡医保制度落实的具体依据

作为统一城乡医保改革实施主体，各地及时出台地方法规和规章，以适应整合后城乡医保的集中管理。其一是出台城乡居民基本医疗保险办法（见表2）。城乡居民基本医疗保险办法规定了建立城乡居民医保制度的原则、组织机构及职责、参保范围、基金筹集与管理、基本医保待遇、医疗服务管理与经办、医保监督等事项，成为城乡居民基本医保综合管理的法律依据。其二是发布与城乡居民医保管理相适应的医保定点医疗机构协议管理办法等配套规范，如《上海市基本医疗保险定点医疗机构管理办法》《北京市基本医疗保险定点医药机构协议管理办法（试行）》等，对医保定点医疗机构协议的申请受理、签约及违约管理做出了具体的规范。

---

① 《安徽省人民政府关于整合城乡居民基本医疗保险制度的实施意见》，安徽省人民政府网站，2016年12月30日，http：//xxgk.ah.gov.cn/UserData/DocHtml/731/2016/12/30/251621785467.html。
② 《广西壮族自治区人力资源和社会保障厅 卫生和计划生育委员会关于印发广西壮族自治区整合城乡居民基本医疗保险制度工作方案的通知》，广西壮族自治区发展和改革委员会网站，2016年9月30日，http：//www.gxdrc.gov.cn/fzggggz/yygg/ygzc/201609/t20160930_697653.html。

表 2　2017 年部分地方制定或实施的关于城乡居民基本
医疗保险的地方性法规和规章

地区	发布时间	实施时间	发布机关	法规名称
郑州	2016 年 12 月 30 日	2017 年 1 月 1 日	郑州市人民政府	《郑州市城乡居民基本医疗保险办法(试行)》
徐州	2017 年 9 月 24 日	2018 年 1 月 1 日	徐州市人民政府	《徐州市城乡居民基本医疗保险办法》
北京	2017 年 10 月 26 日	2018 年 1 月 1 日	北京市人民政府	《北京市城乡居民基本医疗保险办法》
盐城	2017 年 12 月 22 日	2018 年 1 月 1 日	盐城市人民政府	《盐城市城乡居民基本医疗保险办法》
宿迁	2017 年 12 月 22 日	2018 年 1 月 1 日	宿迁市人民政府	《宿迁市城乡居民基本医疗保险办法》
泰安	2017 年 12 月 29 日	2018 年 1 月 1 日	泰安市人民政府	《泰安市居民基本医疗保险办法》

资料来源：各地方政府网站。

（二）统一城乡医保制度政策

2017 年，我国在 2016 年医保制度整合的基础上，继续推进统一医保基本制度政策工作，在全国范围内实现了基础医保覆盖范围、筹资政策、保障待遇、医保目录、定点管理、基金管理制度"六统一"。

1. 统一覆盖范围

在城乡二元医保体制下，城镇居民基本医疗保险和新农合分别覆盖除职工基本医疗保险应参保人员以外的城镇户籍参保人员和农村户籍参保人员。以户籍为标准，两者的覆盖范围截然分开，并不存在交叉。整合后，职工基本医疗保险应参保人员以外的其他所有城乡居民将不再区分城乡户籍，全部纳入城乡居民医保覆盖范围。

2. 统一筹资政策

第一，统一筹资标准。统一城乡居民医保制度之前，城镇居民基本医疗保险以家庭缴费为主，政府给予适当补助。新农合则实行以个人缴费、集体扶持和政府资助相结合的模式。整合后的城乡居民医保将坚持多渠道筹资，继续实行以个人缴费与政府补助相结合为主的筹资方式，鼓励集体、单位或其他社会经济组织给予扶持或资助。2017年城镇居民医保和新农合的筹资标准分别从560元和530元统一提高至570元，政府补助统一提高至420元，个人缴纳部分统一为150元，实现了城乡筹资标准的统一。

第二，兼顾筹资标准的合理性。统筹考虑不同地方城乡居民医保与大病保险保障需求，按照基金收支平衡的原则，合理确定城乡统一的筹资标准。允许现有城镇居民医保和新农合个人缴费标准差距较大的地区，采取差别缴费的办法，利用2～3年时间逐步过渡。例如，吉林省、贵州省明确2018年统一城乡居民缴费标准，辽宁省、陕西省对城镇居民医保和新农合个人缴费标准差距较大的地区，允许利用2年时间逐步过渡。

第三，完善筹资动态调整机制。在精算平衡的基础上，逐步建立与经济社会发展水平、各方承受能力相适应的稳定筹资机制。逐步建立个人缴费标准与城乡居民人均可支配收入相衔接的机制。合理划分政府与个人的筹资责任，在提高政府补助标准的同时，适当提高个人缴费比重。

3. 统一保障待遇

《意见》要求，整合后的城乡医保应统一保障范围和支付标准，将政策范围内住院费用支付比例保持在75%左右，同时缩小政策范围内支付比例与实际支付比例间的差距。各地在《意见》基础上制定了2017年医保的待遇标准。如江苏省要求各设区市要按照整合后医疗保障待遇不降低的要求，做好原城镇居民基本医疗保险和原新型农村合作医疗待遇政策衔接，逐步统一待遇水平。

4. 统一医保目录

实现城乡居民医保药品目录和医疗服务项目目录统一，明确药品和医疗服务支付范围。2017 年 2 月人社部发布关于印发《国家基本医疗保险、工伤保险和生育保险药品目录（2017 年版）》的通知。本版目录西药和中成药部分共收载药品 2535 个，较 2009 年版目录增补药品条目 339 个，增幅约 15.4%，更多的药品得到报销，减轻了参保人的负担，提高了患者对新药的可及性，同时也有利于制药企业和医疗机构的创新与发展。

截止到 2017 年 8 月底，20 个省（区、市）对外公布了新版医保目录调整方案或执行国家版医保方案。其中山西、青海、宁夏、湖北、四川、贵州、海南、北京、湖南、陕西、吉林、山东等 12 个地区发布了增补调整方案；吉林、安徽、江苏、辽宁、河南、新疆、福建等 7 个地区中，除了福建完全执行目录方案外，其他 6 个地区均明确在新版目录出来之前的空窗期，国家版目录与旧版目录方案共同执行①。

5. 统一定点管理

根据《意见》要求，各地在统一城乡医保过程中先后制定或修改了城乡居民医保定点机构管理办法，强化医保机构定点服务的管理，强化定点医疗机构的考核评价和准入退出机制。如《北京市基本医疗保险定点医药机构协议管理办法（试行）》、《甘肃省城乡居民基本医疗保险定点医疗机构协议管理办法》（甘医改办发〔2017〕7 号）具体规定了定点协议签订、定点机构的管理、监督考核与退出的具体措施。同时，根据《意见》和各地统一城乡医保改革的具体政策，非公立医疗机构与公立医疗机构实行同等的定点管理政策。

6. 统一基金管理

城乡居民医保执行国家统一的基金财务制度、会计制度和基金预决算管理制度，全面落实付费总额控制。2017 年，全国 85% 的统筹地区开展了付费总额控制，超过 70% 的统筹地区开展了按病种付费，35% 的统筹地区开展按服务单元付费②。

---

① 李唐宁：《20 省份公布医保目录调整方案》，《经济参考报》2017 年 8 月 29 日。
② 《人社部回应医保支付改革进展：相关制度初步形成》，新华网，2016 年 4 月 28 日，http://news.xinhuanet.com/politics/2016-04/28/c_128941582.htm。

城乡居民基本医保制度"六统一"为全面整合城镇居民医保和新农合，建立统一的城乡居民基本医保制度消除了制度和政策障碍，为实现医保资源高效管理、促进医保资源合理利用、实现城乡居民公平享有基本医疗保险权益、促进社会公平正义打下了坚实的制度基础。

（三）整合城乡医保管理体系

1. 整合医保经办机构

医保经办机构的整合是在先行先试积累了丰富经验的基础上，将成功的医保集中统一管理模式向全国推广的后续措施。早在 2013 年 6 月，福建省三明市成立医疗保障基金管理中心，在全国范围内率先完成对分别隶属于人社、卫计部门的 24 个医保基金经办机构的整合。2016 年，福建省成立统一的医疗保障管理委员会，各市参照省级医保机构整合模式，成立市医疗保障管理局，挂靠市财政局。市成立市医疗保障基金管理中心，负责医保经办，各县（市）设立由该中心垂直管理的医疗保障基金管理机构。福建省的医保经办机构整合试点为全国医保机构整合积累了有益经验。统一后的医保管理体系，"有利于实现基本医保基金的统筹管理，有利于发挥医保对采购药品的集中支付功能，通过量价挂钩降低药品价格，也有利于加强对医院和医生的监督制约、规范服务行为。特别是有利于促进形成医保和医改政策协同，加快构建大健康的格局"①。

在福建省试点的基础上，2016 年 11 月 8 日，中共中央办公厅、国务院办公厅转发《国务院深化医药卫生体制改革领导小组关于进一步推广深化医药卫生体制改革经验的若干意见》，提出统一医保经办管理，开展统一基本医保经办管理，开展设立医保基金管理中心的试点。由医保基金管理中心承担基金支付和管理、药品采购和费用结算、医保支付标准谈判、定点机构的协议管理和结算等职能，发挥医保对药品生产流通企业、医院和医生的监

---

① 周程程：《医保改革推三明经验：设医保基金管理中心　打破"九龙治水"》，《每日经济新闻》2016 年 11 月 11 日。

督制约作用，为联动改革提供抓手①。其目的在于总结推广前期深化医改创造的好做法和成熟经验，充分发挥典型经验对全局改革的示范、突破、带动作用。

2. 提高医保统筹层次

医保统筹是指某统筹地区所有用人单位为职工缴纳的医疗保险费中，扣除划入个人账户后的其余部分。医保统筹基金属于全体参保人员，由社会保险经办机构集中管理，统一调剂使用，主要用于支付参保职工发生的医药费、手术费、护理费、基本检查费等。地方医保统筹的层级和参保人员所能够享受的医保待遇直接相关，同时也直接影响一个地区医疗保险的稳定的抗风险能力。我国医保基金的统筹曾经以县级为主，医保统筹层次太低，导致医保机构的团购能力大打折扣，且市场化的医药购买机制与医药价格的行政管制相冲突。2017 年人社部发布《人力资源社会保障部关于积极推动医疗、医保、医药联动改革的指导意见》，要求加快推进医保城乡统筹、区域统筹、体系统筹、管理服务统筹。目前，我国医保制度已基本实现市级统筹，有 27 个省份做到了省内住院费用的即时结算。

（四）统一城乡医保平等保障居民社会保障权利成就

整合城镇居民医保和新农合两项制度，建立统一的城乡居民医保制度，是推进医疗卫生体制改革、实现城乡居民公平享有基本医疗保险权益、促进社会公平正义、增进人民福祉的重大举措，对促进城乡经济社会协调发展、全面建成小康社会具有重要意义，有利于推动保障更加公平、实现管理服务更加规范、促进医疗资源的高效利用。稳步推进城乡居民医保制度整合，将促进全民医疗保障体系持续健康发展，为全面推进基本医保制度整合奠定坚实基础。

1. 打破了基础医保城乡分割格局

城镇居民基本医保和新农合的整合实现了基础医保覆盖范围、筹资政

---

① 《国务院深化医药卫生体制改革领导小组关于进一步推广深化医药卫生体制改革经验的若干意见》，中国政府网，2016 年 11 月 8 日，http：//www. gov. cn/xinwen/2016 – 11/08/content _5130271. htm。

策、保障待遇、医保目录、定点管理、基金管理"六统一"，统一的城乡居民基本医疗保险制度在全国范围内建立。目前，全国 31 个省份和新疆生产建设兵团出台了整合规划，22 个省份和新疆生产建设兵团、80% 以上的地市、11 亿人口、80% 的参保人群，纳入社保部门统一管理。北京、天津、河北、山西、内蒙古、黑龙江、上海、浙江、江苏、江西、山东、河南、湖南、湖北、广东、广西、四川、重庆、云南、宁夏、青海、新疆等 22 个省份和新疆生产建设兵团，实现了全民基本医保 3 项制度（城镇居民医保、城镇职工医保和新农合）乃至整个社会保险的统一管理。此外，福建专门设立了医保管理机构，整合药品采购、医疗服务价格调整和医保基金管理等职能。全国 334 个地市（不含京津沪渝）中，已有 283 个地市出台了具体实施方案，目前都基本启动运行。整合地区参保人群已基本纳入人社部门统一管理，形成了 5 项社会保险一体化管理服务的格局。

2. 城乡居民医保待遇水平不断提高

一是医保待遇整体水平不断上涨，基本医疗保险待遇水平逐步提高。近年来，政府不断加大对医疗保障经费的投入，城镇居民基本医疗保险和新农合的财政补贴标准逐年提高（见图 1），占筹资来源的绝大部分。中央财政对新农合新增部分按照西部地区 80%、中部地区 60% 的比例进行补助，对东部地区各省份分别按一定比例补助。政策范围内门诊和住院费用报销比例分别稳定在 50% 和 75% 左右[1]。二是医保药品覆盖范围更加广泛。2017 年 2 月 23 日，人社部公布《国家基本医疗保险、工伤保险和生育保险药品目录（2017 年版）》，新版药品目录由凡例、西药、中成药和中药饮片四部分组成，其中西药和中成药部分共收载药品 2535 个，较 2009 年版目录增加了 339 个，增幅约 15.4%[2]。

---

[1] 国家卫生计生委基层卫生司：《关于做好 2017 年新型农村合作医疗工作的通知》，国家卫计委网站，2017 年 4 月 20 日，http://www.nhfpc.gov.cn/jws/s3581sg/201704/aa3084a3dece4eee902d37e379667af7.shtml。

[2] 叶龙杰：《新版医保药品目录公布》，人民网，2017 年 2 月 24 日，http://health.people.com.cn/n1/2017/0224/c14739-29105735.html。

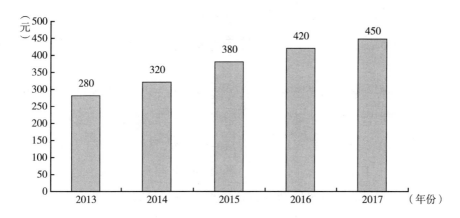

图1　城镇居民医保和新农合近五年国家财政补贴标准

3. 医保服务更加公平、高效、可及

一是医保服务更加公平。统一城乡医保制度旨在逐步缩小城乡差距、地区差异，保障城乡居民公平享有基本医保待遇，实现城乡居民医保制度可持续发展。统一后的城乡医保实行一体化管理，执行统一的医疗保障标准，两项制度整合后，不损害参保人员利益，不降低现有医保报销水平。在此基础上，逐步统一城乡居民医保住院医疗费用起付标准、支付比例、最高支付限额，政策范围内基金平均支付比例在75%左右。二是医保服务更加高效便捷。各地已逐步、分批完成城乡居民医疗保险信息系统上线工作，实现城乡居民医疗保险管理服务"一体化"，群众享受医保服务更加便利。三是医保使用向农村贫困人口倾斜。大病保险聚焦大病患者高额费用负担，以避免家庭灾难性医疗费用支出为目标，在基本医保之上对合规医疗费用再支付50%以上，实现了无缝衔接。同时，按照精准扶贫要求，对低保特困和建档立卡的贫困人口采取降低起付线、提高支付比例和封顶线等精准支付倾斜政策。据调查，实施前后大病患者医疗费用报销比例在基本医保之上平均提升10个百分点以上①。

---

① 叶龙杰：《新版医保药品目录公布》，人民网，2017年2月24日，http://health.people.com.cn/n1/2017/0224/c14739-29105735.html。

三　发展与展望

我国新农合和城镇居民基本医疗保险制度整合取得了显著的成果，优化了医保资源配置，提升了基础医保的制度公平、保障能力、统筹层次、管理效率和服务水平，在平等保障人民群众的生命健康权的进程中又迈出了坚实的一步。但由于改革缺乏顶层设计、不同部门之间利益纠葛、制度设计缺陷以及运行障碍等，城乡医保制度整合依然存在一些问题，具体表现在：第一，医保改革中整合程度较低，大部分地区仅实现了城镇居民医疗保险和新农合的整合，只有部分地区实现了"三保合一"①，筹资机制还不完善，距离医保制度的全面整合仍有差距；第二，整合过程中，政策不清，导致权属不明确，地方的医保经办权有的归属人社部，有的归属卫生系统，还有的则属于政府另设机构，导致管理体制混乱，影响医保运行效能；第三，由于不同地区的财政补贴力度不同，各地的医保政策和报销水平存在地区差异，不利于保障基本医疗险的公共产品属性。这说明我国的医保改革仍然有很大的提升空间，如何更好地满足人民群众对医疗保障的期盼，从医保发展层面上解决好"人民群众日益增长的美好生活需要和不平衡不充分的发展之间的矛盾"，是医保改革发展面对的最重要命题。

（一）进一步深化医保制度的全面整合，拓宽筹资渠道

我国的医保改革旨在打破城乡二元结构，统筹医疗保险，最终实现"三保统一"，这个目标的实现需要一定的时间，而筹资机制的不健全导致无法提供足够的资金支持。目前医保主要通过个人定额缴费和政府财政补贴两种方式进行筹资，筹资渠道比较单一，政府和个人责任分担脱节，医保基金收入与待遇之间存在明显的落差。当前以市县级为主体的统筹方式导致医

---

① 《胡晓义：已有8个省级地区实现"三保合一"》，人民网，2015年3月10日，http：//politics. people. com. cn/n/2015/0310/c70731 - 26668648. html。

保基金抵抗风险的能力较弱。城乡居民收入情况的复杂性以及不同地区财政能力的差异在很大程度上影响着医保政策的执行水平和医保待遇水平。同时，实行一刀切的定额缴费方式既有失公平，也不利于扩大筹资来源和医保基金的稳定性，同时不同筹资机制的差异也会造成城乡和人群间卫生资源和卫生服务使用上的不平等。因此，应继续贯彻落实《意见》对政府和个人筹资责任的合理划分，提高政府补助标准与适当提高个人缴费比重双管齐下；除政府补贴及个人缴费之外，应大力扶持补充医疗保险、医疗救助系统等，完善政府和市场在医保中的责任分工；探索建立多层次医疗保障体系，积极发挥市场在全民医保中的激励作用，改变目前过于单一的筹资方式，建立稳定可持续的筹资机制，例如可以建立城乡居民收入与缴费、缴费与待遇、居民医疗保险基金与经济发展水平相适应的机制[1]。

（二）进一步提高医保运行管理水平，增强医保抗风险能力

整合城乡居民保险制度的关键是实现管理体制的整合。根据已整合城乡基本医疗保险地区的经验，行政管理职能分别由人力资源和社会保障部门、卫生部门以及人社与卫生部门之外另建政府独立机构来行使，这会造成制度运行的混乱局面，不利于管理经办效率的提升，而在国家政策层面如《意见》也未能解决城乡居民医疗保险的管理权争议的问题。在基金运行管理方面，存在三种基本医疗保险基金运行管理政策不一致的现象，基金呈现独立运行、区域分割状态。不同地区和险种之间基金支撑能力存在差距，降低了医保基金的收支平衡和风险控制能力。同时，医保基金运行缺乏有效监管，存在使用不透明等问题，造成医保基金使用效率低下、过度诊疗等问题，不仅导致巨大浪费，也威胁医保基金的安全。因此，政府亟须在顶层设计层面高度明确管理体制，解决医疗保险的管理权的归属问题，实行一体化

---

① 严妮、胡瑞宁：《基于城乡居民医保整合背景的全民医保制度反思》，《社会保障研究》2017 年第 3 期。

经办服务，为医保制度的顺利运行保驾护航；应基于公平性和可持续性的考虑，完善医保基金管理和使用的制度设计，促进和保障医保基金的稳定性和公平性；同时应健全医保基金的监管机制，完善医保监管手段①。

（三）进一步解决医保改革中医疗资源配置不均的问题，提升医保资源使用的公平性

经济发展水平以及财政补贴的差异化导致不同地区的医保政策、报销水平和医疗服务水平不同，影响到医保制度发挥其公平保障的效用。尤其是在医疗服务水平方面，我国城乡医疗服务资源配置仍然存在巨大的差距，优质的医疗资源过度集中在城市。《中国统计年鉴2017》和2017年8月国家卫计委发布的《2016年我国卫生和计划生育事业发展统计公报》显示出在医疗资源和居民健康水平等方面，城乡差距还非常显著。此外，对在城乡医保改革中的低收入弱势群体如儿童、老年人、失业者、残疾人、患大病者等仍需要加大医疗救助的力度。针对这些问题，一是在后续改革中要制定明确统一的医保整合改革政策，实行统一的缴费和待遇，或者缴费根据不同群体收入确定，但待遇保持一致，进一步推动基础医保向深度整合推进，最终实现"三保合一"；二是综合考虑城乡、地区及收入差异，突出基础医保的公益性，在确保公平的基础上政策、优质医疗资源在资源配置中适当向农村地区、贫困地区倾斜，使农村居民能够就近享受到高质量的医疗服务②；三是加强基本医保、大病保险和医疗救助的有效衔接，实施综合保障，对低收入者医疗保障需要国家发挥政策整体协同和承担兜底责任，并积极支持慈善组织、社会捐赠、群众性互济等互助方式的发展，改善该群体的医疗困难状况③。

---

① 仇雨临、吴伟：《城乡医疗保险制度整合发展：现状、问题与展望》，《东岳论丛》2016年第10期。
② 仇雨临、吴伟：《城乡医疗保险制度整合发展：现状、问题与展望》，《东岳论丛》2016年第10期。
③ 严妮、胡瑞宁：《基于城乡居民医保整合背景的全民医保制度反思》，《社会保障研究》2017年第3期。

B.7
公共卫生应急体系的完善与公民
生命健康权利保障

满洪杰*

摘　要： 公共卫生应急体系对保障公民健康权利具有重要意义。中国
政府高度重视公共卫生应急体系建设，构建了较为完善的立
法和预案体系，建立了高效的公共卫生应急机制，基础设施
和应急队伍不断加强，应急能力得到全面提高。近年来，在
应对H7N9禽流感等突发公共卫生事件，以及自然灾害和事
故的紧急医学救援方面取得了突出成绩。根据《"健康中国
2030"规划纲要》的要求，科学高效、具有可持续性的中国
特色卫生应急体系将不断完善。

关键词： 卫生应急体系　公共卫生风险　生命健康权利

公共卫生应急体系是一个国家应对公共卫生风险的制度建设与物质保障
的综合体系。"公共卫生风险"是指发生不利于人群健康事件，特别是可在
国际上播散或构成严重和直接危险事件的可能性①。重大传染性疾病、自然
灾害以及重大事故，均具有公共卫生风险，并可能形成突发性公共卫生事
件，给人民生命健康带来重大挑战。公民健康权利要求国家通过建立卫生应
急体系，积极应对突发性公共事件带来的生命健康损害。《经济、社会及文

---

* 满洪杰，山东大学人权研究中心副教授，主要研究方向：健康权利和民法学。

① 世界卫生组织：《国际卫生条例（2005）》第二版。

化权利国际公约》（以下简称《公约》）第 12 条规定"本公约缔约各国承认人人有权享有能达到的最高的体质和心理健康的标准"。为充分实现这一权利，该条第 2 款要求缔约国"预防、治疗和控制传染病、风土病、职业病以及其他的疾病"①。联合国经社文权利委员会第 14 号一般性意见指出，《公约》第 12 条规定的"享有能达到的最高健康标准的权利"中"得到治疗的权利，包括在事故、流行病和类似健康危险的情况下，建立一套应急的医疗保健制度，及在紧急情况下提供救灾和人道主义援助"。该意见将"采取措施，防止环境和职业健康危险，和流行病资料显示的任何其他威胁"作为缔约国所负有的对健康权的实现义务之一。

中国政府高度重视卫生应急体系建设，通过长期的努力，已经构建了较为完备的公共卫生应急体系，为公民生命身体健康权利提供了坚强屏障。2016 年 10 月，中共中央、国务院印发了《"健康中国 2030"规划纲要》②（以下简称《纲要》），作为推进健康中国建设的宏伟蓝图和行动纲领。《纲要》提出，要提高突发事件应急能力，提高防灾减灾和应急能力，完善突发事件卫生应急体系，提高早期预防、及时发现、快速反应和有效处置能力。《纲要》特别提出，要"建立包括军队医疗卫生机构在内的海陆空立体化的紧急医学救援体系，提升突发事件紧急医学救援能力"③。2017 年 1 月，国务院办公厅印发了《国家突发事件应急体系建设"十三五"规划》④，提出"到 2020 年，建成与有效应对公共安全风险挑战相匹配、与全面建成小康社会要求相适应、覆盖应急管理全过程、全社会共同参与的突发事件应急体系，应急管理基础能力持续提升，核心应急

---

① 《经济、社会及文化权利国际公约》第 12 条第二（丙）项。
② 参见《中共中央、国务院印发〈"健康中国 2030"规划纲要〉》，中国政府网，http：//www. gov. cn/zhengce/2016 – 10/25/content_5124174. htm，最后访问日期：2017 年 12 月 1 日。
③ 参见《中共中央、国务院印发〈"健康中国 2030"规划纲要〉》，中国政府网，http：//www. gov. cn/zhengce/2016 – 10/25/content_5124174. htm，最后访问日期：2017 年 12 月 1 日。
④ 《国务院办公厅关于印发国家突发事件应急体系建设"十三五"规划的通知》，中国政府网，http：//www. gov. cn/zhengce/content/2017 – 07/19/content_5211752. htm，最后访问日期：2017 年 12 月 5 日。

救援能力显著增强，综合应急保障能力全面加强，社会协同应对能力明显改善，涉外应急能力得到加强，应急管理体系进一步完善，应急管理水平再上新台阶"①。

一 以保障公民健康权利为目标建设 中国卫生应急体系

公共卫生应急体系是指以公共卫生应急能力为核心，应对公共卫生突发事件和开展突发事件紧急医学救援的体系，包括卫生应急决策指挥平台、突发急性传染病防治体系和突发事件紧急医学救援网络。中国政府一向关注公共卫生应急体系建设，经过十几年的努力，中国已经初步建成全球最大、最先进的传染病疫情和突发公共卫生事件网络直报系统，构建了各类突发事件应对和紧急医学救援的法规与预案体系以及多部门联防联控工作机制，卫生应急综合实力明显增强，并按期达到了《国际卫生条例（2005）》规定的公共卫生应急核心能力建设要求和目标。

（一）以立法和预案体系建设实现公共卫生应急法制化

法制化建设是我国在战胜"非典"疫情以来在应对突发事件中的宝贵经验和教训。中国政府高度关注公共卫生应急立法建设。2003 年 5 月，在抗击"非典"的战斗进程中，国务院制定并颁布了《突发公共卫生事件应急管理条例》，开启了公共卫生应急立法和预案体系建设的进程。2007 年第十届全国人大常委会通过了《中华人民共和国突发事件应对法》。10 余年来，中国先后制定了 70 多部相关法律法规、10 余个部门规章，形成了法律法规、行业规章、规范性标准和管理操作四个层级的突发公共卫生事件和其他突发事件紧急医学援助的立法和预案体系。

---

① 《国务院办公厅关于印发国家突发事件应急体系建设"十三五"规划的通知》，中国政府网，http：//www.gov.cn/zhengce/content/2017 - 07/19/content_ 5211752. htm，最后访问日期：2017 年 12 月 5 日。

2006 年 1 月 8 日国务院发布了《国家突发公共事件总体应急预案》，并逐步建立了国家级专项预案体系，包括国家防汛抗旱应急预案、国家自然灾害救助预案、国家破坏性地震救助预案等自然灾害类预案，国家安全生产事故应急预案、国家突发环境事件应急预案、国家核应急预案等事故灾难类预案，以及国家突发公共卫生事件应急预案、国家突发公共事件医学救援应急预案、国家食品安全事故应急预案等突发公共卫生事件专项预案①。在预案体系中，强调了预防为主、常备不懈、统一领导、分级负责、依法规范、措施果断、依靠科学、加强合作等基本原则，建立了在国务院统一领导下，各地方、各部门分级负责应急指挥体系，完善了监测、应急反应和报告体系，明确了应急事件处理的保障体制，成为构建我国公共卫生应急体系，应对各种公共卫生突发事件，保护人民健康权利的重要制度保障。

（二）塑造和完善卫生应急管理体制

中国高度重视卫生应急体系建设。2003 年卫生应急办公室在原卫生部设立，并在全国各级地方建立和指定了卫生应急工作的负责部门。中央财政投资建设了国家、省级、地市级突发事件卫生应急指挥系统，并在各政府部门之间、军地之间、区域之间建立了联防联控工作机制。

在"十三五"期间，卫生应急体系建设将按"一体两翼"的思维发展，卫生应急体系和核心能力建设成为其中的"一体"。《国家突发事件应急体系建设"十三五"规划》要求，要"健全公共卫生、食品药品安全检验检测和风险防控体系，提高突发急性传染病、重大动植物疫情、食品安全突发事件、药品不良反应和医疗器械不良事件、农产品质量安全突发事件等早期预防和及时发现能力，强化风险沟通"。规划指出，要"强化突发急性传染病预防预警措施，不断改进监测手段，健全风险评估

---

① 参见《国家突发公共事件预案体系》，中国政府网，http：//www.gov.cn/yjgl/2005 – 08/31/content_27872.htm，最后访问日期：2017 年 12 月 5 日。

和报告制度，推进突发急性传染病快速检测技术平台建设，提高及时发现和科学预警能力"①。

（三）卫生应急基础建设持续增强

中国政府不断加强卫生应急基础建设，建设了 17 个国家级和省级核辐射损伤治疗基地、32 个化学中毒救治基地，启动了 7 个国家级紧急医疗救援基地建设，探索建立海（水）上、航空紧急医疗救援网络。"十三五"期间，将持续推进国家紧急医学救援基地和区域紧急医学救援中心建设，构建陆海空立体化、综合与专科救援兼顾的紧急医学救援网络。健全各级紧急医学救援队伍，优化国家卫生应急队伍布局，建立队伍运维保障长效机制；推进帐篷化现场卫生应急处置中心建设，强化远程航空投送能力和极端条件下的自我保障能力；完善国家卫生应急现场处置指导专家库，逐步建设国家和省级突发事件心理干预救援队伍。鼓励加强航空医疗救援和转运能力建设。加强突发急性传染病防控队伍建设；推广实验室快速检测，推动生物安全四级实验室建设，完善国家级突发急性传染病检测平台和高等级生物安全实验室网络，强化对突发急性传染病已知病原体全面检测和未知病原体快速筛查能力②。

同时，伴随着医疗体制改革的步伐，中国不断推进公共卫生应急体制与医疗服务体制的共同发展。特别是在公立医院改革中，强调了公立医院在卫生应急工作中所发挥的物质条件和人员保障基础的作用。2015 年 9 月，国家卫计委发布了《关于进一步加强公立医院卫生应急工作的通知》（以下简称《通知》），提出"卫生应急实践彰显了公立医院的公益性，公立医院卫生应急工作是其公益性的具体体现之一"，公立医院是卫生应急医疗救治的主体力量和专业技术机构；公立医院卫生应急工作是城乡公共卫生安全和紧急医疗救援体系的重要组

---

① 《国务院办公厅关于印发国家突发事件应急体系建设"十三五"规划的通知》，中国政府网，http://www.gov.cn/zhengce/content/2017 - 07/19/content_5211752.htm，最后访问日期：2017 年 12 月 5 日。
② 《国务院办公厅关于印发国家突发事件应急体系建设"十三五"规划的通知》，中国政府网，http://www.gov.cn/zhengce/content/2017 - 07/19/content_5211752.htm，最后访问日期：2017 年 12 月 5 日。

成部分①。《通知》要求公立医院在突发公共事件紧急医学救援方面，重点开展伤病员的接诊、收治工作，为伤病员提供医疗救护和现场救援等专业服务。在突发公共卫生事件应急处置方面，要按照"早发现、早报告、早隔离、早诊断、早治疗"的要求，切实做好医院感染性疾病的预检分诊，强化国家规定的突发公共卫生事件病例和法定传染病的报告；协助疾病预防控制机构开展样本采集、流行病学调查；同时，严格执行院内感染控制相关规定，严格实行消毒隔离、个人防护、医疗垃圾和污水处理等措施。为充分保障公立医院履行其在应急机制中的职责，《通知》要求公立医院要建立完善卫生应急投入保障机制，不断改善工作条件，保障公立医院卫生应急工作健康和可持续发展②。

（四）突发事件监测预警处置能力获得提升

监测预警能力不断增强。中国自 2004 年以来，启用了全球最大的传染病和突发公共卫生事件网络直报系统，突发性公共事件信息从乡镇到国家的报告时间，从过去的 5 天缩短到现在的 4 小时，具备 72 小时内检测 300 余种病原体的能力③。完善了流感监测系统等一系列专项监测系统，加强了实验室网络监测体系建设。

应急处置队伍不断优化。"十二五"期间，中央和地方累计投入近 5 亿元，在全国 23 个省份分区域建成紧急医学救援、突发急性传染病防控、突发中毒事件处置、核辐射突发事件卫生应急等四大类 37 支国家卫生应急队伍，以及近 2 万支、20 多万人的地方卫生应急处置队伍④。

---

① 《解读〈关于进一步加强公立医院卫生应急工作的通知〉》，中国政府网，http：//www. nhfpc. gov. cn/yjb/s3581/201509/652be4c529524b7a842b47f576d3f10d. shtm，最后访问日期：2017 年 12 月 1 日。

② 《国家卫生计生委办公厅关于进一步加强公立医院卫生应急工作的通知》，国家卫生和计划生育委员会网站，http：//www. nhfpc. gov. cn/yjb/s3581/201509/652be4c529524b7a842b47f576d3f10d. shtml，最后访问日期：2017 年 12 月 5 日。

③ 崔丽：《构建科学高效的卫生应急体系》，《人民日报》2017 年 1 月 25 日，第 7 版。

④ 刘延东：《进一步加强国家卫生应急队伍能力建设　为保护人民群众身体健康和生命安全提供有力支撑》，国家卫生和计划生育委员会网站，http：//www. nhfpc. gov. cn/yjb/pqt/new_list_5. shtml，最后访问日期：2017 年 12 月 1 日。

应急科研工作取得丰硕成果。广大科技人员根据卫生应急工作的需要，积极开展科学研究，近年来在世界范围内率先研发了 H1N1 流感疫苗、H5N1 高致病性禽流感快速诊断试剂盒、H7N9 禽流感病毒快速检验试剂等应急医疗成果，为应对相关公共卫生紧急事件发挥了重大作用。2014 年中国疾控中心病毒所成功研制埃博拉病毒核酸、抗原和抗体检测试剂，并利用该试剂在塞拉利昂开展病毒检测任务[①]。2015 年由中国企业研发生产的埃博拉病毒核酸检测试剂盒被世界卫生组织批准正式列入其官方采购名录，并作为埃博拉病毒的检测手段之一向全世界推荐[②]。

随着中国公共卫生应急能力的不断提升，2014 年中国达到了《国际卫生条例（2005）》的标准。经过中央和地方各级政府的共同努力，2014 年我国在突发公共卫生事件监测及应对、实验室能力和生物安全管理、出入境口岸核心能力、人畜共患病防控、食品药品安全事故防控能力、化学性和核辐射事件防控等方面的公共卫生核心能力均达到了《国际卫生条例（2005）》的要求。2013 年各相关部门开展的公共卫生应急核心能力评估结果显示，达标率已上升到 91.5%，超过了全球平均水平（70%）和 2012 年已达标西太平洋地区国家的平均水平（86.4%）[③]。

二 公共卫生应急体系在突发事件中成为健康权利的守护者

健全高效的公共卫生应急体系，已经成为我国应对突发公共卫生事件，以及在自然灾害和事故中开展应急救援的有力武器，为保护公民健康权利发挥了突出的作用。

[①] 《中国成功研制埃博拉病毒检测试剂盒》，科学网，http：//news. sciencenet. cn/htmlnews/2014/9/303796. shtm，最后访问日期：2017 年 12 月 2 日。
[②] 《世卫组织向全球推荐我国研发的埃博拉试剂盒》，中国新闻网，http：//www. chinanews. com/jk/2015/05-15/7278311. shtml，最后访问日期：2017 年 12 月 2 日。
[③] 《我国达到〈国际卫生条例（2005）〉履约标准》，国家卫生和计划生育委员会网站，http：//www. nhfpc. gov. cn/yjb/s7860/201407/e9d32c8306a8494981d10ddbf2bede3a. shtml。

（一）积极应对突发公共卫生事件

突发公共卫生事件（以下简称突发事件），是指突然发生，造成或者可能造成社会公众健康严重损害的重大传染病疫情、群体性不明原因疾病、重大食物和职业中毒以及其他严重影响公众健康的事件①。自"非典"疫情以来，中国对传染病疫情和其他严重影响公众健康的事件高度关注，建立了一整套行之有效的应对和处置体系。2003 年以来，中国先后面临 H5N1 禽流感、H1N1 猪流感、H7N9 禽流感等传染性疾病疫情。在抗击这些传染性疾病的过程中，中国的公共卫生应急体系接受了考验，也取得了突出的成果。2013 年以来主要突发公共卫生事件应对情况见表 1。

表 1 2013 年以来主要突发性公共卫生事件处置情况一览

公共卫生事件及其发生时间	应对措施	效果
2013 年以来，特别是每年冬春季 H7N9 禽流感流行	严格按照《医疗机构传染病预检分诊管理办法》《全国不明原因肺炎病例监测、排查和管理方案》等要求，规范门急诊接诊流程，加强医院感染防控和医务人员个人防护，强化不明原因肺炎病例监测和报告，并做好人感染 H7N9 禽流感疑似病例的标本采集和送当地国家流感监测网络实验室检测工作。组建省级临床专家组，加强医务人员，尤其是呼吸科、感染性疾病科、重症医学科医务人员培训，重点提高人感染 H7N9 禽流感病例早期识别、重症与危重症救治能力，最大限度减少死亡。已报告确诊病例的地区落实定点医院，加强重症病例救治，组建市级专家组，建立分级诊疗和转诊机制，必要时对人感染 H7N9 禽流感病例尤其是重症病例进行集中救治	世界卫生组织人感染 H7N9 禽流感联合考察组所采取的健康教育、沟通和关闭活禽市场等措施得力有效

---

① 《突发公共卫生事件应急条例》第 2 条。

续表

公共卫生事件及其发生时间	应对措施	效果
2016 年 7 日发现首例输入性裂谷热病例	组织专家组根据患者流行病学史、临床表现和实验室检测结果，迅速确诊，积极治疗	专家研判疫情传播扩散风险较小
2016 年 3 日发现首例输入性黄热病病例	专家组根据患者流行病学史、临床表现和中国疾控中心对患者标本的复核检测结果快速确诊，积极救治	国内未形成疫情
2016 年 2 日发现一例输入性寨卡病毒感染病例	及时确诊并开展应对性治疗	经治疗患者病情明显好转。经研判此次输入病例引发传播并进一步扩散的风险极低
2015 年 6 日发现首例输入性中东呼吸综合征病例	及时确诊并开展应对性治疗	患者经及时治疗痊愈出院，国内未形成疫情

资料来源：国家卫生和计划生育委员会网站等。

（二）自然灾害紧急医学救援

我国地域广阔，自然环境复杂，也是自然灾害多发国家，地震、洪涝灾害等自然灾害发生频繁。自然灾害不仅威胁着人民的生命健康，伴随自然灾害而来的流行病等公共卫生风险也对保障人民健康权利形成重大挑战。我国卫生应急体系随时保持应急准备，切实落实防范措施。2017 年，我国先后开展了应对四川九寨沟地震等自然灾害的紧急医学救援和灾后卫生防疫，具体见表2。

近年来，我国卫生应急体系先后在应对地震（四川雅安芦山地震2013、甘肃定西2013、云南昭通2014、云南景谷2014、四川康定2014）、气象灾害（江苏盐城龙卷风2016）等自然灾害中发挥了关键作用，不仅使受灾群众伤病得到及时救治，同时有效预防了灾后疫情的发生。

表2 2017年自然灾害紧急医学救援一览

发生时间	自然灾害概况	紧急处置情况	受救助人员情况
2017年 8月9日	新疆精河地震	区、州、县医疗专家开展救助和排查	截至8月9日,医疗机构共接收34名伤员
2017年 8月8日	四川九寨沟地震	国家卫生计生委安排国家卫生应急队伍和国家级医疗、防疫、心理专家随时待命。省、州、县启动卫生应急响应,组织县级医院和乡镇卫生院积极收治地震伤员,并安排医疗小分队排查受伤人员	截至8月8日24时,当地医疗机构共接诊收治地震伤员63人
2017年 6月24日	四川茂县新磨村山体垮塌	国家卫生计生委派出国家医疗专家组和四川国家紧急医学救援队赶赴灾区救援。安排9名国家级医疗专家和重庆国家紧急医学救援队待命	

资料来源:国家卫生和计划生育委员会网站等。

(三)事故紧急医学救援

随着我国经济社会的不断发展,特别是工业、交通、建筑等行业的迅速发展,各种事故风险也不断增大。各类生产事故、交通事故具有突发性和重大危害性,并受到社会高度关注。同时,事故不仅会损害受害人的生命健康权利,如果应对不及时、不适当,还可能造成环境的次生性公共卫生风险甚至疫情。此外,某些受害人众多的刑事犯罪行为,特别是暴力恐怖犯罪,也对人民群众生命健康造成重大损害,必须及时给予应急救助。近年来,中国卫生应急在天津"8·12"火灾爆炸事故(2015年)、湖北监利"东方之星"号客轮沉没事故(2015年)、江苏昆山"8·2"爆炸事故(2014年)、青岛黄岛燃爆事故(2013年)等重大安全生产事故,云南省昆明市火车站暴力恐怖案件(2014年)、福建省厦门市公交车发生燃烧事故(2013年)等社会突发事件中,对伤员进行积极救治和心理危机干预工作。2017年我国卫生应急应对的重大事故情况见表3。

表3　2017年主要事故紧急医学救援一览

时间	事件简况	应急措施	救助情况
2017年 8月10日	陕西省京昆高速公路安康段秦岭1号隧道大客车碰撞隧道口事故	抽调7名医疗专家组成国家医疗救治专家组，赴陕西省支持开展伤员救治工作	截至11日17时，收治13名事故伤员，其中危重伤4人、重伤8人、轻伤1人
2017年 7月4日	吉林省松原市宁江区繁华路天然气管道爆炸事故	国家卫生计生委调派6个专业共16名国家级临床和心理专家，赴松原指导、协助危重伤员救治及心理援助工作	截至7月5日10时，收治入院事故伤员89人，其中重伤14人
2017年 6月15日	江苏省徐州市丰县创新幼儿园门口爆炸事件	国家卫生计生委从北京、上海的9家医院调派9个专业共14名国家级临床和心理专家，赴徐州指导、协助伤员救治工作。江苏省派出14名省级专家组成的医疗专家组	

资料来源：国家卫生和计划生育委员会网站等。

三　发展与展望

在肯定成绩的同时，我们也应当清醒地认识到，当前我国卫生应急能力仍面临着巨大的挑战。当今世界，随着全球各区域之间人员、物资交流的空前频繁，以及人类活动引发的环境变化，各种突发急性传染病威胁持续存在，远距离传播风险不断增加，突发事件关联性、衍生性、复合性和非常规性不断增强①。近几十年来，"非典"、禽流感、埃博拉病毒等高致病性、高破坏性、高传染性疾病的传播即为例证。在国内卫生事业建设中，随着人民对健康需求的不断提高，卫生应急体系所肩负的保障人民健康权利的职责越来越重大。当前，卫生应急体系存在的主要问题包括：观念上重事后处置、轻事前预防；实践中保障措施不完善，信息、资源共享不充分，基层应急能

---

① 崔丽：《构建科学高效的卫生应急体系》，《人民日报》2017年1月25日，第7版。

力薄弱，公众有序参与应急管理的程度低等①。

《"健康中国2030"规划纲要》提出，到2030年要建立起覆盖全国、较为完善的紧急医学救援网络，突发事件卫生应急处置能力和紧急医学救援能力达到发达国家水平②。根据这一部署，国家卫计委等主管部门也提出了今后一段时期卫生应急工作的"一体两翼"的总体发展目标，即以卫生应急体系和核心能力建设为"体"，以突发急性传染病防治、突发事件紧急医学救援为"翼"③。我们可以期待，随着中国对卫生应急体系的持续关注和大力投入，一个以更好地保障人民健康权利为目标，以应对人类共同健康问题为己任，科学高效、具备可持续性的中国特色卫生应急体系将不断得到加强和完善。

---

① 崔丽：《构建科学高效的卫生应急体系》，《人民日报》2017年1月25日，第7版。
② 《中共中央、国务院印发〈"健康中国2030"规划纲要〉》，中国政府网，http://www.gov.cn/zhengce/2016-10/25/content_5124174.htm，最后访问日期：2017年12月1日。
③ 崔丽：《构建科学高效的卫生应急体系》，《人民日报》2017年1月25日，第7版。

B.8
水污染防治与健康权利保障

张明涛　顾莎莎*

摘　要： 2017 年是我国水污染防治全面推进的一年，我国政府在健全水污染防治法规标准体系、改革水污染防治监管体制、开展水污染防治执法监督、全面推行河长制、加强饮用水水源保护和加强重点流域水污染防治等六方面切实开展水污染防治工作，提升水环境质量，积极为保障公民健康创造条件。但是，现阶段我国水污染防治工作还面临诸多问题和挑战，需要从健全政府水污染治理责任制度、进一步完善流域协同治理机制、加大力度控制污染物排放、推进环境保护督察长效机制等四方面改进现有防治体系，提升水污染防治效果，促进公众健康权的实现。

关键词： 水污染防治　健康权利　法律保障

伴随着经济的快速发展，我国水污染问题日益突出，水污染不仅加剧了我国水资源缺乏的现状，而且已经成为危害公众健康、影响社会稳定的重要因素。2009 年以来我国政府发布的三个国家人权行动计划均将"保障饮用水卫生安全""加大水污染防治力度"纳入国家保障人权工作范围。

---

* 张明涛，法学博士，云南师范大学哲学与政法学院讲师，主要研究方向：人权法、环境保护法；顾莎莎，四川大学法学院 2017 级博士研究生，大理大学法学院讲师，主要研究方向：宪法、人权法。

一 水污染防治对保障公民健康权的重要意义

水是生命之源，是人类及其他生物生存和发展中不可替代的基本环境要素之一。我国水资源总量为 2.8 万亿立方米，人均占有量约 2000 立方米，约为世界人均水平的 1/4，是世界上 13 个贫水国家之一。在面临水资源短缺的同时，随着我国工业化进程的快速推进，我国污水排放量逐渐增加，水污染形势日趋严峻。近年来我国年污水排放量一直保持在 700 亿吨以上，"2007 年为 750 亿吨，2011 年达到 807 亿吨，2016 年为 765 亿吨"[1]。"我国环境容量承受力约为 740 万吨，但实际污染排放量达 3000 万吨；氨氮环境容量不到 30 万吨，实际排放量达 179 万吨，排污量超环境容量数倍。"[2] 我国七大流域和浙闽片河流、西北诸河、西南诸河国控断面中，Ⅳ、Ⅴ和劣Ⅴ类水质断面比例分比为 13.4%、6.3% 和 9.1%；全国 31 个省份 225 个地级市地下水水质监测点中，较差级和极差级比例分别为 45.4% 和 14.7%[3]。

水污染不仅制约经济发展，更重要的是危害公众健康。环境保护部数据显示，"我国 2.8 亿人使用不安全饮用水"[4]。污染水体传播多种疾病，"受污染的饮用水估计每年造成超过 50 万例腹泻死亡"[5]。世界卫生组织调查数据显示："全世界 80% 的疾病是由饮用被污染的水而造成，全世界 50% 儿童的死亡是由于饮用水被污染造成。"[6] 2013 年，中国疾病预防控制中心专家研究成果首次证实癌症高发与水污染的直接关系[7]。污染水源已经成为人类

① 贺迎春：《去年我国入河废污水排放量高达 765 亿吨》，人民网，http：//env. people. com. cn/n1/2017/1118/c1010 - 29654020. html。
② 李禾：《我国污水排放量远超环境容量》，《科技日报》2014 年 5 月 23 日，第 8 版。
③ 数据来源：环境保护部《2016 年中国环境状况公报》。
④ 环境保护部：《中国人群环境暴露行为模式研究报告（成人卷）》，中国环境出版社，2013，第 32 页。
⑤ 《饮用水》，世界卫生组织网站，http：//www. who. int/mediacentre/factsheets/fs391/zh/。
⑥ 《世界 80% 疾病由饮用水污染导致》，《中国青年报》2007 年 11 月 5 日，第 3 版。
⑦ 张田勘：《证实癌症与水污染相关后又该怎么办》，《中国青年报》2013 年 7 月 3 日，第 2 版。

致病、致死的重要原因之一。当前，我国一些地区水污染问题十分突出，对公众健康带来了极为不利的影响。健康权是公民基本权利的重要内容，保障公民健康权是政府的重要职责。尊重和保障人权原则是我国宪法基本原则，"国家保护和改善生活环境和生态环境，防治污染和其他公害"①。我国《水污染防治法》和《环境保护法》均将"防治污染，保障公众健康"列入立法目的。

2015年4月12日，国务院发布《水污染防治行动计划》（以下简称"水十条"）。"水十条"以改善水环境质量为核心，制定了10项共计238个具体措施，提出了2020年和2030年水污染防治的主要指标和工作目标，"到2030年，力争全国水环境质量总体改善，水生态系统功能初步恢复；到本世纪中叶，生态环境质量全面改善，生态系统实现良性循环"。"水十条"发布后，各级政府按照"水十条"的时间进度表稳步有序地落实各项具体水污染防治工作安排，改善水环境质量。

二 加强水污染防治，保障公民健康权的新进展

2017年以来，为推进水污染治理，切实保障公民健康权，我国政府以改善水环境质量为目标，围绕贯彻、落实"水十条"的中心任务，采取了一系列行之有效的措施。

（一）健全水污染防治法规标准体系

首先，修订《水污染防治法》。2017年6月27日，全国人大常委会修订《水污染防治法》。此次修改主要涉及以下四方面。第一，写入"河长制"。建立省、市、县、乡四级河长制，强化党政领导水污染治理责任。第二，健全农业和农村水污染防治制度。明确了政府建立污水、垃圾处理设施并集中处理的责任；提出农资质量及使用标准应符合水环境保护要

①《宪法》第26条第1款。

求；县、乡级政府组织畜禽粪便污水集中处理利用；农田灌溉用水应当符合相应的水质标准，防止污染土壤、地下水和农产品。第三，加强饮用水管理。建立饮用水风险评估与防范制度、饮用水安全突发事件应急预案制度；加强饮用水水质监测和信息公开；条件具备的农村实行集中供水。第四，加大违法行为处罚力度。

其次，完善排污许可制度。为规范排污许可证发放，环境保护部于2017年7月28日发布《固定污染源排污许可分类管理名录（2017年版）》。该名录是我国排污许可制度改革中的一项重要基础性文件，提出到2020年将共计78个行业和4个通用工序纳入排污许可管理，其中2017年首先对火电、钢铁、有色金属冶炼等15个行业核发排污可证；同时，依据污染物排放情况及危害性，对排污单位实行重点和简化分类管理①。"截至2017年12月31日，全国共核发排污许可证两万多张，完成15个行业排污许可证的核发工作。"②

最后，制定水污染防治方面环境标准。2017年，环境保护部制定排污许可证方面环境标准共计21项，涉及金属冶炼、药品制造、制革印染及炼焦化工等多个行业；制定水质监测标准17项；制定排污监测标准14项；制定环境与健康标准2项③。

（二）改革水污染防治监管体制

水流域的生态系统属性决定了传统的以行政区划为特征的水污染防治监管机制难以有效解决水污染问题。2017年2月6日，中央全面深化改革领导小组审议通过了《按流域设置环境监管和行政执法机构试点方案》。试点方案强调：探索按流域设置环境监管和行政执法机构，增强流域环境监管和行政执法合力，"实现流域环境保护统一规划、统一标准、统一环评、统一

---

① 郭薇：《明确持证范围 实施差异管理》，《中国环境报》2017年8月4日，第2版。
② 郭薇：《推进排污许可证制度 提高环境管理水平》，《中国环境报》2018年1月18日，第3版。
③ 数据来源：环境保护部网站，http://kjs.mep.gov.cn/hjbhbz/bzfb/。

监测、统一执法"①，推动形成流域内不同行政区域环境保护责任共担、效益共享、协调联动、行动高效的新机制。2017 年修订的《水污染防治法》规定，建立跨行政区域的流域环境污染防治协调机制，实行"统一规划、统一标准、统一监测、统一防治措施"②。

在地方层面，水污染协同治理实践与探索也取得阶段性进展。2017 年长三角各省市全面落实"水十条"，"重点推进跨界临界饮用水水源地的协同保护，完善区域航道、码头和船舶、水环境信息共享机制，建立区域排放标准对接的制度办法"③。2017 年上半年，江苏省、浙江省和上海市环境保护、水务等部门和太湖流域管理局采取流域协作、信息共享，加强跨区联动，共同应对太浦河流域水质异常现象④。同时，京津冀区域水污染协同治理机制也逐步建立。2017 年，北京市提出"共同治理永定河，建立突发水污染事件分级预警和跨部门应急联动机制等"的具体措施。天津市提出"与京津冀及周边地区定期开展跨界断面联合监测等工作"的任务要求。

（三）开展环境保护执法监督

首先，开展中央环境保护督察。2017 年中央环境保护督察组对 22 个省（自治区、直辖市）的督察分为三种情况：其一，2017 年 4～5 月，中央第一至第七环境保护督察组分别对天津市、山西省、辽宁省、安徽省、福建省、湖南省和贵州省开展督察，并于 7～8 月分别向被督察的各省（直辖市）反馈督察意见；其二，2017 年 8～9 月，中央第一至第八环境保护督察组分别对吉林省、浙江省、山东省、海南省、四川省、西藏自治区、青海省和新疆维吾尔自治区及新疆生产建设兵团开展督察，并于 12 月向四川、青

---

① 《审议通过〈按流域设置环境监管和行政执法机构试点方案〉》，《中国环境报》2017 年 2 月 7 日，第 1 版。

② 《水污染防治法》第 28 条。

③ 陆文军、商意盈、秦华江：《不再"踢皮球"　联手"握成拳"——长三角建立环保长效协同机制》，中国政府网，http://www.gov.cn/xinwen/2017-06/28/content_5206392.htm。

④ 全国水污染防治部际协调小组办公室：《水污染防治工作简报》2017 年第 10 期。

海两省反馈督察意见；其三，2016 年 11~12 月，中央第一至第七环境保护督察组分别对北京市、上海市、湖北省、广东省、重庆市、陕西省和甘肃省开展督察，并于 2017 年 4 月分别向被督察的各省（直辖市）反馈督察意见。针对督察意见中反映的突出问题，各省（自治区、直辖市）积极制定整改方案，加快环境整治。

其次，加强"水十条"实施监督。2017 年 8 月 24 日，环境保护部通报上半年"水十条"重点任务进展情况。截至 2017 年 6 月底，"全国地表水 343 个不达标的控制单元中，325 个编制实施了达标方案，占 94.8%；全国完成饮用水水源综合整治项目 2203 个，水生态保护项目 639 个，地下水污染防治项目 85 个，河口海湾污染防治项目 43 个；全国地级及以上城市 2100 个黑臭水体中，完成整治工程的有 927 个，占 44.1%；钢铁等 6个行业已完成清洁化改造企业 1762 家，完成率达 84.6%；省级及以上工业集聚区 1968 家已建成集中污水处理设施，1746 家已设置在线监测装置，完成率分别达到 80.6%、71.5%①；全国新（改、扩）建城镇生活污水处理设施 809 个；全国累计划定畜禽养殖禁养区 4.9 万个，累计关闭或搬迁禁养区内畜禽养殖场 21.3 万个"②。9 月开始，环境保护部对辽宁、黑龙江、安徽、江西、湖北、湖南、贵州、云南、宁夏等 9 个省（自治区）开展为期一个月的"水十条"专项督导，以推动 2017 年"水十条"治理目标的完成。

最后，督办公众反映强烈的环保举报案件。环境保护部加强对各地举报问题进行实时监督。截至 2017 年 11 月底，全国各类环境保护举报案件共482035 件，其中涉及水污染的案件有 48521 件，所占比例为 10.1%。所有环境举报案件中，环境保护部督办的公众反映比较强烈的案件有 84 件，其

① 最新数据显示，截至 2017 年底，全国共有 2198 家省级及以上工业集聚区按规定建成污水集中处理设施，2128 家安装自动在线监控装置，完成率分别为 93%、90%。环境保护部网站，http://www.mep.gov.cn/gkml/hbb/qt/201801/t20180122_430085.htm。
② 杜宣逸：《环保部通报上半年"水十条"进展情况》，《中国环境报》2017 年 8 月 25 日，第 1 版。

中涉及水污染案件有 25 件，占 30%。通过环境保护部的督办，这些公众反映比较强烈的污染案件均已依法处理，保障了公众的正常生活①。

（四）推行河长制、湖长制

2016 年 11 月 28 日中共中央办公厅、国务院办公厅发布《关于全面推行河长制的意见》，提出截至 2018 年底我国将全面建立河长制。河长制的建立将形成"首长负责、部门共治"② 河流治理新机制。截至 2017 年 7 月 20 日，除港澳台以外的我国 31 个省（自治区、直辖市）、新疆生产建设兵团及地级市均制定了河长制工作方案并实施；截至 10 月底，"95% 的县区、92% 的乡镇已经印发实施了工作方案，其中 27 个省份和新疆生产建设兵团的省、市、县、乡四级工作方案全部出台"③。"全国已明确省市县乡四级河长近 31 万名，其中省级河长 331 人，53 名省级主要负责同志担任总河长，各地还因地制宜设立村级河长 61 万名。"④ 长江水利委员会长江流域最大规模入河排污口核查结果显示，"特别是全面推行河长制实施以来，各地水污染状况得到了明显改观"⑤。在此基础上，河长制法治化进程也在逐步推进，除 2017 年新修订的《水污染防治法》规定建立河长制外，浙江省、安徽省、江苏省和上海市也出台了专门的河长制地方性法规。

进一步推行湖长制，对河长制进行及时、必要的补充。2017 年 11 月 20 日中央全面深化改革领导小组审议通过《关于在湖泊实施湖长制的指导意见》（以下简称《指导意见》），要求各省（自治区、直辖市）到 2018 年年底前全面建立省、市、县、乡四级湖长体系，建立健全以党政领导负责制为

---

① 说明：本部分数据为根据环境保护部网站公布的"2017 年 1～11 月全国'12369'环保举报办理情况"计算所得。

② 王立彬、高皓亮：《"河长制"：八个亮点值得记住》，《新华每日电讯》2016 年 12 月 12 日，第 3 版。

③ 滕红真、吴頔、石珊珊、成怡昕：《水利部召开全面推行河长制工作第二次督导检查总结会》，《中国水利报》2017 年 11 月 3 日，第 1 版。

④ 赵永平：《全国四级河长已有近 31 万名》，《人民日报》2017 年 12 月 6 日，第 13 版。

⑤ 李慧、陈晨：《全面推行河长制实施以来各地水污染状况明显改观》，《光明日报》2017 年 6 月 23 日，第 1 版。

核心的责任体系，落实湖泊治理属地管理责任。《指导意见》从湖长体系、湖长职责、主要任务和保障措施四个部分对湖长制的建立提出了明确要求，对湖泊管理、保护湖泊生态环境加强制度保障。

（五）加强饮用水水源保护

首先，开展长江经济带饮用水水源保护专项执法检查。2016 年 5 月，环境保护部启动长江经济带饮用水水源保护专项执法行动，要求到 2017 年底基本完成长江经济带地级以上城市集中式饮用水水源地排查整治。专项执法行动在长江经济带 11 个省（直辖市）126 个地级市共发现饮用水水源保护问题 490 个，截至 2017 年底，490 个问题全部整治完成[1]。

其次，加快推进农村饮水安全巩固提升工程。2017 年 3 月 2 日，国家发展和改革委员会与水利部联合发布《关于做好"十三五"农村饮用水安全巩固提升工作的通知》，加强对农村饮用水安全巩固提升工作的部署、指导。2017 年，财政部下达 36.54 亿元中央基建投资预算用于除北京、上海、天津、广东、浙江、江苏以外的 25 个省（自治区、直辖市）农村饮用水安全巩固提升工程建设[2]。与此同时，各省也积极制定政策，加大资金投入。例如，云南省 2017 年已完成农村饮用水安全巩固提升投资 14.8 亿元，建设工程 4522 处，受益农村人口 312.7 万人[3]；江西省 2017 年在中央预算资金 1.52 亿元基础上，再增加 10.137815 亿元，用于农村饮用水安全巩固提升工程，预计受益农村人口约 228.6 万人[4]。

最后，加强饮用水水源保护专项立法。除修改《水污染防治法》完善

---

① 岳跃国：《环保部再启全国饮用水水源地专项排查》，《中国环境报》2017 年 12 月 28 日，第 1 版。

② 《2017 年中央基建投资预算（拨款）表》，财政部网站，http：//jjs. mof. gov. cn/zxzyzf/jjzc/201706/t20170607_2617526. html。

③ 王淑娟：《我省超额完成农村饮用水安全巩固提升工作任务》，《云南日报》2017 年 12 月 4 日，第 3 版。

④ 《江西省 2017 年农村饮用水安全巩固提升项目投资计划》，江西省发展和改革委员会网站，http：//www. jxdpc. gov. cn/departmentsite/njc/tztg/tzjhxdz/201705/t20170522_199990. htm。

饮用水水源保护制度外，在地方性法规制定方面，湖南省、广西壮族自治区、内蒙古自治区、葫芦岛市、开封市、威海市、毕节市、滁州市等省、自治区、设区的市也出台了饮用水水源保护地方性法规。

（六）加强重点流域水污染防治

首先，发布《重点流域水污染防治规划（2016－2020年）》。2017年10月12日，环境保护部、国家发展和改革委员会与水利部联合发布《重点流域水污染防治规划（2016－2020年）》。该规划适用范围为长江、黄河、珠江、松花江、淮河、海河和辽河等七大重点流域，并兼顾浙闽片河流、西南诸河和西北诸河，实行全国地表水环境治理"一盘棋"管理。针对各个流域水污染具体情况，规划明确了每个流域防治的重点方向，实行"一河一策"对症下药，强化重点战略区——京津冀区域和长江经济带的水环境保护，并对全国1784个控制单元实行分级分类、精细化管理。在此基础上，规划提出了加强治理工业污染防治、城镇生活污染防治、农业农村污染防治、流域水生态保护和饮用水水源环境安全保障五项重点任务。

其次，发布《长江经济带生态环境保护规划》。2017年7月13日，环境保护部、国家发展和改革委员会与水利部联合发布《长江经济带生态环境保护规划》，针对长江经济带水污染防治，规划提出"坚守质量底线，推进流域水污染统防统治"策略：实施质量底线管理、优先保护良好水体、治理污染严重水体。近两年来，国家针对长江生态环境突出问题先后开展6项生态环境保护专项行动。"数据显示，2017年前三季度长江水质优良比例达到77.3%，同比提高了2.5个百分点"①。

最后，落实《长江经济带沿江取水口、排污口和应急水源布局规划》。2016年9月23日，水利部出台《长江经济带沿江取水口、排污口和应急水源布局规划》，规划发布以来，长江经济带11个省（直辖市）积极制定本

---

① 白雪：《长江经济带生态环境保护六大专项行动见真章出实效》，《中国经济导报》2018年1月11日，第10版。

区域内的实施方案，有序推进入河排污口整治管理工作。2017 年 5～6 月，水利部长江水利委员会派出 11 个核查组和 14 个检测组对长江经济带 11 个省（直辖市）以及河南、陕西、甘肃和广西等 4 省（自治区）数千个规模以上入河排污口进行核查，以加强入河排污口整治工作督导。

三　防治水污染、保障公民健康权所面临的困难与对策

（一）防治水污染、保障公民健康权所面临的困难

1. 部分地方政府污染防治工作不力

首先，部分地方政府放宽污染防治要求。实践中，青海省、福建省、黑龙江省、山东省、湖南省和广东省等省份放宽"水十条"时间进度、降低治理目标，削弱"水十条"效力。例如，《青海省水污染防治方案》降低标准、放宽要求，将《水污染防治行动计划》"2017 年底前依法关闭或搬迁禁养区内的畜禽养殖场"的目标，放宽为"西宁、海东两市 2017 年底完成禁养区划定，2018 年底前完成关闭或搬迁禁养区内的养殖场"①。

其次，部分地方政府和部门不作为、乱作为。根据 2017 年中央环境保护督察组对各省督察情况反映，部分地区政府在水污染防治过程中不作为、乱作为现象屡有发生。例如，海南省水务厅污水处理厂和配套管网建设滞后，截至 2017 年 7 月，仅分别完成"十二五"任务的 67% 和 35%，大量污水直排，城市内河内湖污染严重；"水十条"明确要求 2017 年底前完成敏感区域污水处理厂提标改造，但直到中央进行环境保护督察时，海南省水务厅才知道此要求，工作严重滞后。个别地方政府甚至制定"土政策"阻碍环境执法工作，充当水污染"保护伞"。

最后，地方立法违反上位法。"水十条"强调："健全法律法规；各地

---

① 《中央第七环境保护督察组向青海省反馈督察情况》，《青海日报》2017 年 12 月 25 日，第 1版。

可结合实际，研究起草地方性水污染防治法规。"在实践中，一方面我国地方性水污染防治立法进展缓慢；另一方面，根据 2017 年以来的中央环境保护督察情况，部分省份甚至出现地方立法违反上位法的情况。例如，《吉林省城镇饮用水水源保护条例》违反《水污染防治法》规定，"为在水源保护区内进行开矿、采砂等排放污染物的活动开口子"[①]；上海市税务局《违法排放污水行政处罚裁量基准（试行）》违反《环境保护法》规定，"将污水处理设施处于建设阶段导致污水超标排放的情形列为从轻处罚"[②]。

2. 流域协同治理程度需要提升

我国流域水污染的严峻现实反映了我国以行政区划为特征的传统水污染治理体制不符合水污染治理规律，不能从根本上解决我国流域水污染问题。《环境保护法》和《水污染防治法》均规定，在跨行政区域的流域水污染治理中建立联合协调机制，"实行统一规划、统一标准、统一监测、统一的防治措施"[③]。但实践中，我国在流域协同治理机制建设方面已开展的工作主要集中在联合执法、信息共享、生态补偿等方面，如 2016 年 12 月 20 日，财政部、环境保护部等四部门发布《关于加快建立流域上下游横向生态保护补偿机制的指导意见》，山西探索跨界水环境补偿机制[④]，长三角地区"完善区域航道、码头和船舶、水环境信息共享机制，建立区域排放标准对接的制度办法"[⑤]，苏浙沪联动保护太浦河流域水环境[⑥]等。

基于我国流域协同治理机制建设内容分析，实行协同治理已经在我国达

---

① 曹梦南：《中央第一环境保护督察组向吉林省反馈督察情况》，《吉林日报》2017 年 12 月 28 日，第 1 版。

② 《中央第二环境保护督察组向上海市反馈督察情况》，《解放日报》2017 年 4 月 13 日，第 2 版。

③ 《环境保护法》第 20 条，《水污染防治法》第 28 条。

④ 全国水污染防治部际协调小组办公室：《山西探索跨界水环境补偿机制》，《水污染防治工作简报》2017 年第 6 期（总第 34 期）。

⑤ 陆文军、商意盈、秦华江：《不再"踢皮球" 联手"握成拳"——长三角建立环保长效协同机制》，中国政府网，http://www.gov.cn/xinwen/2017-06/28/content_5206392.htm。

⑥ 全国水污染防治部际协调小组办公室：《苏浙沪联动保护太浦河流域水环境》，《水污染防治工作简报》2017 年第 10 期（总第 38 期）。

成共识，但由于各地区之间经济社会方面的差异，我国流域协同治理机制建设还未有实质突破。我国流域协同治理方面规范性文件主要侧重治理任务分解落实，协作机制建设方面规定多是原则性规定，缺乏可操作性，协同治理所需要的法规对接、规划统一、标准统一等内容还未触及实质。流域治理涉及不同区域，各地经济社会发展水平和环境容量不同，其在污染的输出和接收方面的地位也不一样，如果没有相对公平有效的利益调节机制的存在，各主体自然就没有合作的意愿和动因①。而我国，现阶段的流域协同治理更多是基于上级政府的行政压力而开展，缺乏相应的利益协调和权责分配机制，"各家自扫门前雪"现象比较普遍。

3. 水污染排放控制亟须加强

首先，工业集聚区污水集中处理设施建设未达到"水十条"目标。"水十条"明确提出：2017年底前，工业集聚区应按规定建成污水集中处理设施。截至2017年底，新疆、青海、云南等省（自治区）完成率低于60%，200多家省级及以上工业集聚区未能完成建设任务，其中包括新疆喀什经济开发区和库车经济技术开发区、内蒙古二连浩特市边境经济合作区等20多家国家级工业集聚区②。

其次，城镇污水处理设施改造、配套管网建设滞后。"水十条"要求：敏感区域城镇污水处理设施应于2017年底前全面达到一级A排放标准。据2017年中央环境保护督察组的反馈情况，一些省（市）仍未按照排放标准、时间节点进行改造。截至督察时，天津市仍有3座执行一级B排放标准③；宁波、舟山、台州、温州等海域汇水区域污水处理设施提标改造工作滞后，影响近岸海域水环境质量改善④。另外，部分省份配套管网建设完成率低，

---

① 万薇、张世秋、邹文博：《中国区域环境管理机制探讨》，《北京大学学报》（自然科学版）2010年第3期。

② 高伟：《新疆、青海、云南完成率低于60%，200多家工业园区未完成"水十条"任务》，《经济参考报》2018年1月23日，第2版。

③ 邢飞龙：《中央第一环境保护督察组向天津市反馈督察情况》，《中国环境报》2017年7月31日，第2版。

④ 《中央第二环境保护督察组向浙江省反馈督察情况》，《浙江日报》2017年12月25日，第1版。

污水处理能力下降，生活污水直排普遍。

最后，农村畜禽养殖污染防治不力。畜禽养殖污染是农村污染的主要污染源，根据环保部公布的2017年前三季度"水十条"重点任务滞后情况，畜禽养殖污染防治仍需加大力度。"水十条"要求：2017年底前，依法关闭或搬迁禁养区内的畜禽养殖场（小区）和养殖专业户，京津冀、长三角、珠三角等区域提前一年完成。截至2017年8月，"山西、吉林、黑龙江、湖南、广西、海南、西藏、贵州、云南、陕西、甘肃、青海、宁夏、新疆等14个省（自治区）未完成畜禽养殖禁养区划定且关闭搬迁工作进展缓慢"①。

4. 环境保护督察长效机制待建立

首先，地方对中央环境保护督察反馈问题整改落实不足。部分地区没有制定具体的整改方案，或虽制定整改方案，但整改工作缓慢，对社会群众反映问题处理不及时。例如，督察进驻湖南省期间，收到相关举报10余次，但有关地方督察整改仍然避重就轻，没有解决群众反映强烈的尾矿库渗漏污染问题②。

其次，地方"一刀切"式执法应对督察。中央环境保护督察向地方传导压力取得一定成效，但一些地方为应对中央环境保护督察，采取临时关闭、停产的粗暴执法方式掩盖污染行为，地方水污染问题未得到彻底解决。"个别地区在督察进驻期间对部分污染较重企业，特别是'散乱污'企业等，采取简单关停措施，督察进驻结束后又恢复生产，导致人民群众反映较多。"③

最后，环境保护督察亟待制度化。中央环境保护督察覆盖31个省（自治区、直辖市），针对各省（自治区、直辖市）均指出现阶段存在的水环境

---

① 杜宣逸：《环保部通报上半年"水十条"进展情况》，《中国环境报》2017年8月25日，第1版。

② 贺佳、贺威：《中央第六环境保护督察组向湖南省反馈督察情况》，《湖南日报》2017年8月1日，第1版。

③ 王尔德：《中央环保督察将"回头看"第一批8省（区）整改仍存薄弱环节》，《21世纪经济报道》2018年2月9日，第6版。

问题，为地方进一步落实"水十条"任务指明了方向。为防止督察进驻期间地方水污染防治工作形式化，避免各地水污染问题反弹，亟须建立环境保护督察的长效机制。

（二）加强水污染防治、保障公民健康权的对策建议

1. 健全政府水污染治理责任制度

一方面，认真落实"党政同责、一岗双责"，各级政府及各级党委应将"水十条"工作部署落实列入重要议事日程。全面落实水环境质量政府负责制，建立健全领导干部环境保护考核机制，增加环境保护在领导干部考核中的权重，实行"环境保护一票否决制"[1]。另一方面，各级人大应加强对本级政府环境保护行为的监督，及时撤销本级政府做出的环境保护方面的不适当的决定和命令，保障水污染防治法律统一；各级政府应加强对其组成部门及下级政府的环境保护措施的监督检查，维护政令统一。

2. 进一步完善流域协同治理机制

首先，加强跨流域协同治理相关立法，落实《按流域设置环境监管和行政执法机构试点方案》《环境保护法》和《水污染防治法》的具体要求和规定，为跨行政区域之间的环境保护合作提供法律制度支持。其次，建立健全以生态补偿为主的流域利益协调、权责分配机制。建立由政府主导、市场运作，纵向与横向补偿相结合的生态补偿制度，扩大补偿范围、提高补偿标准；同时，结合流域内不同地区之间的经济社会发展水平和污染输出与接收的地位差异，明确各方权责内容。最后，探索跨区域地方环境保护立法对接、协同制度建设，为各地方之间的"四个统一"提供法律支撑。

3. 加大力度控制污染物排放

首先，加大对工业集聚区污水集中处理设施的推进力度。地方各级政府要对逾期未完成任务的工业集聚区采取暂停审批、核准有关建设项目、撤销

---

① 刘晓星：《政府环境责任如何化虚为实？》，《中国环境报》2013 年 8 月 22 日，第 3 版。

园区资格等措施①。其次，加强城镇污水处理厂、配套管网的限期建设、改造，稳步推进城市污水垃圾处理设施信息公开，激发社会公众对生活污水直排的监督。最后，实行畜禽养殖场科学化布局和标准化、规模化建设，严厉查处畜禽养殖环境污染违法行为②。

4. 推进环境保护督察长效机制

首先，建立社会监督与环保督察机构的联系机制，实现社会监督与环境督查的良性互动，提升督察效率。其次，建立重点环境问题的定期或不定期的督察模式，对地方整改不力的采取通报、约谈、问责等措施，促进环保督察效果常态化。最后，进一步深入开展省级环保督察，形成中央与地方协同的监督执法机制，将督察结果纳入地方党委、政府绩效考核内容。

---

① 寇江泽：《工业污水不容滴漏（美丽中国·和谐共生）》，《人民日报》2018 年 2 月 14 日，第 14 版。
② 周长军：《畜禽养殖污染整治，环保部门该做什么?》，《中国环境报》2017 年 8 月 4 日。

·（三）公民权利和政治权利·

B.9
规范公安执法权与人权保障

周伟 刘旭*

摘　要： 2017年，公安机关继续贯彻2016年施行的《关于深化公安执法规范化建设的意见》，着力推进公安执法规范化建设的制度体系。一年来，执法规范化建设在执法硬件更新、限制执法恣意、优化制度框架、创新执法手段等方面进行了各项改革，提升了公安执法对公民的人身安全、人身自由、财产权、知情权等的保障水平。但在人格尊严、知情权、监督权等人权的尊重和保障方面存在滞后和不平衡。应当进一步强化公安执法尊重人权的基本理念，提升综合执法能力，充分适应社会生活平衡发展的内在需求。

关键词： 公安执法权　规范化建设　制度标准　人权保障

2016年1~8月，围绕严格规范公正文明执法，公安部修订、制定、发布了《公安机关执法质量考核评议规定》（公安部令第137号）、《公安机关人民警察执法过错责任追究规定》（公安部令第138号）、《公安机关现场执法视音频记录工作规定》（公通字〔2016〕14号）、《公安机关受理行政执法机关移送涉嫌犯罪案件规定》（公通字〔2016〕16号）、《公安机关执法

---

* 周伟，法学博士，西南政法大学特聘教授、四川大学法学院教授，主要研究方向：宪法、人权法；刘旭，四川大学法学院博士生，主要研究方向：宪法、人权法。

细则（第三版）》、《公安部关于实施公安行政处罚裁量基准制度的指导意见》等一系列部门规章、指导意见，涉及近 500 项裁量基准①。此外，2016年 7 月，公安部等 5 部委联合印发《关于推进以审判为中心的刑事诉讼制度改革的意见》，以适应以审判为中心的形式诉讼制度改革，提高办案质量。2016 年 8 月，针对群众到公安派出所开具证明过多过滥、缺乏统一规范的问题，公安部等 12 个部委联合制定并印发了《关于改进和规范公安派出所出具证明工作的意见》（公通字〔2016〕21 号），改进并统一规范了公安机关的证明工作。公安部先后联合最高人民法院、最高人民检察院及司法部发布《关于办理刑事案件收集提取和审查判断电子数据若干问题的规定》（法发〔2016〕22 号）、《关于进一步加强社区矫正工作衔接配合管理的意见》，进一步保障了公民办理各类证明中的知情权、政府信息公开权与监督权。

2017 年，各地公安机关进一步贯彻实施上述法律规则与指导意见，继续健全标准化执法程序与执法裁量标准，规范公安执法权，着力提高公安执法工作中对人权的尊重和保障水平。

一 推进规范公安执法权建设的新进展

（一）完善规范公安执法程序规则，保障行政相对人合法权利

第一，健全规范公安执法程序，优化保障公民权利的规则程序。2017年，环境保护部、公安部和最高人民检察院联合发布《环境保护行政执法与刑事司法衔接工作办法》（环环监〔2017〕17 号）；最高人民检察院和公安部联合发布《最高人民检察院公安部关于公安机关办理经济犯罪案件的若干规定》（公通字〔2017〕25 号）。上述行政法规完善了部门之间执法程

---

① 《提档升级 跑出执法规范化建设的加速度——全国公安机关深化公安执法规范化建设综述》，公安部网站，2017 年 6 月 19 日，http：//www. mps. gov. cn/n2253534/n2253535/n2253537/c5730062/content. html。

序的相互衔接，在多领域推动了对公民人格尊严、人身自由、财产权等权益的保障。

第二，规范警察裁量权的行使，维护行政相对人的合法权益。警察裁量权的行使与行政相对人的人身自由、人格尊严、平等权和财产权等基本人权关联。为了在公安机关行政执法过程中合法行使行政裁量权，各地公安机关发布或修改了规范性文件（见表1），以规范裁量基准制度，实现执法流程全覆盖，从而实现以标准化促进规范化。

表1　部分地区公安机关规范行政处罚裁量规范性文件

地区	日期	规范文件	文件内容
浙江省①	2016.11.30	《浙江省公安机关行政处罚裁量基准》	制定裁量基准，限制裁量恣意
湖南省②	2017.8.29	《湖南省公安行政处罚裁量权基准适用规定》	制定裁量基准，限制裁量恣意
上海市③	2016.9.28	《上海市公安局调解处理治安案件规定》	制定特定执法程序标准流程，规制权力运行轨道
	2017.5.31	《上海市公安局关于消防行政处罚的裁量基准》	
	2017.6.1	《上海市公安局治安管理处罚裁量标准》（延长有效期决定）	制定裁量基准，限制裁量恣意
福建省④	2017.1.23	《福建省公安机关办理酒后驾驶车辆案件程序规定》	制定特定执法程序标准流程，规制权力运行轨道

① 《浙江省公安厅关于印发〈浙江省公安机关行政处罚裁量基准〉的通知》（浙公通字〔2016〕52号，统一编号：ZJSP07 - 2016 - 0004），浙江省人民政府网站，http://www.zj.gov.cn/art/2016/11/30/art_14213_287183.html。

② 《湖南省公安厅关于印发〈湖南省公安行政处罚裁量权基准适用规定〉〈湖南省公安行政处罚裁量权基准〉的通知》（湘公发〔2017〕18号），湖南省公安厅网站，http://www.hnga.gov.cn/articles/112/2017 - 8/1813.html。

③ 政府信息公开目录，上海市公安局网站，http://www.police.sh.cn/shga/wzXxfbZfgkxx/getListByMldm? pa = d5371c0fc40cbca7c9fd6c3790e0e610。

④ 《福建省公安厅关于印发〈福建省公安机关办理酒后驾驶车辆案件程序规定〉的通知》，福建省公安厅网站，2017年1月26日，http://www.fjgat.gov.cn/jhtml/ct/ct_1978_134403.html。

续表

地区	日期	规范文件	文件内容
江西省①	2016.9.29	《江西省公安厅关于严禁公安机关及人民警察接受和赠送"红包"的规定》	针对违规违法高发领域,治理权力滥用痼疾
黑龙江省②	2016.12.29	《黑龙江省公安机关现场执法记录仪配备使用管理规定》	结合执法新要求,从源头保证手段合法正当
	2016.12.26	《黑龙江省公安机关人民警察现场盘问检查规定》	制定特定执法程序标准流程,规制权力运行轨道

资料来源:所引注的省政府、公安部门官方网站。

(二)加强公安执法制度体系建设,提高公安队伍执法尊重人权的法律能力

第一,推进公安执法规范化建设,加强执法办案场所规范化改造。截至 2017 年 6 月 19 日,全国公安机关执法办案场所规范化改造基本完成,全国共 3885 个办案中心,15926 个财务管理场所。北京、天津、河北、宁夏等地公安机关进一步开展了执法办案场所办案区标准化、精细化、智能化建设。北京全面推进集中统一的执法办案管理中心建设,已建成 16 个执法办案管理中心;宁夏研发推广执法办案区智能化管理系统,实现违规操作自动语音提示、活动轨迹自动跟踪摄录、讯问过程远程指挥监督以及执法办案区台账自动生成的智能化管理③。山西省公安厅

---

① 《印发〈江西省公安厅关于严禁公安机关及人民警察接受和赠送"红包"的规定〉的通知》(赣公党字〔2016〕31 号),江西省公安厅网站,http://www.jxga.gov.cn/zwgk/wenjianfabu/2016-09-30/36364.html。

② 冯锐:《黑龙江出台文件规范一线执法》,公安部网站,2017 年 1 月 4 日,http://www.mps.gov.cn/n2253534/n4904351/c5589704/content.html。

③ 《提档升级 跑出执法规范化建设的加速度——全国公安机关深化公安执法规范化建设综述》,公安部网站,2017 年 6 月 19 日,http://www.mps.gov.cn/n2253534/n2253535/n2253537/c5730062/content.html。

召开视频会议，部署推进全省公安机关执法规范化建设工作①。辽宁省公安厅全面试点推进案件审核中心和执法管理中心建设，形成规范公安执法质量管控新模式②。上述规范公安执法的基础设施，健全了执法中尊重和保障人权的物质基础。

第二，开展公安规范行政执法权的试点工作。2017 年 1 月，国务院办公厅印发了《推行行政执法公示制度执法全过程记录制度重大执法决定法制审核制度试点工作方案》（国办发〔2017〕14 号）（以下简称《试点工作方案》），《试点工作方案》确定，在天津市、河北省、安徽省、甘肃省、国土资源部以及呼和浩特市等 32 个地区和部门开展试点，根据《试点工作方案》所附的《试点地方、部门及试点任务表》，部分地方与部门可根据实际情况，在行政许可、行政处罚、行政强制、行政征收、行政收费、行政检查六类行政执法行为中选择全部或部分开展试点工作，完成试点任务。试点任务为行政执法公示制度、执法全过程记录制度和重大执法决定法制审核制度③。为贯彻落实《试点工作方案》，各试点地区与部门采取了一系列措施。例如，天津市政府办公厅发布《关于推行行政执法公示制度执法全过程记录制度重大执法决定法制审核制度试点工作实施方案》，并制定出《行政执法公示制度工作标准》、《执

---

① 胡建华、杨瑾：《山西部署推进执法规范化建设》，公安部网站，2017 年 1 月 12 日，www. mps. gov. cn/n2255079/n4876594/n4974590/n4974592/n5504335/n5504407/c5598789/content. html。

② 谭彦叙、董江：《辽宁深化执法规范化建设》，公安部网站，2017 年 1 月 16 日，http：// www. mps. gov. cn/n2255079/n4876594/n4974590/n4974592/n5504335/n5504407/c5604925/ content. html。

③ 天津市、河北省、国家税务总局、呼和浩特市、调兵山市、海门市、南昌市、赣州市、淄博市、胶州市、衡阳市、广州市、中山市、泸州市、成都市金牛区、贵安新区管委会、毕节市、中卫市、常州市文化广电新闻出版局的试点任务是三项制度；国土资源部的试点任务是行政执法公示制度、重大执法决定法治审核制度；安徽省、甘肃省、沈阳市、白山市、宁波市的试点任务是重大执法法治审核制度；住房和城乡建设部、徐州市商务局、江苏省卫生监督所、沈阳市工商行政管理局、辽宁出入境检验检疫局的试点任务是执法全过程记录制度；荆州海事局、北京市食品药品监督管理局是行政执法公示制度。

法全过程记录制度工作标准》和《重大执法决定法制审核制度工作标准》①；黑龙江省公安厅发布了《黑龙江省公安机关现场执法记录仪配备使用管理规定》和《黑龙江省公安机关人民警察现场盘问检查规定》②。《试点工作方案》在各地的试行，为保障和监督行政机关有效履行职责提供了实践经验，推进了规范公安执法权的制度建设，也提高了公安执法中对自然人权利的保障。

第三，加强公安执法队伍专业能力建设。为提高执法能力和执法水平，公安部举办了两期全警参加的规范执法视频培训以及执法细则培训班等专项培训。各地公安机关也不断强化日常教育培训和专项技能培训，并将公安民警执法资格等级考试制度与考核、晋升挂钩。天津市对全局2200 余名派出所所长、交警大队长、法制支队长、基层法制员和治安警长进行了集中培训；各地方公安部门积极响应，按照精细化、标准化、实战化要求，以集中培训、网上授课、旁听庭审、技能比赛等形式，强化日常教育培训和专项技能培训（见表2）；25 个省级公安机关对执法资格等级考试结果运用做出了规定，截至 2017 年 6 月，全国公安机关共有214.92 万（人次）民警取得基本级执法资格，112.46 万（人次）民警取得中级执法资格，4.08 万（人次）民警取得高级执法资格③。这些措施完善了规范公安执法的各项具体规则，健全了行使公安执法权保障自然人合法权益的程序机制。

---

① 《天津市推行行政执法公示制度执法全过程记录制度重大执法决定法制审核制度试点工作》，天津市法办网站，2018 年 1 月 15 日，www. tjlegal. gov. cn/Home/indexThird/3da459ce - ed1e - 4fa2 - ae68 - 676392d509b5。

② 冯锐：《黑龙江出台文件规范一线执法》，公安部网站，2017 年 1 月 4 日，http：//www. mps. gov. cn/n2253534/n4904351/c5589704/content. html。

③ 《提档升级　跑出执法规范化建设的加速度——全国公安机关深化公安执法规范化建设综述》，公安部网站，2017 年 1 月 16 日，http：//www. mps. gov. cn/n2253534/n2253535/n2253537/c5730062/content. html。

表2 2017年部分地区公安执法队伍培训措施

地区	时间	培训活动与内容
陕西省铜川市①	2017. 2. 16 ~ 2017. 12	《全市公安机关开展"百堂讲座、百场抽考、百案评析、百次预警"活动方案》
浙江省兰溪市②	2017. 3. 3	《兰溪市公安局执法主体能力培训举措》
黑龙江省五常市③	2017. 03. 14	《五常市公安局2017年执法人员岗位培训计划》
内蒙古自治区乌兰察布市④	2017. 3 ~ 2018. 11	《全市公安机关"执法规范化"全警大培训实施方案》
新疆维吾尔自治区昌吉州⑤	2017. 3. 30	《关于印发2017年度昌吉州公安机关执法教育培训实施方案的通知》
山东省淄博市⑥	2017. 4 ~ 2017. 6	"淬剑2017——淄博市公安局民警全员轮训""砺剑——2017淄博市公安派出所民警规范执法实战轮训"
河北省⑦	2017. 6. 20 ~ 2017. 6. 23	《河北省森林公安局关于举办全省森林公安执法业务培训班的通知》

---

① 《关于印发全市公安机关开展"百堂讲座、百场抽考、百案评析、百次预警"活动方案的通知》，铜川市政府网站，http：//www. tongchuan. gov. cn/html/gajxxgk/bmwj/201702/158510. html。

② 《关于印发〈兰溪市公安局执法主体能力培训举措〉的通知》，兰溪市政府网站，http://www. lanxi. gov. cn/zwgk/xxgkml/bmxxgk/11330781733229654C/25/201709/t20170901_1197286. html。

③ 《五常市公安局2017年执法人员岗位培训计划》，五常市政府网站，www. hljwch. gov. cn/zwgk/fzzfgzjs/yfxz/2017 – 12 – 18/7912. html。

④ 《全市公安机关全面启动2017年度"执法规范化"全警轮训工作》，乌兰察布市政府网站，2017年3月28日，http：//www. wulanchabu. gov. cn/information/wlcbzfw11386/msg934756931113. html。

⑤ 《关于印发2017年度昌吉州公安机关执法教育培训实施方案的通知》，昌吉回族自治州政府网站，http：//www. cj. gov. cn/gk/wj/223668. htm。

⑥ 《淄博公安机关全警轮训强基础 围绕基层基础三年攻坚战 加强队伍素质能力建设》，山东省公安厅网站，2017年5月23日，http：//www. sdga. gov. cn/art/2017/5/23/art_23_25516. html。

⑦ 《河北省森林公安局关于举办全省森林公安执法业务培训班的通知》，河北省政府网站，http：//info. hebei. gov. cn/eportal/ui? pageId = 1989440&articleKey = 6759630&columnId = 330138。

地区	时间	培训活动与内容
湖南省洪江市①	2017.8.1 ~ 2017.8.7	怀化市森林公安执法业务培训班
四川省阆中市②	2017.9.1	《阆中市公安局三举措加强执法人员教育培训工作》
山东省济南市③	2017.9.25 ~ 2017.9.27	全市森林公安执法培训
黑龙江省④	2017.12.7	黑龙江省公安厅举办全省公安法制部门领导培训班

资料来源：所引注的省市政府网站。

（三）规范公安公共服务流程标准，提高人民群众对公安公共服务获得感

公安机关在不断规范公安行政执法权的同时，通过优化履行公安公共服务职能，完善社会公共秩序管理中的公共服务标准，规范提供公共秩序和公共安全管理服务的流程。

第一，为出入境人员提供便利，保障旅行自由。2016 年 1 月和 6 月，公安部颁布了支持福建自贸区和广东自贸区建设及创新驱动发展的出入境便利政策措施，涉及签证、入境出境、停留居留、永久居留等方面。2017 年，公安部经过试点，将实施效果较好的出入境政策措施复制推广到福建自贸区、广东珠三角、江苏苏南、浙江杭州国家自主创新示范区和吉林长春新区等区域⑤。

① 《市森林公安局组织民警参加执法业务培训》，洪江市森林公安网，www.hjs.gov.cn/slga/gzxx/2017 - 08/08/content_ deed0c6a10294f779a12e6b69e57c34f.shtml。

② 《阆中市公安局三举措加强执法人员教育培训工作》，阆中市人民政府网站，http://www.langzhong.gov.cn/govopen/show.jspx？id = 69410。

③ 《我市举办"2017 年度全市森林公安执法培训班"》，济南市林业与城乡规划局网站，2017 年 9 月 28 日，http://jnly.jinan.gov.cn/art/2017/9/28/art_11597_837128.html。

④ 《黑龙江加强培训推进执法规范化》，公安部网站，2017 年 12 月 7 日，www.mps.gov.cn/n2255079/n4242954/n4841045/n4841055/c5937870/content.html。

⑤ 《公安部优化有关出入境政策措施并扩大实施范围　进一步支持国家重点区域发展》，公安部出入境管理局网站，http://www.mps.gov.cn/n2254996/n2254999/c5841436/content.html。

公安部还集中推出了八项出入境便利措施，进一步优化从简化申办手续、便利居住证持有人申办，到完善出入境窗口服务机制、推进签证便利化等多个方面的出入境流程。2017 年，我国出入境人员总数达到 5.98 亿人次，内地居民办理因私出入境证件、签注 1.33 亿人次、出入境总数达到 2.92 亿人次①。2017 年 6 月起，公安部对经批准取得在华永久居留资格的外国人签发 2017 版外国人永久居留身份证②。这些措施在为出入境人员提供便利的同时，保障了出入境人员的旅行自由。

第二，为境外非政府组织在境内开展活动提供便利服务。2016 年，全国人大常委会通过了《境外非政府组织境内活动管理法》③，公安部发布了《境外非政府组织代表机构登记和临时活动备案办事指南》④ 和《境外非政府组织活动领域和项目目录、业务主管单位名录》⑤，为境外非政府组织在中国境内设立代表机构登记和开展临时活动备案提供便利服务。2017 年，公安机关完成了对 259 家境外非政府组织申请的 305 家代表机构的登记，为 224 家境外非政府组织备案了 487 个临时活动⑥。各地公安机关为境外各类非政府组织参与境内的慈善扶贫、公共卫生、环境生态等社会服务提供便利，还征求境外非政府组织的意见，不断提高服务质量。

第三，完善居民身份登记便民措施，促进人员自由流动。2017 年 2 月，公安部召开全国户籍制度改革专题视频培训会，部署深入推进户籍制度改革的工作。截止到 2017 年 2 月，全国各省、自治区、直辖市都研究制定了户

---

① 《公安部集中推出八项出入境便利措施》，公安部出入境管理局网站，http：//www.mps.gov.cn/n2254996/n2254999/c5985154/content.html。
② 《中华人民共和国公安部公告》，公安部出入境管理局网站，http：//www.mps.gov.cn/n2254996/n2254999/c5713931/content.html。
③ 2017 年 1 月 1 日实施。
④ 《境外非政府组织代表机构登记和临时活动备案办事指南》，公安部网站，www.mps.gov.cn/n2254314/n2254409/n4904353/c5556625/content.html。
⑤ 《境外非政府组织活动领域和项目目录、业务主管单位名录》，公安部网站，http：//www.mps.gov.cn/n2254314/n2254409/n4904353/c5579013/content.html。
⑥ 《〈境外非政府组织境内活动管理法〉实施一周年》，人民网，2018 年 1 月 5 日，http：//gongyi.people.com.cn/n1/2018/0105/c152516-29748548.html。

籍制度改革实施意见，全国已有 25 个省、自治区、直辖市发布了深化户籍制度改革的措施①。2017 年 7 月 1 日起，全国县（市）以上地方的公安机关按照"就近、便利"原则，实行居民身份证异地受理工作，为居民人口流动和异地办理身份证件提供了便利。② 到 2017 年 12 月底，全国公安机关共清理注销重复户口 314.7 万个，清理因死亡、入外籍等应销未销户口 578.6 万个，纠正户口登记项目差错 1767.1 万项，完成了 2014 年开始的为期 3 年的全国户籍清理专项工作③。历史遗留的 1300 余万无户口人员落户问题基本解决④。此外，各地方都积极推进户籍改革：浙江省全面取消农业与非农业户口的区分，县（市）及以下地区的落户限制已全面放开⑤；成都市发布了《成都市关于推进户籍制度改革的实施意见》、《成都市居住证积分入户管理办法（试行）》和《成都市户籍迁入登记管理办法（试行）》等规范性文件，从 2018 年开始实施"双轨并行"的户籍制度⑥。

第四，创新工作方法，有效预防和制止家庭暴力。2016 年《反家庭暴力法》（以下简称《反家暴法》）实施以来，各地公安机关为贯彻《反家暴法》的实施制定了实施办法，创新了工作方法。四川省公安厅发布了《公安机关打击处理家庭暴力违法犯罪执法细则》；湖南省公安厅联合省高级人民法院、省妇女联合会发布了《湖南省家庭暴力告诫制度实施办

---

① 《公安部部署深入扎实推进户籍制度改革》，人民网，2017 年 2 月 9 日，http://legal. people. com. cn/n1/2017/0209/c42510 - 29070141. html。

② 《公安部：7 月 1 日起全面实施身份证异地受理》，新华网，2017 年 4 月 27 日，http://www. xinhuanet. com/legal/2017 - 04/27/c_1120884165. htm。

③ 熊丰、白阳：《三年来全国公安机关清理注销重复户口 314.7 万个》，公安部网站，2017 年 12 月 21 日，http://www. mps. gov. cn/n2255079/n4876594/n4974590/n4974593/c5951423/content. html。

④ 熊丰、罗沙：《公安部：1300 余万无户口人员落户问题基本解决》，公安部网站，2017 年 12 月 21 日，http://www. mps. gov. cn/n2255079/n4876594/n4974590/n4974593/c5951457/content. html。

⑤ 《浙江晒出公安改革成绩单》，浙江省公安厅网站，2017 年 11 月 23 日，http://www. zjsgat. gov. cn/002482111/zfxxgkml/gzdt/zhhy/201711/t20171123_1424718. htm。

⑥ 《条件入户 + 积分入户"双轨并行"明年起成都实行户籍制度改革新政》，新华网，2017 年 12 月 1 日，www. sc. xinhuanet. com/content/2017 - 12/01/c_1122040225. htm。

法》，为有效预防和制止家庭暴力提供法律指引①；广东省公安厅、省妇联联合举办反家庭暴力业务培训班②；辽宁省锦州市妇联、市公安局联合表彰了反家庭暴力工作先进集体、反家庭暴力工作先进个人③；上海市黄浦区建立了区、街道两级层面反家庭暴力协作联动机制，形成"1＋10"反家庭暴力工作模式④。

（四）全面推行公安执法信息化建设，保障公民知情权、监督权

2015 年，公安部发布《关于大力推进基础信息化建设的意见》和《关于推进公安信息化发展若干问题的意见》，以推进全国公安执法信息化建设。2016 年末，公安部发布《关于进一步推进"互联网＋公安政务服务"工作的实施意见》，进一步深化公安执法科技创新思维。2017 年，公安部发布《公安科技创新"十三五"专项规划》，将执法信息化作为重点发展领域，进一步促进公安执法信息公开。

第一，推进行政执法信息化设施建设，促进执法信息公开透明。全国 25 个省、自治区、直辖市建立运行了统一的执法公开平台，15 个省、自治区、直辖市实现了行政处罚决定文书网上公开，13 个省、自治区、直辖市实现了行政复议决定文书网上公开。⑤ 例如，江西省公安厅发布《江西省公安信息化建

---

① 《湖南省公安厅、湖南省高级人民法院、湖南省妇女联合会关于印发〈湖南省家庭暴力告诫制度实施办法〉的通知》，湖南省公安厅网站，http：//www. hnga. gov. cn/articles/111/2016－6/1187. html。

② 《广东省公安厅、省妇联联合举办的全省反家庭暴力业务培训班近日在广州举行》，国务院妇女儿童工作委员会网站，2017 年 11 月 20 日，www. nwccw. gov. cn/2017－11/20/content_185970. htm。

③ 贾莹莹：《锦州市妇联、锦州市公安局联合召开 2016－2017 年度反家庭暴力工作总结与表彰大会》，中国女网，2017 年 12 月 4 日，http：//www. clady. cn/wf/2017－12/04/content_187454. htm。

④ 《黄浦区召开反家庭暴力工作总结会暨工作例会》，上海女性网，2017 年 12 月 4 日，http：//shwomen. eastday. com/renda/08women/nxzx/fldt/u1ai6177802. html。

⑤ 《提档升级 跑出执法规范化建设的加速度——全国公安机关深化公安执法规范化建设综述》，公安部网站，2017 年 1 月 16 日，http：//www. mps. gov. cn/n2253534/n2253535/n2253537/c5730062/content. html。

设大纲》和《2016—2018 年江西省公安信息化建设重点任务》，3 年内计划完成大指挥、大侦查、大防控、大监督、大服务应用等"七大应用"建设和业务平台连通、基础设施保障等"六大体系"建设等六大类项目。① 这些措施强化了行政相对人通过获取政府信息监督行政机关依法行政的权利。

第二，拓展公安执法信息公开渠道，方便公民获取公安执法信息。全国公安机关执法办案场所规范化改造基本完成，各地公安机关充分利用政府网站、政务微博、微信公众号、手机 App、信息屏终端查询等载体，大力推进治安、户政、交通、消防、出入境等行政管理领域等工作的执法公开。② 这些做法使执法行为有据可查，便于公民了解执法信息。

二 规范公安执法权工作中存在的问题

《关于深化公安执法规范化建设的意见》实施一年来，各级公安机关开展规范公安执法权的工作取得了显著成效，但与社会期待还有一定的距离，主要表现在以下几个方面。

第一，部分公安执法人员的法律意识、尊重人权意识滞后于社会期待。公安机关是国家重要的行政执法力量和刑事司法力量，规范公安执法权也是国家尊重和保障人权的法律体现。长期以来，有些公安机关执法队伍建设重视"安全防范""打击违法"等执法专业能力建设，但忽视了人权保障的需求；基层干警把公安行政执法活动与尊重和保障人权的法律原则对立起来，在执法活动中侵犯或者限制相对人的人格尊严、个人隐私、个人信息、人身自由、信息公开等情况时有发生。

第二，各地推进规范公安执法权工作发展不平衡。2016 年 9 月提出的

---

① 霍志坚、陈希：《江西"全警情录入＋"推动公安工作转型升级》，公安部网站，2016 年 10 月 9 日，http：//www.mps.gov.cn/n2253534/n4904351/c5512408/content.html。

② 《提档升级　跑出执法规范化建设的加速度——全国公安机关深化公安执法规范化建设综述》，公安部网站，2017 年 1 月 16 日，http：//www.mps.gov.cn/n2253534/n2253535/n2253537/c5730062/content.html。

执法规范化建设在全国公安机关开展，但是各地经济社会发展不平衡的情况，不仅影响各地公安机关规范执法工作的制度建设，而且也反映在各地执法标准、操作规程与管理监督等方面。在一些欠发达的中西部偏远地区，执法规范化建设基础差、起步晚、任务重，加之干警的整体综合法律素养不高，与规范的执法标准存在差距。对于公安机关在依法履职中的执法不严格、不规范、不公正、不文明等影响个人合法权益的问题，需要继续加强源头防控、保证过程监督、进行责任追究，并且不断强化执法权力监督制约的程序机制。

第三，公安执法公共服务工作亟待适应人民群众的新需要。公安公共服务工作与公共秩序、公共安全关系密切，这些服务工作包括办理有关证明和户籍登记，对身份证、驾驶证、居住证、护照等身份证件的核发，以及消防、车辆、道路交通、出入境等若干领域的服务。虽然近年来，这些公共服务比过去有极大的改进，人民群众普遍感受到更加便利、效率提高，但仍然需要继续优化服务窗口设置，提高户政、治安、出入境等服务窗口的服务标准，以及公安执法公共服务的质量。

第四，对突发重大公共秩序与安全事件的信息处置专业能力不足。网络时代的信息传播方式发生了巨大的变革，近年来突发重大公共秩序与安全事件容易经由网络舆情快速聚焦。2017 年，公安机关在依法处理有关案件，如上海市交通警察粗暴控制怀抱女童妇女事件①、上海市携程亲子园涉嫌虐待儿童事件和北京市红黄蓝幼儿园涉嫌虐待儿童事件等特大影响案件②中，都被不同程度地推上网络舆论的风口浪尖。在上述案件中，公安机关虽然已

① 参见《警方通报松江粗暴执法事件处理结果 上海市公安局松江分局对涉事民警行政记大过，对涉事女子处以警告》，人民网，2017 年 9 月 3 日，http：//sh. people. com. cn/n2/2017/0903/c134768 – 30687015. html。

② 参见《携程亲子园虐童事件始末》，凤凰网，2017 年 11 月 9 日，http：//tech. ifeng. com/a/20171109/44751879_0. shtml；毛鸿仁：《上海长宁警方回应"携程亲子园事件"三人被依法刑拘》，新浪网，2017 年 11 月 9 日，http：//news. sina. com. cn/o/2017 – 11 – 09/doc – ifynsait6630896. shtml；《红黄蓝幼儿园虐童案犯罪嫌疑人刘某某被批捕》，人民网，2017 年 12 月 29 日，http：//legal. people. com. cn/n1/2017/1229/c42510 – 29737122. html；吴秋婷：《北京朝阳警方通报红黄蓝幼儿园"虐童"事件》，新浪网，2017 年 11 月 25 日，http：//finance. sina. com. cn/roll/2017 – 11 – 25/doc – ifypacti8131414. shtml。

经依法处置并及时公开了有关处置信息，但在回应社会关切、公布处置突发事件的政府信息的过程中，有的被指信息公开不够专业，有的公开信息被网络自媒体炒作。总体上看，公安机关应对突发重大案件的信息公开专业能力，严重滞后于其侦破、处置有关案件的专业能力。如何有针对性地回应社会关切，消除各类错误信息，避免发布的信息诱发猜疑，是当前及未来公安机关迫切需要解决的问题。

三 进一步规范公安执法权，提升公安执法活动 人权保障专业能力的思考

（一）增强公安执法活动中尊重和保障人权的法律理念，并渗透到执法标准与程序中

要按照《国家人权行动计划（2016－2020 年）》的要求，将人权知识纳入人民警察的入职考核和在职培训中。公安机关依法履行职责，打击违法犯罪、维护社会秩序和公共安全，本就是国家实现尊重和保障人权的法律体现。进一步规范公安执法权，要将细化尊重和保障人权的宪法原则纳入公安执法的标准与执法程序中，在公安执法活动中尊重和保障自然人的人格尊严、个人隐私、个人信息、人身自由与信息公开等权利。针对执法中的相对人可能存在随行孕妇、婴幼儿、儿童、残疾人等情况，应当完善必要的注意义务，遵循必要的执法顺序，完善具体的程序规范。

（二）大力深化公安执法综合能力建设

公安机关行政执法规范化建设是长期的任务，尤其是公安执法标准与执法程序等具体细节，需要结合不同类型的现实情况与执法目的加以完善。要切实注意解决各地公安机关执法规范化建设不平衡问题以及行政执法不统一问题。北京、上海、广州等特大城市，长三角、珠三角等公安执法规范化建设较好的地方，可以为经济社会发展欠发达地区、中西部偏远地区的公安机

163

关提供对口支援，实行地区间的管理、技术、干警轮岗交流、进修学习等制度，以及同一行政区域的公安机关也可以实行上下级轮岗制度。通过上述措施，可以开阔视野、交流经验，加速实现各地公安机关执法规范化建设的平衡发展。加强公安执法队伍专业能力建设，县级以上各级公安机关要健全对公安干警的执法能力培训机制，通过培训使公安干警掌握与规范化执法要求相适应的执法标准与执法程序。各地公安机关可以结合本地区的实际情况和特殊需要，考虑不同类型公安干警的履职情况、执法特点和执法目的，结合公安执法规范化的要求"按需培训"，力求掌握各类警务活动中的执法细则、界限标准与规范程序，积极创新工作办法，优化工作方式，在执法过程中尊重和保障人权，努力让人民群众在每一项执法活动、每一起受理案件中感受到公平正义。

（三）继续优化公安行政公共服务窗口，努力提高服务质量

公安公共服务职能，与公安机关承担的维护社会公共秩序、公共安全和刑事侦查职能的法律性质存在很大区别。公安公共服务属于法律规定的为居民所提供的必要的公共服务，可以纳入政府公共服务统一管理的范围。近年来，公安机关提供公共服务的质量有很大的改进，但在优化服务窗口设置、统一服务标准、提高服务质量等方面，仍旧存在进一步优化的空间。在农村基层、偏远地方，可以根据统一管理、便民效率和实际需要，试点将部分公共服务纳入乡镇政府的一般公共服务窗口，以降低不合理的门槛，解决手续烦琐的问题。

（四）努力提高突发重大公共秩序与安全事件信息公开专业能力

近年来各地发生的社会公共秩序、公共安全突发事件表明，必须提高公安机关发布重大突发事件政府信息的能力，将完善重大案件信息通报制度纳入公安执法规范化建设范畴。要健全县级以上公安机关新闻发言人制度，加强对公安机关新闻发言人的培训，掌握网络社会信息传播的规律。要完善社会稳定风险评估机制，既要依法及时调查处置事件，也要及时发布案件处置信息，通过掌握的信息合理引导社会舆论，阻止谣言传播。

B.10
律师执业权利保障的新进展

李　成*

摘　要：　律师执业权利是包括律师享有的会见权、调查取证权、申请权等一系列权利在内的权利谱系。我国《律师法》《刑事诉讼法》等法律不断丰富和发展律师在执业活动中享有的权利，为律师执业权利保障奠定了规范基础。最高人民法院、最高人民检察院、公安部、中华全国律师协会等跨部门协同，建立了维护律师执业权利的快速联动处置机制和律师工作联席会议，在快反快处侵权个案的同时，从制度层面消除限制律师执业权利实现的障碍。同时，律协系统成立了专门机构作为维护律师执业权利的依托，并通过发布典型维权案例、总结推广维权经验等，提高维护律师执业权利的工作效果。

关键词：　律师　执业权利　人权保障

近年来，我国的律师事业进入快速发展阶段。截至 2017 年 8 月，我国律师人数已达 33 万多人，律师事务所发展到 2.6 万多家。全国律师每年办理诉讼案件 330 多万件，办理非诉讼法律事务 100 多万件，年均承办法律援助案件 50 多万件，提供公益法律服务 230 多万件次，担任法律顾问 50 多万家①。

---

* 李成，法学博士，四川大学法学院副教授，主要研究方向：宪法、人权法。

① 中华人民共和国国务院新闻办公室：《〈中国人权法治化保障的新进展〉白皮书》，中华人民共和国国务院新闻办公室网站，2017 年 12 月 15 日，http://www.scio.gov.cn/zfbps/32832/Document/1613514/1613514.htm。

依法赋予并保障律师的执业权利是我国律师事业持续繁荣发展的基本前提。自 1980 年第五届全国人民代表大会常务委员会第十五次会议审议通过《中华人民共和国律师暂行条例》，开创立法保障律师执业权利以来，我国先后制定了《律师法》《刑事诉讼法》《民事诉讼法》《行政诉讼法》等法律，广泛赋予律师包括会见和通信权、阅卷权、调查取证权、辩论和辩护权、质证权、发问权、申请权、发表意见权、知情权、申诉控告权等在内的一系列执业权利。

一 落实律师执业权利的主要措施

（一）强化法律关于保障律师执业权利规定的可操作性

在司法政策层面，2014 年《中共中央关于全面推进依法治国若干重大问题的决定》（以下简称《决定》）提出"提高律师队伍业务素质，完善执业保障机制"的要求，明确了新时期法治工作队伍建设的努力方向。

为落实《决定》要求，最高人民检察院、中华全国律师协会、司法部等在 2017 年结合各自部门实际情况，相继出台相关司法政策文件，指导本部门、本系统在工作职责范围内依法保障律师执业权利。

2017 年，最高人民检察院发布《关于进一步做好保障律师执业权利相关工作的通知》，再次重申各级检察机关应当严格落实 2014 年《关于依法保障律师执业权利的规定》，把保障律师执业权利作为一项重点工作抓实抓好①。

最高人民法院与司法部联合发布《关于开展刑事案件律师辩护全覆盖

---

① 郑赫南：《最高检下发通知要求进一步保障律师执业权利》，《检察日报》2017 年 6 月 30 日，第 1 版。2014 年，最高人民检察院在《关于依法保障律师执业权利的规定》（高检发〔2014〕21 号）中要求各级检察院和全体检察人员尊重和支持律师依法履行职责，依法保障律师在刑事诉讼中享有的会见权、阅卷权、调查取证权、发表意见权、知情权以及民事和行政诉讼中的代理权等执业权利。

试点工作的办法》。该办法第 13 条规定各级法院在刑事诉讼中应当依法保障辩护律师的知情权、申请权，以及会见、阅卷、收集证据和发文、质证、辩论等方面的执业权利，为辩护律师履行职责，包括查阅、摘抄、复制案卷材料等提供便利。该办法同时就案件信息公开、阅卷、收集和调取证据、申请出庭作证、针对辩护意见的裁判说理和快速处置侵害律师执业权利事件等方面的工作流程、时限等做出规定，以提升维护律师执业权利的实际效果①。

与此同时，司法部也在 2017 年颁布《律师会见监狱在押罪犯规定》（司发通〔2017〕124 号），要求监狱依法保障律师会见在押罪犯的权利，并同时就律师会见在押罪犯的预约方式、申请材料、会见人数、决定时限、免于监听和执业权利受到妨碍时的救济主体及渠道等做出详细规定。

2017 年，中华全国律师协会通过《律师协会维护律师执业权利规则（试行）》。该规则明确了中华全国律师协会、省级律师协会和设区的市律师协会在维护律师执业权利工作方面的分工，确定了律师协会维护律师执业权利的具体工作机构和人员构成，建立了申请、受理、调查、处理和反馈的工作流程，并要求各级律协从信息收集、信息通报、执业培训等若干方面改进和完善律师协会维护律师执业权利的工作机制。

表 1　2017 年维护律师执业权利中央司法政策文件一览

序号	制定主体	文件名称
1	最高人民法院、司法部	《关于开展刑事案件律师辩护全覆盖试点工作的办法》
2	最高人民检察院	《关于进一步做好保障律师执业权利相关工作的通知》
3	中华全国律师协会	《律师协会维护律师执业权利规则（试行）》
4	司法部	《律师会见监狱在押罪犯规定》

资料来源：最高人民法院、最高人民检察院、司法部和中华全国律师协会网站。

---

① 详见《关于开展刑事案件律师辩护全覆盖试点工作的办法》第 14～19 条。

在地方上，省级人大、省级政府、省高级法院、省检察院等亦结合本行政区域的实际情况出台了一系列旨在维护律师执业权利的地方性规定。浙江、江西、宁夏、河北、重庆等省、自治区、直辖市在2017年陆续制定了22部相关规范性法律文件（见表2）。其中，河北省人大常委会制定了专门的地方性法规——《河北省律师执业保障和规范条例》，广东省人大常委会也通过了《广东省实施〈中华人民共和国律师法〉办法》。贵州、青海等省也以政府和同级党委联合发文的方式出台维护律师执业权利的专项规定。

表2　2017年地方维护律师执业权利规范性法律文件一览

序号	制定主体	文件名称	文件类型
1	浙江省高级法院、检察院、公安厅、国安厅、司法厅、律协	《关于建立健全维护律师执业权利快速联动处置机制的实施意见》	规范性文件
2	江西省高级法院、检察院、公安厅、国安厅、司法厅	《关于依法保障律师办理刑事诉讼业务执业权利的实施细则》	规范性文件
3	江西省高级法院、检察院、公安厅、民政厅、司法厅、人社厅、国土资源厅、住建厅、卫计委、国税局、地税局、工商局、质监局，南昌海关	《关于依法保障律师办理民商事诉讼业务或非诉讼法律事务执业权利的实施细则》	规范性文件
4	宁夏回族自治区高级法院、检察院、公安厅、国安厅、司法厅、人社厅、国土资源厅、住建厅、工商局、国税局、地税局、律协	《关于依法保障律师执业权利的实施细则》	规范性文件
5	河北省高级法院	《关于维护律师执业权利的公告》	规范性文件
6	河北省高级法院	《关于落实〈建立健全维护律师执业权利快速联动处置机制的通知〉的实施意见》	规范性文件
7	河北省人大常委会	《河北省律师执业保障和规范条例》	地方性法规
8	黑龙江省检察院	《关于充分发挥案件管理部门职能、依法保障律师执业权利的通知》	规范性文件
9	青海省委办公厅、省政府办公厅	《关于深化律师制度改革的实施意见》	规范性文件
10	山东省检察院	《山东省人民检察院关于依法保障律师执业权利的意见》	规范性文件

续表

序号	制定主体	文件名称	文件类型
11	福建省高级法院、检察院、公安厅、国安厅、司法厅、律协	《关于建立健全维护律师执业权利快速联动处置机制的通知》	规范性文件
12	天津市高级法院、检察院、司法局、公安局、国安局、民政局、地税局、人社局、国土资源和房屋管理局、卫计委、市场和质量监督管理委员会、金融工作局、国税局	《关于依法保障律师调查权的若干规定(试行)》	规范性文件
13	天津市高级法院	《关于在民事诉讼中实行律师调查令的若干规定(试行)》	规范性文件
14	重庆市高级法院、检察院、城乡建设委员会、公安局、民政局、司法局、人社局、国土资源和房屋管理局、卫计委、地税局、工商局、质监局	关于进一步保障律师执业权利的若干规定	规范性文件
15	山西省高级法院、检察院、公安厅、国安厅、司法厅	《山西省依法保障律师执业权利实施细则》	规范性文件
16	广东省人大常委会	《广东省实施〈中华人民共和国律师法〉办法》	地方性法规
17	广东省高级法院、检察院、公安厅、国安厅、司法厅	《关于依法保障律师执业权利的实施办法》	规范性文件
18	湖北省委政法委、高级法院、检察院、公安厅、司法厅、国安厅	《关于依法保障律师执业权利的指导意见》	规范性文件
19	贵州省委办公厅、省政府办公厅	《关于深化律师制度改革的实施意见的通知》	规范性文件
20	云南省高级法院、检察院、公安厅、国安厅、司法厅	《云南省关于依法保障律师执业权利实施细则》	规范性文件
21	甘肃省司法厅、工商局、公安厅、民政厅、卫计委、食药监局、国土资源厅、住建厅、省人民银行兰州中心支行、兰州海关	《关于进一步保障律师调查取证权利的若干规定》	规范性文件
22	安徽省高级法院、检察院、公安厅、国安厅、司法厅	《关于依法保障律师执业权利的若干规定》	规范性文件

资料来源:最高人民检察院、广东省人大、江西省政府、山西省政府、广东省司法厅、杭州市律协、天津市律协、重庆市律协、湖北省司法厅、贵州省政府新闻办及中共贵州省委外宣办、新华网、人民网、河北法院网、河北法制网、河北新闻网、中国律师网、天津法院网、云南司法行政网、甘肃司法网、淮南市律协网、青海日报相关报道。

（二）完善律师执业权利保障的实施机制

1. 建立"维护律师执业权利中心"和"投诉受理查处中心"

2017 年，中华全国律师协会出台《关于律师协会成立维护律师执业权利中心、投诉受理查处中心的通知》（律发通〔2017〕3 号），决定在设区的市及以上的律师协会成立"维护律师执业权利中心"和"投诉受理查处中心"（以下简称"两个中心"），作为维护律师执业权利和规范律师执业行为的机构依托。

截至 2017 年 3 月，全国律协和 31 个省、自治区、直辖市律师协会及新疆生产建设兵团律师协会均成立了"两个中心"并挂牌运行。截至同年 5 月，设区的市律师协会均成立了"两个中心"，实现了维权机构的全覆盖[1]。至 2017 年 11 月，全国律协维权中心已收到维权申请 71 件；地方各级律协维权中心共收到维权申请 388 件，受理 317 件，处理完毕 142 件[2]。

表3　全国及地方律协维权中心 2017 年 4～11 月维权情况一览

单位：件

	全国律协维权中心	地方律协维权中心		
	收到申请	收到申请	受理申请	处理申请
11 月	3	38	34	14
10 月	9	43	32	19
9 月	4	47	41	23
8 月	9	55	50	25
7 月	6	59	52	15
6 月	11	70	52	22
5 月	14	48	33	15
4 月	15	28	23	9
总计	71	388	317	142

资料来源：中华全国律师协会 2017 年 4～11 月维权惩戒工作通报。

---

① 中华全国律师协会：《全国律协发布 2017 年 5 月份律师协会维权惩戒工作通报》，中国律师网，2017 年 6 月 21 日，http://www.acla.org.cn/article/page/detailById/20278。

② 根据中华全国律师协会 2017 年 4～11 月维权惩戒工作通报数据整理。

为避免"两个中心"空转，各地律协在建立中心的同时注意完善中心的维权工作体制机制。例如，在信息公开方面，各地律协"两个中心"设立了维权专门工作电话、专用电子邮箱，在律师协会官方网站首页设立维权申请受理平台，并在官方网站、微博、微信、报刊等媒体上公布专门的工作电话号码、专用电子邮箱地址、官方网站网址和来信来访地址[①]，畅通律师维护执业权利的申请渠道。在制度建设方面，部分地方律协"两个中心"或者探索专门委员会委员值班制度，提高工作效率；或者尝试例会制度，研究律师维权案件和维权工作中遇到的重大问题；或者建立回访制度，对已处置的重大、复杂维权案件安排专人回访维权申请人[②]，作为改进今后工作的重要参考。此外，部分地方律师协会还建立了"两个中心"工作考评制度，针对"两个中心"的队伍建设、具体案件应对处置情况和实际效果等方面进行考核[③]，督导"两个中心"扎实推进维护律师执业权利工作。

2. 建立跨部门的律师工作联席会议

2016 年中共中央办公厅和国务院办公厅联合印发《关于深化律师制度改革的意见》（中办发〔2016〕21 号）（以下简称《意见》）。《意见》要求完善律师执业权利救济机制，各司法机关和有关部门建立健全沟通协调机制、执业权利救济机制，切实维护律师执业权利和人身权利[④]。

作为落实《意见》要求的具体举措，司法部在 2017 年出台《关于建立律师工作联席会议制度的方案》，建立律师工作联席会议制度。联席会议由司法部牵头，成员单位涵盖中央防范和处理邪教问题领导小组办公室、最高人民法院、最高人民检察院、外交部、公安部、国家安全部、财政部、商务

---

① 详见中华全国律师协会：《全国律协发布 2017 年 4 月份律师协会维权惩戒工作通报》，中国律师网，2017 年 5 月 19 日，http：//www.acla.org.cn/article/page/detailById/19986。

② 详见中华全国律师协会：《全国律协发布 2017 年 4 月份律师协会维权惩戒工作通报》，中国律师网，2017 年 5 月 19 日，http：//www.acla.org.cn/article/page/detailById/19986。

③ 详见中华全国律师协会：《全国律协发布 2017 年 4 月份律师协会维权惩戒工作通报》，中国律师网，2017 年 5 月 19 日，http：//www.acla.org.cn/article/page/detailById/19986。

④ 《中办国办印发〈关于深化律师制度改革的意见〉》，《中国律师》2016 年第 6 期。

部、国家税务总局相关司局和中华全国律师协会。联席会议原则上每半年召开一次会议，并设置联络员，负责日常联络和具体工作对接。按照《关于建立律师工作联席会议制度的方案》的设想，联席会议将成为各部门沟通交流保障律师执业权利工作情况，研究解决律师执业权利保障工作中的普遍性、政策性问题，及时协调处理侵犯律师执业权利的突发事件的平台，成为切实维护律师执业权利的组织依托。

2017 年 4 月，司法部召集召开第一次律师工作联席会议，全部 11 个联席会议成员单位参加联席会议。中共中央政法委副秘书长侍俊在讲话中再次强调，要把联席会议作为深化律师制度改革的抓手，确保联席会议真运转、常态化、卓有成效；要围绕保障律师执业权利，维护律师合法权益，鼓励律师在推进公正司法中发挥更大作用；要加强律师执业权利保障的督导检查；要充分发挥律师协会的作用，把协会真正建成律师的"娘家"①。

3. 健全维护律师执业权利快速联动处置机制

2017 年，最高人民法院、最高人民检察院、公安部、国家安全部、司法部和中华全国律师协会联合发布《关于建立健全维护律师执业权利快速联动处置机制的通知》（以下简称《通知》），推动快速联动处置机制的落地，以跨部门共建、跨部门联动为基础，将快速联动处置机制建设成为维护律师执业权利的制度依托。

针对律师执业权利保障中面临的突出问题，《通知》首先确立"第一时间受理、第一时间调查、第一时间处理、第一时间反馈"的处置原则，提高律师执业权利保障的及时性和有效性。其次，《通知》明确了维护律师执业权利的主体。律师在执业中认为其知情权、申请权、申诉权、控告权，以及会见、通信、阅卷、收集证据和发问、质证、辩论、提出法律意见等合法执业权利受到限制、阻碍、侵害、剥夺，或者受到侮辱、诽谤、威胁、报复、人身伤害等时，有权申请律师协会维护其执业权利。再次，《通知》建

---

① 李豪：《律师工作联席会议第一次会议召开》，《法制日报》2017 年 4 月 22 日，第 1 版。

立了有关部门快速受理、相关单位联动处理、受理机构及时反馈的维护律师执业权利工作机制，厘清了不同情形下有权受理律师维权申请的部门和接受维权申请的方式，明确了律师协会处理律师维护执业权利申请的权限和期限，并规定了受理律师维权申请的机构及时将处理结果告知申请律师的义务，以充分保障维权申请律师的知情权。

除部门快速联动外，在地方上，地方律协还尝试建立异地维权案件中的区域快速联动机制。例如，广东省律师协会确立了案件发生地律协和律师注册地律协共同维权，由案件发生地律协先行到现场了解情况，律师注册地律协针对律师后续的其他维权申请进行跟进的工作方法，提高异地维权的工作效率①。

二 提升律师执业权利保障的实际效果

（一）发布维护律师执业权利的典型个案

自 2017 年"两个中心"建立以来，全国律协在每月维权情况通报中连续公布各地律协维护律师执业权利的典型案例。从表 4 可见，截至 2017 年 11 月，全国律协公布了 8 批共计 20 起维权典型案例，作为各省级律协和设区的市级律协深入推进维护律师执业权利工作的重要指引。在这些典型个案中，各级律协的维权对象涉及公安机关（含看守所）、法院以及其他类型的侵权主体②；维权领域涵盖刑事、民事和行政诉讼。从维护执业权利类型来看，律师执业中的人身权构成当前各级律协维权工作的重点。在 20 起典型个案中，针对律师人身权的案例有 12 起，针对会见权的 3 起，针对申请权的 2 起，针对调查取证权、代理权和阅卷权的各 1 起。

---

① 详见中华全国律师协会《2017 年 8 月份律师协会维权惩戒工作通报》，中国律师网，2017 年 9 月 27 日，http：//www.acla.org.cn/article/page/detailById/21240。

② 其他侵权主体主要是指律师的执业权利如人身权等，遭受对方当事人、旁听人员等第三人的侵害。

表4　2017年4～11月律师协会维护律师执业权利典型案例一览

序号	时间	维权主体	维权对象	权利类型	发生领域
1	4月	福建省南平市律师协会	公安机关	会见权	刑事诉讼
2	4月	黑龙江省律师协会	公安机关	人身权	刑事诉讼
3	5月	浙江省杭州市律师协会、浙江省丽水市律师协会	公安机关	调查取证权	刑事诉讼
4	5月	辽宁省鞍山市律师协会	法院	代理权	民事诉讼
5	6月	北京市律师协会、江苏省律师协会	其他	人身权	行政诉讼
6	7月	河北省律师协会	法院	人身权	
7	7月	重庆市律师协会	公安机关	会见权	刑事诉讼
8	8月	湖北省武汉市律师协会	其他	人身权	
9	8月	山东省济南市律师协会、广东省江门市律师协会	其他	人身权	
10	9月	广西壮族自治区律师协会	法院	申请权	民事诉讼
11	9月	江苏省盐城市律师协会	其他	人身权	民事诉讼
12	9月	湖北省襄阳市律师协会、湖北省律师协会、湖南省律师协会	其他	人身权	民事诉讼
13	9月	湖北省咸宁市律师协会、湖北省律师协会、广东省律师协会、深圳市律师协会	法院	人身权	
14	10月	湖北省律师协会、襄阳市律师协会	公安机关	会见权	刑事诉讼
15	10月	江苏省镇江市律师协会、福建省厦门市律师协会	其他	人身权	
16	10月	广西壮族自治区律师协会、云南省律师协会	法院	阅卷权	行政诉讼
17	11月	江苏省常州市律师协会	法院	人身权	
18	11月	中华全国律师协会、山东省律师协会、青岛市律师协会	法院	申请权	
19	11月	四川省律师协会、成都市律师协会、凉山州律师协会	其他	人身权	民事诉讼
20	11月	湖南省律师协会、邵阳市律师协会	其他	人身权	民事诉讼

资料来源：中华全国律师协会2017年4～11月维权惩戒工作通报。

（二）优化保障律师执业权利的制度建设细节

在地方层面，各地律协紧紧围绕律师执业权利保障中面临的具体难题，采取有针对性的措施优化促进律师执业权利实现的制度细节。例如，为维护律师享有的会见权，安徽省马鞍山市律师协会与市看守所干警建立微信群，由律师在会见前通过微信群与看守所干警沟通交流，预约会见具体时间，有效解决律师会见排队问题①。广东省珠海市律师协会与珠海市公安户籍部门沟通协调，简化查询人口信息所需资料并实现可就近查询②；深圳市律协与有关管理部门多次协商，推动出台《深圳市网格办关于规范信息查询有关事项的通知》③，维护了律师的调查取证权。此外，安徽省合肥市律师协会还协调合肥市包河区人民法院取消原先实行的立案庭每天仅发放 15 个号的工作规定，为律师在该院申请立案提供便利，促进了律师代理权的实现④。

三　律师执业权利保障中存在的问题及对策建议

近年来，在中央的统一部署和最高人民法院、最高人民检察院、公安部、国家安全部、司法部、中华全国律师协会等的共同努力下，律师执业环境在整体上有了较为明显的改善，律师执业权利得到更为充分的保障。但在看到成绩的同时，也应注意到维护律师执业权利依然面临若干挑战和困难。

（一）律师执业权利保障中存在的主要问题

1. 维护律师执业权利的思想认识有待加强

在实践中，公安、检察院和法院等机关的工作人员对律师在全面推进依法治国中的重要作用认识不到位，客观上存在妨碍律师行使执业权利的情

---

① 详见中华全国律师协会《全国律协发布 2017 年 6 月份律师协会维权惩戒工作通报》，中国律师网，2017 年 8 月 2 日，http：//www. acla. org. cn/article/page/detailById/20649。

② 详见中华全国律师协会《全国律协发布 2017 年 6 月份律师协会维权惩戒工作通报》，中国律师网，2017 年 8 月 2 日，http：//www. acla. org. cn/article/page/detailById/20649。

③ 详见中华全国律师协会《2017 年 9 月份律师协会维权惩戒工作通报》，中国律师网，2017 年 10 月 31 日，http：//www. acla. org. cn/article/page/detailById/21605。

④ 详见中华全国律师协会《2017 年 9 月份律师协会维权惩戒工作通报》，中国律师网，2017 年 10 月 31 日，http：//www. acla. org. cn/article/page/detailById/21605。

形。在查实阻碍律师依法执业的控告申诉中，公安环节约占47.1%，检察院环节约占27.3%，法院环节约占25.6%[①]。此外，由于快速联动处置中部门协同尚待磨合等原因，地方律协在维护律师执业权利中不同程度地存在畏难情绪。全国律协在律师协会维权惩戒工作通报中曾指出，各律师协会存在过分依赖司法行政机关的情况，未建立起挺在前面的工作决心和信心[②]。

2. 维护律师执业权利的立法层次有待提高

在现阶段，《律师法》等法律赋予律师广泛的执业权利。为了强化法律规定的可操作性，从中央到地方另行制定了为数众多的规范性文件。在维护律师执业权利的实践中，规范性文件发挥着细化上位法律规定，统一保障工作标准，乃至结合全面推进依法治国需要，就维护律师执业权利进行制度创新或探索等重要作用。但在给律师执业权利保障带来积极影响的同时，也应当看到依赖规范性文件推进律师执业权利保障制度建设存在的问题。一方面，由于立法层次偏低，规范性文件拘束对象仅限于本系统甚至本机关，不利于形成维护律师执业权利的部门合力；另一方面，规范性文件的制定主体较为零散，且内容变动容易，可能对维护律师执业权利工作制度的稳定性和统一性造成影响。

3. 维护律师执业权利的制度建设有待完善

作为律师的自律性组织，全国及地方各级律协在维护律师执业权利中缺乏法律授予的相应职权，加之现有规定对处置侵害律师执业权利过程中的违规行为应当承担何种纪律或法律责任语焉不详，容易导致对实施侵权行为的机关或个人监督效果不佳。以各地律协办理的律师维权申请为例，截至2017年11月，地方律协共收到律师提出的维权申请388件，受理317件，受理率约为81.7%；实际办结142件，办结率约为44.7%。律师执业权利维权案件积压未决，显然与《关于建立健全维护律师执业权利快速联动处

① 宫鸣、刘太宗：《检察机关保障律师执业权利救济问题研究》，《国家检察官学院学报》2017年第3期。

② 中华全国律师协会：《2017年8月份律师协会维权惩戒工作通报》，中国律师网，2017年9月27日，http://www.acla.org.cn/article/page/detailById/21240。

置机制的通知》的有关要求存在差距，折射出维护律师执业权利的制度保障尚不尽完善的客观现实。

（二）完善律师执业权利保障的对策建议

1. 引导和教育政法机关工作人员依法尊重律师执业权利

要努力塑造公安、检察院、法院等政法机关工作人员和律师之间彼此尊重、平等相待、相互支持、相互监督、正当交往、良性互动的格局[①]。通过入职培训、专题教育等方式，促使政法机关工作人员树立律师是法律职业共同体有机组成，是全面推进依法治国事业重要力量，在司法实践中只是角色分工不同，并无贵贱之分，应当予以充分尊重、平等相待的基本理念；要帮助政法机关工作人员意识到律师依法开展的执业活动并非在给政法机关依法办理案件"找碴子""使绊子"，而是通过维护当事人的合法权利监督司法权力的规范运行，督促政法机关不断提升业务水平，本质上是对政法机关工作的有力支持，最终实现政法机关与律师群体之间的良性互动。

2. 加强律师协会维护律师执业权利的能力建设

要加强对各级律协"两个中心"工作人员维护律师执业权利的业务培训，通过维权工作的有序实施赢得律师群体的信任和支持，引导律师在执业权利受到侵害时，通过律协理性表达维权诉求。全国律协要加强对"两个中心"维权工作的督导，进一步丰富和畅通维权申请渠道，要注意总结、推广地方律协在维护律师执业权利实践中被证明行之有效的经验和做法。在保证宣传效果的同时，逐步强化全国律协发布典型案例的技术指导功能，通过典型案例的积累及时回应维护律师执业权利中出现的新问题，统一维护律师执业权利中遇到疑难情况的处理规则，全面提高律协维护律师执业权利的工作水平。

3. 加强维护律师执业权利的制度建设

要注意将联席会议制度和快速联动处置机制落到实处。司法部及各联席

---

① 周斌、刘子阳：《依法保障执业权利　切实规范执业行为　充分发挥律师队伍在全面依法治国中的重要作用》，《法制日报》2015 年 8 月 21 日，第 1 版。

会议会员单位要注意根据律协收到、受理及处理的律师维权申请数据，研判、分析某一阶段侵害律师执业权利的风险环节、主体、表现形式等，有针对性地解决保障律师执业权利中面临的普遍性问题，形成维护律师执业权利的部门合力。要进一步完善维权制度建设，重点突出责任追究机制，对政法机关工作人员妨害律师执业权利，情节严重的，或者在处置侵害律师执业权利案件过程中怠于履行法定职责，造成严重后果的，要严肃追究直接责任人和主管人员的纪律责任或法律责任。

4. 提升维护律师执业权利的立法层次

全国人大及其常委会、国务院相关部委、最高人民法院、最高人民检察院、国家监察委以及依法享有立法权的地方人大及地方人民政府应当持续关注维护律师执业权利工作的开展情况。对经过实践检验的维护律师执业权利的经验和做法，应当在适当的时候提升立法档次，写入地方性法规、地方政府规章或部门规章、司法解释、检察解释或者融入《律师法》《刑事诉讼法》等法律当中，加强维护律师执业权利规定的约束效力。

B.11

县乡人大换届选举中的公民选举权保障

刘　明*

摘　要： 选举权是我国宪法赋予公民的基本政治权利。选举人大代表是我国公民实现选举权的主要方式，也是保障人民当家作主的途径。2016 年上半年至 2017 年，是我国新一轮的县乡两级人大代表的换届选举期。各地有序推进县乡人大换届选举工作，在公民知情权保障、流动人口选举权保障、杜绝贿选等破坏选举行为等方面积极部署，切实保障公民的选举权。

关键词： 选举权　县乡人大换届选举　知情权　流动人口

2016 年上半年至 2017 年，我国进入新一轮的县乡两级人大换届选举，共有 9 亿多名选民参加，直接选举产生 250 多万名县乡两级人大代表。我国公民的选举权在县乡两级人大代表的选举过程中得到了广泛而切实的实现。针对此轮县乡两级的人大换届选举，中组部以及最高检等国家机关相继下发相关文件，以确保换届选举有序进行；各地也积极制定和推行具体的保障措施，以确保公民选举权的有效实现。

一　我国公民选举权的制度保障及新举措

选举权是我国宪法赋予公民的基本政治权利。根据《宪法》和《选举

---

* 刘明，博士，南开大学人权研究中心研究员，主要研究方向：人权理论与人权实践。

法》的规定，中华人民共和国年满 18 周岁的公民，不分民族、种族、性别、职业、家庭出身、宗教信仰、教育程度、财产状况、居住期限，都有选举权和被选举权，但是依照法律被剥夺政治权利的人除外。国家通过各级人民代表大会的选举安排确保公民选举权的实现，公民通过直接选举和间接选举相结合的方式选举人大代表，行使公民的选举权。我国《宪法》规定，县乡两级的人大代表由选民直接选举产生，市级、省级和全国人大代表则在县乡直接选举的基础上，通过人民代表大会逐级间接选举产生。

2016 年上半年至 2017 年，是我国新一轮的县乡两级人大代表的换届选举期，共有 9 亿多名选民参加此次选举。换届选举是党和国家的重要政治活动，也是保障我国公民选举权得以实现的主要环节。然而，在近年来的几次换届选举过程中，某些地方出现了干扰、操纵和破坏选举的情况，拉票贿选、拉帮结派、买官卖官等现象时有发生。2011 年 10 月发生的四川南充贿选案，共涉及人员 477 人，涉案金额 1671.9 万元；2012 年底发生的湖南衡阳破坏选举案，共有 56 名当选的湖南省人大代表存在送钱拉票的行为，涉案金额达 1.1 亿余元，有 518 名衡阳市人大代表和 68 名工作人员收受钱物；2013 年 1 月发生的辽宁拉票贿选案则是新中国成立以来查处的第一起发生在省级层面，严重违反党纪国法，严重破坏党内选举制度和人大选举制度的重大案件，辽宁省全国人大代表中有 45 名通过拉票贿选当选，参加选举的 616 名省人大代表中有 523 人收受了财物。换届选举中出现的贿选等破坏选举的行为，已经严重侵蚀了我国人民代表大会的选举制度，侵犯了公民的选举权。

针对 2016 年启动的新一轮的换届选举，为了杜绝选举过程中出现贿选等破坏选举的现象，确保选举活动的有序进行，中组部于 2016 年初会同中央纪委机关印发《关于加强换届风气监督的通知》（以下简称《通知》），以"零容忍"的态度明确提出了"九严禁"的纪律要求。"九严禁"的纪律要求包括：一是严禁拉帮结派；二是严禁拉票贿选；三是严禁买官卖官；四是严禁跑官要官；五是严禁造假骗官；六是严禁说情打招呼；七是严禁违规用人；八是严禁跑风漏气；九是严禁干扰换届。对于违反以上要求的个人或部门，将依纪、依法予以严肃处理。《通知》还明确了换届工作中的"五类责任主体"，以便切实有效地保障选举活动的有序进行。其中，地方各级党委负有主体责任，党委书记负有第一责任人责任，纪检机关负有监督责任，组织部门负有直接责任，人大、政府、政协党组以及统战等部门负有齐抓共管责任。细化主体责任，将责任落实到具体的个人和部门，是我国组织部门从组织纪律的角度确保选举有序进行、保障公民选举权的实质性举措。

此外，检察机关监督换届选举是我国选举公正、顺利进行的有效保障，也是保障公民选举权有效实现的重要方式。针对 2016 年至 2017 年各级人大的换届选举，为有效预防跑官要官、拉票贿选等破坏选举行为的发生，2016 年 6 月 24 日，最高检下发了《关于积极发挥惩防职务犯罪职能服务和保障地方换届选举工作的意见》（以下简称《意见》），要求各级检察机关为换届选举工作顺利进行提供有力的司法保障。检察机关在换届选举中主要发挥三个方面的作用。一是事前防范作用。对涉嫌职务犯罪的参选人员的有关情况提前向当地党委及纪检监察、组织部门反映，防止个别干部"带病参选"。二是事中监督作用。加强对换届选举的各个环节的监督，维护选举秩序，防止各类干扰、操纵和破坏换届选举行为的发生。三是事后查处作用。会同纪检机关，严肃查处选举中的违法违纪案件，特别是贿选等破坏选举的违法案件[①]。

《意见》尤为强调针对贿选、买官卖官等破坏选举行为的监察力度。《意见》要求各级检察机关严肃查处为谋取职务调整或晋升而贿赂他人或者收受他人贿赂等买官卖官、拉票贿选的职务犯罪。坚决查处国家机关工作人员利用职权，破坏选举或者妨害选民与代表委员行使选举权和被选举权的职务犯罪。严厉查处国家机关工作人员对举报人实施报复陷害的职务犯罪。依法查处因履职不力，导致本地区换届选举出现重大违法犯罪活动，涉嫌失职

---

① 参见谢文英《人大代表：希望检察机关紧盯职务犯罪　确保换届风清弊绝》，正义网，2017 年 3 月 11 日，http://news.jcrb.com/jszx/201703/t20170312_1728306.html。

渎职的职务犯罪。结合查办的案件，围绕完善换届选举制度机制，提出有操作性的预防检察建议，推动健全预防工作长效机制①。监察机关全面监督换届选举，是我国选举活动依法进行的有力保障，也是确保公民选举权的重要举措。

国家相关部门通过纪检、司法等手段杜绝和惩治贿选等破坏选举的行为，有利于切实保障投票者合法的选举权。公民参与投票，是希望能够选出代表自身利益和人民整体利益的代表。依照我国《宪法》和《全国人民代表大会和地方各级人民代表大会代表法》的相关精神，代表有义务与原选区选民或人民群众保持密切联系，听取和反映他们的意见，努力为人民服务。选举过程存在的贿选以及受贿，使受贿的代表将"灵魂"交给了行贿方，而不是原选区选民，选民自身的意愿无法通过代表得到合法的表达，严重扭曲了人大代表应有的职责和义务。而且，贿选等破坏选举的行为由于侵犯了选举的公平公正，选民可能无法选出他们中意的代表或候选人。《通知》和《意见》在新一轮换届选举之前发布，体现了国家相关部门协力保障我国选举工作的决心，是保障公民选举权的新举措。

二　公民选举权在新一轮县乡人大选举中的具体体现

2016 年上半年至 2017 年，我国进入新一轮的县乡两级人大换届选举，共有 9 亿多名选民参加，直接选举产生 250 多万名县乡两级人大代表，选举工作涉及全国 2850 多个县（市、区）、32000 多个乡镇。在2016 年启动的新一轮县乡两级人大换届选举中，各地在保障选民知情权、选民登记、异地参选等方面都给出了政策支持和组织保障，并在打击贿选以及确保选举的公平竞争等方面积极部署，切实保障公民选举权的实现，具体体现如下。

---

① 参见《最高检下发〈意见〉服务和保障地方换届选举工作：严肃查处换届选举中买官卖官拉票贿选等职务犯罪》，中华人民共和国最高人民检察院网站，2016 年 6 月 24 日，http://www.spp.gov.cn/xwfbh/wsfbt/201606/t20160624_120719.shtml。

第一，各地积极建立"五类责任主体"的"责任清单"，确立保障公民选举权的责任机制。以江苏省宿迁市为例，县乡两级换届选举启动以来，宿迁市分别明确各级党委、纪检机关、组织部门、宣传部门等在换届工作各个环节的职责任务，实行"24＋6"项目化管理推进，并进一步将"五类责任主体"的责任内容具体化、条目化，确定 31 项责任清单。其中，党委主要承担加强领导统筹、专题研究部署、安排集中学习、开展谈心谈话等 7 项主体责任；党委书记主要承担带头研究部署、带头参加学习、带头贯彻落实等 6 项第一责任人责任；纪检机关主要承担贯彻工作部署、严肃执纪问责、协同督查督导等 5 项监督责任；组织部门主要承担加强教育宣传、举办专题培训、严防"带病提拔"、加强督查督导等 8 项直接责任；人大常委会党组、政府党组、政协党组以及统战、宣传等部门，主要承担安排集中学习、开展谈心谈话、组织专题培训等 5 项相应责任①。

第二，各地通过多途径确保选民了解候选人相关信息，保障选民知情权。选民知情权是确保公民选举权有效性的重要前提。选举之前，各地按照选举法的相关要求，积极组织代表候选人与选民见面，保障选民的知情权。例如，广州市增城区充分借助宣传展板、印发宣传单以及农村小广播等途径，广泛宣传人大代表候选人的基本情况，增进选民对代表候选人的了解，得到选民的广泛认同。安徽省凤阳县制定规范性文件，明确了见面会的时间、程序、内容等，全县各选区都按照要求组织了见面活动②。广西壮族自治区的桂林、钦州、河池等地采取多种方式、方法向选民介绍代表候选人情况，安排代表候选人与选民见面，回答选民提出的问题，使选民对候选人知人、知名、知情，不断扩大选民的知情权③。

---

① 参见《宿迁市为"五类责任主体"量身制定责任清单》，中国江苏省委新闻网，2016 年 6 月 17 日，http：//www.zgjssw.gov.cn/shixianchuanzhen/suqian/201606/t2867784.shtml。

② 参见《全国县乡人大换届选举工作稳步顺利推进》，新华网，2016 年 12 月 29 日，http：//news.xinhuanet.com/politics/2016－12/29/c_1120215026.htm。

③ 参见《广西县乡人大代表换届选举工作全面完成》，新华网广西，2016 年 9 月 9 日，http：//www.gx.xinhuanet.com/newscenter/20160909/3432053_c.html。

第三，为选民登记提供便捷途径，最大限度地提高选民登记覆盖率。选民登记是由选举委员会对依法享有选举权的公民进行登记、确认其选民资格的必经程序。没有登记的选民将无法参加人大代表选举。此轮县乡换届选举中，多地积极拓展新举措为选民登记提供便利。例如，为了提高选民登记覆盖率，力求做到不漏登、不错登、不重登，浙江省临安市人大常委会首次使用选民登记信息管理系统。深圳则针对较为普遍的人户分离现象，实行本市户籍选民可以自由选择在户籍地、工作地和居住地登记的办法，并且通过网络实施选民资格转移，方便了选民就近登记。北京市在选民登记工作中，开通了手机客户端登记、互联网登记、微信登记等新方式，工作人员只需在手机中下载选民登记 App，即可登记、核实选民信息，便于上门入户为选民提供登记服务①。济南市县乡选举则实行工作人员"上门服务"和选民主动登记两种方式：一是选举委员会派工作人员到选民住所或工作单位进行登记，二是选民自己持有效证件主动到选举委员会设立的工作机构进行登记，以最大限度地确保选民登记率②。

第四，为流动人口参选创造便利条件，切实保障流动人口的选举权。有效组织流动人口参选，进而保障他们的选举权，一直是县乡人大换届选举中需要解决的一个重要问题。根据国家的相关规定，流动人口原则上在户籍所在地参加选举，同时要求各地结合实际情况，适当放宽流动人口在现居住地参选的条件，支持流动人口在现居住地参加选举。此轮县乡换届选举中，多地积极为流动人口的参选创造便利条件。以安徽合肥市为例，合肥市各县市区采取多种措施为流动人口参选创造便利，如户口所在地的选举委员会可以为本地外出在同一居住地的流动人口集体开具选民资格证明，可将传真委托等方式视为书面委托，现居住地的选举机构也可以主动联系户口所在地的选举机构确认流动人口的选民资格；对于已在现居住地参加过上一届选举的选民，

---

① 参见《全国县乡人大换届选举工作稳步顺利推进》，新华网，2016 年 12 月 29 日，http：//news. xinhuanet. com/politics/2016 – 12/29/c_1120215026. htm。

② 参见《济南县乡人大换届选举进入选民登记阶段有两种方式》，齐鲁网，2016 年 11 月 21日，http：//news. iqilu. com/shandong/shandonggedi/20161121/3187810. shtml。

经核对资格后，可以不用再开具选民资格证明，继续在现居住地参加选举①。

第五，多地采取措施，保障老弱病残、享有选举权的被羁押人员等特定群体的选举权。此轮选举中，多地采取"流动票箱"、上门登记等方式，为老弱病残人员的登记和投票提供便利。例如，浙江省舟山市对老弱病残、行动不便的选民进行上门入户登记②；在山东省莱芜市，为了上了年纪、腿脚不便或患病无法前往固定投票站投票的选民群体能够进行投票，相关部门通过设立流动票箱将投票现场"搬"到群众家中，使他们足不出户也能投好自己神圣的一票③。此外，多地还积极组织未被剥夺政治权利的监狱在羁押人员参与投票。如在此轮的县乡人大换届选举中，上海各监狱有序组织监狱在羁押人员进行投票，在选举前，组织服刑人员学习了相关法律和选举知识，对尚未剥夺政治权利的服刑人员进行选民登记和培训，监狱在羁押人员蔡某某称："法律面前，人人平等。这句话在这次选举中得到了体现。监狱严格按照宪法等法律要求维护并保障了我们服刑人员的选举权，我们感受到了国家、社会、法律的公平！"④

第六，检察机关监督选举过程，防止拉票贿选、拉帮结派等破坏选举的现象出现。例如，广西壮族自治区资源县检察院指派一名党组成员、一名专职委员带领十多名检察干警，到重点乡镇和重点村庄对人大代表选举全过程进行现场监督，以了解是否存在拉票贿选、有关不法势力干扰破坏选举等情况；在选举日，该院还选派十多名检察干警到重点乡镇、重点村庄进行现场监督，重点围绕选票发放填写、公开计票等关键环节开展全程监督，确保"法定程序不变、规定步骤不少"⑤。福建省尤溪县检察院充分发挥检察职能

---

① 参见《合肥县乡两级人大换届选举启动　放宽流动人口参选条件》，万家资讯网，2016 年 10 月 31 日，http：//365jia. cn/news/2016 – 10 – 31/A1DE5E831BB2B096. html。

② 参见《全市各区县换届选举依法有序进行》，舟山网，2016 年 11 月 28 日，http：// zhoushan. cn/newscenter/zsxw/201611/t20161128_814941. shtml。

③ 参见《莱芜打响县乡两级人大代表投票选举"收官战"》，齐鲁网，2017 年 1 月 2 日，http：//news. iqilu. com/shandong/shandonggedi/20170102/3313599. shtml。

④ 参见《上海各监狱有序组织服刑人员参加人大代表选举》，搜狐网，2016 年 11 月 22 日，http：//www. sohu. com/a/119621185_467293。

⑤ 参见《广西资源：监督人大代表选举过程防范换届选举风险》，正义网，2016 年 7 月 5 日，http：//www. jcrb. com/procuratorate/jckx/201607/t20160705_1631450. html。

作用，保障了新一轮的县乡两级人大代表选举工作平稳有序开展和顺利进行。该院充分发挥批捕审查起诉职能，要求侦监、公诉等部门做好提前介入工作，与公安、法院密切配合，严厉打击破坏选举的行为，重点打击以暴力、威胁等违法手段破坏选举等刑事犯罪、国家机关工作人员在选举过程中拉票贿选等职务犯罪的案件，确保县乡人大代表换届选举安全、有效、平稳进行[①]。

截至2017年底，我国于2016年启动的新一轮县乡两级人大换届选举，在中央和各地相关部门的共同努力下顺利结束。我国31个省、自治区、直辖市的县乡两级人大代表顺利完成换届，在这一过程中我国公民的选举权得到了有效的实现（见表1）。

表1　31个省、自治区、直辖市县乡换届选举基本概况

省(自治区、直辖市)	县乡换届选举基本概况	省(自治区、直辖市)	县乡换届选举基本概况
上海	上海全市有1000多万名选民参加，选举区县、乡镇两级人大代表1.25万余人。区县人大代表选举选民参选率为95.87%，乡镇人大代表选举选民参选率为96.22%	山西	截至2016年10月23日，全省市、县、乡三级领导班子换届工作圆满结束。有11个市委和5个市人大、政府、政协，119个县(市、区)党委、人大、政府、政协，1196个乡镇党委、人大、政府，以及所有市乡县纪委换届，涉及5416套班子，近2万名干部
重庆	于2016年12月底完成。全市38个区县选出区县人大代表10987名，本次换届的809个乡镇选出乡镇人大代表46752名。据统计，这次换届选举，全市年满18周岁、具有选民资格的人口有2743.9万人，参加选民登记的人数为2583.4万人，登记率94.2%；参加区县、乡镇人大代表选举投票的选民2156.4万人，参选率83.5%，参选率比上届提高0.9个百分点	云南	截至2016年9月26日，云南全省16个州市、129个县(市、区)、1228个乡镇党委和14292个村(社区)"两委"换届选举全部完成

---

① 参见《福建尤溪县检察院为人大换届选举保驾护航》，正义网，2016年10月31日，http://www.jcrb.com/procuratorate/jckx/201610/t20161031_1668189.html。

续表

省(自治区、直辖市)	县乡换届选举基本概况	省(自治区、直辖市)	县乡换届选举基本概况
广东	全省县乡两级人大换届选举工作从 2016 年 6 月全面启动,至 2017 年 1 月完成。这次县乡人大换届选举工作,涉及县级政权 117 个,乡级政权 1100 多个;全省参加县级人大代表选举的选民达 6000 多万人,参加乡级人大代表选举的选民将近 5000 万人,直接选举产生 11 万多名县乡两级人大代表	湖南	据统计,2016 年下半年,湖南省 122 个县(市、区)1530 个乡镇人大完成换届选举。全省共选举产生县级人大代表 28531 名,乡级人大代表 97585 名。在县乡两级人大代表选举中,选民参选率均超过 85%
新疆	据统计,新疆全区县市区登记选民 13250747 人,登记率达 93.9%,乡镇登记选民 9022527 人,登记率达 96.03%。此次县乡人大代表选举,新疆共划分县级代表选区 9937 个,乡镇代表选区 18316 个	安徽	涉及 105 个县(市、区)、1200 多个乡镇,有 5000 多万名选民参加,直接选举产生 11 万多名县乡两级人大代表
天津	天津市区县、乡镇人民代表大会换届选举工作,于 2016 年 12 月完成	河南	全省 158 个县(市、区)、1808 个乡(镇)的人民代表大会于 2017 年上半年任期届满。县乡换届选举于 2016 年 12 月 1 日~2017 年 4 月 30 日进行
江苏	截至 2016 年底,全省新一届县乡两级人大代表已经全部选举产生,选民参选率均超九成。此次县乡两级人大代表换届选举,共选举产生新一届县级人大代表 27073 名,乡级人大代表 64135 名	河北	全省于 2016 年底完成县乡两级人大换届选举。以石家庄市为例,全市共确定县级代表正式候选人 6629 名,乡级代表正式候选人 17468 名,全市平均参选率 83.57%
浙江	全省县乡两级人民代表换届选举从 2016 年 7 月 1 日开始,至 2017 年 6 月底完成。全省有 4000 多万选民参加这次县乡人大换届选举,直接选举产生近 8 万名县乡两级人大代表,选举工作涉及全省 90 个县(市、区)、900 多个乡镇	江西	江西省县乡人大换届选举工作于 2016 年 10 月底完成,全省 100 个县(市、区)和 1403 个乡镇先后依法选举产生了新一届县乡人大代表

续表

省(自治区、直辖市)	县乡换届选举基本概况	省(自治区、直辖市)	县乡换届选举基本概况
北京	这次换届选举,选举区人大代表的选区共登记选民916.8万人,参加投票选民882.6万人,参选率为96.3%;选举乡镇人大代表的选区共登记选民332.2万人,参加投票选民320.9万人,参选率为96.6%	广西	截至2016年7月31日,全区110个县(市、区)、1100多个乡(镇)已全部完成县乡两级人大代表换届选举工作。据统计,直接选举产生县级人大代表2.3894万名、乡级人大代表7.527万名。据统计,全区共登记选民人数约3800万人,实际参加投票选举的选民人数约3600万人,参选率约为95.76%
山东	山东省县乡两级人民代表大会代表换届选举工作于2016年12月底完成。这次全省县乡人大换届选举有7000多万名选民参加,占全省总人口的80%,直接选举产生12万多名县乡两级人大代表,涉及县级政权137个,乡级政权近1200个	四川	全省县乡两级人大于2016年12月底完成换届
内蒙古	全区县乡两级人大于2017年底完成换届	甘肃	县乡两级人大换届选举工作于2016年一季度正式启动,涉及甘肃全省86个市县、1228个乡镇。涉及的选民近2000万人,占全省总人口的80%
福建	本次县乡两级人大代表换届选举于2017年初完成,涉及全省84个县(市、区)、930个乡镇,有2800多万名选民参加	陕西	于2017年初完成县乡换届选举。由3200万名选民直接选举产生近9万名县乡两级人大代表,占五级代表总数的95%;涉及107个县(市、区)、1012个乡镇、279个街办
黑龙江	本次市县乡三级人大换届选举涉及12个设区的市、132个县(市、区)、886个乡镇。选民登记人数为28204442	海南	全省选民登记人数629.36万人,参加投票的选民583.95万人,投票率达到92.78%;共选举产生了市级人大代表567名、县级人大代表4614名、乡级人大代表11672名;选举产生了全省27个市、县、区和196个乡镇的新一届国家机关领导人员

续表

省(自治区、直辖市)	县乡换届选举基本概况	省(自治区、直辖市)	县乡换届选举基本概况
吉林	全省县乡两级人大换届选举于 2016 年底完成,直接选举产生 48000 多名县乡两级人大代表	贵州	全省县乡两级人大换届选举于 2017 年初完成。这次换届选举,涉及 9 个市(州)、贵安新区、88 个县(市、区、特区)、1200 多个乡镇,全省有 3200 多万名选民参加,行使选举权和被选举权
辽宁	全省县乡两级人大换届选举于 2017 年底完成	西藏	这次县级人大代表换届选举,全区有 181 万余名选民参加了选民登记,有 172 万余名选民参加了投票选举,投票率达 95% 以上。截至 2016 年 8 月底,遍及全区的县乡人大换届选举结束,共选举产生市、县、乡三级人大代表 3.5 万余名
湖北	全省县乡两级人大换届选举于 2016 年底完成	青海	全省县乡两级人民代表大会代表换届选举于 2016 年 10 月底完成,分别选出了新一届县级人大代表 5468 名,乡镇人大代表 16772 名。全省 43 个县(市、区)应登选民 390.65 万人,实登选民 375.2 万人,登记率达 96%;参加选举 351.6 万人,参选率为 93.7%,比上届上升 1.2 个百分点;365 个乡镇应登选民 325.1 万人,实登选民 317.7 万人,登记率达 97.7%;参加选举 299.3 万人,参选率为 94.2%,比上届上升 1.4 个百分点
宁夏	此次换届全区有近 450 万名选民参加,直接选举产生县乡两级人大代表近 15000 人,涉及县级政权 21 个、乡级政权 192 个		

资料来源:笔者根据国内各大权威网站和报纸公布的信息和数据制作。

三 选举过程中仍存在的难题及相关建议

依法享有选举权,是我国公民充分行使当家作主权利的重要方式,也是

我国社会主义民主的具体体现。近年来，为了切实保障公民的选举权，我国对《选举法》等相关法律进行了修订，并加大对破坏选举行为的惩戒力度。然而，由于我国流动人口众多、地域广泛等客观条件的限制，目前，在我国选举过程中仍存在一些难题。

第一，流动人口选举权的保障仍需进一步加强。国家卫计委发布的《中国流动人口发展报告 2017》显示，2016 年中国流动人口总量为 2.45 亿人①。大量的流动人口分散在全国各地，加大了选民登记、选民投票等选举事宜的难度。如何保障流动人口的选举权，一直是县乡人大换届选举中的难题。流动人口参与选举的途径一般有三种：在户籍所在地选举、在现居住地选举、书面委托。但就回户籍所在地参加选举而言，由于时间和花销等方面的成本大，在外的流动人口往往不愿返回参加选举。而在现居住地参加选举，需要户籍所在地的选举委员会出具相关证明，许多选民因手续烦琐而主动放弃。委托投票是在外流动人口选民参加户籍地选举所采取的主要方式，而根据《选举法》规定，委托他人投票必须以书面委托的方式，但多数农村外出务工人员因书面委托费时费钱而选择放弃，使得书面委托的投票方式往往难以实现。

为了切实保障流动人口的选举权，建议各地选举委员会采取进一步的措施为流动人口参选创造便利条件。其一，在投票选举的时间安排上，尽量将投票日安排在周末或春节等假期，以便于更多的在外人口能够返乡投票。其二，在选民登记阶段，尽量与在外的流动人口选民取得联系，将选举的相关信息及时地传递到选民那里，并确认其参与投票选举的选区或投票方式，确保做到选民登记"无遗漏"，并拓展和推广微信、QQ、电邮等新型登记方式。其三，选举委员会主动承担流动人口选民资格证明的相关工作。户口所在地的选举委员会应及时为在外的流动人口开具选民资格证明，并将传真委托等方式视为书面委托；现居住地的选举委员会也可以主动联系户口所在地

---

① 参见《我国流动人口规模持续下降》，人民网，2017 年 11 月 15 日，http://politics.people.com.cn/n1/2017/1115/c1001-29647298.html。

选举机构确认流动人口的选民资格。其四，对于委托他人投票的，建议增加电子邮件、微信、QQ等更加便捷的委托方式。

第二，选举过程中的选民知情权尚需进一步加强。知情权是选民选举权有效实现的前提。近年来，在各级人大代表的选举过程中，许多地方政府对公民知情权的关注和保障程度越来越高，但在某些地方仍存在选民的知情权不够充分的情况，表现如下：其一，在选举之前，选民对选举工作的日程安排、选举程序、选举要求等事宜不够了解；其二，选民缺乏合适的途径了解代表候选人的相关情况，选民知情权的不足导致选民的投票可能是盲目的、随意的。

为了进一步加强选民在选举过程中的知情权，进而切实保障公民的选举权，建议进一步做好以下几个方面的工作。其一，各地选举委员会在选举之前及时地公布选举工作的日程安排、选举程序、选举要求等事宜，并尽量通过宣传栏、广播、传单、电话等多种途径将相关选举信息传递给每一位选民；其二，各地选举委员会应组织代表候选人与选民见面，由代表候选人向广大选民介绍本人的情况，回答选民的问题；其三，代表候选人应向选举委员会或者大会主席团如实提供个人简历、身份等基本情况，如提供的基本情况不实，则应向选民及时通报。

第三，县乡换届选举中贿选等破坏选举的问题仍然存在。近年来，随着我国对存在于各级人大代表选举中的贿选现象的惩治，我国各级人大选举中的不规范现象得到了有效遏制。然而，在某些地方的选举中，仍然存在拉票贿选、买官卖官、拉帮结派等破坏选举的现象。尤其是在农村地区，由于选举点量大面广、村民依法选举意识相对较弱、监管难度大等客观现实的限制，在县乡换届选举中仍然存在诸多贿选、宗族争斗、黑恶势力干涉选举等破坏选举的现象。

针对某些地方的县乡人大换届选举中存在的各类破坏选举的情况，建议进一步做好下面两个方面的工作。一方面，进一步加强以检察机关为主导的多方监督。其一，检察机关全面监督县乡选举是选举有序进行的有力保障。各地的检察机关应对管辖区县、乡和村庄的选举过程进行全过程、全方位的

监督，及时了解和处理选举过程中可能存在的贿选拉票等破坏选举的行为。其二，拓展选民自我监督选举的渠道。选民的自我监督，是县乡选举中最广泛的监督形式。当地县乡政府应向选民公布监督选举的举报电话，及时回应和处理选民反映的选举中存在的问题。其三，引入社会监督。如邀请媒体或社会组织等参与换届选举，对选举环节进行监督。另一方面，落实对破坏选举行为的依法惩治。对于县乡换届选举中存在的拉票贿选、黑恶势力恐吓选民等破坏选举的行为，有关部门应依法予以惩治，严重情况下追究刑事责任。

B.12
《反家暴法》的实施对妇女
权利保障的影响

陆海娜　郝万媛*

摘　要：　2015 年 12 月 27 日《中华人民共和国反家庭暴力法》（以下
简称《反家暴法》）正式通过，并于 2016 年 3 月 1 日起正式
实施。该法的出台打破了在中国家庭暴力不经过公权力处理
的格局，为家暴受害人提供了有效的维权法律依据。《反家暴
法》的出台对中国的法治建设以及家暴受害人权益维护产生
了深远的影响。本文以法律研究分析、实地调研、访谈与网
上问卷等资料为基础，主要讨论《反家暴法》出台的法律意
义、实施情况、主要问题并提出未来完善的建议。鉴于"家
暴受害人"可能涵盖的范围较广泛，本文将主要集中探讨家
庭暴力受害妇女，其他的群体不作为讨论对象。

关键词：　家庭暴力　人权　《反家暴法》

一　《反家暴法》实施的现实需求

家庭暴力问题在世界范围内广泛存在。中国文化中"家丑不可外扬"

---

*　陆海娜，中国人民大学法学院副教授，中国人民大学国家人权教育与培训基地秘书长，比利
时鲁汶大学法学博士；郝万媛，日内瓦高等国际关系与发展学院人道法与人权专业在读硕士，
中国人民大学法律硕士。

等观念更是使人们趋向于将家庭暴力隐藏起来。在《反家暴法》出台之前，甚至是刚开始实行的几个月内，家暴案件在法院的认定中仍然与现实需求存在巨大的差距。如图1"2014～2016年各省份家暴案件数量"所示，家庭暴力在全国范围内都存在，其中山东、河南、湖南与安徽四个人口大省涉及家庭暴力的纠纷案件总数超过了6000件。统计数据中显示家庭暴力纠纷案件数量相对较低的省份为西藏（47件）和海南（237件）。这些数据并不能说明家庭暴力的爆发率在这些省份很低。家暴纠纷案件的数量与当地居民的自我保护意识、法律意识、法律的可执行性以及司法人员的业务素质等因素都息息相关。

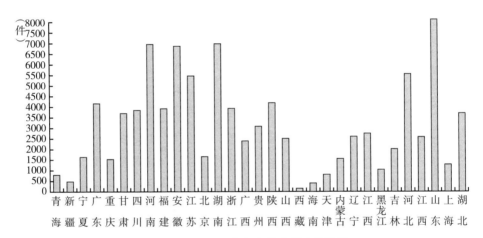

图1　2014～2016年各省份家暴案件数量

资料来源：引自中国法院网，转自广州日报。

山东、河南、湖南与安徽四省2014～2016年家暴纠纷案件数量居全国前四，分别为8250件、6986件、6930件与6875件。而在这些涉及家暴纠纷案件中，被法院认定为家暴的案件数量分别为162件、164件、400件与134件①。如图2所示，上述四省份被法院认定为家暴的案件占涉及家暴纠

---

① 魏丽娜：《大数据看家暴背后的秘密　仅9.5%家暴受害者报警求助》，中国法院网，http://www.chinacourt.org/article/detail/2017/05/id/2850476.shtml，最后访问日期：2018年2月24日。

纷案件总量的比重不超过6%，占比最高的湖南仅有约5.8%的案件被法院认定为家暴案件。相比之下，全国各省份超过90%的涉家暴案件都未能得到法院的认定。而在上述被认定的家暴案件中，有99.9996%的施暴人为男性①。

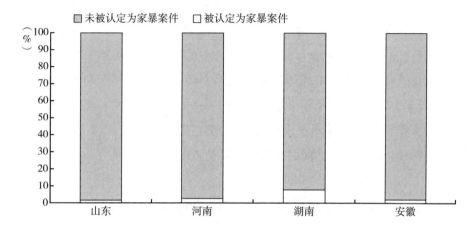

图2　2014～2016年四省份被法院认定的家暴案件占家暴纠纷案件的比例

资料来源：引自中国法院网，转自广州日报。

此外，根据中国法院网发布的数据，我国家庭暴力的发生率介于29.7%和35.7%之间，其中女性受害者占86%②。2014～2016年，全国各省份家暴纠纷案件总数为94571件，被法院认定为家暴的案件数量为3741件，家暴案件的认定率约为3.96%③。对比而言，2014～2016年家暴发生率与家暴案件法院认定率之间存在很大的差距。因此，以上综合数据表明，

---

① 魏丽娜：《大数据看家暴背后的秘密　仅9.5%家暴受害者报警求助》，中国法院网，http：//www. chinacourt. org/article/detail/2017/05/id/2850476. shtml，最后访问日期：2018年2月24日。

② 欧彦崔：《浅析婚姻家庭暴力成因及对策——以环江县法院审理婚姻家庭纠纷案为视角》，中国法院网，http：//www. chinacourt. org/article/detail/2017/08/id/2953296. shtml，最后访问日期：2018年2月24日。

③ 魏丽娜：《大数据看家暴背后的秘密　仅9.5%家暴受害者报警求助》，中国法院网，http：//www. chinacourt. org/article/detail/2017/05/id/2850476. shtml，最后访问日期：2018年2月24日。

《反家暴法》的出台与实施具有很大的现实需求。

通过上述分析可知，绝大多数的家庭暴力直接指向女性。消除家庭暴力与消除对女性的暴力、保障妇女权益息息相关。《反家暴法》的实施呼应了保障妇女权益的迫切要求，落实了《世界人权宣言》、《消除对妇女一切形式歧视公约》、《经济、社会及文化权利国际公约》以及其他众多国际人权法律文书的重要核心价值。此外，我国《宪法》第 33 条强调，国家尊重并保障人权；第 48 条保障妇女与男子具有平等的权利。2014 年中共十八届四中全会专门对全面依法治国做出重大战略部署，要求贯彻依法治国战略部署，《反家暴法》的出台是完善依法治国战略的重要环节[①]。同时《反家暴法》的实施也呼应了《国家人权行动计划（2012 - 2015 年）》中保障妇女权益的内容，同样也是确保实施男女平等基本国策的重要体现。

二 《反家暴法》出台后取得的成效

《反家暴法》作为中国首部专门规制家庭暴力的法律，在其实施过程中体现出众多良好的效果，特别体现在家暴的概念界定、人身保护令等规定对受害人寻求法律救济方面的促进作用，以及推动家暴受害人寻求法律援助等领域。在实践方面，《反家暴法》也促进了公民反家暴意识的提升，加强了对反家暴联动机制的探索，促进了地方性法律实施细则的完善与保护受害人的措施的完善。

（一）更多受害人寻求法律救济

《反家暴法》对"家庭暴力"进行了界定，赋予家暴受害人维护自身权益的法律依据，也为法律执业者提供了打击家庭暴力的法律武器。家庭暴力是一种侵害行为[②]。因此，家庭暴力的存在并不需要造成严重的后果才能判

---

① 《中国首部反家暴法面世》，《中国妇运》2016 年第 1 期。
② 《中华人民共和国反家庭暴力法》第 2 条：本法所称家庭暴力，是指家庭成员之间以殴打、捆绑、残害、限制人身自由以及经常性谩骂、恐吓等方式实施的身体、精神等侵害行为。

定。概念的明确为法院在家事案件纠纷中适用《反家暴法》提供了专门的法律基础。以广西为例，中国法院网的数据表明，2016 年 3 月 1 日《反家暴法》实施以来，全自治区的五市、六县区两级法院涉家暴民事案件适用《反家暴法》的案件约占总数的 30%①。另外，这样的规定还有利于提高家暴受害人对家庭暴力问题的警觉性，促进其积极发现家庭暴力，通过法律途径预防并制止其自身遭受严重的损害。

（二）各地开始关注家暴受害人的心理需求

家庭暴力的概念不仅包含针对身体的暴力行为，如殴打、捆绑、残害、限制人身自由等常见的暴力行为方式，还包含经常性的谩骂、恐吓等使人在精神上和心理上遭受痛苦的侵害行为。这一规定体现出《反家暴法》对家暴受害人的心理伤害的关注，也从法律角度说明了精神暴力是家庭暴力的重要组成部分。这样的规定不仅能够促进人们关注对家暴受害人带来的心理伤害，也是中国特色社会主义立法贯彻"以人为本"观念的重要体现。以浙江省温州市为例，2016 年 5 月以来，法院开始注重受害人的心理需求。"全市有 7 家法院与相关部门合作，组建心理咨询辅导团队，参与心理咨询疏导专业人员 24 人，设立心理咨询（辅导）室 6 个，成功介入（干预）家事案件当事人心理疏导、评估 30 件（次）……"②

（三）人身保护令的实施取得了明显效果

《反家暴法》第四章第 23~32 条规定了人身安全保护令的内容。家暴受害人在面临家庭暴力的现实危险时，可以向人民法院申请人身安全保护

---

① 《广西高院关于涉家暴案件的调研报告》，中国法院网，http：//www. chinacourt. org/article/detail/2018/02/id/3196409. shtml，最后访问日期：2018 年 2 月 24 日。
② 《浙江发出人身安全保护令 114 件》，中国法院网，http：//www. chinacourt. org/article/detail/2017/01/id/2501908. shtml，最后访问日期：2018 年 2 月 24 日。

令。人身安全保护令旨在约束家庭暴力施暴人的行为，禁止其进行威胁受害人的行为。

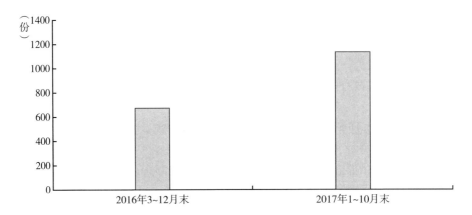

图3　2016年3月至2017年10月末全国法院发出的人身安全保护令数量

资料来源：搜集于全国法院网。

如图3所示，自《反家暴法》实施以来，全国法院于2016年3～12月末十个月间总共发出人身安全保护令共计680份①，平均每月68份。同样是十个月的时间，2017年1～10月末全国法院总共发出人身安全保护令1150份②，总量比2016年多出470份，平均每月115份。这些增加的人身安全保护令的数量表明了《反家暴法》实施以来人身保护令实践的增强以及家暴受害人运用法律武器进行自我保护的意识的提高。就2017年的数据而言，上半年全国法院共发出人身安全保护令604份③，平均每月约100.7

---

① 截至2016年12月底，全国法院共计发出了680余份人身安全保护令（为了方便制作统计表格，本文选取680份作为标准），参见中国法院网，http://www.chinacourt.org/article/detail/2017/03/id/2574646.shtml，最后访问日期：2018年2月23日。

② 《反家暴法》实施以来，全国各地法院积极实践，截至今年10月底，共发出1830份人身安全保护令，参见《人身安全保护令成为家暴受害者"保护伞"全国已发1830份》，http://www.chinacourt.org/article/detail/2017/12/id/3103959.shtml，最后访问日期：2018年2月23日。

③ 《反家暴法》实施以来，从2016年3月1日至2017年6月底，数据显示，各地法院共发出1284份保护令。参见《反家暴法施行20个月　人身保护令适用低于预期》，中国法院网，http://www.chinacourt.org/article/detail/2017/11/id/3089250.shtml，最后访问日期：2018年2月23日。

份。然而从 2017 年 7 月 1 日至 10 月 31 日的四个月时间内，全国法院发出人身安全保护令的数量已经达到 546 份，平均每月 136.5 份。显然，根据上述数据可知，2017 年下半年全国法院发出的人身保护令总数与平均数都呈现上升趋势。这一趋势得益于《反家暴法》实施的法律效果的不断提高。人身安全保护令具有快捷性，申请数量不断增加，2017 年 4~6 月提升幅度较大①。

此外，人身安全保护令还产生了重要的法治意义。2016 年 3 月 1 日，湖南省长沙市在妇联的推动下发布了全国第一份人身安全保护令②。首份人身安全保护令吸引了全国媒体 80 余次的报道以及各地咨询交流 60 余次，并接待了国家级和省级外地考察 15 次③。内蒙古自治区妇联推动的全区首份人身安全保护令获评"2016 年度自治区十大法治事件"④。由此可见，人身安全保护令的影响深远超出了保护个体家暴受害人的范围，推动着法治进步。

关于人身保护令的执行情况，各地均有所差别。据中国法院网信息，2016 年 3 月起，北京市海淀区法院下发的人身安全保护令的执行率很高，申请人均未再次提出执行⑤。相比而言，有些地方直到 2018 年才发出首份人身安全保护令⑥。

---

① 参见《反家暴法施行 20 个月　人身保护令适用低于预期》，中国法院网，http://www.chinacourt.org/article/detail/2017/11/id/3089250.shtml，最后访问日期：2018 年 2 月 23 日。

② 《长沙反家暴案例获评 2016 年度湖南省最具影响力法治事件》，中华全国妇女联合会网，http://www.women.org.cn/art/2017/6/14/art_20_151158.html，最后访问日期：2018 年 2 月 23 日。

③ 《长沙反家暴案例获评 2016 年度湖南省最具影响力法治事件》，中华全国妇女联合会网，http://www.women.org.cn/art/2017/6/14/art_20_151158.html，最后访问日期：2018 年 2 月 23 日。

④ 《内蒙古首发〈家庭暴力告诫书〉》，中华全国妇女联合会网，http://www.women.org.cn/art/2017/1/16/art_20_149646.html，最后访问日期：2018 年 2 月 24 日。

⑤ 《〈反家暴法〉实施周年实践应用喜忧参半　证据不足成果发挥最大瓶颈》，中国法院网，http://www.chinacourt.org/article/detail/2017/03/id/2632478.shtml，最后访问日期：2018 年 2 月 24 日。

⑥ 张海英：《人身保护令取证标准需完善》，中国法院网，http://www.chinacourt.org/article/detail/2018/01/id/3185694.shtml，最后访问日期：2018 年 2 月 24 日。

（四）《反家暴法》成为家暴受害人获得法律援助的保障

法律援助的规定体现在《反家暴法》第 19 条①中，保障了家暴受害人获取司法救济的权利。这一规定打破了家暴受害人由于经济等因素的限制而不能要求公权力机关介入，进而难以保障其权益的困境。就全国而言，虽然有些家暴受害人个人经济条件殷实，但也有很多家暴受害人在经济上处于弱势地位，法律援助的规定也反映了部分家暴受害人的现实需求。

表 1　家暴受害人获得免费法律帮助的内容

单位：人，%

类别	有	没有	比值	选择"有"的占比
法律咨询	49	8	6.125	85.96
进行诉讼	17	40	0.425	29.82
进行调解	31	26	1.19	54.39
申请人身安全保护令	7	50	0.14	12.28
执行法律文件	4	53	0.08	7.02

注：该数据分析于课题组回收的网上问卷调查结果，涉及家暴受害人填写的有效问卷 189 份。该数据显示，填写问卷的家暴受害人来自全国 13 个省份，但回收的 91.53% 的问卷来源于江苏省。

资料来源：中国人民大学法学院与社会学院于 2017 年 3~6 月进行的"家庭暴力法律援助"情况调查。

根据中国人民大学法学院与社会学院进行的"家暴受害人法律援助需求"网上调查，得益于《反家暴法》的实施，家暴受害人得以获得法律咨询、调解、人身安全保护令申请、诉讼以及法律文件执行等免费服务。《反家暴法》出台后，北京市妇联法律援助中心的法律援助工作有所增加，内容包括咨询指导、指派法律援助律师、心理疏导、沟通相关部门②。

---

① 《中华人民共和国反家暴法》第 19 条：法律援助机构应当依法为家暴受害人提供法律援助。

② 内容来源于 2017 年 3 月 17 日中国人民大学法学院反家暴课题组对北京市妇联权益部的电话采访。

（五）公众反家暴意识显著提升

北京为平妇女权益机构发布的《反家暴法》实施监测报告显示，《反家暴法》实施 20 个月后，新闻媒体、妇联网站、司法部网站、国务院妇儿工委以及最高人民法院等相关机构与媒体网站在其检测期间共发布 4725 条关于反家暴内容的信息，促进了法律的宣传普及与公民意识的提高[①]。

法院在处理相关家暴案件时会在法律文书下端附上处理家庭暴力的方式："遭遇到家庭暴力时，请于第一时间拨打 110 报警或者向所在单位、居（村）民委员会、妇女联合会等单位投诉、反映或者求助并注意保留相关证据。"[②] 该实践为公民在遭遇家庭暴力时提出了应对策略，促进了家暴受害人的自我保护意识与法律维权意识的提升。

此外，全国各地妇联的积极宣传也促进了公民反家暴意识的提升。如表 2 所示，妇联通过多种形式将《反家暴法》的知识引入大众视野。

由表 2 可知，《反家暴法》宣传的受众突破了妇女群体、学生、家长、教师，广大市民可以通过讲座、网络、校园活动、宣传册、歌曲等方式接触到反家暴法律知识。其中，济南"泉城女性普法大讲堂"的基层巡讲活动共进行了 35 场，培训 10000 余人[③]。全国妇联权益部开发了《三分钟读懂反家暴法》微视频，利用网络解读《反家暴法》[④]。而江苏省各市妇联均举行了反家暴宣传活动，如采取宣传片、知识问答、网络歌曲、法律论坛等方式[⑤]。

---

① 皮磊：《〈中华人民共和国反对家庭暴力法〉实施监测报告发布 实施 20 个月，公民反家暴意识有所增强》，《公益时报》2017 年 12 月 6 日，第 2 版。
② 湖南省永州市冷水滩区人民法院民事裁定书（2017）湘 1103 民保令 2 号。
③ 湖南省永州市冷水滩区人民法院民事裁定书（2017）湘 1103 民保令 2 号。
④ 《全国妇联"反家暴"微视频全国大赛获奖》，中华全国妇女联合会网，http://www. women. org. cn/art/2017/5/24/art_19_150948. html，最后访问日期：2018 年 2 月 25 日。
⑤ 参见江苏女性 e 天地网，http://www. jsnxetd. org. cn/search/page/1/keyword/反家暴/category/all/type/stati/order/datetime，最后访问日期：2018 年 2 月 25 日。

表 2 2017 年部分省（市、县）妇联反家暴宣传活动

省/市/县/旗	机构	形式	对象
内蒙古东乌旗①	妇联	发放法律法规宣传单等材料 700 余份；接受咨询 10 余人次	妇女
重庆②	妇联	发放 8 万份反家暴知识宣传品	区县市民
云南③	反家暴网络联合办公室（妇联维权中心）	进行网络联席会议	网络成员
辽宁④	妇联	倡导反家暴文化作品征集活动；抵制家庭暴力倡议；反家暴签名承诺活动；反家暴知识讲座；反家暴宣传员	学生、家长、教师
武汉⑤	妇联、湖北弘愿律师事务	发放《反家暴法》口袋书和漫画册	市民
济南⑥	妇联	12338 女性维权热线；泉城女性普法大讲堂	市民
徐州⑦	妇联	"徐州市妇联反家暴歌曲"	市民

---

① 《内蒙古自治区东乌旗妇联积极参与全旗 2017 年"12·4"国家宪法日法制宣传活动》，中华全国妇女联合会网，http://www.women.org.cn/art/2017/12/6/art_20_153589.html，最后访问日期：2018 年 2 月 24 日。
② 《重庆妇联开展反家庭暴力宣传活动》，中华全国妇女联合会网，http://www.women.org.cn/art/2017/11/27/art_20_153459.html，最后访问日期：2018 年 2 月 24 日。
③ 《云南：反家暴网络为家庭和谐保驾护航》，中华全国妇女联合会网，http://www.women.org.cn/art/2017/11/27/art_9_153455.html，最后访问日期：2018 年 2 月 24 日。
④ 《辽宁省妇联校园反家暴宣传活动启动》，中华全国妇女联合会网，http://www.women.org.cn/art/2017/11/30/art_20_153528.html，最后访问日期：2018 年 2 月 24 日。
⑤ 《〈反家暴法〉全面实施 20 余月让难断的"家务事"有法可依违法必究》，中华全国妇女联合会网，http://www.women.org.cn/art/2017/12/5/art_22_153569.html，最后访问日期：2018 年 2 月 24 日。
⑥ 《打造一条永不下班的女性维权热线 济南市妇联开通 12338 手机维权平台》，中华全国妇女联合会网，http://www.women.org.cn/art/2017/11/28/art_9_153473.html，最后访问日期：2018 年 2 月 24 日。
⑦ 《徐州市妇联反家暴歌曲》，江苏女性 e 天地网，http://www.jsnxetd.org.cn/subject-show/id/6287.html，最后访问日期：2018 年 2 月 26 日。

中国人民大学法学院与社会学院进行的网上问卷调查显示，超过 70% 的家暴受害人认为前五类属于家庭暴力，涉及精神暴力、肢体暴力和性暴力，说明大部分受害人对常见的家暴类型都有意识；43.92% 的受害人认为经济封锁属于家庭暴力的范畴（见表3）。当然必须指出，受客观条件限制，填写该问卷的家暴受害人主要集中于大城市，其中以沿海经济发达省份江苏为主，不能全面反映全国以及农村的情况。家暴受害人对家暴的意识离不开家暴宣传活动的积极作用。

表3 "哪些行为属于'家庭暴力'的范围"问卷调查结果

单位：人，%

类别	是	不是	比值	认为"是"的占比
侮辱、谩骂家庭成员	157	32	4.90	83.07
长期不理睬家庭成员或采用其他方式对其进行精神折磨	148	41	3.6	78.31
限制家庭成员人身自由	150	39	3.84	79.37
殴打、捆绑、残害家庭成员	172	17	10.11	91.01
强迫家庭成员接受性行为或残害其性器官	146	43	3.39	77.25
对家庭财产进行严格控制	83	106	0.78	43.92

注：该数据分析于课题组回收的网上问卷调查结果，涉及家暴受害人填写的有效问卷 189 份。该数据显示，填写问卷的家暴受害人来自全国 13 个省，但回收的 91.53% 的问卷来源于江苏省。

资料来源：中国人民大学法学院与社会学院于 2017 年 3 ~ 6 月进行的"家庭暴力法律援助"情况调查。

（六）各地政府积极完善反家暴联动机制初见成效

《反家暴法》的实施不仅仅是司法工作人员的责任，也是相关社会机构通力合作的任务。2016 年 5 月以来，最高人民法院在全国选择了 118 个中基层法院进行为期两年的家事审判方式和工作机制改革试点工作，强调在联席会议机制中加强与公安部的协调，对公安机关发放人身安全保护令的职责进行明确，要求高院和试点法院与公安、司法、民政、妇联等部门建立协作机制[1]。截

---

[1] 《大力推进家事审判方式和工作机制改革试点》，人民法院报网，http：//rmfyb. chinacourt. org/paper/html/2017 – 05/03/content_ 125016. htm? div = – 1，最后访问日期：2018 年 2 月 24 日。

至 2017 年 7 月，试点法院中超过 80% 的试点法院与相关部门建立了联席会议机制①。以上海为例，2016 年 4 月该市发布了《上海市实施〈中华人民共和国反家庭暴力法〉主要工作部门职责分工》，对反家暴工作相关职能部门进行了明确的职责界定，促进了市妇儿工委、公安、检察院、法院、司法、民政、妇联等部门的工作协调。

妇联在反家暴联动机制中发挥着重要作用。除了上文表 2 中的宣传实践外，各地妇联还开展了众多宣传与培训活动。全国妇联与联合国妇女署在四川省仪陇县进行反家暴试点项目，将家庭暴力的危险程度通过量表进行评估，根据危险程度的不同提供在时间上富有弹性的服务②。以广西为例，民政部门与妇联联合建立了 32 个"反家暴庇护中心（所）"，为 184 位受害人提供救助③。

（七）多个地方出台《反家暴法》实施细则

《反家暴法》实施后，许多地方和部门出台了贯彻落实《反家暴法》的具体办法，截止到 2016 年 11 月，全国有 17 个省区市出台了 110 份贯彻落实《反家暴法》的配套政策文件④。截止到 2017 年 7 月，全国有 24 个省区市出台贯彻实施《反家暴法》的配套法规和政策文件共计 247 份⑤。以南京

---

① 《家事审判方式和工作机制改革联席会议第一次全体会议召开　15 个部门明确各自职责分工》，中华全国妇女联合会网，http：//www. women. org. cn/art/2017/7/20/art _ 19 _ 151571. html，最后访问日期：2018 年 2 月 26 日。
② 吴晓颖：《四川：〈反家暴法〉实施后审结涉家暴民事案件 292 起》，中国法院网，http：//www. chinacourt. org/article/detail/2017/03/id/2625192. shtml，最后访问日期：2018 年 2 月 24 日。
③ 《广西：八桂大地妇儿绽欢颜》，中华全国妇女联合会网，http：//www. women. org. cn/art/2017/10/16/art_828_152955. html，最后访问日期：2018 年 2 月 24 日。
④ 沙璐：《全国已有 17 省区市出台〈反家暴法〉配套政策》，中国法院网，http：//www. chinacourt. org/article/detail/2016/11/id/2357577. shtml，最后访问日期：2018 年 2 月 24 日。
⑤ 《打造一条永不下班的女性维权热线　济南市妇联开通 12338 手机维权平台》，中华全国妇女联合会网，http：//www. women. org. cn/art/2017/11/28/art_9_153473. html，最后访问日期：2018 年 2 月 24 日。

市为例,《反家暴法》出台后,南京市先后出台了《南京市公安局处置家庭暴力警情工作规范(修订版)》《关于人身安全保护令申请与执行的实施细则(试行)》《妇联系统受理家庭暴力案件工作》等实施细则,完善了地方性法规①。全国各地也根据地方特色不断摸索,制定应对家庭暴力以及落实《反家暴法》的规则。

(八)全国各地成立多家家暴受害人庇护所

《反家暴法》的出台促进了家暴受害人庇护所的建立与发展。除了上海等比较发达的城市家暴庇护所运营的时间早于《反家暴法》出台之外,全国很多城市都是在《反家暴法》出台之后逐渐建立家暴庇护所,为家暴受害人提供庇护服务。上海市在《反家暴法》出台后一年内为 4 名家暴受害人提供庇护服务②。在《反家暴法》出台一年后,济南市家暴庇护所共接收了 14 名家暴受害人③。2016 年以来,安徽省 44 个家暴妇女庇护所和救助机构为 378 位受害人提供救助④。家暴庇护所的应用率虽然不高,但对于刚起步的家暴庇护制度而言,《反家暴法》已经推动了对家暴受害人的保护措施的完善。

三 《反家暴法》实施中存在的挑战

《反家暴法》的实施不仅体现出其重要的积极意义,也在实践中显露出诸多仍需完善的方面。在实际操作中,全国性统一的具体实施细则还需建

---

① 茹希佳:《家暴不是"家务事" 南京试行家事调查员制度》,《中国妇女报》2017 年 3 月 12 日,第 A1 版。
② 中国法院网:截至 2016 年 12 月底,全国法院共计发出了 680 余份人身安全保护令(为了方便制作统计表格,本文选取 680 份作为标准),http://www.chinacourt.org/article/detail/2017/03/id/2574646.shtml,最后访问日期:2018 年 2 月 23 日。
③ 王杰:《济南:反家暴庇护所一年接收 14 名妇女》,《齐鲁晚报》2017 年 3 月 14 日,http://www.qlwb.com.cn/2017/0314/880378.shtml,最后访问日期:2018 年 1 月 16 日。
④ 徐靖:《安徽妇联副主席高莉代表:建议增设家暴罪名》,中国法院网,http://www.chinacourt.org/article/detail/2017/03/id/2577754.shtml,最后访问日期:2018 年 2 月 24 日。

立，多部门联动制度尚有缺陷，对受害人的精神暴力的关注有待加强，整个社会的普法力度还需提高。

（一）缺乏统一且具有操作性的实施细则

《反家暴法》中具有操作性的法条并不多，因此在法律实施过程中存在不少困难[①]。例如，除了申请人身保护令的规定具有一定的可操作性外，在涉及离婚、财产分割、子女抚养等问题上，司法实践已经形成了相应的裁判惯例，适用《反家暴法》并不容易[②]。实践中可能会导致各部门协调不畅，违反告诫制度是否给予治安处罚、违反人身安全保护令执行不到位等问题也难以统一[③]。"《反家暴法》实施七个月以来，公安部门的回应非常滞后，告诫书如何贯彻，何种格式，并未进行确定。"[④]《反家暴法》对证据的规定也非常简单，妇联或社会组织向基层相关部门的投诉应该作为证据，但法律并未做出规定[⑤]。

法院对证据应用不专业，没有严格的认定标准，有的只凭借当事人的陈述就下达人身安全保护令，有的即使提交了照片都不一定能够认定受害人遭受了家庭暴力[⑥]。以某法院判决为例："离婚协议书中载明的离婚原因系家庭暴力，而李某一审中提交的门诊病历虽不能直接反映加害人对其实施暴力，但根据生活经验结合双方离婚原因，加害人为王某的盖然性较高。"[⑦]

[①] 江鹏程：《〈反家暴法〉实施　进步与困惑并行》，《人民政协报》2016 年 6 月 21 日，第 12 版。
[②] 江鹏程：《〈反家暴法〉实施　进步与困惑并行》，《人民政协报》2016 年 6 月 21 日，第 12 版。
[③] 内容来源于 2017 年 3 月 17 日中国人民大学法学院反家暴课题组对北京市妇联权益部的电话采访。
[④] 内容来源于反家暴专业律师李莹律师于 2016 年 10 月 25 日在中国人民大学人权研究中心举办的"反家暴专题讲座"中的发言。
[⑤] 内容来源于反家暴专业律师李莹律师于 2016 年 10 月 25 日在中国人民大学人权研究中心举办的"反家暴专题讲座"中的发言。
[⑥] 结论来源于对 2016 年和 2017 年中国裁判文书网上发布的 100 份人身安全保护令的分析。
[⑦] 李某、王某离婚后损害责任纠纷二审民事判决书，湖北省武汉市中级人民法院民事判决书，鄂 01 民终 2188 号，2017。

这一依据生活经验结合双方离婚原因的推理直接表明缺乏统一的实施细则导致法官在认定家暴案件中推理的困难。缺乏统一的证据认定规则以及取证的高标准还导致地方法院所发出的人身安全保护令数量与当地家庭暴力案发数量存在较大差距[①]。

通过上文可知，目前很多具体实施《反家暴法》的细则主要是由地方性法律规范性文件进行指导。在这样的情况下，各地的《反家暴法》实践可能参差不齐，法律实施的效果在不同地区存在较大差异。这样的情况不仅不利于专业法律人才的培养，也不利于提升法律实施的质量，更不利于受害人权益的维护。

（二）实施《反家暴法》过程中多部门合作机制有待完善

中国人民大学法学院与社会学院组成的"反家暴法律援助课题组"（以下简称课题组）于2017年6月进行的"反家暴法律援助情况调查"中反映出《反家暴法》实施过程中的另一个问题为多部门联动效率有待提升。家暴案件可能涉及的个人以及机构如表4所示。

表4 受害人遭受家暴后，曾经寻求过哪些机构或个人的帮助？是否满意？

单位：人，%

类别	有	满意度打分（1~5）	没有	比值	选择"有"的占比
亲戚朋友	112	—	47	2.38	70.44
基层组织，如村、居委会、街道办等	71	4.13	88	0.81	44.65
警察	58	3.38	101	0.57	36.48
救助机构，如妇联、社会组织等	82	4.54	77	1.06	51.57
律师	17	4.18	142	0.12	10.69
通过法院起诉	14	4.29	145	0.10	8.81

注：整个调查涉及访谈与网络问卷发放。访谈对象包括司法部、相关律师事务所、法律援助机构、处理家暴案件的律师、妇联以及家暴受害人等。课题组从家暴受害人处回收有效问卷189份，从律师处回收有效问卷220份。

资料来源：中国人民大学法学院与社会学院于2017年3~6月进行的"家庭暴力法律援助"情况调查。

[①] 张海英：《人身保护令取证标准需完善》，中国法院网，http://www.chinacourt.org/article/detail/2018/01/id/3185694.shtml，最后访问日期：2018年2月24日。

表 4 结果显示，家暴受害人倾向于求助的主要渠道依次为亲戚朋友、妇联和相关非政府组织、基层组织，如村委会、居委会、街道办事处等，之后为警察、律师，最后为法院。该数据证明《反家暴法》的实施涉及众多部门，如公安、民政、卫生、教育、社区、妇联、心理咨询机构等。这些机构在发现家庭暴力、提供家暴证据、协助司法部门调查等方面发挥了重要作用。而目前《反家暴法》并没有很好地融入这些部门的工作中。实践中，各部门的联动效率并不高。例如，中国民警组成以男性为主，女性警察的数量很少，当前警察在处理家庭暴力时缺少性别视角，难以考虑到女性的需求，不利于对受害人的保护[1]。然而目前公安机关内部尚未成立专门的多部门合作部门。[2] 缺乏专门的反家暴联动团队与部门的问题在其他相关部门中同样存在。

（三）《反家暴法》在实践中对受害人所遭受的精神暴力关注不足

课题组的问卷调查结果显示，填写问卷的 189 名受害人中，仅 16.93% 的家暴受害人寻求过心理援助，但这并不能够充分说明家暴受害人没有遭受精神暴力。受教育水平的限制、可获得的资源的匮乏导致很多家暴受害人本身并不一定关注自身遭受的精神暴力，因此对精神上以及心理上的需求并没有足够的认识。这一点可以从实践《反家暴法》的律师之处得以证实。

在接受问卷调查的 220 位处理家暴案件的律师中，有 98.64% 的律师认为有必要关注受害人所遭受的精神伤害（见表 5）。课题组对一位遭受家庭暴力的受害人进行访谈得知，受害人长期在家庭暴力的环境中生活导致其精神状况长期紧张与压抑，多年之后一直影响其心理健康[3]。这一案例虽然发生

---

[1] 李琼宇、贺栩溪：《家庭暴力民事认定中的警察参与——兼论警察对轻微家庭暴力事实的先行判断》，《妇女研究论丛》2017 年第 4 期。

[2] 秦思敏、马一逸：《浅议公安派出所处理家暴案件制度的建立》，《法制博览》2017 年第 19 期。

[3] 内容来自 2017 年 3 月 16 日中国人民大学法学院反家暴课题组对家暴受害人的访谈。访谈地点：北京源众性别发展中心。受害人在其童年时期长期遭受来自母亲的家暴，并且长期目睹父亲对母亲施暴。

表5　律师在处理家暴案件时对是否有必要向受害人进行心理辅导的态度

单位：人，%

选项	人数	百分比
有必要,由法律援助机构提供	65	29.55
有必要,由专业心理治疗机构提供	150	68.18
没必要,此项服务与法律无关	3	1.36
有必要,需要专业社工介入	2	0.91
合计	220	100

资料来源：中国人民大学法学院与社会学院于2017年3~6月进行的"家庭暴力法律援助"情况调查。该数据来源于网上问卷，回收律师填写有效问卷220份。

在《反家暴法》实施以前，但通过本案例可以证明，精神暴力的伤害不容忽视。而结合调查问卷中的情况可知，大部分受害人本身并没有关注自身遭受精神暴力的情况。而目前《反家暴法》的实践中也并没有特别关注精神暴力的内容。

（四）《反家暴法》的宣传力度不足

虽然《反家暴法》的出台在一定程度上促进了公众对家暴的新认识，也在一定程度上提升了公民的自我保护意识与法律维权意识，但就全国而言，无论是普通大众还是实践《反家暴法》的专业人员，在对该法本身的认识上存在参差不齐的现象。例如"妇联和公检法对《反家暴法》的了解程度也较低，因此在执行时效果不佳，未来还需要加强宣传"[1]。有些法官在认定家庭暴力时错误地指出："法律意义上的家庭暴力，对于暴力手段的程度、伤害后果的严重性均有相应的要求。"[2] 如果连法律实践者都存在法律认识上的偏差，那么普通大众的法律意识更不可能仅仅通过一部法律的出台和一些相关的报道就能够获得全面的了解。实践表明，很多法律实践

---

[1]　《内蒙古首发〈家庭暴力告诫书〉》，中华全国妇女联合会网，http://www.women.org.cn/art/2017/1/16/art_20_149646.html，最后访问日期：2018年2月24日。

[2]　结论来源于对2016年和2017年中国裁判文书网上发布的100份人身安全保护令的分析。

者本身对《反家暴法》的概念以及适用并没有深入的了解与全面的认识。而上文表 3 数据中反映出的家暴受害人对家庭暴力的认识，由于回收的问卷大部分来源于江苏省，确切而言其能够在一定程度上反映出江苏省的情况。中西部地区，尤其是农村地区人口对《反家暴法》的认识应该受到更高的关注。

四 《反家暴法》的完善

《反家暴法》的完善不仅具有法律意义，而且对实践具有重要的促进作用。根据上文所述，《反家暴法》还需更详细的实施细则以及全方位的协调的部门合作作为支持。保护受害人权益作为《反家暴法》出台的重要目标，仍需加强对受害人所受的精神暴力的关注以及全社会的反家暴意识的提升。

（一）制定全国层面的《反家暴法》实施细则

《反家暴法》的适用与发展离不开全面、专业而具有可操作性的实施细则。虽然很多地方性法律、法规或规范性文件均对其实施进行了说明，但是在全国范围内仍需要专业而权威的总体实施细则作为指导。

尤为重要的是，上文指出的法院出具告诫书的具体规范应该如何落实，发布、监督人身保护令的具体程序如何保障，各相关部门应建立何种合作机制，法官、律师等应该具备何种资质等一系列的问题都应该进行明确。

《反家暴法》实施细则的内容不应该局限于公检法机关以及妇联等直接的职能单位，而应该依据具体案例的不同涵盖所有相关的部门，如医疗、教育机构、心理咨询机构、卫生部门、基层组织等。《反家暴法》的特殊性就在于，只有将所有可能涉及的部门都囊括在反家暴法律体系下，才能够充分地实施该法。

《反家暴法》的实施还应该明确其与《婚姻法》以及处理离婚案件、子女抚养与财产分割之间的关系。在具体操作中应该根据个案的不同设定富有弹性的适用细则，避免不考虑个案的特殊性而进行一刀切的适用规则，或通过有限的生硬条款来进行指导。

（二）加快多部门合作机制的建立

多部门合作机制的建立不仅有利于促进《反家暴法》的实施，而且有利于实现对家暴受害人的救助。以域外经验为例，南澳大利亚州政府在2014年推行的"家庭安全计划"中，为确保家暴受害人能够获得及时、有效、协调的服务，介入案件的律师首先进行标准化风险评估，对受害人的家庭安全程度进行衡量，汇集全州范围内的力量为家暴受害人提供持续的专业化服务，通过召开安全会议为遭遇严重威胁的家暴受害人提供综合帮助[1]。英国拥有专门处理家暴案件的机制——多部门风险评估会议[2]，这项制度相当于目前中国提出的跨部门合作这一机制，能够汇集多方资源为家暴受害人提供救助，帮助解决家庭暴力问题。

中国可借鉴域外经验，在《反家暴法》实践中建立固定而完善的多部门联动机制，形成相关部门密切合作的沟通渠道。律师事务所、妇联、相关非政府组织、司法部门、公安部门、卫生部门、教育部门、心理援助机构应该建立起专门的团队与部门为家暴案件提供程序性支持机制。

为了保障多部门联动的长期有效性，相关机构应该通过组织联动会议，提供专业培训或信息共享等机制，搭建有效合作平台，保障家庭暴力法律案件在各部门得到支持，消除体制障碍。多部门合作机制应该被纳入《反家暴法》实施过程，通过法律或法规进行规范，并形成考核与评估机制。

---

[1] "Family Safety Framework Policy Directive"（家庭安全计划指导），南澳大利亚州政府网，http://www.sahealth.sa.gov.au/wps/wcm/connect/626e10804b06cd91b606fe0b65544981/Directive_Family + Safety + Framework + Policy_Sept2015.pdf? MOD = AJPERES&CACHEID = ROOTWORKSPACE - 626e10804b06cd91b606fe0b65544981 - lztqr0y，最后访问日期：2018年1月16日。

[2] "Multi-agency Risk Assessment Conference"（多部门风险评估会议），英国政府网，https://www.gov.uk/government/publications/multi - agency - risk - assessment - conference - marac - protection - plans - requests - for - evidence，最后访问日期：2018年1月16日。

公安部门以及司法部门尤其应该与妇联等关注女性的机构进行合作，加强交流与学习，关注性别视角的重要性，从女性的需求出发，为受害人提供全方位的保护。

相关部门还可以探索与社区合作，通过"社区'电子眼'监控、近距离警报器、重点人员追踪等技防手段，提高防范家庭暴力现代化水平"①。

鉴于中国社会根深蒂固的"家丑不可外扬"的观念，很多家暴受害人最担心的是自己的隐私被泄露。因此在多部门联动的过程中需要格外注意受害人的隐私保护。

（三）重视精神暴力对受害人产生的伤害

精神暴力虽然被规定在家庭暴力中，但在实践中，无论是法律实施者还是大众对精神暴力的关注度都不够，很多情况下精神暴力被忽视。因此在法律层面，无论是通过司法解释还是通过具体的实施细则，都应该高度重视家庭暴力中存在的精神暴力问题。在法律实践中，长期生活在家庭暴力环境中的家庭成员，其精神上与心理上的需求应该受到足够的重视。

对精神暴力的重视具有两方面重要的体现。首先，在认定家庭暴力是否存在、界定家庭暴力时，要充分考虑精神暴力的成分，不应只局限于身体暴力的伤害。其次，应该关注为家暴受害人提供心理疏导，具体的形式既可以通过远程会话进行，也可以组织专门的座谈会，还可以通过向家暴受害人提供并讲解专门的心理疏导材料等方式。

如果受害人所需的心理救助超过了相关法律从业人员的知识范围，那么应该根据其需求，帮助其联系专业的心理医生。这些重要的方面都应该在《反家暴法》具体实施中有所体现。

建议相关部门，如法院或妇联等机构建立"温暖机制"，由法官或其他

---

① 《落实人身安全保护令 预防和制止家庭暴力——天津河西区法院关于人身安全保护令案件的调研报告》，中国法院网，http://www.chinacourt.org/article/detail/2017/11/id/3037007.shtml，最后访问日期：2018年2月24日。

相关人员对家暴受害人进行跟踪回访，并将受害人的精神健康作为主要回访工作内容①。

（四）加强《反家暴法》的普法宣传与培训

党的十九大提出的"深化家事审判方式和工作机制改革"强调实施《反家暴法》需要不断提高审判装备水平，科学考核家事审判工作并运用多媒体手段提升新闻宣传水平②。因此，在进行法律宣传的过程中，各部门应该充分利用多媒体，在条件允许的情况下利用先进科学技术扩大法律宣传的受众范围。

家暴问题的根本原因是歧视妇女，并未将妇女当作有尊严的独立的个体，是女性被客体化和物化的结果。《反家暴法》的普法宣传工作应该扩大其领域，一方面要涉及《反家暴法》相关法律法规，另一方面还要涉及性别平等、禁止歧视、保障人权、获取司法救济渠道等专门的知识。另外，普法工作所针对的对象也不应该局限于妇女，而应该扩展至整个社会各阶层人士，特别是男性与儿童。

法律宣传离不开专业的人员。因此，国家应该加强对相关机构工作人员的专业、系统而全面的培训与考核。培训与考核的内容不应该仅仅局限于《反家暴法》以及相关的司法解释等内容，还应该包括其与《婚姻法》等部门法之间的联系，以及专门处理家暴案件所需的技巧。

心理学培训作为被忽视的内容应该受到高度重视。心理学培训应该由相关机构，如公检法部门或律所等聘请专业的心理学专家定期进行。心理学培训应该分为岗前培训与定期培训。岗前培训针对从未接受过心理学培训的法律实践者，作为其基本的考核内容，培训结束并考核通过后才能具备为家暴

---

① 李徐州、王道强：《家事审判需要四个配套机制》，中国法院网，http：//www.chinacourt.org/article/detail/2017/09/id/3009234.shtml，最后访问日期：2018年2月24日。

② 杜万华：《学习贯彻党的十九大精神深化家事审判方式和工作机制改革》，中国法院网，http：//www.chinacourt.org/article/detail/2017/12/id/3102872.shtml，最后访问日期：2018年2月24日。

受害人单独提供法律服务的资格。定期培训可以根据本机构内的从业人员人数以及需求进行，一年不少于两次。如果机构无能力聘请专业的心理学专家进行培训，那么应该由相关管理机构提供培训机会。

接受上述专业培训的人员范围应该包括所有相关法律从业者、公检法部门相关工作人员、多部门合作中涉及的相关部门的人员，家庭暴力施暴人、受害人以及普通大众。

综上所述，只有确保所有相关领域的人员的专业性才能够保证《反家暴法》在适用过程中的专业性。只有根据不同群体需求将全社会纳入普法活动中，才能保证《反家暴法》实施的顺畅性。

中国禁止性骚扰与妇女权益
保障的新进展

张晓玲　赵明霞*

摘　要： 禁止性骚扰是维护妇女权益的基本要求和重要内容，是2017
年的社会热点问题。目前，我国以男女平等的宪法原则和
《妇女权益保障法》为基础，建立了预防和制止性骚扰的法
律体系。同时，禁止性骚扰的社会参与和相关预防机制相继
形成。然而，面对严峻的侵权状况，相关法制和机制建设尚
不能满足现实需求。党的十九大报告进一步强调，要加强妇
女权利保障，贯彻落实性别平等基本国策。在新时代，要预
防和禁止性骚扰，仍需提高全社会的人权意识，进一步完善
相关法律实施机制，形成禁止性骚扰的社会合力。

关键词： 禁止性骚扰　妇女权益　性别平等　法律制度

性骚扰是2017年国际年度热点之一，"还我职场"妇女维权大游行，
"ME too"运动在互联网上流行，《时代周刊》年度人物"打破沉默的女
性"，反性骚扰成为一场轰轰烈烈席卷全球的社会运动。国际反性骚扰的社
会运动迅速辐射到我国，引起了我国社会各界的广泛关注和热议。预防和禁
止性骚扰，社会应当负起怎样的责任？我们应当有怎样的觉醒？

---

* 张晓玲，中央党校政法教研部教授，主要研究方向：人权法；赵明霞，中央党校政法教研部
博士研究生，主要研究方向：人权法。

性骚扰在中国不仅是一个社会道德问题，更是一个法律问题。我国已经建立了禁止对妇女性骚扰的法律机制和社会防范机制，这不仅是履行国际人权公约、培育社会文明和构建法治社会的重要举措，也是贯彻党的十九大报告"保护人民人身权、财产权、人格权"，切实保护百姓民生，增强人民安全感和幸福感的重要举措。我国预防和制止性骚扰对保护妇女人格尊严权利、实现性别平等而言意义深刻，但任重道远。

一　我国禁止性骚扰的法制建设

性骚扰是我国法律明确禁止的侵权行为。妇女是性骚扰的主要受害者。性骚扰破坏了包括尊严、自由及平等在内的社会基本价值，对女性的家庭、学习和职业发展造成了巨大创伤。依法预防和制止对女性的性骚扰是我国法律的明确要求，是我国人权事业进步的重要标志。

（一）我国禁止性骚扰的法制基础

我国宪法明确规定："妇女在政治的、经济的、文化的、社会的和家庭的生活等各方面享有同男子平等的权利。"在男女平等的宪法原则指导下，我国建立了禁止性骚扰的法律制度。性骚扰是一种典型的歧视女性和侵害人格尊严的行为，受到我国法律的明文禁止。

性骚扰（Sexual Harassment）一词最早由美国女法学家、女权运动家凯瑟琳·麦金农提出，她认为"性骚扰"是指通过滥用权力，在工作场所、学校、医院或其他公共领域，以欺凌、恐吓、控制等手段向女方做不受欢迎的与性有关的言语、要求或举动的行为[①]。

联合国《消除对妇女一切形式歧视公约》的条约机构"消除对妇女歧视委员会"，在1992年通过的第19号"一般性建议"中将性骚扰界定为"不受欢迎的具有性动机的行为，如身体接触和求爱动作，带黄色的字眼，

[①]　杨立新：《性骚扰是对妇女"性自主权"的侵害》，《检察日报》2004年1月12日。

出示淫秽书画和提出性要求，不论是以词语还是用行动来表示。这类行为可能是侮辱性的，并会引致健康和安全的问题……"

自20世纪80年代开始，如何有效地预防和制止性骚扰，保护妇女的人权，成为国际社会关注的一个重要议题。

1993年联合国《消除对妇女的暴力行为宣言》和1990年欧洲议会《关于保护男女雇员尊严的议会决议》等都对预防和制止性骚扰问题做出了规定。

我国在《妇女权益保障法》修订之前，没有明确禁止"性骚扰"的法律规范，但是，《宪法》《民法通则》《刑法》《治安管理处罚条例》等相关法律法规中关于公民人格尊严的规定，为"禁止性骚扰"入法奠定了法制基础。2005年我国《妇女权益保障法》修订，首次将"男女平等是基本国策"纳入法律，并新增第四十条"禁止对妇女实施性骚扰。受害妇女有权向单位和有关机关投诉"，第五十七条"违反本法规定，对妇女实施性骚扰或者家庭暴力，构成违反治安管理行为的，受害人可以提请公安机关对违法行为人依法给予行政处罚，也可以依法向人民法院提起民事诉讼"。该法律首开了我国性骚扰立法先河，对保障妇女人格权具有重大意义。

我国地方法规以《宪法》和《妇女权益保障法》为依据，以列举的形式对禁止性骚扰的规定予以细化。2005年《妇女权益保障法》修订颁布后，全国31个省、自治区、直辖市相继修订了本地区的《〈妇女权益保障法〉实施办法》，增加了禁止性骚扰的规定，并对性骚扰行为的表现形式、投诉渠道和责任主体予以明确规定。如《河北省实施〈中华人民共和国妇女权益保障法〉办法》（2008年）第三十五条强调"禁止违背妇女意愿，以带有性内容或者与性有关的肢体行为、语言、文字、图片、电子信息等形式，对妇女实施性骚扰。用人单位和公共场所管理单位应当采取必要措施，制定相应的调查投诉制度，预防和制止对妇女的性骚扰"。

（二）我国禁止性骚扰的制度发展

以《妇女权益保障法》为基础，近年来我国关于预防和制止性骚扰的法制规范不断增多。2012年国务院发布《女职工劳动保护特别规定》，明确

规定"在劳动场所,用人单位应当预防和制止对女职工的性骚扰",这是我国劳动法领域首次明确防止职场性骚扰的雇主责任,使防止性骚扰更具"可操作性",对女职工权益保护具有里程碑意义。随后,与之相配套的地方政府规章相继出台,如 2015 年出台的《武汉市女职工劳动保护办法》,2016 年出台的《安徽省女职工劳动保护特别规定》,2017 年出台的《广东省实施〈女职工劳动保护特别规定〉办法》和《浙江省女职工劳动保护办法》等都明确了用人单位在保护妇女权益、预防和制止性骚扰中应当承担的义务和责任。2013 年 1 月《深圳经济特区性别平等促进条例》实施,作为我国首次性别平等的地方立法,规定相关社会主体应通过发布反性骚扰指南、进行反性骚扰教育和投诉、举报三项措施来预防和制止性骚扰行为。2017 年 3 月 10 日实施的《公共航空旅客运输飞行中安全保卫工作规则》,对特殊场所性骚扰行为的预防和制止措施做出了规定。

目前,我国禁止性骚扰的相关法律规范体系是以《宪法》男女平等和保护人格尊严的条款为依据,由《妇女权益保障法》《治安管理处罚法》《侵权责任法》共同构成具体法律规制框架,由其他相关的法律法规、规章及规范性文件细化和补充。

二 我国禁止性骚扰的社会治理机制建设

近年来性骚扰事件屡见报端,性骚扰已经从一个陌生的词语变为一个不可回避的社会问题,引起社会各界的广泛关注。特别是 2017 年前后,有更多的性骚扰受害者打破沉默,走上维权之路,政府和公共服务部门、媒体、企业、学校、科研机构等予以响应,形成了一股强大的社会合力,共同贯彻法律政策,保护妇女权益,推动预防和制止对妇女性骚扰的社会机制的建立和发展。

(一)政府和公共服务部门制定和贯彻禁止性骚扰的法规政策

从中央到地方,从执法到司法,从决策到施政,我国政府在维护妇女权益、预防和制止性骚扰的社会实践中发挥着主导作用。为保护妇女权益，执行国家法律规定，国务院颁布的《中国妇女发展纲要（2011－2020年）》明确提出"建立健全预防和制止性骚扰的法规和工作机制，加大对性骚扰行为的打击力度"。同时强调，"用人单位采取有效措施，防止工作场所的性骚扰"。《国家人权行动计划（2016－2020年）》也明确将"预防和制止针对妇女的性骚扰"作为推进妇女人权保障的重要目标。

1. 公安司法严格执法，对性骚扰实施者形成了极大的震慑力

2017年1月，北京首都国际机场公安分局就某互联网公司高管"飞机上性骚扰"女乘客的事件，依据《治安管理处罚法》第四十四条规定，对涉事男子李某以猥亵处行政拘留5日①。这一事件在网上广泛传播，对性骚扰实施者形成了极大威慑作用。同年7月，北京、上海、广州等地警方开展了对公共场所性骚扰的集中治理行动。据上海警方介绍，7月上海轨交总队已经查处14起此类案件，行政拘留了14名违法人员。北京警方开展集中治理公共场所性骚扰事件的打"狼"行动，20天抓获20余人。在警力允许的情况下，警方主动出击，集中执法，对维护社会治安、惩治性骚扰行为起到了积极的威慑作用。

同时，在司法领域，随着"禁止性骚扰"入法以及地方法规的不断完善，性骚扰受害者通过司法维权的案例不断涌现。在中国裁判文书网②以"妇女"和"性骚扰"为关键词进行检索，从2013年到2017年12月，共有50个案件判决涉及对妇女性骚扰的问题，其中高级法院4件、中级法院5件、基层法院41件。

2. 公共服务部门创新工作，针对性地采取预防措施

2012年12月国务院出台了《关于城市优先发展公共交通的指导意

---

① 参见《全国妇联：坚决支持遭受性骚扰女性依法维权》，人民网，2017年1月11日，http://fj.people.com.cn/n2/2017/0111/c372371-29583434.html。

② 2013年7月《最高人民法院裁判文书上网公布暂行办法》正式实施。依据该办法，除法律规定的特殊情形外，最高法发生法律效力的判决书、裁定书、决定书一般均应在互联网公布。

见》，要求交通运输部配合国务院法制办，在各地公共交通管理部门及公交企业加快建立健全公共交通服务监督和投诉处理机制，督促公交企业切实落实主体责任，积极配合公安等有关部门，防范性骚扰等侵害乘客出行权益的不法行为①。这项工作持续至今，对防止性骚扰违法行为起到了积极作用。2017 年 6 月 28 日，广州地铁试行女性车厢，作为一种倡导性的尝试，不断弘扬"关爱女性、尊重女性"的文明理念，同时在公共交通工具上张贴各类反性骚扰的公益广告，如"制止性骚扰，安全靠大家"等，简明扼要，极具宣传效应。而各级妇联组织通过 12338 热线等途径提供妇女维权服务，在为遭受性骚扰困境的妇女提供法律援助方面积累了丰富的经验。

（二）建立性骚扰问题的社会评估机制

性骚扰问题引起了社会组织和学者的广泛关注，他们通过广泛而深入的社会调查研究，为社会治理政策的完善提供了基础性资料。20 世纪末以来，陆续公布的关于性骚扰的社会调查研究报告约有 8 个②。如 2017 年发布了两项关于"性骚扰"的社会评估和调查报告：一是 7 月人民网舆情监测室对上半年 40 个媒体报道的公共交通出现的性骚扰事件进行分析调查，用数据说明性骚扰事件不但破坏公众安全感，扰乱正常的社会秩序，甚至威胁乘客生命安全③；二是 4 月广州性别教育中心在网络发布的《中国大学生在校和毕业生遭遇性骚扰状况调查》显示，75% 的女生遭遇过性骚扰。

---

① 参见《关于治理公共交通性骚扰的建议》，交通运输部政务信息公开网，2016 年 8 月 3 日，http：//zizhan. mot. gov. cn/zfxxgk/bnssj/dlyss/201608/t20160803_2071252. html。

② 相关调查包括 1995 年唐灿教授关于妇女性骚扰状况的调查；2000 年深圳大学的专题抽样调查；2002 年勺海市场研究公司在北京的配额抽样调查；2003 年新浪网与半月谈杂志联合的宣传性调查；2006 年全国妇联在北京的调查；2011 年北京众泽妇女法律咨询服务中心的调研；2013 年广州社情民意中心发布"性骚扰行为北上广市民看法"民调；2014 年全国妇联针对北京、南京等城市 15 所高校大学生的社会调查。

③ 《2017 年上半年公共交通性骚扰报告》，人民网，2017 年 7 月 28 日，http：//yuqing. people. com. cn/n1/2017/0728/c209043‐29435337. html。

而在 100 起性骚扰事件当中，只有不到 4 起事件的当事人会报告学校或警察[1]。严格地说，上述调查受样本范围和调查地区的限制，所得出的结论并不十分完整，目前也尚未检索到全国性的抽样调查结果。但调查所显示的数据表明我国公共领域依然存在严重的性骚扰问题，而女性在工作和日常生活中遭遇性骚扰的情况更为普遍。各类社会调查及相关数据的公布，有利于增强社会对性骚扰违法行为的防范意识，同时也使得社会公众对禁止性骚扰行为的现实性和艰巨性有了更为深刻的认识。

（三）加强职场性骚扰防范机制建设

职场是性骚扰的高发区，国际社会呼吁用人单位采取有效措施预防、制止性骚扰的发生。我国一直积极参与国际社会关于预防和制止职场性骚扰的各项实践工作，强调用人单位的社会责任。2005 年 4 月 14 日，国际劳工组织"反对工作场合性骚扰国际研讨会"在北京召开，会议创造性地讨论了反对工作场合性骚扰的定义、国内意义、国际意义、国内实践、在中国的立法可能性等[2]。2007 年 1 月，北京大学法学院妇女法律中心在"关于建立企业防治职场性骚扰机制国际研讨会"上，公布了《企业防治职场性骚扰规则（建议稿）》，并向各企业推荐。随后确立全国十个最大的纺织企业成为推行这部准则的首批试点企业，其中包括北京爱慕内衣有限公司、山东如意集团毛纺有限公司等知名企业[3]。

现在不少企业认识到职场性骚扰行为会导致有价值的员工离职并损害企业形象，不利于企业长期发展，已经有越来越多的企业积极参与职场性骚扰防范机制的建设。中国远洋集团已将性骚扰作为风险防治的重要内容之一，纳入风险管理系统，并取得积极成效。衡水老白干、华北制药、爱慕等企业也积极开

---

[1] 莫兰：《高校性骚扰事件万不可"悄悄处理"》，《中国妇女报》2018 年 1 月 3 日。

[2] 马冬玲：《差距、挑战与对策——"反对工作场合性骚扰国际研讨会"综述》，《妇女研究论丛》2005 年第 3 期。

[3] 《防治性骚扰，企业责任不可免》，中国网，2008 年 11 月 27 日，http://www.china.com.cn/law/txt/2008-11/27/content_16862516.htm。

展防治职场性骚扰培训；在纺织行业已经有 300 多家企业建立了职场性骚扰防范机制；还有部分企业制定了《防止歧视及骚扰管理规定》《禁止歧视、骚扰和虐待的规定》《反歧视和反骚扰管理规定》等预防和制止性骚扰的内部规章，或将禁止歧视和性骚扰的行为条款写进公司"规章制度"和"劳动合同"中。

（四）加强校园性骚扰防范机制建设

校园性骚扰隐藏于正规的教育场所，具有极大的隐蔽性。据统计，从 2014 年至 2017 年，媒体公开报道过的高校教师性骚扰事件就有 13 起，包括北京师范大学的 S 教授被曝对女学生"茶馆下药"事件、厦门大学博士生导师吴某某诱奸女学生事件、北京航空航天大学教授陈某某性骚扰学生等多起公众热议的事件。鉴于校园性骚扰事件的严重性，目前已经形成了受害者揭露、媒体关注、学者呼吁、政府敦促的高校反性骚扰机制建设的推动力量。

全国各省市教育部门积极参与校园性骚扰防范机制建设，如 2017 年 9 月甘肃省政府发布《甘肃省加强中小学幼儿园安全风险防控体系建设实施意见》，要求教育部门健全学校对未成年学生权利的保护制度，对体罚、性骚扰、性侵害等侵害学生人身健康的违法犯罪行为，实行零容忍制度①。对于校园性骚扰的预防，早在 2005 年北京市教委首次向高校下发了"大学生安全意识培养"的教学课件，将防范性骚扰纳入了高校安全教育课堂②。2014 年教育部发布的《关于建立健全高校师德建设长效机制的意见》，严禁教师对学生实施性骚扰或与学生发生不正当关系，这一文件被视为从根本上遏制和杜绝高校师德失范现象发生的依据。

2017 年底，热议多年的校园性骚扰问题，在北京航空航天大学陈某某性骚扰学生事件的实名举报后再次成为社会关注的焦点。2018 年 1 月 1 日，

---

① 参见《甘肃省人民政府办公厅关于印发〈甘肃省加强中小学幼儿园安全风险防控体系建设实施意见〉》，甘肃省政府信息公开网站，2017 年 9 月 27 日，http：//www. gansu. gov. cn/art/2017/9/27/art_4786_322942. html。

② 《防范性骚扰首次被列入高校课程》，北京晨报，2005 年 9 月 15 日，http：//news. qq. com/a/20050915/000300. htm。

美国硅谷华裔女学者罗茜茜，在网上实名举报北京航空航天大学教授陈某某性骚扰多名女学生，强迫学生和他喝交杯酒，用"退学"逼学生离婚，并指出有第三方佐证怀孕女生的存在。针对实名举报，北京航空航天大学回应称"第一时间成立了工作组，开展调查核实，并已暂停陈某某的工作"。1月11日晚，北京航空航天大学在其官方微博发布关于"女博士实名举报北航教授性骚扰"的通报。通报称，对近期关于北京航空航天大学教师陈某某的实名举报和媒体的有关反映，学校本着高度负责、实事求是的态度，认真细致地开展了调查核实工作。现已查明，陈某某存在对学生的性骚扰行为。陈某某的行为严重违背了教师的职业道德和行为规范，造成了恶劣的社会影响。根据国家和学校相关规定，经研究决定，撤销陈某某研究生院常务副院长职务，取消其研究生导师资格，撤销其教师职务，取消其教师资格。

2018年1月14日，教育部决定撤销陈某某"长江学者"称号，停发并追回已发奖金。1月16日，教育部新闻发言人续梅表示，对触犯师德红线、侵害学生的行为坚持零容忍态度，发现一起，查处一起，我们绝不姑息。同时，教育部将会同有关部门认真研究建立健全高校预防性骚扰的长效机制，进一步完善相关制度。

在接到实名举报短短两周时间里，北京航空航天大学快速调查核实，不护短，和教育部分别对陈某某做出严肃处理，力度空前，这反映了我国对高校教师性骚扰学生事件的高度重视和绝不姑息的态度。这一事件的处理，可以说打破了中国"高校性骚扰"的集体沉默，有力推动了校园性骚扰防范和惩处机制的建设。

三　我国禁止性骚扰、维护妇女权益的展望

2017年是我国发展进程中具有特殊重要意义的一年，党的十九大召开，我国进入中国特色社会主义建设的新时代，人权事业发展开启了新的征程。借鉴国外成功经验，完善国家立法，呼吁社会广泛参与，我国在预防和禁止

性骚扰方面已经有所行动，然而从转变观念到法制机制建设，全面杜绝性骚扰依然任重而道远。

（一）禁止性骚扰对保障妇女权益的重要意义

预防和制止性骚扰的法制建设，不仅是我国履行国家公约责任的重要举措，更是依法保护妇女人权的重要内容。

1. 禁止性骚扰是保护妇女人权的重要内容

性骚扰对妇女受害者的影响远超出一般精神和心理伤害，一直延伸到她们的身体健康、婚姻生活、职业前景、名誉和经济等各个方面。禁止性骚扰是国际妇女人权保护的重要内容之一。1985年第三次世界妇女大会通过的《内罗毕战略》把"使青年妇女不受性骚扰"列为主要目标之一。联合国大会1993年通过的《消除对妇女的暴力行为宣言》指出，"针对女性的暴力应当被理解为包含但不局限于身体、性和精神暴力，还包括在工作时遭受的性骚扰和威胁"，从而将性骚扰包括在对妇女暴力的行为类型之中。1995年联合国第四次世界妇女大会通过的《北京宣言》和《行动纲领》再次把性骚扰包括在对妇女暴力的行为类型之中，要求各国采取法律等措施预防和禁止。我国将禁止性骚扰作为妇女权益保护的重要内容，写入了《国家人权行动计划（2016－2020年）》。我国法律对禁止性骚扰做出明确规定，是对妇女人格尊严权的宣示，有利于整个社会形成尊重妇女人权的氛围，是我国人权事业进步的重要标志。

2. 禁止性骚扰是践行宪法性别平等原则的重要途径

性骚扰问题在一定意义上反映出男性对女性的性别歧视。新中国成立后，我国将实现男女平等写入宪法，从法律上赋予了女性与男性平等的地位，并对妇女权益予以特殊保护。1995年，联合国第四次世界妇女大会在北京召开，我国政府向国际社会庄严宣示，把男女平等作为促进我国社会发展的一项基本国策。20多年来，我国经济社会发生了深刻变化，妇女权益的状况也相应发生了很大的变化。禁止性骚扰成为维护妇女的合法权益、提高妇女的社会地位、促进男女平等的重要举措。

3. 禁止性骚扰是维护社会公正、推进社会文明的重要内容

性骚扰的存在是对文明社会的亵渎，是一些人对自己所掌握权力的滥用和对他人的一种控制①。因此，权力不平等、性别不平等也是性骚扰问题出现的一个重要原因。性骚扰破坏了包括尊严、自由及平等在内的社会基本价值。依法预防和制止性骚扰是构建法治社会，推动社会文明、和谐、进步的需要。

（二）禁止性骚扰有待解决的问题和难点

近年来性骚扰事件依然大量发生，事件的预防、处理处置效果等直接考量着相关法制建设。在预防和制止性骚扰的行动过程中依然存在很多有待解决的问题，这些问题与法治目标不符，与人民对安定社会秩序的要求依然有一定的差距。

1. 法律规范的缺失问题

尽管我国关于禁止性骚扰的立法取得了历史性进步，但是既有法律规范存在诸多不便，远不能满足现实需求。第一，《妇女权益保障法》对性骚扰的法律规制过于原则，对于什么是"性骚扰"，性骚扰的法定构成要件规定并不明确，使"禁止对妇女实施性骚扰"的法律条文在某种程度上成为倡导性的口号，缺乏可操作性。第二，禁止性骚扰的补充性法律规范中缺乏对性骚扰行为的规定，在《侵权责任法》《治安管理处罚法》等处罚性法律中都没有关于性骚扰的规定，导致执法机关在处理案件过程中出现法律依据不足的情况，对于一般的性骚扰行为，公安机关只能以猥亵等给予行政处罚，导致性骚扰行为人的违法成本较低，而法院只能以"名誉权纠纷"或"劳动纠纷"为案由立案，而导致性骚扰受害者维权的法律依据不足。第三，现行法律法规中缺乏对责任方的具体约束，导致受害人把大量的时间花费在解决对有关机构的投诉和处理过程中，如通过调解、承诺、调整工作岗位，或者单位的纪律处理等解决，而拖延了通过法律程序寻求及时救助的时机。

---

① 胡健：《法里法外"性骚扰"》，《法制日报》2009 年 6 月 19 日，第 12 版。

法律规范的缺失，不仅导致了维权困境，更引发了社会对性骚扰违法性的认知误区。

2. 社会防范机制的疏漏问题

禁止性骚扰重在预防，及时有效地预防和制止性骚扰违法行为的发生才是保护妇女权益的关键所在。针对性骚扰的重灾区，即职场、校园和公共场所性骚扰问题，需要采取相应的严密的防范措施。然而，这些领域的性骚扰防范机制不健全。这主要表现在两个方面，一是社会组织疏于防范，学校、用人单位以及公共场所治安管理部门等对性骚扰的违法性和危害性认识不足，在硬件设施建设以及规章制度建设方面没有充分考虑预防和制止性骚扰的需要；二是在出现性骚扰等违法行为后，受害者因社会缺乏必要的救助机制而不能维护自己的权利，也不知道如何维护自己的权利，导致证据流失。

3. 行为违法性的认知问题

将性骚扰当作道德错误，而不是违法行为，这是导致性骚扰问题严重的思想根源。虽然国家法律明确规定"禁止对妇女实施性骚扰"，并且一直强调应以制度形式预防和制止性骚扰，但是在社会舆论中依然有大量的声音将遭受性骚扰的原因归咎于女性的"引诱"和"不检点"，甚至臆测女性有不良动机。性骚扰至今仍是女性受害人难以启齿的话题。正如北京航空航天大学陈某某性骚扰学生事件的当事人罗茜茜在接受媒体采访时谈到的，维权过程中的最大困难，除了缺乏相对应的法律和法规以及没有先例可循之外，还有很多来自受害者这方面的压力。"我觉得这要靠女性意识的觉醒，我们要意识到，被性骚扰不是我们的错，而是对方的错。我们应该勇敢地站出来说'不'。"① 应该说，造成认知偏差的原因主要来自两个方面：一是社会性别平等观念依然很弱，受传统社会性耻感文化的影响，不少女性不得不放弃投诉而选择"隐忍"，而受害者选择对侵害者进行控诉则需要极大的勇气；二

---

① 《北航性骚扰事件举报者罗茜茜：结果将对校园性骚扰有震慑作用》，中央人民广播电台中国之声和腾讯新闻联合出品的特别节目《听我说》中主持人和罗茜茜的谈话，2018 年 1 月 14 日。

是法律意识欠缺、维权渠道不畅，进一步阻碍了受害者对性骚扰行为之恶劣性和严重性的认知。

（三）完善我国性骚扰防范机制的建议

党的十九大报告中专门提到"坚持男女平等基本国策，保障妇女儿童合法权益"，而中国人权事业发展也进入了新的发展时期。在全面实现小康社会的决胜时期，维护妇女权益、禁止性骚扰的社会治理能力还需进一步探索和完善。预防和制止性骚扰，不仅要依靠法制，还需要社会多方参与，共担责任，共创文明社会。

1. 培育社会性别平等、相互尊重的人权文化

要形成真正尊重女性、禁止性骚扰的公共文化及权利保护意识，人权文化的启蒙及维权意识与能力培育至关重要。性骚扰在本质上是性别歧视的产物，其中还渗透着权力和资源占有的不平等性。因此，培育性别平等、相互尊重的社会氛围，在全社会树立正确的人权意识，对于维护妇女权益、消除性骚扰具有长远的意义。人权是法律的灵魂依托，对性骚扰受害者人格尊严的保护是法制建设的根本目标。在这样的价值理念指导下，形成一种不再容忍任何形式性骚扰行为的社会共识。

2. 完善禁止性骚扰的法律体系

一是完善《妇女权益保障法》关于性骚扰的法律界定，明确法律意义上性骚扰行为的法律要素和认定标准。二是回应公众对性骚扰法制及公共政策的需求，配套修订《治安管理处罚法》和《侵权责任法》，将性骚扰行为单列规制，并适度加大行政责任与民事侵权责任，以及刑事责任的处罚力度，增加违法行为人的违法成本。三是在《教育法》、《劳动法》以及《就业促进法》等法律中增加关于预防和制止性骚扰的规定，细化预防性骚扰的社会责任主体，依法建立禁止性骚扰的宣传、培训、咨询服务、调查投诉、惩处、监督等制度。

3. 建立反性骚扰的教育培训机制

建立宣传警示、培训教育机制是预防和制止性骚扰的最直接方法，

需要社会各界共同参与和努力。如公共服务部门工作人员接受反性骚扰培训，在公共场所和交通工具上设置反性骚扰广告以及反性骚扰标识，公示性骚扰投诉渠道；教育部门建立预防和制止性骚扰法律知识的教育和培训机制；妇联协力促进各方建立共识，督促反性骚扰机制建立；公安部门则应设立明确的接警和处理性骚扰案件的流程并对警员进行培训。同时，鼓励企业、非政府组织和独立的咨询公司开展防治性骚扰培训项目，制定政策宣言、行动守则、指导手册等，共同杜绝性骚扰问题的出现。

4. 建立健全校园性骚扰防范机制

防范校园性骚扰，文明道德的培育与法律规范的约束两者必不可少。预防和制止校园性骚扰，首先，教育部门应出台专门的反性骚扰规章，划清师德和法律的界限，一旦出现教师触犯法律的行为，都应该依法报警处理，而不是出于学校声誉等的考虑，把违法行为当作教育问题、师德问题进行内部处理。其次，学校应完善预防和制止校园性骚扰的教育、服务、处理等系统性机制建设，在听取师生意见基础之上，出台校规，细化相关制度。再次，完善校园民主机制建设，以预防教师非法利用教学主导权对学生提出非法要求，对学生提出的合理合法的保护措施和设施建设应当予以回应和支持。最后，加强道德培育，定期对在校学生及教职工开展禁止性骚扰的教育及培训讲座，警示教职工洁身自律，培育学生的正直人格，并使学生熟悉反性骚扰法律知识和有关申诉机制。

5. 强化用人单位禁止性骚扰的责任机制

职场性骚扰在一定程度上是一个管理问题，只有用人单位真正参与反性骚扰，才能切实保障劳动者享有安全的工作环境。预防和制止对女职工的性骚扰，是用人单位的责任和义务。一是明确用人单位的过错责任，如果用人单位或雇主没有尽到相应的义务或有过错的，应依法承担相应赔偿责任。二是制定或健全相应的规章制度，明确女性员工的投诉、举报渠道，依托工会、妇联建立性骚扰受害者的帮扶和处理机构。三是推进单位硬件和软件建设，硬件包括在公共场所安装摄像头、可视窗口等，软件包括培育健康的职场文化，定期开展性别平等的教育和培训。

总之，预防和制止性骚扰，保护妇女人权，培育健康的性别文化，维护社会良好的秩序，不仅需要完善有关制度，还需要社会各界共同承担起禁止性骚扰的社会责任，这样，性骚扰违法行为才能无处藏身，社会才会更加文明和谐！

B.14
未成年人网络安全治理新进展[*]

潘 俊[**]

摘　要： 对网络进行治理，是国家行使网络空间主权的体现，是对网络空间秩序与安全的管理，而非对人权的控制，并不违背互联网的独立精神。未成年人网络安全已成为全球网络治理的重要议题。中国政府高度重视未成年人网络安全，积极开展未成年人网络安全教育，大力整治不良网络信息，持续性开展"护苗""净网"等专项行动，有效提升了未成年人安全上网的意识，净化了未成年人上网环境，并通过一系列规范性文件为未成年人涉网行为提供了法律保障。此外，家庭、学校和网络运营商等互联网企业也通过家庭教育与监督、学校网络素质课程、行业自律等在不同层面发挥作用，与政府共同推进网络治理，保障未成年人在网络空间中的安全。

关键词： 未成年人　网络安全　网络治理

"未成年人的工作，是事关未来的事业。"习近平总书记曾表示，"青少年是网络的主力军，保护好青少年不受各种毒箭的侵袭，是党中央、国务院和社会各界共同关注的话题……我们要培育积极健康向上的网络文化……为

---

[*] 本文是2017年重庆市社会科学规划(2016bs010)、2017年重庆市教育委员会人文社会科学研究基地项目(17SKJ010)、中国法学会2017年度部级重点课题〔CLS(2017)B05〕、西南政法大学人权研究院项目(HRI2017007)的阶段性成果。

[**] 潘俊，法学博士，西南政法大学讲师，主要研究方向：民法、网络法等。

广大网民特别是青少年营造一个风清气正的网络空间"。第二届世界互联网大会曾发出倡议,"世界的未来属于青少年,网络的发展塑造青少年。我们应高度重视广大青少年的网络需求,加强对未成年人的网络保护,使互联网真正成为文明之网、绿色之网、健康之网,共同创造世界的美好未来"①。2017 年,第四届世界互联网大会更是首次专设"守护未来:未成年人网络保护"论坛,强调"净化未成年人网络环境,保护未成年人网络权益和安全,对于促进他们健康成长意义重大"。现在的未成年人都是网络空间的"数字原住民"(digital natives)②,生来就处于网络环境之中,较早接触网络。他们容易受到网络的吸引,成为最为活跃的网络群体,却也因缺乏足够的辨析能力和自制能力,深受网络负面影响。因此,加强未成年人网络保护,净化未成年人网络空间,推动网络空间治理法治化逐渐被世界大多数国家提上重要议事日程,也引起我国的高度关注。

"互联网真正让世界变成了地球村,让国际社会越来越成为你中有我、我中有你的命运共同体。"它突破了国家、地区、种族、民族、社会制度等有形和无形的"疆界",打破了时间、空间的限制,实现了人类在全球范围内的交往。个人、国家、政党等各类行为主体在网络这一虚拟空间中相互影响、相互制约。在网络空间已成为继陆地、海洋、天空、太空之后的第五疆域,我国《国家网络空间安全战略》也将其确认为与陆地、海洋、天空、太空同等重要的人类活动新领域背景下,互联网的快速发展使国家主权、国家利益和国家安全都面临新的挑战。"网络主权受到侵犯,国家利益受到损失,网络攻击、网络犯罪、网络恐怖主义等行为,时刻威胁着国家安全。"③ 网络空间不是法外之地,与现实

---

① 未成年人是一个法学概念,年龄在 18 岁以下。青少年是一个社会学概念,不同语境下其年龄范围不同。文章引用到的相关研究报告中,青少年多指年龄在 18 岁以下的,如《2016 互联网不良信息对青少年的危害分析白皮书》将高中生及其以下的划为青少年,《青少年网络欺凌调查报告》将年龄在 18 岁以下的划为青少年,也有极少数将 25 周岁以下定义为青少年的,如《中国青少年上网行为调查报告》指出青少年网民是指年龄在 25 周岁以下的网民。尽管文章部分引用了后者数据,但都为报告中指出的涉及"未成年"这一群体的相关数据。

② 〔美〕约翰·帕尔弗里、〔瑞士〕厄尔斯·加瑟:《网络原住民》,高光杰、李露译,湖南科技出版社,2011。

③ 余丽:《共同构建网络空间命运共同体》,《光明日报》2015 年 12 月 18 日,第 4 版。

社会一样既需要自由也需要安全。没有网络安全，就没有国家安全。作为国家主权空间范围，国家对网络空间进行管理是主权行使的必然要求和结果。"作为虚拟与现实世界中人、网络设备、软件产品的管理者，国家必然是网络空间治理的关键主体。"① 西方国家对我国进行互联网监管一直颇有微词，质疑中国的网络是局域网，但监管不等于不自由，不是对网络进行控制、监视，而是对互联网安全、稳定的管理，并不违背互联网的独立精神。实际上，以美国为代表的西方国家网络遭遇的重重社会危机以及日益严密的网络监管，恰好反证中国对互联网的监管是正确的②。当前，全球网络治理开始转向"以认同主权、和平、开放、有序为基础、以构建网络空间命运共同体为目标、以发展和繁荣网络经济为驱动、以共享共治为路径的新模式"③。在这一过程中，中国始终秉承一种平等的姿态，积极倡导、推动各国共同参与全球互联网治理，深入贯彻实施习近平总书记提出的"四项原则""五点主张"。"构建网络空间命运共同体"等全球互联网治理主张得到全球积极响应，体现了我们推动全球互联互通、共享共治的发展理念，以及我们作为网络大国的责任与担当。未成年人网络安全治理是互联网治理中的关键议题，是对我国网络空间下未成年人安全的切实保障，也是对互联网全球治理提供一种"中国方案"，贡献一种"中国智慧"。

一　我国未成年人网络安全的现存问题

（一）我国未成年人使用网络的基本情况

随着互联网的普及与发展，未成年人已成为我国网民的重要组成部分。

---

① 温柏华：《网络空间治理的政治选择》，《中国信息安全》2013 年第 5 期。

② 《美国的乱象证明中国管对了互联网》，新华网，http：//www.xinhuanet.com/world/2017 - 03/16/c_129510666.htm。

③ 戴丽娜、惠志斌、支振锋：《中国智慧助力互联网全球治理》，《人民日报》2017 年 4 月 19 日。

截至 2017 年 6 月，我国网民数量已经达到 7.5 亿人。未满 19 岁的网民达到
1.69 亿人，占网民总数的五分之一多。其中，10 岁以下网民占比约为 3%，
约 0.225 亿人；10～19 岁的网民占比约为 19.5%，约 1.46 亿人[1]（见图
1）。不仅越来越多的未成年人开始接触网络，且接触网络的时间越来越早。
2015 年，青少年网民占整体网民的比例为 41.7%，其中未成年网民数量为
1.34 亿，占青少年网民的 46.6%，触网率几近 95%[2]；6～11 岁的未成年群
体中，26% 在小学之前首次触网，74% 在小学阶段首次触网；而 12～18 岁
的未成年人群体中，在小学和中学阶段首次触网的比例分别为 50.5% 和
47%。而到 2017 年，未成年首次触网年龄进一步提前，首次触网集中年龄
段由 15 岁降到 10 岁，占 46.8%，最低触网年龄 3 岁以下的占 1.1%[3]。

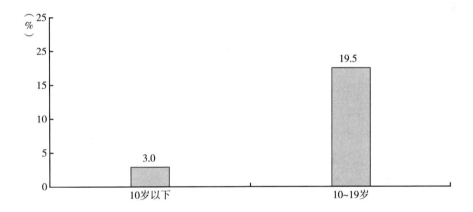

图 1　2015 年至 2017 年 6 月 19 岁以下网民占全国网民的比重

资料来源：第 39、40 次《中国互联网络发展状况统计报告》。

　　根据 2016 年 1 月 5 日中国少先队事业发展中心等单位发布的《第八次
中国未成年人互联网运用状况调查报告》，中国未成年人互联网接触率为

---

① 第 40 次《中国互联网络发展状况统计报告》。
② 中国互联网络信息中心《2015 年中国青少年上网行为研究报告》，腾讯《儿童安全上网指
　引报告》。
③ 中国预防青少年犯罪研究会调研：《未成年人触网：要设防，要快设防！》

91.9%，其中城市未成年人触网率为94.7%，农村未成年人为88.4%，留守儿童为80.9%（见图2）。

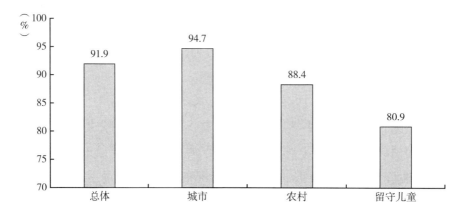

图2　不同群体未成年人互联网接触率

资料来源：《第八次中国未成年人互联网运用状况调查报告》。

特别值得注意的，根据上述调查报告，中国未成年人10岁前首次触网率达56.4%，其中城市未成年人62.7%，农村未成年人48.4%，留守儿童43.0%（见图3）。

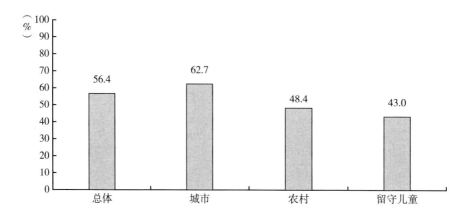

图3　不同群体未成年人10岁以前首次触网比例

资料来源：《第八次中国未成年人互联网运用状况调查报告》。

未成年人使用网络依赖性较强，网络素养有待提高。网络素养是通过电脑及网络资源进行定位、组织、理解、估价和分析信息的能力，是应对互联网时代的一种基本能力，常包括使用网络的知识、技能和网络沟通交流中的伦理道德修养。《2017青少年网络素养调查报告》将网络素养划分为"上网注意力管理"、"网络信息搜索与利用"、"网络信息分析与评价"、"网络印象管理"和"自我信息控制"五个维度，通过14个指标、62个操作化定义对22个省份、7044名青少年进行网络素养测量。调查发现，青少年网络素养平均得分为3.55分（满分5分），网络素养水平总体上处于及格线以上。其中，自我信息控制的平均得分最高（3.64分），网络印象管理的平均得分最低（3.31分）。如在使用网络的目的上，未成年人较少使用网络进行学习，游戏是小学生使用最多的互联网应用服务，达40%；而社交/聊天是初中生和高中生使用最多的互联网应用服务，达66%[1]。此外，未成年人也存在较多网络认知和判断误区。如6.5%的未成年人和36.3%的未成年犯认为观看色情视频可以更好地了解性知识；7.9%的未成年人和29.1%的未成年犯认为观看网络暴力视频可以缓解压力；7.1%的未成年人和21.2%的未成年犯认为一对一的网络视频脱衣聊天不是色情行为；7.5%的未成年人和23.4%的未成年犯认为在网络上可以散布谣言[2]。

根据《第八次中国未成年人互联网运用状况调查报告》，未成年人利用网络主要从事的前五位事情分别为"听音乐"（53.0%）、"QQ聊天"（50.1%）、"玩游戏"（42.6%）、"看视频"（35.8%）和"查资料"（32.3%）（见图4）。

---

[1] 共青团中央网络影视中心、未来网与360互联网安全中心：《中国青少年上网行为习惯调查报告》。

[2] 《未成年人接触网络不良信息的状况及危害》，"共青团在构建健康网络环境中作用研究"子课题三。

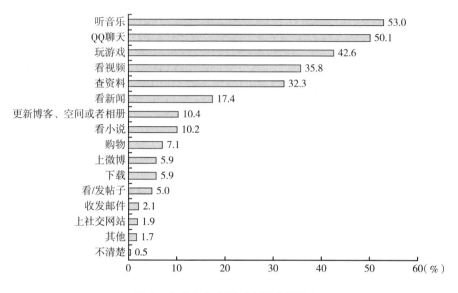

图4　未成年人上网时主要在干什么

资料来源:《第八次中国未成年人互联网运用状况调查报告》。

(二)网络对未成年人的影响

网络拓宽了未成年人学习、交流的范围与途径,促使他们形成新的观念与认知。通过网络,未成年人可以更快、更多地接触到各类信息,感受到不同国家、民族、文化的熏陶,视野得以开阔,强烈的求知欲也得以满足。而网络的开放性、平等性、虚拟性等特点也打破了交往的身份、地位、财产等限制,使未成年人网上交流、交友更加自由、快捷,不仅扩大了未成年人的社交范围,也提升了未成年人的社交能力,给学习、生活带来了极大便利。

未成年人享受到了网络的便利,同时也深受大量不良网络信息的影响。国内首个青少年上网安全报告《2016互联网不良信息对青少年的危害分析白皮书》显示,近八成的青少年曾接触过不良信息,其中以诈骗、色情和暴力为主。《中国青少年网络使用与保护调研报告(2015)》显示,我国青少年网民在使用互联网的过程中色情图文、视频等弹出的比例高达 71.1%，网聊、游戏和动漫、网络秀场中接收到该类不良信息的比例分别高达 43.1%、31.2% 和 25%。71.4 的网络淫秽色情信息和 59.8% 的网络暴力信息都是未成年人浏览网页时自动跳出，真正主动获取该类信息的分别仅占 5.9% 和 4.8%①。这些色情、暴力信息直接诱发未成年人强奸、盗窃、抢劫等严重犯罪，占未成年人整体犯罪的比例高达 80%。未成年人不仅被动接受不良网络信息，也难以充分使用与其成长需求相匹配的网络文化产品，如网络图书、音像等。盛大、腾讯、网易等占有网游市场较大份额的企业主要运营 18 岁以上人群的游戏，适合未成年人的游戏少之又少。

此外，未成年人人身、财产权益易受到通过网络实施的各类不法行为侵害，网络诈骗、网络欺凌、个人信息被侵害等现象较为突出。《中国青少年上网行为习惯调查报告》数据显示：近六成青少年曾遭遇网络威胁，其中电信诈骗和账号被盗最为常见，其次是个人信息资料被窃取。仅 2015 年上半年，360 互联网安全中心共接到网络诈骗报案 24886 起，其中 16 岁以下青少年报案总数为 1136 起，占报案总数的 4.6%②。2016 年 1～11 月，猎网平台共接到全国 18 岁以下青少年网络诈骗受害者举报 1697 人次，占猎网平台接到网络诈骗举报总量的 11.8%，人均损失 1845 元③（见图 5）。《青少年网络欺凌调查报告》显示，仅广州、香港、澳门三地的青少年中欺凌他人者比例为 68%，受欺凌者比例为 72.9%，其中广州 61.7% 的青少年过去一年曾对人实施网络欺凌，71.2% 的青少年过去一年曾遭网络欺凌，同时为网络欺凌者与受欺凌者占受访人数的 61.4%。

① 《未成年人接触网络不良信息的状况及危害》，"共青团在构建健康网络环境中作用研究"子课题三。
② 共青团中央网络影视中心、未来网、360 互联网安全中心：《中国青少年上网行为习惯调查报告》。
③ 共青团中央网络影视中心、猎网平台、中青奇未：《2016 互联网不良信息对青少年危害分析白皮书》。

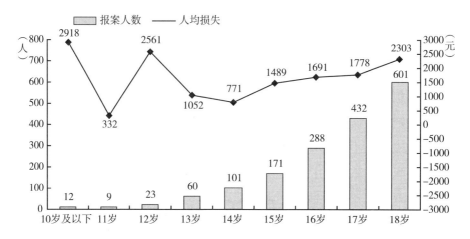

图5　2016年1~11月网络诈骗未成年受害人年龄与人均损失对比情况

资料来源:《2016互联网不良信息对青少年危害分析白皮书》。

二　未成年人网络安全的政府治理

　　未成年人受到网络负面影响,或源于自身认识、辨别能力不够,或源于客观网络环境恶劣,都属于网络空间治理的范畴。作为国家事务的管理者,政府在网络事务中有重要责任,居于网络治理的中心地位,在未成年人网络治理中发挥主导作用。十九大报告提出,要加强互联网内容建设,建立网络综合治理体系,营造清朗的网络空间。"目前我国已成立了以习近平总书记为组长的网络安全和信息化领导小组,解决了互联网管理的顶层设计问题。在此基础上,各级政府也在加快推进宣传、政法、公安、教育、科技、财政、工信、文化、新闻出版广电等部门相关职能的整合推进,确保网络运作协调高效。"[1] 我国各级政府高度重视未成年人网络安全问题,通过部署多部门联合行动,形成长效机制,培养未成年人的网络安全意识,保持风清气正的网络空间,为未成年人上网提供安全保障。

---

　　[1]　杨畅:《政府网络治理能力现代化实践途径》,《光明日报》2015年4月15日,第13版。

（一）积极开展网络安全教育，提升未成年人网络素养

2013 年起，共青团中央、中国少年先锋队全国工作委员会指导开展国家级工程"青少年网络安全教育"，通过建设国家网络安全青少年科普基地、网络安全体验式科普平台等，在全国中小学进行一系列网络安全教育课程和公益活动，推动青少年人群网络安全基础教育的发展。截至2017 年 9 月，"青少年网络安全教育工程"已覆盖全国 31 个省份，辐射人次超过4000 万①。2015 年中央网信办、教育部等十部委联合建立首个"国家网络安全青少年科普示范基地"，面向学生群体及家长，通过从北京到全国、线下到线上的可持续运营模式和互动体验等形式，提升未成年人的网络安全意识和网络安全知识。2016 年，中央网信办、教育部、共青团中央指导建立全国首个网络安全科普流动基地"网络安全战车"，行驶 23000 多公里，向全国 10 个省份、43 座城市、100 多个市县、10 多万师生传播网络安全知识。截至 2017 年，15 个省份、3000 多万人次通过"网络安全战车"提供的 AR、VR、4D 体感、语音识别等互动形式充分了解到网络安全知识。2017 年，"护苗"专项行动推出"网络安全进课堂"与"网信普法进校园"、"法治进校园"等一系列活动，不断提高未成年人网络文明素质。在"护苗"行动中，各地全面深入开展"绿书签 2017"系列宣传教育活动，通过在学校张贴宣传海报、派发绿书签、组织签名、发倡议等多种形式引导未成年人安全上网、文明上网。宁夏银川市少年宫青少年电子阅览中心、湖南长沙市社区电子阅览室、浙江省绍兴市社区电子冲浪室、湖南省校园网络建设等，则通过积极创造良好的上网空间，使众多小学生远离网吧，健康、文明上网②。江西省等地还搭建全省网吧技术监管平台，通过上网实名制、人脸识别、自动报警、信

---

① 《加强青少年网络安全教育，培养中国互联网健康新力量》，法制网，http：//www. legaldaily. com. cn/zt/content/2017 – 09/18/content_7321597. htm。

② 《各地政府引导青少年健康上网》，人民网，http：//www. techweb. com. cn/news/2005 – 09 – 30/22983. shtml。

息屏蔽等技术手段，防范未成年人违规进入网吧①，从接入网络初始就确保未成年人的上网安全。

（二）大力整治不良网络信息，有效净化未成年人网络环境

持续性实施"青少年网络安全中国行""净网""护苗""秋风"等专项行动，大力整治涉未成年人网络有害信息，加强对涉未成年人网络有害信息案件的查办工作。"护苗2015·网上行动"集中治理以少年儿童为主要用户的重点网站、重点应用和重点环节，坚持实际工作和新闻宣传联动、举报工作和整治工作联动、新兴媒体和传统媒体联动，有效净化网络环境。2017年"护苗"行动重点强调净化未成年人上网环境，通过各个部门综合执法清理了网站、搜索引擎等途径传播的网络暴力色情及低俗信息，关闭了一批违法违规网站和频道，并处罚了一批开设淫秽色情网站、传播淫秽色情信息的人员，严厉打击利用互联网侵害未成年人权益的违法犯罪行为。2017年1~4月，全国共清理、删除淫秽色情等有害信息42万余条。江苏省"护苗"行动更是查办了苏州"2·08"特大微信传播淫秽物品牟利案、南京"2·21"利用微信跨省传播淫秽物品牟利案等多起涉未成年人传播网络有害信息的案件。此外，北京、浙江、广东、江苏等地加强检测辖区内网络文学、游戏、动漫等网站及应用，尤其强化休息日、节假日等未成年人易触网重点时段的监测，清理含有妨害未成年人身心健康的有害网络出版物及信息。在传统互联网端口之外，加强对手机等移动端口的检测，特别是对手机游戏市场的规范。2017年，文化部集中执法检查手机游戏市场，在手机游戏产品中随机抽取50款进行"全身体检"，严格查处违法违规经营行为，并督办各地文化市场综合执法机构查办网络游戏案件80余件②。

我国网络不良信息整体有所整治，但因未区分成年人和未成年人，使得

---

① 《江西：利用人脸识别系统杜绝未成年人违规进网吧》，新华网，http：//news. xinhuanet. com/2017–05/28/c_1121052637. htm。

② 《文化部严查网络游戏市场禁止内容，开展手机游戏市场集中执法检查》，新华网，http：//news. xinhuanet. com/politics/2017–11/29/c_1122032282. htm。

未成年人仍能接触到较多成年时才适合接触的信息，本质上也属于未成年人
"不良信息"范畴。实施信息分级制度，根据网络信息包含的低俗语言、暴
力程度、裸露程度等，对互联网信息进行分类、标识，并进行相应的过滤，
可以有效避免未成年人接触到不宜接触的信息①。区分未成年人和成年人两
个不同主体，再根据未成年人不同年龄阶段划分不同层次的网络内容，如
0~6 岁、6~10 岁、10~16 岁、16~18 岁等②。同时，在对文字、视频、网
络游戏等进行分级的基础上，进一步划分为对未成年人有害的违法网络信息和
未成年人不宜接触的网络信息，对应不同年龄阶段的未成年人③。如此一来，形
成网络主体和网络信息的双向治理机制，既确保排除了不利于未成年人接触的
信息，也保证了未成年人使用网络的权利和其他成年人相关的网络权益。

（三）加强制定未成年人涉网安全的法律规范，提供全面法律保障

习近平总书记指出："要抓紧制定立法规划，完善互联网信息内容管
理、关键信息基础设施保护等法律法规，依法治理网络空间，维护公民合法
权益。"2017 年，《中华人民共和国网络安全法》《互联网新闻信息服务管
理规定》《网络产品和服务安全审查办法（试行）》等一批互联网领域的法
律法规正式施行。至此，我国互联网法律体系已经初步建立，构建出以
《网络安全法》《互联网信息服务管理办法》为代表的法律、《互联网上网服
务营业场所管理条例》《互联网视听节目服务管理规定》《网络游戏管理暂
行办法》等构成的行政法规、部门规章的三层级规范体系，为未成年人网
络安全提供了基础性、概括性的法律保障，如禁止未成年人进入网吧等互联
网上网服务营业场所，排除含有诱发未成年人模仿违反社会公德和违法犯罪的
行为以及恐怖、残酷等妨害未成年人身心健康的内容的网络游戏、视听节目。

---

① 杨攀：《我国互联网内容分级制度研究》，《法律科学》（西北政法大学学报）2014 年第 2
期。
② 可参考中国网络游戏分级标准。
③ 谢永江、李嘉宁：《我国未成年人网络信息分级制度建构》，《江西社会科学》2016 年第 10
期。

表1　2014～2017年与未成年人网络安全相关的部分全国规范性文件

文件名	发布部门	实施日期	与未成年人网络安全相关的内容
《关于严格规范网络游戏市场管理的意见》	中共中央宣传部、中央网信办、工业和信息化部、教育部、公安部、文化部、国家工商总局、国家新闻出版广电总局	2017.12.28	对价值导向严重偏差、含有暴力色情等法律法规禁止内容的,坚决予以查处;对内容格调低俗、存在打擦边球行为的,坚决予以整改;对未经许可、擅自上网运营的,坚决予以取缔
《网络安全法》	全国人大常委会	2017.6.1	国家支持研究开发有利于未成年人健康成长的网络产品和服务
《未成年人网络保护条例(送审稿)》	国务院	2017.1.6	全文
《互联网上网服务营业场所管理条例》(修订)	国务院	2016.2.6	禁止未成年人进入营业场所,悬挂未成年人禁入标志;中小学范围200米内不得设立互联网上网服务营业场所
《关于进一步加强对网上未成年人犯罪和欺凌事件报道管理的通知》	国家互联网信息办公室	2015.6.30	对网上涉及未成年人犯罪和欺凌事件报道做出严格要求:不得渲染涉及未成年人校园暴力、体罚等行为,不得突出报道未成年人犯罪案件;不得披露未成年人个人信息等
《关于深入开展网络游戏防沉迷实名验证工作的通知》	国家新闻出版广电总局办公厅	2014.10.1	落实《关于保护未成年人身心健康实施网络游戏防沉迷系统的通知》《关于启动网络游戏防沉迷实名验证工作的通知》
《开展打击网上淫秽色情信息专项行动的公告》	全国扫黄打非工作小组、国家互联网信息办公室、工业和信息部、公安部	2014.4.13	全面清查严重危害未成年人身心健康的网上淫秽色情信息

　　但是目前我国并没有调整未成年人网络安全的专门性法律,现有直接涉及未成年人网络的规定较为抽象,可操作性不强。如《未成年人保护法》第23条①、《网络安全法》第13条②都规定了国家采取措施预防未成年人沉

---

① 《未成年人保护法》第23条:"国家采取措施,预防未成年人沉迷网络。国家鼓励研究开发有利于未成年人健康成长的网络产品,推广用于阻止未成年人沉迷网络的新技术。"
② 《网络安全法》第13条:"国家支持研究开发有利于未成年人健康成长的网络产品和服务,依法惩治利用网络从事危害未成年人身心健康的活动,为未成年人提供安全、健康的网络环境。"

迷网络、支持研发促进未成年人健康成长的网络产品，但都只是原则性规定，缺乏具体落实的指引性规范。同时，《网络游戏管理暂行办法》《互联网上网服务营业场所管理条例》等规范性文件都为部门规章，位阶较低，颇为零散，缺乏系统性和完整性。2016年10月，《未成年人网络保护条例（草案征求意见稿）》公开向社会广泛征求意见，并于2017年1月公布了条例送审稿。作为我国首部专门针对网络环境下未成年人保护的法律，《未成年人网络保护条例（送审稿）》从多个角度强调保障未成年人网络安全：规定对未成年人实施网络欺凌可能被依法追究刑事责任；强化未成年人网上个人信息的保护；要求公共上网场所应当安装未成年人上网保护软件；通过网游"宵禁"等干预和预防未成年人沉迷网络。日后《未成年人网络保护条例》的公布与实施将为政府、家庭、学校等社会共同保障未成年人的网络空间安全与合法权益提供最为全面的法律指引。

三 未成年人网络安全的社会治理

"网络安全是共同的而不是孤立的……维护网络安全是全社会共同责任，需要政府、企业、社会组织、广大网民共同参与，共筑网络安全防线。"[1] 网络空间的政府治理与网络自由之间根本上不是对抗性的，以国家为中心的网络治理模式与多个利益攸关方的治理模式之间应该是合作互补的[2]。政府之外，家庭、学校、互联网企业等在网络空间的不同层面发挥着不同程度的作用，共同保障未成年人的网络安全。

（一）家庭

家庭是未成年人首要的成长环境，也是未成年人主要的上网场所。《中国青少年网络使用与保护调研报告（2015）》显示，76%的小学生、

---

[1] 《共同营造安全稳定繁荣的网络空间》，习近平总书记在2017年网络安全宣传周上的讲话，http://www.cac.gov.cn/2017-09/15/c_1121669526.htm，最后访问日期：2017年12月30日。

[2] 温柏华：《网络空间治理的政治选择》，《中国信息安全》2013年第5期。

87%的初中生和80%的高中生选择在家里上网①。当前，家长常通过管理手机、Pad等上网端口，和学校老师保持联系，控制上网时间等约束未成年人上网，一旦发现接触到不良信息、不合理的网络消费、受到网络侵害，多采用断网、训诫的教育方式，在一定程度上避免未成年人再次受到网络负面影响。越来越多的家庭也开始注意到良好的家庭环境、和谐的家庭关系对未成年人正确、合理使用网络的影响，主动和未成年人交流网络安全知识，帮助他们树立正确的价值观，避免被网络"绑架"；积极参与学校等组织的网络安全课程学习，使用各类未成年人网络保护平台、未成年人上网安全软件，参与、监督未成年人网络活动。对于未成年人沉迷于网络的，在劝阻无效之际，父母常选择将其送到社会网戒机构、戒网学校。但因戒网采取的强制措施并不规范，可能"戒除"了未成年人"网瘾"，却导致父母与孩子之间的关系恶化，给未成年人的身体、心理造成深远影响。未成年人沉迷于网络，更强调通过心理沟通与疏导进行干预，鼓励他们走出网络，多参加社会活动。即使通过外界人员力量进行干预，家长也应谨慎选择、密切联系，进行充分的"事后"补救。同样，对涉嫌网络犯罪的未成年人、受到网络违法犯罪行为侵害的未成年人，家长及时发现后，积极进行教育、感化，帮助未成年人更好地步入正轨，使其权益得到应有的救济。在未成年人网络安全治理中，家庭将继续发挥网络安全教育、未成年人网络行为监督与管理的作用，并通过良好的家庭环境影响、塑造未成年人的行为模式。

（二）学校

学校是未成年人第二大生活场域，更是重要的学习区域，在未成年人网络安全保障中发挥着不可或缺的作用。2017年，全国"扫黄打非"办公室联合腾讯公司，针对青少年设计、开发网络安全课程，将个人隐私保护、远离不良信息、防止网络诈骗等当前网络热点问题纳入课程，并结合未成年人

---

① 《互联网不良信息对青少年的危害分析白皮书（2016年）》。

心理发展特点，创新讲课和互动形式。目前，北京、上海、广东、浙江、贵州、宁夏、湖南等 14 个省份 20 余所中小学已引入该课程①。在国家网络安全宣传周——"网络安全进校园"活动中，全国各地区各学校积极组织学生、教师、家长共同参与学习，通过发放网络安全宣传资料、张贴宣传海报、设立咨询台、邀请专家结合生活实际案例进行讲座、举办网络安全知识竞赛等多种活动，加强大家对网络的认识、辨别和利用能力，帮助未成年人树立正确的网络法制和网络伦理道德观念，引导未成年人绿色上网、安全上网、文明上网。特别是在校园网络欺凌、网络暴力事件中，学校组织各类"校园防欺凌"法制宣传活动，印发《网络欺凌预防指南》等，开展校园防止欺凌主题班会，进行校园欺凌专项治理，特别是强调网络欺凌的危害，通过鲜活的事例、生动的讲解，让学生意识到校园欺凌事件和传播网络谣言的危害，也学会了如何应对校园欺凌、抵制网络谣言。网络已经在众多农村地区普及，但这些地区的中小学，尤其是寄宿制学校的未成年人网络安全保障仍有较多漏洞，如教师网络素质不够、校园网络文化建设匮乏等。将网络素养课程纳入中小学必修课程，统一安装未成年人上网保护软件，对未成年人进行网络安全知识讲授，当其遭遇网络侵害时提供及时保护与救助，将为未成年人网络安全提供更好、更全面的保障。

（三）互联网企业

在家庭、学校之外，互联网企业作为重要的网络行为主体也是构建未成年人网络安全体系的重要一环。在 2017 年互联网低俗色情信息专项整治行动中，各大互联网企业在相关部门督促下，积极履行企业主体责任，深入开展自查自纠，主动清查低俗色情等有害信息。新浪微博关停传播低俗色情信息的账号 5.3 万余个；百度公司屏蔽色情网页链接 1.8 万余条，集中清查百度网盘、百度贴吧等交互类产品，共清理色情低俗信息 593 万余条；网易、

---

① 张贺：《2017 年"扫黄打非"成果丰硕　构建清朗健康环境》，《人民日报》2018 年 1 月 5 日。

腾讯、新浪、搜狐等商业门户网站清理各频道帖文及跟帖评论中的低俗色情信息，日清理量均达 1 万余条；快手平台日均处置低俗色情信息超 10 万条；华为应用市场审核了 9 万余款 App 应用，发现涉黄问题应用 155 款，全部予以下架处理①。此外，互联网企业自身切实践行未成年人网络保护优先的理念，利用自身优势，不断探索未成年人在线保护的新技术、新方法。2017年 6 月，腾讯公司成立"保障未成年人健康安全上网联合项目组"，把未成年人权益放到公司业务运维、产品设计优先考虑的位置；创立了"企鹅伴成长"儿童权利保护品牌，将未成年人保护行动置于统一的项目管理之下；打造品牌项目"腾讯安全课"，带着网络安全走进校园；加入 WeProtect 保护未成年联盟，参与全球未成年人网络治理；在手机 QQ 新闻中设置专门供儿童使用的新闻插件，推出"腾讯游戏成长守护平台"帮助家长监督未成年人上网情况等。腾讯还与完美时空、盛大游戏、网易、搜狐畅游、巨人网络等五家网络游戏企业共同发起并参与实施"网络游戏未成年人家长监护工程"的社会性公益行动，加强了家长对未成年人参与网络游戏的监护，引导未成年人健康、绿色参与网络游戏。其他诸如百度等互联网企业，也通过设立成长守护平台、限制未成年人每天登录时长、强化实名认证体系等，打造了互联网企业履行保护未成年人免受网络消极影响的社会责任、共同参与网络治理的积极氛围②。在利用这些技术进行未成年人网络平台和上网软件的开发和使用中，网络信息服务者注意严格履行审查义务，强化对未成年人个人信息、隐私的保护。

① 《互联网低俗信息整治成效显著　新浪百度等均涉及》，搜狐网，http：//www.sohu.com/a/194445703_428290。
② 《随笔：借鉴海外经验　中国互联网企业负有更大社会责任》，新华网，http：//www.xinhuanet.com/2017－07/12/c_1121306751.htm。

B.15
校园安全建设与未成年人人身
安全保障新进展

钟 慧 黄周正*

摘 要： 2017 年，我国确立校园安全在公共安全和社会治安综合治理中的
突出地位，明确学校安全风险防控的总体要求，完善学校安全风
险预防体系，健全学校安全风险管控机制，完善学校安全事故和
风险化解机制，强化领导责任和保障机制。但是，我国校园安全建
设与未成年人人身安全保障工作仍然面临校园安全建设立法体系不
健全、重硬件建设轻软件建设、社会力量参与度低等问题。

关键词： 校园安全建设 未成年人权利 法律保障

构建校园安全风险防控体系，加强未成年人人身安全保障，不仅是
保障未成年人基本权利的要求，也关系到家庭幸福和社会稳定、国家发
展。我国《宪法》、《未成年人保护法》、《教育法》和《义务教育法》
均明确规定①，国家有保护未成年人的义务，中小学校、幼儿园、托儿所
应当建立安全制度，保护学生身心健康。2016 年，我国中小学和幼儿园
非正常死亡人数同比下降 9.2%，溺水、交通事故仍占较大比重②，涉校

---

* 钟慧，西北民族大学讲师，法学博士，主要研究方向：宪法、人权法；黄周正，四川大学
法学院人权法研究生，主要研究方向：人权法。
① 《宪法》第 49 条，《未成年人保护法》第 22 条，《教育法》第 45 条，《义务教育法》第 16
条、第 23 条、第 24 条、第 42 条。
② 马海燕：《教育部推安全教育实验区 加强学生安全教育》，中国新闻网，2017 年 11 月 24
日，http://www.chinanews.com/sh/2017/11 - 24/8385074.shtml。

刑事案件连续 4 年下降①。与此同时，社会矛盾凸显、刑事犯罪多发，给校园安全带来新的挑战。2016 年至 2017 年 11 月，检察机关共批准逮捕强奸、猥亵、拐卖、故意伤害等侵害未成年人犯罪案件 5.8 万余人，起诉 8 万余人；批准逮捕校园暴力犯罪案件 6426 人，起诉 9926 人②。2013 年至 2017 年 11 月，对未成年犯罪嫌疑人批捕 18 万余人，起诉 27 万余人③。2016 年全国法院共审理校园欺凌犯罪案件 213 件④。可以看出，目前校园安全中的未成年人安全问题，主要涉及校内安全（学生间和师生间）和校区安全两大领域，而校园安全也成为 2017 年民生热词之首⑤。2017 年，国务院发布了《国务院办公厅关于加强中小学幼儿园安全风险防控体系建设的意见》（以下简称《意见》），教育部也相继印发《教育部办公厅关于加强中小学（幼儿园）周边安全风险防控工作的紧急通知》，要求依法治理、立足长效，以人为本、全面防控，统筹协调、综合施策，分类应对、突出重点，构建校园安全风险防控体系。

一 2017 年校园安全建设与未成年人人身安全保障的新进展

（一）依法治理立足长效，完善法律政策体系

1996 年初，国家教委、劳动部、公安部、交通部、铁道部、国家体委、卫生部联合发出通知，建立全国中小学生“安全教育日”制度，“校园安

---

① 胡浩：《把校园建设成最阳光最安全的地方》，新华网，2017 年 4 月 12 日，http：//news. xinhuanet. com/politics/2017－04/12/c_1120798735. htm。
② 张昊：《检察机关倾心办案呵护民生民利》，《法制日报》2018 年 3 月 5 日，第 3 版。
③ 张子扬：《中国最高检：要严厉打击侵害幼儿园儿童犯罪》，中国新闻网，2018 年 3 月 5 日，http：//www. chinanews. com/gn/2018/03－05/8460239. shtml。
④ 杨伟然：《最高法院首次将校园欺凌案件写入工作报告》，河南省高级人民法院网，2017 年 3 月 13 日，http：//www. hncourt. gov. cn/public/detail. php？ id =169295。
⑤ 张意轩：《2017 十大民生热词发布——老幼受关注　安居成焦点》，《人民日报》2017 年 12 月 27 日，第 13 版。

全"建设对未成年人各项基本权利保障的重要性得到充分肯定。2006 年，教育部、公安部、司法部、建设部、交通部、文化部、卫生部、国家工商总局、国家质检总局、国家新闻出版总署联合制定《中小学幼儿园安全管理办法》。2007 年，教育部制定《中小学公共安全教育指导纲要》。2010 年，《国家中长期教育改革和发展规划纲要（2010－2020 年)》及 2012 年《国家教育事业发展第十二个五年规划》提出的"加强学校安全教育和安全管理"任务要求，进一步推进了学校及周边安全治理，取得了显著成效，学校安全形势总体稳定。2017 年，国务院《意见》要求实现校园安全风险防控的体系化建设，这是我国首次明确校园安全在公共安全中的独立重要地位，意味着我国对校园安全建设及未成年人人身安全保障迈入新阶段，也意味着校园安全与未成年人人身安全保障进入系统化建设阶段。

1. 加强校园安全建设与未成年人人身安全保障的宏观指导

从推进学校及周边安全治理到加强学校安全风险防控体系建设，我国校园安全建设与未成年人人身安全保障从分散治理向体系化建设迈进。2017 年 4 月，国务院《意见》明确了学校安全风险防控的总体要求，完善学校安全风险预防体系，健全学校安全风险管控机制，完善学校安全事故和风险化解机制，强化领导责任和保障机制。之后，教育部、公安部以及中央综治办、最高人民法院、最高人民检察院、公安部、民政部、司法部、人力资源和社会保障部、共青团中央、全国妇联、中国残联等各有关部门也相继出台了指导性文件，从校园安全和校区安全入手，为构建校园安全体系保障未成年人人身安全提供了有力的制度支撑（见表 1)。

2. 制定校园安全建设与未成年人人身安全保障的具体规划

2017 年，各省市充分结合省情与实际，按照《意见》要求，相继印发了加强校园安全建设与未成年人人身安全保障的文件，以分类构建适合各省实际情况的校园安全风险防控体系，为保障未成年人人身安全提供制度支撑。除此之外，各地还结合本地实际，对《意见》中的各项措施进行细化和充实，积极构建相应制度推动校园安全建设的各项工作（见表 2)。

表1 2017年有关部门关于建设校园安全保障未成年人人身安全的措施

发布时间	发布机关	措施	文件内容
2月17日	教育部基础教育一司	发布《教育部基础教育一司关于做好2017年中小学生安全教育工作的通知》	提升中小学校安全教育水平,提高中小学生安全素养,减少中小学生伤害事故和非正常死亡人数,切实保障中小学生安全健康成长,全力维护教育系统和谐稳定
4月26日	教育部	发布《教育部关于印发〈幼儿园办园行为督导评估办法〉的通知》(教督〔2017〕7号)	促进幼儿园规范办园行为,保障幼儿安全
6月16日	教育部办公厅	发布《教育部办公厅关于加强中小学(幼儿园)周边安全风险防控工作的紧急通知》(教督厅〔2017〕2号)	切实加强学校周边安全风险防控工作,有效减少安全事故发生,确保广大师生生命安全
9月27日	公安部、教育部	召开"进一步做好学校和幼儿园及周边安全工作电视电话会议"	部署贯彻落实《公安机关维护校园及周边治安秩序八条措施》和教育部《关于进一步做好中小学幼儿园安全工作六条措施》
11月22日	教育部、中央综治办、最高人民法院、最高人民检察院、公安部、民政部、司法部、人力资源和社会保障部、共青团中央、全国妇联、中国残联	发布《加强中小学生欺凌综合治理方案》	继2016年11月,教育部等九部门印发《关于防治中小学生欺凌和暴力的指导意见》提出宏观、原则性指导意见,2016年12月,国务院教育督导委员会办公室印发《中小学(幼儿园)安全工作专项督导暂行办法》,将学生欺凌和暴力行为预防与应对纳入安全专项督导工作之后,采取的更具针对性、操作性的实施方案
12月11日	教育部	发布《教育部关于印发〈义务教育学校管理标准〉的通知》(教基〔2017〕9号)	把校园安全建设和未成年人人身安全保障纳入义务教育学校日常管理规范中

资料来源:各有关部门政府网站。

表2 2017年部分省市关于加强校园安全建设工作的配套文件

地区	发布时间	发布机关	规范文件	地区	发布时间	发布机关	规范文件
海南	12月22日	海南省人民政府教育督导室	《海南省中小学（幼儿园）安全工作专项督导实施办法（试行）》（琼府教督〔2017〕25号）	安徽	3月24日	安徽省人民政府教育督导委员会	《安徽省人民政府教育督导委员会关于印发〈安徽省中小学（幼儿园）安全工作专项督导实施方案（试行）〉的通知》（皖教督〔2017〕4号）
广东	9月22日	广东省人民政府	《广东省教育督导规定》（粤府令第243号）	河南	2月28日	河南省教育厅	《河南省中小学安全教育实验区工作实施方案》（教基一〔2017〕123号）
北京	9月11日	北京市教育委员会、北京市人民政府教育督导室	《北京市教育督导室关于加强学校内部督导工作的通知》（试行）的通知）（京教督〔2017〕15号）	上海	1月20日	上海市教育委员会、上海市人民政府教育督导室	《上海市中小学（幼儿园）安全专项督导工作实施方案（试行）的通知》（沪教督〔2017〕1号）
青海	8月22日	青海省人民政府办公厅	《青海省人民政府办公厅关于加强中小学幼儿园安全风险防控体系建设的实施意见》（青政办〔2017〕159号）	广西	1月10日	广西壮族自治区教育厅	《关于启用广西校园安全五网合一信息上报平台的通知》（桂教安稳〔2017〕2号）
甘肃	7月31日	甘肃省教育厅、甘肃省人民政府教育督导团	《甘肃省教育督导团关于印发〈甘肃省中小学（幼儿园）安全工作专项督导实施方案〉的通知》（甘教督〔2017〕8号）	兰州	6月29日	兰州市人民代表大会常务委员会	《兰州市中小学生人身伤害事故预防与处理条例》

地区	发布时间	发布机关	规范文件	地区	发布时间	发布机关	规范文件
辽宁	7月21日	辽宁省人民政府教育督导室、辽宁省教育厅	《辽宁省人民政府教育督导室、辽宁省教育厅关于印发〈辽宁省中小学（幼儿园）安全工作专项督导实施方案〉的通知》（辽政教督室〔2017〕15号）	成都	4月5日	成都市教育局、成都市公安局	《成都市中小学、幼儿园安全防范标准》（成教办〔2017〕4号）
四川	4月14日	四川省人民政府教育督导委员会	《四川省人民政府教育督导委员会关于印发〈四川省中小学（幼儿园）安全工作专项督导方案（试行）〉的通知》（川教督委〔2017〕1号）	宁德	3月2日	宁德市人民政府办公室	《宁德市人民政府办公室关于进一步加强学校安全工作的通知》
江苏	3月31日	江苏省人民政府教育督导委员会办公室	《江苏省人民政府教育督导委员会办公室关于印发江苏省中小学（幼儿园）安全工作专项督导实施方案的通知》（苏教督委办〔2017〕5号）	汉中	6月2日	汉中市人民政府办公室	《汉中市人民政府办公室关于进一步加强校园安全管理工作的通知》

资料来源：各省市政府网站。

（二）以人为本全面防控，构建风险防控体系

1. 明确安全风险防控总体要求

《意见》首次明确了校园安全风险防控的总体要求，提出了学校安全风险防控体系建设的指导思想、基本原则和工作目标，指出要贯彻落实党中央和国务院相关要求，运用法治思维和方式推动顶层设计，加强学校安全风险防控体系建设，为未成年人人身安全和全面发展提供保障。

《教育部办公厅关于加强中小学（幼儿园）周边安全风险防控工作的紧急通知》（教督厅〔2017〕2号）指出要加大安全教育力度，健全校园安全风险防控机制；各地教育部门和学校要会同综治、公安、工商、食药监、文化、城市管理等部门，强化排查，化解安全隐患；还要加强督查，落实安全责任。

与此同时，在各地政府和教育部门相继出台的一系列校园安全指导性文件，也制定了本省市的校园安全风险防控总体要求，为全国开展校园安全建设保障未成年人人身安全提供了有力的政策支持。

2. 完善学校安全风险预防体系

风险预防体系的建设，是校园安全建设的主要内容。为此，2017年学校及各相关部门在校内安全和校外安全领域，从以下五个方面推进学校安全风险预防体系建设。

在校内安全领域，一是健全学校安全教育机制。2017年2月，教育部基础教育一司发布了《关于做好2017年中小学生安全教育工作的通知》（教基一司函〔2017〕9号），要求各地教育部门将中小学校安全教育工作开展情况及其未成年人伤害事故、非正常死亡人数纳入量化考核内容。同时，要求各地教育部门探索建立安全教育监督机制、推动建立安全教育教研机制、建立典型引领机制、完善监护人安全责任提醒落实机制等学校安全教育机制[①]。2017年3月，中国教育学会发布了《关于开展"国家级学校安全

---

① 《教育部基础教育一司发布关于做好2017年中小学生安全教育工作的通知》，教育部官网，2017年2月17日，http：//www.moe.gov.cn/s78/A06/A06_gggs/A06_sjhj/201703/t20170327_301087.html。

教育示范区"创建工作的通知》（学会发〔2017〕26 号），通过鼓励各地积极创建国家级学校安全教育示范区，提升中小学幼儿园的校园安全建设水平①。11 月，教育部等 11 部门联合印发《加强中小学生欺凌综合治理方案》，明确了学生欺凌的界定，把反欺凌、反暴力以及防范针对的犯罪行为等纳入校园安全建设体系中。与此同时，各地也相继通过召开电视电话会议等方式，推进当地校园安全建设，如 12 月 8 日，陕西省政府召开了全省中小学、幼儿园校园安全工作电视电话会议，要求形成齐抓共管的校园安全管理工作机制②。6 月 30 日，安徽省发布了《安徽省人民政府办公厅关于加强中小学幼儿园安全风险防控体系建设实施意见（征求意见稿）》，探索建立学生安全区域制度③。10 月 31 日，上海市发布《上海市教育委员会关于加强中小学幼儿园公共安全教育的指导意见》，意见坚持以学生发展为本，把学校安全教育贯穿于各个环节，结合学生成长规律和认知特点，注重安全教育的实践性、实用性和实效性。④

二是完善有关学校安全的国家标准体系和认证制度。从人防、物防和技防标准着手，开展学校安全尤其是重点领域标准的制定和修订工作，制定强制性国家标准，建立学校安全事项专项认证及采信推广机制。继 2014 年教育部办公厅印发《中小学幼儿园应急疏散演练指南》（教基一厅〔2014〕2 号）之后，2017 年又印发了《中小学幼儿园应急疏散演练技术规程》，进一步规范了中小学、幼儿园的应急疏散演练制度，要求对演练的过程进行监测和数据采集。同时规范了中小学生参与水上交通安全教育、消防安全教育等

① 《关于开展"国家级学校安全教育示范区"创建工作的通知》，中国安全教育网，2017 年 3 月 15 日，https：//www. safetree. com. cn/News/Content. aspx？ contentsid = 22079&s = 3。

② 郭妍：《省政府召开全省中小学、幼儿园校园安全工作电视电话会议》，《陕西日报》2017 年 12 月 9 日，第 2 版。

③ 《安徽：校园安全风险防控体系建设公开征求意见》，安徽省政府法制办公室网站，2017 年 6 月 30 日，http：//www. ahfzb. gov. cn/content/detail/5955c24bcfd9f3540d000000. html。

④ 《上海市教育委员会关于加强中小学幼儿园公共安全教育的指导意见》（沪教委青〔2017〕24 号），上海市政府网站，2017 年 10 月 31 日，http：//www. shanghai. gov. cn/nw2/nw2314/nw2319/nw12344/u26aw54114. html。

专题活动①。

在校外安全领域，一是探索建立学生安全区域制度。《意见》中首次提出要建立学生安全区域制度，要求在此安全区域内，依法禁止新建对环境造成污染的企业、设施，禁止设立上网服务、娱乐、彩票专营等营业场所等。公安机关要健全日常巡逻防控制度，公安交管部门要加强交通秩序管理等。各地也不断加大对校园安全隐患的排查整治力度，并联合相关部门共同加强对校园周边的综合治理②。

二是健全学校安全预警和风险评估制度。教育部门会同相关部门制定区域性学校安全风险预警机制。2017 年 5 月，教育部办公厅发布了《教育部办公厅关于防范学生溺水事故的预警通知》（教督厅〔2017〕1 号），要求各地教育行政部门和学校，做好预防管理、安全教育、联防联控和监督检查等风险评估和安全预警工作，预防学生溺水，保障未成年人人身安全③。2017 年 9 月，中国警察网联合中国人民大学危机管理研究中心发布《"开学季"学校安全高危风险预警报告》，以未成年人安全为中心，针对学校安全风险特点，把安全综合性高危风险分为 4 个领域、23 个类别、45 项内容，指出学校的五大高危风险，并提出相应的防范建议④。建立相关台账制度。2017 年，湖南省吉首市教体局督导全市 38 所中小学校和 85 所幼儿园的安全隐患排查台账及整改记录等工作，并形成督导台账。⑤ 陕西杨凌示范区落实食品采购的台账登记等制度⑥。

---

① 《教育部办公厅关于印发〈中小学幼儿园应急疏散演练指南〉的通知》，教育部官网，2014 年 2 月 22 日，http://old.moe.gov.cn/publicfiles/business/htmlfiles/moe/s3321/201402/164793.html。

② 张烁：《全方位加强学校安全体系建设》，《人民日报》2017 年 5 月 10 日，第 19 版。

③ 教育部办公厅：《教育部办公厅关于防范学生溺水事故的预警通知》（教督厅〔2017〕1 号），教育部官网，2017 年 5 月 22 日，http://www.moe.edu.cn/srcsite/A11/s7057/201705/t20170527_305964.html。

④ 唐钧、龚琬岚：《"开学季"学校消防安全存在五大高危风险》，中国警察网，2017 年 9 月 2 日，http://news.cpd.com.cn/n18151/c39022979/content.html。

⑤ 教育督导局：《湖南吉首："三自五勤"督导春季开学工作》，教育部官网，2017 年 3 月 15 日，http://www.moe.gov.cn/s78/A11/s3077/s8391/201704/t20170407_302139.html。

⑥ 陕西省教育厅：《陕西杨凌示范区切实加强中小学食品安全工作》，教育部官网，2017 年 8 月 3 日，http://www.moe.gov.cn/jyb_xwfb/s6192/s222/moe_1759/201708/t20170803_310594.html。

三是探索建立学校安全风险防控专业服务机制。政府鼓励支持专业机构研发提供校园安全风险预防、安全教育相关服务或者产品。从 2013 年开始，教育部就委托中国教育学会着力建设专业的学校安全教育平台，截至 2017 年 11 月，安全教育实验区已经覆盖 12 个省、2 个直辖市、45 个地级市、1454 个县、203822 所学校，学生数量已突破 1 亿人，学校安全教育平台已成为全国基础教育领域最大的平台①。

3. 健全学校安全风险管控机制

《意见》提出要建立专兼职结合的学校安保队伍。除学生人数较少的学校外，每所学校应当至少有 1 名专职安全保卫人员或者受过专门培训的安全风险管理人员。地方人民政府、有条件的学校可以通过购买服务等方式，将校园安全保卫服务交由专门保安服务公司提供。2016 年，全国 86% 的中小学和幼儿园配备了保安员，70% 的校园安全防范系统建设达到了国家标准要求②。与此同时，各地不仅在学校层面加强了对学校安保队伍的建设，更积极推动警校合作机制的建立，促进形成广泛参与的学生安全保护网络。江苏省镇江市通过开展"小手拉大手·平安传万家"活动，积极探索警、校、家协作机制，共同防范电信网络诈骗③。山东省青岛市开展的"共筑网络安全，共享网络文明"教育月活动，和青岛市公安局网警支队"网警巡查执法"普法宣传系列活动相衔接，通过对文明上网行为规范、预防各类网络诈骗常识、如何识别网络谣言知识、网络安全防范知识、公安网络管理政策法规、计算机安全类信息、网络犯罪典型案例的培训，推动警校合作机制的建立④。

4. 完善安全事故风险化解机制

《意见》指出，要健全学校安全事故应对机制和责任追究、处理制度，

---

① 马海燕：《教育部推安全教育实验区　加强学生安全教育》，中国新闻网，2017 年 11 月 24 日，http://www.chinanews.com/sh/2017/11−24/8385074.shtml。

② 胡浩：《把校园建设成最阳光最安全的地方》，新华网，2017 年 4 月 12 日，http://news.xinhuanet.com/politics/2017−04/12/c_1120798735.htm。

③ 唐守伦：《江苏镇江：警校家合作建网络防骗新机制》，《中国教育报》2016 年 11 月 15 日，第 8 版。

④ 孙军：《青岛启动共筑网络安全，共享网络文明教育月活动》，中国教育新闻网，2016 年 8 月 30 日，http://www.jyb.cn/basc/xw/201608/t20160830_670991.html。

建立多元化的事故风险分担机制，积极构建学校依法处理安全事故的支持体系。同时，还明确提出要积极利用现代保险制度，构建多元化的事故风险分担机制。为此，各地开始有益尝试。甘肃省兰州市人大常委会在《兰州市中小学生人身伤害事故预防与处理条例》中明确要求建立学生人身伤害事故纠纷人民调解制度，负责事故纠纷调解工作①，积极尝试构建适合本地实际的校园安全事故应对机制，以及多元化的事故风险分担机制。

5. 强化领导责任及其保障机制

《意见》要求各地要加强组织领导，强化基础保障，健全督导与考核机制，还进一步明确，对校园安全实行校长（园长）负责制，学校要切实承担起校内安全管理的主体责任。2017 年我国部分省市相继出台了中小学幼儿园安全工作专项督导实施方案（见表 3）。

表 3　2017 年部分省市关于实施中小学幼儿园安全工作专项督导实施方案的文件

地区	发布时间	发布机关	规范文件	地区	发布时间	发布机关	规范文件
海南	12 月 22 日	海南省人民政府教育督导室	《海南省中小学（幼儿园）安全工作专项督导实施办法（试行）》（琼府教督〔2017〕25 号）	重庆	4 月 18 日	重庆市教育委员会、重庆市人民政府教育督导室等部门	《重庆市教育委员会等十二部门关于印发重庆市中小学（幼儿园）安全工作专项督导方案的函》（渝教督函〔2017〕12 号）
广东	9 月 22 日	广东省人民政府	《广东省教育督导规定》（粤府令第 243 号）	四川	4 月 14 日	四川省人民政府教育督导委员会	《四川省人民政府教育督导委员会关于印发〈四川省中小学（幼儿园）安全工作专项督导实施方案（试行）〉的通知》（川教督委〔2017〕1 号）

① 梁峡林：《兰州市制定中小学生人身伤害事故预防与处理条例》，中国甘肃网，2017 年 9 月 26 日，http：//gansu. gscn. com. cn/system/2017/09/26/011815716. shtml。

地区	发布时间	发布机关	规范文件	地区	发布时间	发布机关	规范文件
北京	9月11日	北京市教育委员会、北京市人民政府教育督导室	《北京市教育委员会 北京市人民政府教育督导室关于印发〈关于进一步加强学校内部督导工作的指导意见（试行）〉的通知》（京教督〔2017〕15号）	江苏	3月31日	江苏省人民政府教育督导委员会办公室	《江苏省人民政府教育督导委员会办公室〈关于印发江苏省中小学（幼儿园）安全工作专项督导实施方案的通知〉》（苏教督委办〔2017〕5号）
甘肃	7月31日	甘肃省教育厅甘肃省人民政府教育督导团	《甘肃省教育厅 甘肃省人民政府教育督导团关于印发〈甘肃省中小学（幼儿园）安全工作专项督导实施方案〉的通知》（甘教督〔2017〕8号）	安徽	3月24日	安徽省人民政府教育督导委员会	《安徽省人民政府教育督导委员会关于印发〈安徽省中小学（幼儿园）安全工作专项督导实施方案（试行）〉的通知》（皖教督〔2017〕4号）
辽宁	7月21日	辽宁省人民政府教育督导室、辽宁省教育厅	《辽宁省人民政府教育督导室 辽宁省教育厅关于印发〈辽宁省中小学（幼儿园）安全工作专项督导实施方案〉的通知》（辽政教督室函〔2017〕15号）	上海	1月20日	上海市教育委员会、上海市人民政府教育督导室	《上海市教育委员会 上海市人民政府教育督导室关于印发〈上海市中小学（幼儿园）安全工作专项督导实施方案（试行）〉的通知》（沪教委督〔2017〕1号）

资料来源：各省市政府网站。

（三）统筹协调综合施策，推动形成工作合力

校园安全既涉及校内安全又涉及校外安全，不仅要积极防治校内学生间的欺凌、暴力行为，还要有效治理校内师生间的体罚、性侵行为，更要

密切关注校园周边的安全保护。因此建设安全校园不仅需要学校、教育行政机关等主体，还需要多方努力。为此《意见》提出，要统筹协调各级教育部门、公安机关和学校、卫生计生部门、食品药品监管部门、住房城乡建设部门、环保部门、交通运输部门、质监部门、公安消防部门，推动各方面力量形成工作合力，同时还要形成广泛参与的学生安全保护网络，组织动员各方面力量共同参与学生安全保护。辽宁省公安厅、综治办、教育厅联合成立了省校园安全保卫领导小组，健全部门联动机制，定期研判校园周边治安形势，检查评估安全防范效果①；广东省成立由省教育厅、省综治办、省公安厅、省民政厅、省司法厅、省妇联等十二部门组成的防治学生暴力和欺凌工作领导小组，充分发挥各部门的协同推进作用，推进防治中小学欺凌工作②；福州市成立整治领导小组，加强对校园周边市容环境整治工作的领导③。通过成立多部门参与的领导小组，明确职责和任务分工，同时充分发挥各部门的协同推进作用，全面推进校园安全工作的有关举措。

首先是校区安全。《国务院食品安全办等6部门关于进一步加强学校校园及周边食品安全工作的意见》（食安办〔2016〕12号）要求各地要通过加强学校校园及周边食品安全综合治理，推动学校校园及周边食品安全管理制度进一步健全，食品安全主体责任进一步落实，食品安全监督管理工作进一步加强，学生的食品安全意识进一步提高，促进学校校园及周边食品安全状况明显改善④。北京市教育委员会印发《北京市中小学校外

---

① 《2017年春季开学工作专项督导报告》，教育部官网，2017年5月9日，www.moe.gov.cn/jyb_xwfb/gzdt_gzdt/s5987/201705/t20170509_304114.html。

② 《广东省教育厅关于广东省十二届人大五次会议第1140、1384、1353、1388、1551、1628号代表建议答复的函》（粤教案函〔2017〕188号），广东省教育厅网站，2017年6月13日，http://www.gdhed.edu.cn/publicfiles/business/htmlfiles/gdjyt/s1365/201711/514243.html。

③ 《关于开展校园周边市容环境整治工作的通知》，福州市政府网站，2017年5月25日，http://zfj.fuzhou.gov.cn/zz/zwgk/tzgg/201706/t20170605_714987.htm。

④ 《国务院食品安全办等6部门关于进一步加强学校校园及周边食品安全工作的意见》，国家食品药品监督管理总局网，2016年6月22日，http://www.sda.gov.cn/WS01/CL1605/156680.html。

供餐管理办法（试行）》规范全市中小学外供餐管理工作，保障校园食品安全、卫生①。广东省启动"学校食品安全监管系统"，利用现代技术实现学校食堂的智能监管，构建可溯源的食品安全保障体系②。

在校园周边环境整治工作方面，湖北省综治委校园及周边治安综合治理工作领导小组办公室发布《关于开展 2017 年春季开学校园周边环境集中整治工作的通知》（鄂校园周边〔2017〕2 号），开展校园周边环境集中整治工作，重点整治校园周边治安、交通、违规经营、环境卫生、消防设施、校车、食品等安全问题③。此外，安庆市城市管理局印发《关于开展城区校园周边环境专项整治工作的通知》④，福州市城市管理委员会印发《校园周边市容环境专项整治实施方案》⑤，开展校园周边环境专项整治工作。

2017 年，公安机关通过开展安全整治、加强宣传教育等工作，保障学生人身安全，确保校园安全。在开展安全整治方面，福建省龙岩市公安机关组织特警、交警和派出所，在学校安全区域开展巡逻；云南省昆明市公安局经文保分局结合辖区学校实际，通过巡防、加强校园周边整治等措施，保障校园区域安全；湖北省襄阳市公安局樊城分局设立校园安保联络点；河北省石家庄市鹿泉区公安局铜冶派出所开展校园周边环境整治等，开展校园区域

---

① 《北京市中小学校外供餐管理办法（试行）》，北京市政府网站，2017 年 9 月 25 日，http：//zhengce. beijing. gov. cn/library/192/33/50/438650/1290900/index. html。

② 《省教育厅召开全省学校食品安全工作会议　启用食品安全大数据平台　推进教育后勤信息化》，湛江市政府网站，2017 年 11 月 29 日，http：//zwgk. zhanjiang. gov. cn/fileserver/statichtml/2017 – 12/aa057702 – 07bf – 46f9 – 9c11 – 9caee01539e8. htm？cid = 61AE27DC – 563E – 43BB – B481 – F46B5F6CED57。

③ 《关于开展 2017 年春季开学校园周边环境集中整治工作的通知》（鄂校园周边〔2017〕2 号），崇阳县人民政府网站，2017 年 2 月 9 日，http：//www. chongyang. gov. cn/Info. aspx？colid = 95&id = 45924。

④ 《安庆市城市管理局关于开展城区校园周边环境专项整治工作的通知》（庆城管〔2017〕28 号），安庆市城管局网站，2017 年 4 月 21 日，http：//aqxxgk. anqing. gov. cn/show. php？id = 524766。

⑤ 《关于开展校园周边市容环境整治工作的通知》，福州市政府网站，2017 年 5 月 25 日，http：//zfj. fuzhou. gov. cn/zz/zwgk/tzgg/201706/t20170605_714987. htm。

安全整治。此外，江西省上栗县公安局交警大队对辖区全部 19 辆校车进行检查；河北省邯郸市冀南新区公安交警到辖区学校开展校车安全和安全知识宣传；福建省福州市马尾区公安局交警大队在学校及周边路段重新规划交通标识，消除交通安全隐患；新疆维吾尔自治区巴音郭楞蒙古自治州公安局开展校园安全大检查。在加强宣传教育方面，重庆、湖北、福建等地公安部门通过走进学校宣传公共安全知识，新疆、甘肃等地还通过开展防范电信网络诈骗，湖北省通过对校园保安人员开展专项培训等多种方式，积极开展校园安全宣传①。

其次是校内学生间行为安全。在防治校园暴力和欺凌方面，为落实《教育部等九部门关于防治中小学生欺凌和暴力的指导意见》，加强中小学生欺凌和暴力事件的防治工作，雷州市教育局出台了《雷州市教育系统校园欺凌和暴力专项治理工作实施方案》②，深圳市教育局制定并落实了《深圳市教育局防治中小学生欺凌和暴力事件工作方案》③，完善了校园欺凌的预防和处理制度，建立了欺凌事件的处理机制和应急预案，清远市教育局联合市检察院，全面开展预防校园欺凌和暴力专题教育④。

最后是校园师生间行为安全。在惩治校园体罚、性侵犯等严重侵害未成年人身心健康的问题上，《国务院教育督导委员会办公室关于开展幼儿园规范办园行为专项督导检查的紧急通知》（国教督办函〔2017〕91号）要求各地立即组织开展一次全省范围的幼儿园办园行为专项督导检

---

① 《各地公安机关多举措保障校园安全》，公安部官网，2017 年 9 月 3 日，http：//www. mps. gov. cn/n2253534/n4904351/c5772102/content. html。

② 《雷州市教育系统校园欺凌和暴力专项治理工作实施方案》，湛江市政府网站，2017 年 5 月 11 日，http：//www. zhanjiang. gov. cn/fileserver/StaticHtml/2017 - 05/fb405b86 - 72a2 - 436d - 8b40 - dc73447a0338. htm？ cid =4117fa9c - d57f - 4f2a - b4ec - 5c615f20acfd。

③ 《深圳市教育局关于印发防治中小学生欺凌和暴力事件工作方案的通知》，深圳市教育局网站，2017 年 5 月 18 日，http：//www. sz. gov. cn/jyj/home/bsfw/fwxxkz _ jy/ywjy2/zktzgg/201705/t20170518_6712010. htm。

④ 《广东省人民政府教育督导室关于 2017 年全省中小学（幼儿园）安全工作专项督查的通报》（粤府教督函〔2017〕75 号），广东省教育厅网站，2017 年 10 月 31 日，http：//zwgk. gd. cn/006940116/201712/t20171230_745786. html。

查，重点检查师德师风建设情况，坚决防止幼儿园伤害幼儿事件的发生，切实保障幼儿安全健康，并将幼儿园风险管控形成常态化监管工作机制。建立和完善幼儿园突发事件应急处理问责机制，依法追究有关责任人责任①。截至 2017 年底，已有 29 个省市在幼儿园办园行为规范方面制定了配套制度，开展了幼儿园专项督导检查工作。随后各省市相继出台了关于开展幼儿园规范办园行为的专项督导检查的文件。此外，2017 年 6 月 4 日，北京顺义空港街道教科文体办开展关停非法幼儿园工作，与 6 家非法幼儿园签订非法幼儿园整顿关停通知书，限期整顿，7 月 4 日，空港街道教科文体办联合工商、食药、消防、安全等多部门进行了联合检查，关停达标的非法幼儿园②。

（四）分类应对突出重点，实现风险分类防控

校园安全涉及的领域非常广泛，包括交通安全、消防安全、饮食安全、医疗卫生安全等方方面面，不仅包括校园内部的安全，也包括校园周边的安全。在各种校园安全中，校园欺凌和暴力在校园里存在时间长、原因复杂、分类治理难度大，备受社会关注，几近成为舆论焦点，也是近年来校园安全工作的重点内容。为此，《意见》指出要坚持教育为先、预防为主。2017 年 11 月，教育部等 11 部门制定并印发《加强中小学生欺凌综合治理方案》，首次对学生欺凌进行明确的界定，并把反欺凌、反暴力以及防范针对的犯罪行为等纳入校园安全建设体系中。该方案指出，对涉罪未成年的学生，公安、司法机关要坚持宽容但不纵容、关爱又严管的原则，并加强对被害人的救助（见表 4）。

---

① 《国务院教育督导委员会办公室关于开展幼儿园规范办园行为专项督导检查的紧急通知》（国教督办函〔2017〕91 号），教育部网站，2017 年 11 月 24 日，http://www.moe.edu.cn/jyb_xxgk/moe_1777/moe_307/201711/t20171124_319933.html。
② 《顺义空港街道关停非法幼儿园工作又有新进展》，北京顺义区空港街道办事处网站，2017 年 7 月 19 日，http://kgjd.bjshy.gov.cn/level3.jsp?id=68673。

表4 2017年全国检察机关对全面综合司法保护情况

办理涉嫌犯罪案件	批捕2.61万人、不批捕1.31万人，起诉3.9万人、不起诉0.88万人；开展社会调查1.44万人，适用附条件不起诉4798人，达成刑事和解后不起诉1508人，为2.61万名没有聘请辩护人的提供法律援助；开展羁押必要性审查7768人，纠正社区矫正违法397人、混关混押897人、其他监管违法630人，参与执行阶段帮教3740人
严打侵害犯罪案件犯罪	批准逮捕强奸、猥亵、拐卖、故意伤害等侵害犯罪案件3.14万人，起诉4.24万人
积极维护民事、行政权益	建议有关单位和个人申请变更监护32件，支持申请40件
	对涉及抚养费、赔偿费、教育权等民事行政判决依法抗诉37件
	对有关行政部门不履行或者不当履行保护职能提出检察建议进行纠正503件
	支持起诉维权29件，积极维护民事、行政权益，消除违法犯罪成因
对被害人开展救助工作	司法救助2173人
	法律援助1.18万人
	心理疏导7304人
	身体康复3334人
加强犯罪、侵害犯罪预防工作	组织法治巡讲4.2万场，覆盖4.53万所中小学和2239所幼儿园，覆盖师生、家长4163.48万人
	参与建设法治教育基地2255个
	8736名检察人员担任法治副校长

资料来源：《最高检通报全面加强司法保护工作情况》，最高人民检察院网站，2017年12月28日，http://gjwft.jcrb.com/2017/12yue/jcjgwcnrqmsfbh/。

二 问题和挑战

（一）校园安全建设亟待健全立法体系

目前，我国尚未出台专门的校园安全法律，有关校园安全的法律多散见在相关的法律、法规，以及大量的政策性文件中。首先，我国的校园安全工作缺乏专门立法，未成年人的人身安全保障多散见于《刑法》《教育法》《未成年人保护法》《义务教育法》等相关法律中，缺乏对校园安全问题边界的划分、专门立法以及相应的法律规范体系，难以满足校园安全建设工作

的现实需要。其次，校园安全建设目前多依赖于政策性文件。相较法律而言，政策的规范性、刚性、持续性欠缺等特点，使得现阶段的校园安全建设多呈现出应急管理模式，缺乏管理的规范性、稳定性、可执行性以及长效性。再次，现行法律无法统筹安排和划分各相关主体所应承担的责任。由于校园安全建设涉及多个主体，包括教育、公安、建设、卫生、工商、国土等部门，以及教师、学校、家长、社区等，又缺乏相应的法律规定，在校园安全建设及责任承担的实际中，存在不同层面的主体之间相互推诿、无法形成工作合力等情况。

（二）校园安全建设重硬件轻软件

校园安全建设和未成年人安全保障建设在硬件和软件建设的统筹规划上还不够科学。优先布设视频监控系统，强调校园安全硬件设施建设。从2015年全国学校安全工作电视电话会议，到2017年国务院办公厅出台《国务院关于加强中小学幼儿园安全风险防控体系建设的意见》，不断加强校园安全建设中的硬件设施配备，这为校园安全建设提供了良好的硬件基础。但是，由于校园安全涉及领域广泛，不仅包括校内安全也包括学校周边的校区安全，不仅包括视频监控可以看到的肢体暴力，还包括语言、排挤、强索、网络等多领域的欺凌。而目前的校园硬件建设，无法有效保障这类不能直接监控到的安全领域。

（三）各方责任不明确未形成合力

校园安全建设及未成年人人身安全保障工作存在责任主体多元、协作缺乏长效性、资源整合力度不足等问题。首先，校园安全建设一直以教育行政部门为主、以学校为主要责任单位，根据《意见》的规定，在新时期，校园安全工作需要教育、公安、建设、卫生、工商、国土等多个行政主体协作联动，共同开展工作。校园安全工作从由教育行政部门负责到多个部门合作，这需要进一步完善并不断调整相应的合作机制，才能有效发挥各个责任主体的优势力量。

（四）校园安全社会力量参与度低

目前，政府和教育行政部门以及中小学和幼儿园在校园安全建设中承担了绝大部分工作。一方面，这会导致学校在传统的教学管理工作之余，承担过重的安全责任。很多学校基于对未成年人人身安全的保护，避免承担过重的安全责任，使校园安全风险可控，甚至减少学生体育锻炼和户外活动的时间①。另一方面，现有校园安全教育、心理辅导等工作缺乏系统性和专业性，专业的社会组织在校园安全建设中的参与度过低。校园安全宣传课、安全演练、心理辅导等工作多由学校组织在编教师兼职，或是由政府部门指定人员担任，安全课程内容设计缺乏系统性和专业性，多为地震、火灾、禽流感预防，较少涉及校园欺凌、校园暴力等内容。这一方面导致校园安全工作的开展存在专业性、系统性不足的问题，另一方面在出现校园欺凌等行为后，校园安全兼职教师更多关注涉事学生，较少关注双方家庭，同时会站在学校和政府立场，促使问题大事化小、小事化了，隐藏矛盾，为校园安全留下隐患。

三 思考与建议

（一）完善校园安全法律规范体系

制定校园安全专门法律，完善配套的法规及其标准，应尽快制定专门的校园安全立法。校园安全专门立法的制定应注意以下几个方面。一是能够涵盖校园内部和外部安全所涉及的交通、消防、饮食、医疗卫生等各方面内容，明确划分校园安全建设的边界。二是兼顾对受害的保护和对施害的惩罚，在对施害的进行惩罚时，还需要兼顾惩罚对其未来产生的影响，

---

① 刘义富：《破解学生课外"不许动"难题，需要整体联动》，中国教育新闻网，2017年5月15日，http://www.jyb.cn/opinion/pgypl/201705/t20170515_700850.html。

从而避免校园安全立法削弱对未成年人尤其是施害群体的法律保护力度。三是厘清不同主体的权利和义务，厘清在校园安全治理过程中政府、社会、学校、家庭和学生各自应当承担的义务与责任，尽快完善相应的校园安保制度，更新监控设施等技术设施设备。四是构建相应的校园安全标准体系。校园安全是一个涉及多主体、多原因的安全问题，因此开展校园安全风险的预防、管控、化解、保障等各领域的标准化建设，是校园安全法律体系建设的重要内容。

（二）统筹校园安全的软硬件建设

丰富校园安全内容，科学构建校园安全体系。首先，要普及视频监控等硬件设施，重视校内和校园周边视频监控系统的一体化建构，完善校园安全硬件设施建设。其次，要特别重视对校园安全软件的建设。比如，在中小学幼儿园建立科学的校园安全课程体系，加强对校园安全风险预防教育，构建校园安全教育长效机制。丰富校园安全教育内容，根据不同阶段的特点，及时更新和丰富校园安全内容。扩大校园安全教育的主体，把校园安全风险防控及安全事故中所涉及的学生家庭也纳入其中。探索建设更加全面和系统的校园心理服务体系。

（三）明确责任主体形成工作合力

首先，根据《意见》要求，明确校园安全建设工作中教育、公安、建设、卫生、工商、国土等行政部门以及学校、家庭、社会等各个主体的工作和责任。通过落实各部门责任、发挥现代保险制度的作用等方式，构建多元化的校园安全事故风险分担机制。其次，明确学校在校园安全建设及未成年人人身安全保障中的主体作用，通过建立统一的学校安全服务中心的方式，集报警、调度、消防、监控等多功能于一体，负责学校的安全工作。

（四）加大专业社会力量的参与度

发挥社会组织在校园安全建设中的积极作用。把校园安全作为学校教学和管理的补充服务，通过政府购买的方式，交由更为专业的社会组织完成。同时，整合现有的防灾救灾、儿童保护、社区建设等社会组织资源，充分认识社会组织的专业性、中立性及其积极的补充作用，使其在校园安全教育、防灾减灾演练、校园欺凌心理咨询辅导、学生家庭介入等领域发挥积极作用。

B.16

残疾人融合就业的新进展

龚燕 徐艳霞*

摘　要：　残疾人融合就业对于促进残疾人参与融入社会，实现平等权利具有重要意义。2016年，国务院发布《"十三五"加快残疾人小康进程规划纲要》，此后，通过健全法律政策支持体系、增进实践活动、培训专业服务人才、开展经验交流和专业研究等方式，我国融合就业获得了较大的进展。但是，我国融合就业尚处于起步阶段，还面临诸多挑战，需要完善保障融合就业发展的法律体系、发挥政府推动融合就业的主导作用、加强专业队伍建设及社会组织的协作、构建雇主雇佣残疾人的支持机制、普及促进融合就业发展的人权观念。

关键词：　残疾人　融合就业　人权保障　支持性就业

联合国《残疾人权利公约》将"充分和切实地参与和融入社会"作为其一般原则①，融合从而成为残疾人②人权保护的精神，体现在残疾人教育、就业等各项权利领域。残疾人融合就业是残疾人参与融入社会的重要途径，

＊　龚燕，法学博士，山西师范大学政法学院讲师，主要研究方向：宪法、人权法；徐艳霞，西南政法大学人权研究院博士研究生，主要研究方向：人权理论与实践。
①　《残疾人权利公约》第3条第（三）项。
②　本文认同残障及残障者的称谓，但鉴于我国法律文本及国际公约中文作准文本中的称谓均为残疾和残疾人，为行文方便，本文将使用残疾和残疾人的称谓，但在引用文献时，将使用文献中的称呼，如心智障碍者、障碍者等。

其实现程度关乎残疾人的生存质量。20 世纪末，我国政府采取按比例就业制度促进残疾人融合就业，2016 年 8 月，国务院发布《"十三五"加快残疾人小康进程规划纲要》，提出要依法大力推进残疾人按比例就业，同时，决定培养就业辅导员队伍，发展支持性就业①。我国融合就业法律政策从而有了实质性突破，残疾人就业正呈现逐渐由集中就业模式转向融合就业模式的发展趋势。

一 融合就业对于保障残疾人权利的意义

不同的残疾观念将会建构出不同的残疾法律政策，从而影响残疾人权利实现。20 世纪 70 年代之前，在主张残疾是个人缺陷和悲剧的残疾医学模式主导下，国家对待和解决残疾问题通常以慈善、福利的方式将残疾人隔离并保护在残疾群体中。此后，随着残疾社会模式和残疾人权利运动的出现，反对隔离和歧视，主张残疾人平等权利的观念逐渐成为主流思想。《智障者权利宣言》、《关于残疾人的世界行动纲领》和《残疾人机会均等标准规则》等国际人权文书也将残疾人享有平等权利，实现社会参与融合作为基本思想和精神。《残疾人权利公约》（以下简称公约）以有法律约束力的国际人权公约形式明确了残疾领域的权利和融合精神。目前，世界上大多数国家对残疾人的关注点已从基本生活保障转向对社会的参与融合②。

公约就残疾人工作和就业提出，"缔约国确认残疾人在与其他人平等的基础上享有工作权，包括有机会在开放、具有包容性和对残疾人不构成障碍的劳动力市场和工作环境中，为谋生自由选择或接受工作的权利"③。以上明确了融合就业为公约所倡导，并将成为残疾人就业的发展趋势。

---

① 《国务院关于印发"十三五"加快残疾人小康进程规划纲要的通知》（国发〔2016〕47 号）。

② 廖娟、赖德胜：《残疾人就业服务体系的构建：从分割到融合》，《人口与发展》2010 年第 6 期。

③ 《残疾人权利公约》第 27 条第（一）项。

基于公约的规定，融合就业首先是平等反歧视的一种就业理念。公约确认残疾人与非残疾人同等享有就业权，对残疾人就业应从权利出发，认可残疾人有权与非残疾人共同工作，并且应同工同酬。其次，融合就业是与隔离式就业相对的一种就业模式。公约明确了一种区别于传统隔离就业的全新残疾人就业模式，即残疾人有权与非残疾人在开放、包容的劳动力市场和工作环境中共同从事竞争性工作，这种就业模式是与社会相融合的。最后，融合就业是促使残疾人参与融入社会的支持体系。残疾人实现融合就业离不开一定的支持体系，如法律政策的支持为残疾人实现融合就业提供机会（如按比例就业制度），专业完善的就业服务（如支持性就业服务），针对雇主雇佣残疾人的鼓励和支持措施（如税收优惠）等。缺乏上述种种则会形成残疾人融入式就业的各种障碍，因此融合就业也代表了一种就业的支持体系，这种支持体系是由国家和社会构建的促进残疾人从事融入式就业的政府、雇主和就业者三方支持系统①。

融合就业对于残疾人权利的实现具有重要意义。一方面，融合就业以残疾人权利为出发点，以平等和反歧视为理念，主张残疾人享有平等就业权，国家和社会需要采取一定支持手段促进残疾人平等就业权的实现，从而在融合就业中体现公约倡导的权利精神，将长期以来在残疾人就业问题上关注残疾人的"问题"和"缺陷"视角转换至"能力"和"权利"视角②；另一方面，融合就业是残疾人在与社会融合的工作环境中与非残疾人共同从事竞争性工作。在这种就业模式中，残疾人与社会融合的力度将增进，同时，在享有同工同酬和同等工作晋升机会的情况下，残疾人也将逐渐获得有尊严的体面生活。

我国《宪法》、《残疾人保障法》及《残疾人就业条例》等规定了残疾人平等就业权，为融合就业提供了一定的法律支持，但有助于融合就业发展

---

① 对融合就业的理解参考了 ADI 发展研究所所长吕飞女士发表于中国残疾人联合会网站的文章《变革 8，觉醒中的融合就业》，http：//www.cdpf.org.cn/ztzl/1751/2016gjcjrr/2016gjcjrrzjjd/201611/t20161130_ 575996.html。

② 童星：《残疾人社会政策的基点》，《甘肃社会科学》2013 年第 1 期。

的具体措施并未有明确的规定；按比例就业作为主要的融合就业模式虽然确立多年，但始终存在实施困难的问题；支持性就业这种新型的融合就业形式自 21 世纪初即由社会组织进行实践，但发展缓慢，未能获得政策的认可及推广。针对融合就业的上述发展现状，2016 年以来，政府、社会组织等各方主体推动残疾人融合就业的进展比较显著。

二 推动和促进残疾人融合就业的新进展

（一）政府

近年来，政府一方面通过制度完善、行政举措推动按比例就业制度的实施，另一方面，随着社会力量提供支持性就业服务促进智力和精神残疾人实现融合就业的实践增多，政府开始重视支持性就业在残疾人实现融合就业中的作用，并从制度及实践两个层面探索支持性就业的发展。

1. 建立健全法律政策支持体系

自 2016 年，政府制定了关涉融合就业的一系列法律政策，主要内容如下。

（1）着力推进按比例就业制度的实施

近几年，政府重点关注按比例就业制度的实施情况。2013 年 8 月，《中共中央组织部等 7 部门关于促进残疾人按比例就业的意见》发布；2015 年 1 月，《国务院关于加快推进残疾人小康进程的意见》明确提出，依法推进按比例就业制度，并要求各地要建立用人单位按比例安排残疾人就业公示制度；2015 年 4 月，《国务院关于进一步做好新形势下就业创业工作的意见》指出，要依法大力推进残疾人按比例就业，加大对用人单位安置残疾人的补贴和奖励力度，建立用人单位按比例安排残疾人就业公示制度；2015 年 9 月，《残疾人就业保障金征收使用管理办法》颁布，在进一步规范残疾人就业保障金征收使用的同时，提出建立按比例就业公示制度。在此基础上，

2016 年至 2017 年，中央在残疾人就业相关政策中，继续重申要推进按比例就业制度的实施，同时，制定了具体措施。

2016 年 8 月，国务院发布《"十三五"加快残疾人小康进程规划纲要》，在"大力促进城乡残疾人及其家庭就业增收"的主要任务中，明确提出要"依法大力推进残疾人按比例就业"，其具体措施包括：建立按比例就业公示制度；党政机关、事业单位和国有企业带头招录和安置残疾人就业；加大对超比例安置残疾人就业的奖励力度。此外，将"党政机关按比例安排残疾人就业推进项目"作为残疾人就业增收重点项目①。

2016 年 10 月，中国残联、国家发改委等 7 部门联合制定《残疾人就业促进"十三五"实施方案》，提出了"依法推进按比例就业"的主要措施。在其中要求，建立用人单位按比例安排残疾人就业情况和残疾人就业保障金征收使用情况公示、各级党政机关残疾人公务员实名统计等制度；加大残疾人就业保障金对按比例和超比例安排残疾人就业的奖励力度；推进党政机关和残工委主要成员单位招录残疾人工作；制定残疾人就业保障金征收管理地方实施细则②。

2017 年 1 月，国务院印发的《"十三五"促进就业规划》指出，"十三五"时期全国促进就业的基本原则之一是坚持普惠性与差别化相结合，在坚持建立公平普惠政策制度的同时，还要坚持突出重点，完善和落实支持政策，帮助就业重点群体和困难群体提升技能、就业创业。在"加强重点群体就业保障能力"的具体措施中，提出要统筹做好残疾人、少数民族劳动者等特定群体的就业工作，要消除针对特定群体的就业歧视，营造公平就业环境。同时，在"重点人群就业促进计划"中规定，大力推进残疾人按比例就业③。

---

① 《国务院关于印发"十三五"加快残疾人小康进程规划纲要的通知》（国发〔2016〕47号）。
② 《残疾人就业促进"十三五"实施方案》，中国残疾人联合会网站，2016 年 11 月 2 日，http://www.cdpf.org.cn/zcwj/zxwj/201611/t20161102_572305.shtml。
③ 《国务院关于印发"十三五"促进就业规划的通知》（国发〔2017〕10 号）。

（2）明确提出发展支持性就业

支持性就业是融合就业的服务模式，是由国家和社会提供专业支持服务，促使残疾人进入开放的劳动场所从事常态就业，实现同工同酬。自2006年中国残联发布《智力残疾康复"十一五"实施方案》首次提及为智力残疾人提供支持性就业服务起，有关支持性就业的中央法律政策陆续出台（见表1）。其中，2013年12月颁布的《残疾人托养服务基本规范（试行）》对支持性就业进行了明确的界定①；2015年7月，中国残联、国家发改委等8部门联合发布《关于发展残疾人辅助性就业的意见》，指出要加强就业指导员培训，提供支持性就业服务。

在上述政策基础之上，2016年至2017年，有关支持性就业的政策有了重大突破，支持性就业政策在发布部门、政策类型、政策内容等多方面都有了较大的拓展。

2016年8月，在国务院发布的《"十三五"加快残疾人小康进程规划纲要》中，明确提出了要发展支持性就业，并将支持性就业作为残疾人就业增收重点项目；中国残联、国家发改委等7部门于2016年10月联合制定《残疾人就业促进"十三五"实施方案》，在其中将探索支持性就业与推进按比例就业、稳定发展集中就业、鼓励扶持自主灵活就业以及全面推开辅助性就业并列为"十三五"期间促进残疾人就业的主要措施；2017年1月，国务院印发《"十三五"推进基本公共服务均等化规划》，在残疾人基本公共服务中，将为智力、精神和重度肢体残疾人提供辅助性、支持性就业服务列入重点任务。

针对上述中央政策，2017年，地方政府相继出台了相应配套文件，遵循中央政策文件精神，提出要培养就业辅导员、发展支持性就业。一些地方政策还就支持性就业发展提出了具体措施，一些地方政府则立足中央政策及地区支持性就业实践，就支持性就业出台了地方专项规范性文件（见表2）。

---

① 参见《残疾人托养服务基本规范（试行）》第二部分（术语）第（八）项。

表1 近年有关支持性就业的全国规范性文件

发布时间	发布机关	文件名称	有关支持性就业主要内容
2006.11.6	教育部、卫生部等7部门	《智力残疾康复"十一五"实施方案》	对成年智力残疾人提供日间照料、娱乐活动、支持性就业等社区康复服务
2013.12.31	中国残联	《残疾人托养服务基本规范（试行）》	界定支持性就业，并规定有条件的托养服务机构需为适宜对象提供支持性就业，进而实现社会性就业
2015.6.29	中国残联、国家发改委等8部门	《关于发展残疾人辅助性就业的意见》	加强就业指导员培训，提供支持性就业服务，帮助辅助性就业机构中已具备条件的智力、精神和重度肢体残疾人融入劳动力市场实现就业
2016.8.3	国务院	《"十三五"加快残疾人小康进程规划纲要》	培育残疾人就业辅导员队伍，发展支持性就业；将支持性就业推广项目纳入残疾人就业增收重点项目；扶持建设残疾人就业辅导员培训专业机构，培训2500名就业辅导员，帮助更多智力、精神残疾人实现支持性就业
2016.10.8	中国残联、国家发改委等7部门	《残疾人就业促进"十三五"实施方案》	积极探索支持性就业：调动各类社会资源，以智力、精神残疾人为主要对象，以扶持其在劳动力市场实现就业为目的，继续在部分省市开展残疾人支持性就业试点；扶持建设残疾人就业辅导员培训专业机构（基地），培训2500名就业辅导员，帮助更多残疾人实现支持性就业
2016.11.3	中国残联	《"十三五"残疾人托养服务工作计划》	托养服务的范围包括为符合条件的残疾人提供支持性就业服务和运动功能训练等方面社会服务
2017.1.23	国务院	《"十三五"推进基本公共服务均等化规划》	为智力、精神和重度肢体残疾人提供辅助性、支持性就业服务等

资料来源：根据北大法宝法律数据库整理。

表2　2017年部分省份有关支持性就业的地方规范性文件

发布时间	发布地区	文件名称	有关支持性就业具体措施和专项规定
2017.1.25	甘肃	《甘肃省人民政府办公厅关于印发甘肃省"十三五"残疾人事业发展规划的通知》（甘政办发〔2017〕15号）	扶持建设残疾人就业辅导员培训专业机构，培训2000名就业辅导员，帮助智力、精神残疾人实现扶持性就业
2017.2.10	江西	《江西省人民政府关于印发江西省"十三五"加快残疾人小康进程规划纲要的通知》（赣府发〔2017〕5号）	建立残疾人就业辅导员队伍，发展残疾人职业能力提升项目；扶持建设残疾人就业辅导员培训专业机构，每年培训500名就业辅导员，帮助更多智力、精神残疾人实现支持性就业
2017.2.21	宁夏	《宁夏回族自治区人民政府办公厅关于印发宁夏回族自治区残疾人事业"十三五"发展规划的通知》（宁政办发〔2017〕32号）	制定残疾人支持性就业服务办法和残疾人职业适应性训练办法，建立就业辅导员队伍，促进更多残疾人实现融合就业
2017.2.22	北京	《北京市残疾人联合会　北京市财政局　北京市社会建设工作办公室关于印发〈北京市残疾人支持性就业服务办法（试行）〉的通知》（京残发〔2017〕14号）	界定支持性就业服务；明确支持性就业的服务对象、提供机构条件、就业辅导员条件、服务内容和补贴标准；进行就业辅导员的资质管理及培养等
2017.3.28	广东	《关于印发〈广东省残疾人事业发展"十三五"规划的通知〉》（粤残联〔2017〕28号）	建立残疾人支持性就业辅导员委派机制，通过政府购买服务方式，培育扶持建设一批支持残疾人就业服务的社会服务机构
2017.8.4	北京	《北京市残疾人联合会　北京市发展和改革委员会　北京市民政局　北京市人力资源和社会保障局　北京市卫生和计划生育委员会　北京市国家税务局　北京市地方税务局　北京市中医管理局关于印发〈北京市残疾人就业促进"十三五"实施方案〉的通知》（京残发〔2017〕40号）	培育支持性就业辅导员队伍：培训支持性就业辅导员400名。积极开展支持性就业服务：落实残疾人支持性就业服务政策，调动各类社会资源，扶持智力、精神和就业困难残疾人在劳动力市场实现就业，培育扶持一批具备开展支持性就业服务能力的社会机构，健全完善就业辅导员培训、晋升和督导工作机制，建立就业辅导员督导队伍，不断提高开展支持性就业服务的能力

发布时间	发布地区	文件名称	有关支持性就业具体措施和专项规定
2017.8.9	黑龙江	《黑龙江省人民政府办公厅关于印发黑龙江省"十三五"基本公共服务清单的通知》(黑政办规〔2017〕41号)	支持各级各类残疾人托养服务寄宿制机构、日间照料机构及能够提供居家托养服务的机构和组织,为3万人残疾人提供支持性就业服务和运动功能训练等方面社会服务。

资料来源:根据北大法宝法律数据库和部分省份残联网站信息整理。

(3)完善雇主雇佣残疾人的优惠政策

针对近几年着力推行的按比例就业制度及迅速发展的支持性就业服务,为加强雇主对残疾人就业的配合及支持,形成雇主对融合就业的支持体系,政府调整实施了针对雇主雇佣残疾人的一系列优惠政策。

继2015年9月修订的《残疾人就业保障金征收使用管理办法》明确提出残疾人就业保障金支持方向包含补贴用人单位安排残疾人就业所需设施设备购置、改造和支持性服务费用,奖励超比例安排残疾人就业的用人单位[①];2016年5月,财政部和国家税务总局联合下发《关于促进残疾人就业增值税优惠政策的通知》,其中规定,对安置残疾人的纳税人,按其安置残疾人的人数,限额即征即退增值税;对于安置残疾人每月可退还的增值税具体限额,取消《关于促进残疾人就业税收优惠政策的通知》(财税〔2007〕92号)中规定的每人每年3.5万元的上限,改为纳税人所在区县月最低工资标准的4倍;相对于旧的残疾人就业税收优惠政策,明确可享受税收优惠政策的纳税人安置的残疾人包括"具有劳动条件和劳动意愿的精神残疾人"[②]。

2017年3月,财政部颁布《关于取消、调整部分政府性基金有关政策的通知》,扩大了残疾人就业保障金的免征范围,由在职职工总数20人

[①] 《残疾人就业保障金征收使用管理办法》第21条第(二)(三)(四)项。

[②] 参见《财政部、国家税务总局关于促进残疾人就业增值税优惠政策的通知》(财税〔2016〕52号)。

（含）以下小微企业调整为在职职工总数 30 人（含）以下的企业；同时，设置了残疾人就业保障金征缴上限，即用人单位在职职工年平均工资超过当地社会平均工资 3 倍以上的，按当地社会平均工资 3 倍计征残疾人就业保障金①。上述政策调整一方面将实质上减轻雇主的负担，另一方面也会对高额残保金引发的残疾证"挂靠"行为起到一定程度的阻止作用，从而增进残疾人融合就业的机会。

2. 组织推行融合就业的实践活动

近几年，配合按比例就业制度的完善，政府采取行政举措推动按比例就业的实施；与此同时，随着支持性就业民间实践活动的增加，政府也加强与社会组织的合作，组织和参与支持性就业的实践，其中比较典型的有如下措施。

（1）组织实施融合就业

地方政府积极采取落实相关政策、对按比例就业情况进行公示等行政措施推动按比例安排残疾人就业的实施。例如，2016 年 12 月，岳阳市对超比例安排残疾人就业用人单位进行奖励公示，发放奖励金 82170 元②；2017 年 7 月，南昌市对 2016 年已安排残疾人用人单位进行了公示③；2017 年 9 月，江阴市对 2016 年度用人单位按比例安排残疾人就业情况进行公示④。与此同时，对于日渐增多的支持性就业服务民间实践活动，政府也以积极的姿态参与组织和实施。例如，受国际劳工组织委托，由中智协组织的始于 2014 年的支持性就业全国试点工作，于 2016 年 4 月进行了项目总结，探讨了支持性就业试点的经验及未来发展⑤；为促进支持性就业的常态发展，北京市于 2017 年 7 月颁布《北京市残疾人联合会政府购买服务指导

---

① 参见《关于取消、调整部分政府性基金有关政策的通知》（财税〔2017〕18 号）。

② 《关于对超比例安排残疾人就业单位奖励的公示》，岳阳市残疾人联合会网站，2016 年 12 月 21 日，http://www.yycjr.com/Article/ggtz/20161221104637.shtml。

③ 《2016 年度已安排残疾人就业用人单位情况公示》，南昌市残疾人联合会网站，2017 年 7 月 6 日，http://nccl.nc.gov.cn/news.aspx? NewsId = 2602。

④ 《江阴市 2016 年度用人单位按比例安排残疾人就业情况公示》，江阴市残疾人联合会网站，2017 年 9 月 27 日，http://cl.jiangyin.gov.cn/a/201709/gg7jqjuf8chd.shtml。

⑤ 《中国智协"支持性就业"和"六助一"试点项目工作总结会在京召开》，中国智力残疾人及亲友协会网站，2016 年 4 月 20 日，http://www.capidr.org.cn/news1495.html。

性目录》，明确将"残疾人就业支持服务"纳入政府购买服务体系[①]；此外，北京、湖南在实践中自 2016 年起对支持性就业就推行了政府购买服务的方式[②]。

（2）开展政策宣传

地方政府通过对按比例就业、支持性就业的最新政策宣传，来推动上述融合就业模式的实施运转。例如，2016 年 11 月，对于关涉支持性就业政策的"十三五"规划内容，深圳市残联举办了专场宣讲会，对相关亮点及创新内容进行解读[③]。2017 年 3 月，针对国家出台及北京市最新颁布的支持性就业政策，北京市残联进行了支持性就业政策专题培训[④]；2017 年 6 月，六安市残联召开新闻发布会，对按比例就业政策进行宣传解读[⑤]。

（3）进行专业培训

针对专业性较强的融合就业服务模式，部分地方采取与社会组织合作的方式对这种服务形式进行了专业培训。例如，2016 年 8 月，由荆门市残联和当地残疾人社会组织共同举办的"2016 湖北荆门大龄孤独症人士融合就业培训班"顺利开班，由台湾地区专家对湖北省部分地区的特教机构和孤独症家长进行了孤独症人士实现融合就业的专业培训[⑥]；2017 年 5 月，湖州市残联邀请具有多年支持性就业从业经验的台湾地区专家做支持性就业专题培训讲座，探索通过支持性就业帮助心智障碍者实现融合就业，当地残疾人

---

① 《北京残疾人联合会关于印发〈北京市残疾人联合会政府购买服务指导性目录〉的通知》，北京市残疾人联合会网站，2017 年 7 月 7 日，http：//www. bdpf. org. cn/zwxx/tzgg/c61085/content. html。
② 源自笔者 2016 年 6 月、10 月对北京、湖南的支持性就业项目调研资料。
③ 《广东省深圳市召开加快残疾人小康进程"十三五"规划宣讲会》，中国残疾人联合会网站，2016 年 11 月 30 日，http：//www. cdpf. org. cn/dfdt/201611/t20161130_575982. shtml。
④ 《北京市残联面向助残社会组织开展支持性就业政策培训》，中国残疾人联合会网站，2017 年 3 月 28 日，http：//www. cdpf. org. cn/dfdt/201703/t20170328_586983. shtml。
⑤ 《"2017 年用人单位按比例安排残疾人就业工作政策解读"新闻发布会》，六安市人民政府网站，2017 年 6 月 23 日，http：//www. luan. gov. cn/pressConference/channel/59599cdf1ea8ac001600000a. html。
⑥ 《荆门：大龄孤独症人士融合就业培训班开班》，湖北省残疾人联合会网站，2016 年 9 月 5 日，http：//www. hbdpf. org. cn/xwzx/dfdt/162114. htm。

工作者及家长参加了培训①。

（4）协调实践运行

各地采取多种形式的举措，协调融合就业中雇主与残疾人就业者及社会组织的关系，促进融合就业的实现。例如，2016年6月，为促进按比例就业的实施，沈阳市残联会同人社局、国资委等部门联合举办2016年沈阳市百家企业残疾人就业洽谈会，共计127家爱心企业参加洽谈会，为残疾人提供了1468个就业岗位，现场初步达成就业意向的有889人次②；2017年5月，广州市残疾人就业培训服务中心邀请参与支持性就业服务的社工机构、用人企业及残疾人家属召开智力残疾人支持性就业服务座谈会，探讨2016年支持性就业服务中存在的问题，听取各方看法及建议③。

（二）社会组织

社会组织在引进融合就业观念、实践融合就业服务、推动融合就业制度完善方面也发挥了积极作用。

1. 提供支持性就业服务

自21世纪初，我国便有社会组织开始尝试通过支持性就业帮助智力和精神残疾人实现融合就业。2014年3月至2016年2月，在国际劳工组织委托，由中智协开展的支持性就业全国试点中，社会组织积极参与。其中，北京融爱融乐心智障碍者家庭支持中心和长春善满家园分别直接被作为北京和长春的试点单位；在试点区域中，发展迅速、成绩较为突出的湖南省，则选

---

① 《我市举办支持性就业专题培训讲座》，湖州市残疾人联合会网站，2017年5月15日，http：//www.hzcl.gov.cn/NewsInfo.aspx？Type=1&nid=10509。

② 《辽宁省沈阳市残联举办"爱心送岗位 助残促就业"2016年沈阳市百家企业残疾人就业洽谈会》，中国残疾人联合会网站，2016年6月20日，http：//www.cdpf.org.cn/dfdt/201606/t20160620_557754.shtml。

③ 《广州市残疾人就业培训服务中心召开2017年智力残疾人支持性就业服务座谈会》，广州政府网站，2017年5月24日，http：//www.gz.gov.cn/gzscl/gzdt/201705/99e01da7649549e7ae78e39d81468fc4.shtml。

择了长沙市爱乐社工服务中心、长沙慧灵智障人士服务中心等 10 家社会组织作为湖南省支持性就业试点单位①。据中国残联统计,支持性就业试点当年,在我国 5917 个残疾人托养服务机构中,3503 名残疾人实现支持性就业②;试点结束时,试点地区共积累支持性就业成功案例 100 多例③;此外,以较早开展支持性就业服务的北京利智中心为例,截至 2017 年,该机构支持性就业个案已达上百个,通过支持性就业服务实现社区稳定就业半年以上,签订劳动合同的有 85 人④。

2. 开展经验交流和专业研究

社会组织在提供支持性就业等融合就业服务模式的同时,不断开展融合就业的经验交流,同时进行了融合就业的专业化研究。例如,2016 年 9 月,融合就业马来西亚经验分享会在北京举行⑤;2016 年 10 月,由中国企业联合会、ADI 发展研究所和国际劳工组织主办的中国障碍者融合就业企业网络会议召开,探讨了推行障碍者融合就业面临的挑战、问题及相应的解决方案⑥;2017 年 1~5 月,ADI 发展研究所与北京融爱融乐心智障碍者家庭支持中心合作开展了北京市心智障碍者融合就业实践与需求调研的课题研究⑦。

3. 培训专业服务人才

至 2016 年,由国际劳工组织与中智协、心智联会及台湾地区机构共同培训并授予资格证书的就业辅导员人数已达 480 人⑧。社会组织目前已将融

---

① 源自笔者 2016 年 6 月、10 月对国际劳工组织及湖南支持性就业项目的调研资料。
② 参见《2014 年中国残疾人事业发展统计公报》(残联发〔2015〕12 号)。
③ 艾诚:《做一个真正的劳动者——中国支持性就业探索纪实》,《中国残疾人》2016 年第 9 期。
④ 皮磊:《支持性就业:8500 万残障群体的需求》,《公益时报》2017 年 7 月 4 日,第 6 版。
⑤ 《行业交流:融合就业马来西亚经验分享会(北京)》,ADI 发展研究所网站,2016 年 9 月 18 日,http://www.ablechina.org/news/505.html。
⑥ 《教育倡导:中国障碍者融合就业企业网络会议》,ADI 发展研究所网站,2016 年 10 月 28 日,http://www.ablechina.org/news/539.html。
⑦ 《课题研究:北京市心智障碍者融合就业实践与需求调研》,ADI 发展研究所网站,2017 年 6 月 6 日,http://www.ablechina.org/news/639.html。
⑧ 数据源自笔者于 2016 年 6 月对国际劳工组织项目官员的访谈资料。

合就业专业服务人才的培训作为推动融合就业发展的重要路径。例如，国际劳工组织北京局、映诺社区发展机构等主办，广州市越秀区馨和社会工作服务中心、广州市扬爱特殊孩子家长俱乐部等承办的"2016 中国融合就业能力建设培训（广州）"于 2016 年 7 月在广州举行，活动旨在为企业雇佣残疾人提供相应知识培训，增进企业雇佣残疾人的能力①；2016 年 11 月，广州北斗星社会工作服务中心开展了身心障碍者融合就业实务工作坊，由具有融合就业经验的台湾地区专家进行融合就业专业服务人员的培训②；2017 年 11 月，北京利智康复中心举办了京津冀地区成年心智障碍者就业支持项目支持性就业服务就业辅导员专业知识培训班③。

4. 构建交流平台

政府、雇主及就业者的行为关涉融合就业的发展，近年来，社会组织着力构建上述三方主体关于融合就业的交流和互动平台。例如，2016 年 6 月，由国际劳工组织、中国企业联合会和 ADI 发展研究所联合发起，为融合就业雇主和服务组织提供交流、分享和学习的公益平台——融合就业 in' 公众号开通④；2016 年 9 月，国际劳工组织、中国企业联合会和 ADI 发展研究所发起建立中国融合就业网络（China Inclusive Employment Network，简称 CIEN），由服务组织网络、雇主网络、资源网络构成，其目的是通过交流、分享和合作，建立残疾人融合就业服务的行业联盟⑤。

---

① 《2016 中国融合就业能力建设培训（广州）》，佛山市顺德区残疾人就业信息网，2016 年 7 月 5 日，http://www.sdcjrjy.gov.cn/News/Article/b7f4af4b－d186－4c0b－b6e3－f55db331fffe。
② 《2016 北斗星·身心障碍者融合就业实务工作坊顺利开展》，北斗星社会工作服务中心网站，2016 年 11 月 27 日，http://www.bdxsw.org/a/jigouyaowen/20161128/697.html。
③ 《金秋相聚 支持性就业绽放光彩》，北京利智微信公众号，2017 年 11 月 10 日，http://mp.weixin.qq.com/s/5NTPfjdpVlg9XcjqDytR2g。
④ 《机构公告：融合就业 in' 公众号开通》，ADI 发展研究所网站，2016 年 6 月 21 日，http://www.ablechina.org/news/436.html。
⑤ 《机构公告：CIEN 中国融合就业网络》，ADI 发展研究所网站，2016 年 9 月 23 日，http://www.ablechina.org/news/506.html。

（三）企业

企业作为雇佣残疾人士的中坚力量，在推动融合就业观念中发挥了积极的作用。例如，2016 年 7 月，大连弗斯特高新人才发展管理有限公司发起的大连市残疾人融合就业联盟成立，旨在推动更多企业吸纳残疾人就业，大连市 100 余家企业参会①；2017 年 5 月，北京外企人力资源服务有限公司（FESCO）主办了以"多元·融合"为主题的公益论坛，旨在推动企业、个人及组织在残疾人融合就业方面发挥积极作用，参与会议的政府、企业及社会组织代表分享了关于融合就业的经验②。

同时，企业也在积极尝试雇佣残疾人士，在残疾员工人数及提供合理便利创造融合就业环境方面有了较大进展。成立于 2012 年的重庆远大印务集团，旗下有三家公司，集团现有 612 名员工，其中残疾人有 205人，占整体的 32.4%。同时，根据残疾人的个体情况，集团设计了相应的工作岗位，提供了自动语音翻译软件和摄像系统，为残疾员工进行工作提供便利。总部设在美国的伟创力是一家跨国公司，目前有 230 名残疾人在珠海公司工作，主要承担后勤、组装、手语翻译及图书管理等岗位的工作，同时，公司在采购方面也开发出残疾人士的工作岗位。为创造适宜于残疾员工的工作环境，公司进行了无障碍的调整，目前形成多处无障碍的示范点③。此外，"金凤成祥""赢冠"等企业的融合就业成效也较为显著。

越来越多的企业正逐渐接纳并认可融合就业的观念，并积极参与融合就业的倡导及实践。

---

① 《大连市成立残疾人融合就业联盟》，辽宁省残疾人联合会网站，2016 年 8 月 3 日，http：//www. lncl. org. cn/clxwpd/clcjxx/201608/t20160803_2473321. html。

② 《"多元·融合"公益论坛助力残障者融入式就业》，新华网，2017 年 5 月 19 日，http：//news. xinhuanet. com/gongyi/2017－05/19/c_129608988. htm。

③ 皮磊：《支持性就业：8500 万残障群体的需求》，《公益时报》2017 年 7 月 4 日，第 6版。

三 残疾人融合就业发展面临的挑战及对策

2017 年，我国残疾人融合就业虽然有了较大突破和发展，但毋庸置疑，残疾人融合就业在我国还处于起步阶段，在未来的发展中还将面临较大的挑战。

（一）问题及挑战

1. 法律体系不健全

首先，推动融合就业的政策性规定多于法律规定，融合就业的发展从而缺乏刚性法律规则，规范性和保障性不足。其次，融合就业现行法律规则不完善。一方面，缺乏明确规定融合就业法律地位、对融合就业进行合理定位、融合就业具体发展措施等法律规则；另一方面，按比例就业及反残疾人就业歧视制度实施不畅，需要进一步完善；此外，融合就业法律制度之间的配合衔接机制尚未形成。融合就业关涉按比例就业制度、支持性就业服务、特殊教育及反残疾人就业歧视等残疾人法律制度规定，需要上述制度相互配合，形成推动融合就业发展的合力，而现行上述法律制度缺乏内容上的衔接。

2. 政府作用欠缺

政府近年来虽然积极参与融合就业的实践，但可以看到，政府在融合就业中发挥的作用较为薄弱，具体表现为如下。其一，参与实施融合就业的力度不够。以支持性就业服务为例，最初由社会组织开展，近期的试点则由中智协组织，主要由社会组织实施，地方残联负责协助指导，以上说明，支持性就业的开展基本还属于残疾人社会组织的自发行为。其二，政府对违反按比例就业法律义务及残疾人就业歧视行为缺乏积极有效的行政措施，从而未能优化利于融合就业发展的环境。其三，政府对于融合就业的扶持力度不足。比如，推动融合就业的具体措施较少、在资金及优惠政策方面并无明显的倾斜保护等。

3. 社会组织之间缺乏分工配合

社会组织在倡导、提供融合就业服务方面发挥着重要作用，是融合就业支持系统中不可或缺的重要主体。实践中，参与融合就业的社会组织类型各异，专业优势也有所不同。有从事融合就业倡导、研究、培训的社会组织，有提供融合就业服务的社会组织，在后者中，又分为家长组织、日托服务机构等。上述社会组织在融合就业发展中发挥的作用各有所侧重，需要形成协作联动的机制，方能保证融合就业的长远发展。目前，大多数社会组织在组织实施融合就业过程中还处于各自为政、未能合作配合的状态。

（二）对策及建议

1. 完善保障融合就业发展的法律体系

首先，构建推行融合就业的法律规则。应在《残疾人保障法》和《残疾人就业条例》中明确融合就业在残疾人就业体系中的法律地位；应为在融合就业服务模式中占据重要位置的支持性就业制定明确细致的法律规则，比如支持性就业概念的界定及性质、实施方式及职责分工、资金来源及对雇主的优惠政策、相应的权利救济方式等。其次，完善融合就业法律体系内的现行法律制度。比如，确立并完善按比例就业公示制度，促进按比例就业的实施，以为融合就业提供更多的工作机会和来源；明确特殊教育中的就业转衔制度，构建特殊教育与融合就业之间的法律衔接机制，加强特殊教育机构和融合就业服务机构的协作关系；健全反残疾人就业歧视的制度规定等。

2. 发挥政府推动融合就业的主导作用

基于政府在融合就业系统中的主体地位，需要明确政府在发展融合就业中的法律职责，赋予政府作为推动融合就业主导者的角色，在融合就业实施过程中进行规划、组织、协调及监管。具体而言，一方面，政府应确立融合就业的发展方向。继续采取积极多样化的行政举措推进按比例就业制度的实施，同时，组织和扶持支持性就业的发展，必要时在资金、土地、税收及雇主优惠政策方面对其实施倾斜保护；另一方面，在按比例就业制度实施及残疾人就业歧视行为的监管中发挥主动性，强化对违法行为的追责及处罚。

3. 加强专业队伍建设和社会组织的协调配合

要把融合就业专业服务人才的培养和队伍建设作为推动融合就业的主要方式。具体来说，要构建就业辅导员的资质认证和培训考核制度，使就业辅导员逐渐成为国家认可的职业类别；同时，确立合理的就业辅导员工资补贴制度，防止人才流失，激发其从事融合就业服务的积极性。针对目前参与融合就业的社会组织种类及相应的专业优势，明确其参与融合就业服务的不同阶段以及相应的利益分配机制；建立社会组织实施融合就业交流互动的平台，逐渐形成融合就业的常规化社会组织协作联动机制。

4. 构建雇主雇佣残疾人的支持机制

在制定雇主雇佣残疾人优惠政策的基础上，政府和社会组织需要在招聘、岗位匹配、无障碍环境的改造、提供合理便利、安全管理等诸环节，为雇主提供一定的信息和服务，逐步形成相应的支持措施以便增强雇主雇佣残疾人的能力，减轻雇主雇佣残疾人的担忧和可能面临的风险，激发雇主参与融合就业的积极性，加大融合就业的成效。

5. 普及促进融合就业发展的人权观念

应重视社会中基于残疾的歧视观念对融合就业发展产生的阻碍和影响。建议政府在残疾人法律政策宣传中加强对融合就业主题的宣传和倡导，内容涉及何为融合就业、融合就业对于保障残疾人权利的意义、现行融合就业法律政策等；新闻媒体可通过访谈、公益宣传及专题报道等多种形式，对融合就业的发展进程及取得的社会效果加以宣传，使公众认知和理解融合就业与残疾人权利之间的关系，促使支持并积极参与推动融合就业的人权观念的养成。

B.17
残疾人义务教育阶段受教育
权利保障的进展[*]

刘　璞[**]

摘　要： 残疾人受教育权利的保障程度是衡量一国人权状况的重要指标。2012年以来，国家重视残疾人教育事业，加大保障力度，落实保障措施，残疾人教育快速发展，义务教育入学率显著增长，义务教育普及水平提高，融合教育比重加大，特教教师队伍不断壮大，但是残疾人义务教育发展不均衡、教育质量不高，非义务教育发展速度缓慢。建议完善我国特殊教育法律制度、加强特殊教育督导和评估，提高义务教育质量，扩大非义务教育规模。

关键词： 残疾人　受教育权利　保障制度

残疾人是生理、心理或精神上有缺陷的人。根据我国法律的规定，残疾人应当享有受教育的权利。对残疾人而言，接受教育是他们参与社会生活、获得就业机会的前提，也是完善自我、追求美好生活的前提。在社会生活中，残疾人常常处于弱势地位，他们接受教育的机会较少，受教育的程度较

---

[*] 本文是2016年教育部人文社科青年基金项目"西部农村地区残疾人受教育权保障制度的设计与政策干预机制研究"（16YJC880049）的阶段性研究成果。

[**] 刘璞，博士，西北政法大学人权研究院副院长、副教授，硕士生导师，主要研究方向：人权法、教育法、残疾人权益保护。

低。残疾人受教育的程度不仅体现国家的综合实力，也反映国家的人权保障水平。因此，发展残疾人教育事业，是解决因残致贫及贫困代际传递的治本之策①，也是实现教育公平、提升综合国力、提高人权保障水平的重要途径。本文依据《中国教育监测与评价统计指标体系》② 规定的计算方法，对2012 年以来，残疾人教育相关数据进行统计分析，以期客观地反映我国残疾人教育保障状况。

一　保障措施与发展状况

我国现有 8500 多万名残疾人③。我国《宪法》、《教育法》、《义务教育法》、《残疾人保障法》及《残疾人教育条例》均规定，残疾人享有受教育的权利。但长期以来，残疾人教育事业在我国各级各类教育中是短板。十八大以来，国家高度重视残疾人教育事业，党的十八届一中全会提出"支持特殊教育"，十八届三中全会强调"推进特殊教育的改革发展"，十九大报告指出"要办好特殊教育"。在此期间，各级政府加强保障措施，推进残疾人教育事业的发展。

（一）完善保障制度

2012 年以来，国家制定或修改多个有关残疾人的法律、法规，出台相关政策和标准。2008 年国家重新颁布了《残疾人保障法》，这标志着我国残疾人保障事业进入法治化、规范化的发展道路。2010 年，《国家中长期教育改革和发展规划纲要（2010－2020 年）》发布，我国残疾人教育事业开始

---

① 《介绍〈第二期特殊教育提升计划（2017－2020 年）〉的有关情况》，教育部网站，http：//www. moe. gov. cn/jyb ＿ xwfb/xw ＿ fbh/moe ＿ 2069/xwfbh ＿ 2017n/xwfb ＿ 20170728/201707/t20170728＿310281. html。

② 《中国教育监测与评价统计指标体系》，教育部网站，http：//www. moe. gov. cn/srcsite/A03/s182/201509/t20150907＿206014. html。

③ 《2010 年末全国残疾人总数及各类、不同残疾等级人数》，中国残疾人联合会网站，http：//www. cdpf. org. cn/sjzx/cjrgk/201206/t20120626＿387581. shtml。

"弯道超车"。

2012 年至 2016 年，我国制定或修改多部有关残疾人权利的法规、规章（见表1）。仅 2016 年，制定或修改关于残疾人权利的专门法规、规章共 19 部，制定或修改规范性文件共 285 个。

表1　2012～2016 年全国制定或修改关于残疾人的专门法规、规章和规范性文件数量

单位：部

	2012 年	2013 年	2014 年	2015 年	2016 年
制定或修改关于残疾人的专门法规、规章	30	31	无数据	13	19
制定或修改保障残疾人权益的规范性文件	706	543	无数据	338	285

资料来源：残疾人联合会网站数据中心。

为落实《国家中长期教育改革和发展规划纲要（2010－2020 年)》的精神，2014 年，国家出台《第一期特殊教育提升计划（2014－2016 年)》（以下简称《一期特殊教育提升计划》）。该计划是中华人民共和国成立以来，对残疾人教育事业的总体思路和推进策略规定的最清晰、最明确的一个文件①，它对提高残疾人教育保障水平发挥着重要的作用。2016 年，《一期特殊教育提升计划》的任务顺利完成。为巩固前期成果，进一步提高残疾人的教育质量，2017 年，国家出台《第二期特殊教育提升计划（2017－2020)》（以下简称《二期特殊教育提升计划》），《二期特殊教育提升计划》规定了残疾人教育保障工作的总体目标、重点任务和具体保障措施。2017 年，国家修改了《残疾人教育条例》（以下简称《条例》）。新《条例》对残疾人学前教育、义务教育、职业教育、高等教育的保障制度予以规定，完善了随班就读、教师培养培训等制度。

为规范特殊教育学校的教学工作，提高特殊教育质量，2016 年，教育部颁布《盲校义务教育课程标准》《聋校义务教育课程标准》《培智学校义

---

①　方俊明：《开创我国特殊教育发展的新局面》，教育部网站，http：//www. moe. edu. cn/jyb _ xwfb/xw _ fbh/moe _ 2069/xwfbh _ 2017n/xwfb _ 20170728/170728 _ zjwz/201707/t20170728 _ 3 10274. html。

务教育课程标准》，三类特教学校课程标准的实施，使特殊教育质量上了一个新台阶①。

为落实中央精神，地方政府积极出台具体保障措施，截至 2016 年底，37 个国家特殊教育改革实验区共出台了 150 多份地方性文件②。2017 年，上海市《关于加强特殊职业教育管理的实施意见》、福建省《实施残疾人事业专项彩票公益金助学项目（学前教育）方案》、浙江省《关于进一步加强残疾人职业技能培训工作的通知》等地方性文件相继出台，这些文件有利于完善残疾人教育保障制度，推动了残疾人教育事业的发展。

（二）特殊教育经费投入加大，生均公用经费标准提高

教育经费的投入是促进教育事业发展的重要保障。我国特殊教育经费主要来源于国家财政教育经费、社会团体和公民办学经费、社会捐资经费、事业收入和其他收入③。目前，财政经费是特殊教育经费的主要来源，财政经费以地方财政投入为主，以中央财政投入为辅。地方财政投入又以地市、区县两级政府投入为主，中央主要以"特殊教育专项补助经费"支持特殊教育的发展④。

近年来，随着我国经济实力的增强，中央政府加大特殊教育经费的投入，2012 年，中央政府累计下达资金 24.42 亿元，重点支持 62 所残疾人中、高职院校和高等特殊师范院校的基础设施建设及教学康复实验设备的购置⑤。2012 年至 2017 年五年间，残疾人福利基金项目增多，仅中国残疾人

---

① 《教育部就〈第二期特殊教育提升计划（2017 - 2020 年）〉答问》，中国政府网，http://www.gov.cn/xinwen/2017 - 07/28/content_5214060.htm。

② 方俊明：《开创我国特殊教育发展的新局面》，教育部网站，http://www.moe.edu.cn/jyb_xwfb/xw_fbh/moe_2069/xwfbh_2017n/xwfb_20170728/170728_zjwz/201707/t20170728_310274.html。

③ 赵小红、王丽丽、王雁：《特殊教育学校经费投入与支出状况分析及政策建议》，《中国特殊教育》2014 年第 10 期。

④ 吕春苗：《近年来我国特殊教育经费研究综述》，《绥化学院学报》2017 年第 4 期。

⑤ 《〈国家中长期教育改革和发展规划纲要〉中期评估特殊教育专题评估报告》，教育部网站，http://www.moe.gov.cn/jyb_xwfb/xw_fbh/moe_2069/xwfbh_2015n/xwfb_151130/151130_sfcl/201511/t20151130_221728.html。

福利基金会在特教方面的筹款就达 2 亿多元，受益残疾儿童少年共 28 万人次①。政府鼓励和引导社会力量捐资助学。2012 年，《教育部关于鼓励和引导民间资金进入教育领域促进民办教育健康发展的实施意见》颁布，2016 年，交通银行与其 6 万名员工捐款共计 1 亿元，实施"通向明天—交通银行残疾青少年助学计划"，设立"特教园丁奖"②。

地方政府特殊教育生均经费支出和特殊教育学校生均公用经费标准可以反映地方政府对特殊教育经费的投入情况（见图 1）。2012 年至 2015 年，我国特殊教育生均经费持续增长，2012 年，地方教育和其他部门特殊教育生均经费支出 45790.48 元，2015 年上升到 58922.56 元。

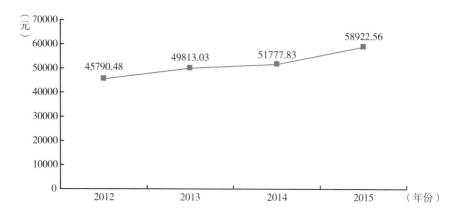

图 1　2012～2015 年特殊教育生均经费支出统计（地方教育和其他部门）

资料来源：2013 年、2014 年、2015 年、2016 年《中国教育经费统计年鉴》。

在此期间，地方政府采取以下措施加大特殊教育经费的投入。第一，一些地方设立了地方性特殊教育补助金。例如，2014～2017 年，广东省共下

---

① 《教育部介绍〈第二期特殊教育提升计划（2017－2020 年）〉有关情况》，教育部网站，http：//www. moe. edu. cn/jyb_xwfb/xw_fbh/moe_2069/xwfbh_2017n/xwfb_20170728/201707/t20170728_310281. html。

② 《教育部介绍〈第二期特殊教育提升计划（2017－2020 年）〉有关情况》，教育部网站，http：//www. moe. edu. cn/jyb_xwfb/xw_fbh/moe_2069/xwfbh_2017n/xwfb_20170728/201707/t20170728_310281. html。

达省级专项补助资金 14.11 亿元，云南省每年补助 5000 万元①。第二，一些地方在残疾人就业保障金中提取一定比例，用于支持特殊教育及残疾人职业培训。例如，河南省将 6% 的残疾人就业保障金用于支持特殊教育学校开展劳动技能教育②。第三，各地在执行义务教育"两免一补"政策时，增加补助项目。例如，北京、福建等地将"两免一补"扩大到"三免两补"或者"三免一补"。第四，地方政府不断提高残疾学生的补助标准。2016 年，地方政府普遍将义务教育阶段特殊教育学校生均公用经费标准提高至 6000 元以上③，如北京为 12000元，上海为 7800 元，广东特殊教育学校学生按不低于普通学生 8～10 倍的标准拨付④。第五，多地扩大补助对象和范围。根据义务教育阶段特殊教育学校的生均公用经费标准，对随班就读、在特殊教育班就读和接受送教上门服务的残疾儿童、少年执行相同标准⑤。除义务教育阶段外，多地努力提高非义务教育阶段生均公用经费标准，如新疆维吾尔自治区规定，特殊职业教育学校的残疾学生，其生均公用经费，在义务教育阶段标准的基础上再提高 50%；青岛市规定，对各区（市）接收残疾幼儿的幼儿园，以生均 11000 元的标准进行补助（这个标准相当于当地普通初中生均公用经费的 10 倍），并从 2017 年秋季学期开始，统一免除公办幼儿园残疾幼儿的保教费⑥。经过几年的努力，我国残疾学生的教育补助项目增多，补助标准普遍高于同一教育阶段的普通学生。

---

① 《教育部对十二届全国人大五次会议第 5114 号建议的答复》，教育部网站，http://www.moe.gov.cn/jyb_xxgk/xxgk_jyta/jyta_jijiaosi/201801/t20180116_324691.html。

② 《教育部对十二届全国人大五次会议第 5114 号建议的答复》，教育部网站，http://www.moe.gov.cn/jyb_xxgk/xxgk_jyta/jyta_jijiaosi/201801/t20180116_324691.html。

③ 《〈国家中长期教育改革和发展规划纲要〉中期评估特殊教育专题评估报告》，教育部网站，http://www.moe.gov.cn/jyb_xwfb/xw_fbh/moe_2069/xwfbh_2015n/xwfb_151130/151130_sfcl/201511/t20151130_221728.html。

④ 《教育部对十二届全国人大五次会议第 5114 号建议的答复》，教育部网站，http://www.moe.gov.cn/jyb_xxgk/xxgk_jyta/jyta_jijiaosi/201801/t20180116_324691.html。

⑤ 《〈国家中长期教育改革和发展规划纲要〉中期评估特殊教育专题评估报告》，教育部网站，http://www.moe.gov.cn/jyb_xwfb/xw_fbh/moe_2069/xwfbh_2015n/xwfb_151130/151130_sfcl/201511/t20151130_221728.html。

⑥ 《关于各地建立完善学前教育、普通高中和特殊教育经费投入机制情况的通报》，教育部网站，http://www.moe.gov.cn/srcsite/A05/s7496/201709/t20170926_315341.html。

（三）特殊教育学校数量增多，办学条件改善

残疾人接受教育的场所不仅包括普通学校、特殊教育学校（班）、特殊教育机构，还包括医院和家庭，但传统意义上的学校仍然是他们接受教育的主要场所。近年来，各级政府大力支持特殊教育的发展，积极投资建设特殊教育学校，帮助普通学校建设特殊教育资源教室，学校的办学条件得到明显改善。2012年至2016年五年间，特殊教育学校从原有的1853所增加到2080所，增加了227所，增长了12.3%（见图2）。2014年，全国基本实现30万人口以上的县独立设置一所特殊教育学校的目标①。特殊教育学校数量的增加为残疾儿童少年提供了更多的入学机会。

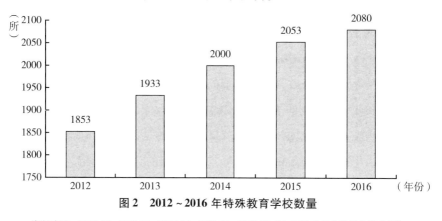

图2　2012～2016年特殊教育学校数量

资料来源：2012年、2013年、2014年、2015年、2016年《全国教育事业发展统计公报》。

为加快特殊教育的发展，政府通过专项补助金，为学校增加设备、设施，提高办学条件。《一期特殊教育提升计划》颁布后，教育部和财政部共同实施特殊教育办学条件改善项目，并提高特教专项补助经费，从2011年的2500万元提高到2014年的4.1亿元，四年里累计投入5.4亿元②。特教

---

① 《第一期特殊教育提升计划（2014-2016年）》，残疾人联合会网站，http://www.cdpf.org.cn/ghjh/qtgh/201407/t20140711_329278.shtml。

② 《〈国家中长期教育改革和发展规划纲要〉中期评估特殊教育专题评估报告》，教育部网站，http://www.moe.gov.cn/jyb_xwfb/xw_fbh/moe_92069/xwfbh_2015n/xwfb_151130/151130_sfcl/201511/t20151130_221728.html。

专项补助经费从开始用于资助中西部地区扩大到除京津沪以外的全国所有省份，资助范围基本实现了全覆盖，特教专项补助经费从支持特殊教育学校，扩大到支持普通学校资源教室和区域内"医教结合"实验室的建设①。政府为学校、资源教育、实验室配备教育教学和康复训练设施设备，保证特殊教育教学活动和"医教结合"教育实验的顺利进行。国家颁布《普通学校特殊教育资源教室建设指南》和《无障碍环境建设条例》，推进资源教室的建设和无障碍设施的完善。经过政府和学校的共同努力，特殊教育学校少、破、旧、陋等状况得到改变，办学条件明显改善②。

（四）特殊教育在校生人数增多，教育规模加大

2012 年到 2016 年，我国义务教育阶段特殊教育在校生数量增长较快。2013 年，在校生 36.81 万人，2016 年比 2013 年增加了 12.36 万人，达到 49.17 万人，增长了 33.6%（见图 3）。截至 2016 年，全国三类（视力、听力、智力）残疾儿童少年义务教育的入学率已经达到 90% 以上③。

义务教育阶段特殊教育在校生所占比例，是指义务教育阶段特殊教育在校生数占义务教育阶段在校生总数的百分比。④ 该指标值能够反映义务教育阶段特殊教育的规模⑤。图 4 是 2012 年至 2016 年，义务教育阶段特殊教育学校的在校生人数、初中在校生人数和小学在校生人数的对比图。2012 年至 2016 年，我国义务教育阶段特殊教育在校生所占比例从 0.26% 上升至

---

① 《〈国家中长期教育改革和发展规划纲要〉中期评估特殊教育专题评估报告》，教育部网站，http：//www.moe.gov.cn/jyb_xwfb/xw_fbh/moe_92069/xwfbh_2015n/xwfb_151130/151130_sfcl/201511/t20151130_221728.html。

② 《〈国家中长期教育改革和发展规划纲要〉中期评估特殊教育专题评估报告》，教育部网站，http：//www.moe.gov.cn/jyb_xwfb/xw_fbh/moe_92069/xwfbh_2015n/xwfb_151130/151130_sfcl/201511/t20151130_221728.html。

③ 《第二期特殊教育提升计划（2017–2020）》，教育部全民终身教育服务平台，http：//www.goschool.org.cn/xw/zcwj/2017–07–28/20065.html。

④ 《中国教育监测与评价统计指标体系》，教育部网站，http：//www.moe.gov.cn/srcsite/A03/s182/201509/t20150907_206014.html。

⑤ 《中国教育监测与评价统计指标体系》，教育部网站，http：//www.moe.gov.cn/srcsite/A03/s182/201509/t20150907_206014.html。

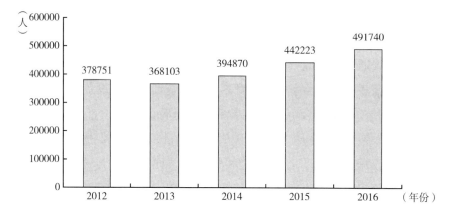

图3　2012～2016年义务教育阶段特殊教育在校生人数统计

资料来源：2012年、2013年、2014年、2015年、2016年《全国教育事业发展统计公报》。

0.35%（见图5）。这说明义务教育阶段的特殊教育规模增大，残疾儿童少年的入学率提高。

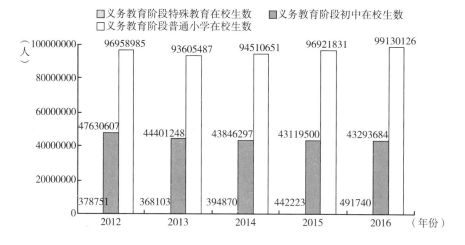

图4　2012～2016年义务教育阶段各类学校人数统计

资料来源：2012年、2013年、2014年、2015年、2016年《全国教育事业发展统计公报》。

残疾学生入学率的提高得益于政府采取的相关措施。第一，建立入学评估制度。要求区县教育行政部门负责设立由教育、心理、康复、社会工

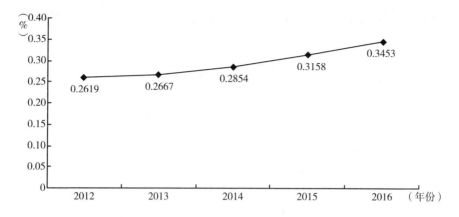

图5 2012～2016年义务教育阶段特殊教育在校生所占比例

注：计算方法：义务教育阶段特殊教育在校生所占比例＝义务教育阶段特殊教育在校生数/义务教育阶段在校生总数×100％。

资料来源：2012年、2013年、2014年、2015年、2016年《全国教育事业发展统计公报》。

作等方面专家组成的残疾人教育专家委员会，健全残疾儿童入学评估机制，完善教育安置办法。第二，完善入学登记管理工作。区县相关部门根据新生儿疾病筛查、学龄前儿童残疾筛查和残疾人统计等信息，对义务教育适龄残疾儿童少年进行入学前登记，全面掌握适龄残疾儿童少年的数量和残疾情况。中国残疾人联合会以全国残疾人基本服务状况和需求动态更新信息数据为基础，做好未入学适龄残疾儿童少年调查登记、统计录入、建档造册工作，及时向教育行政部门通报相关数据和情况，并协助做好家访和入学动员工作。地方政府针对实名登记的未入学残疾儿童少年残疾状况和教育需求，采用多种形式，逐一安排其入学[①]。第三，修订《残疾人教育条例》，规定残疾人在义务教育阶段入学不得被拒绝；各级各类学校及其他教育机构不得拒绝符合法律、法规规定条件的残疾人申请入学；学校、其他教育机构及其工作人员违法拒绝招收残疾学生入学的，由其主管的行政部门责令改正，对直接负责的主管人员和其他直接责任人员依法给

① 《教育部对十二届全国人大五次会议第4744号建议的答复》，教育部网站，http：//www.moe.gov.cn/jyb_xxgk/xxgk_jyta/jyta_jijiaosi/201712/t20171219_321908.html。

予处分。这些措施增加了残疾儿童的入学机会，使残疾儿童的入学率获得增长。

（五）融合教育比重加大，发展速度加快

义务教育阶段，我国残疾儿童少年主要在特殊教育学校、普通学校的普通班、普通学校的特殊教育班接受教育。在普通学校的普通班和特教班接受教育的形式被称为融合教育，其中在普通学校的普通班接受教育又被称为随班就读。融合教育就是残疾学生与非残疾学生在共同的环境下接受教育的一种教育形式。《残疾人权利公约》倡导融合教育理念，我国《残疾人教育条例》要求积极推进融合教育。《一期特殊教育提升计划》和《二期特殊教育提升计划》都将推进融合教育作为特殊教育的发展目标。

义务教育阶段随班就读和在普通学校附设的特教班学习的残疾人比例能够反映融合教育的发展规模，也可以监测和评价特殊教育的发展状况[1]，它是指，在义务教育阶段，随班就读和在普通学校附设特教班学习的残疾儿童少年的在校生数占义务教育阶段特殊教育在校生总数的百分比[2]。2012 年至2016 年，义务教育随班就读人数和普通学校附设的特教班人数的比例，占义务教育阶段特殊教育的比例均超过了 50%，2016 年，融合教育在初中阶段的比例达到了 60.74%（见图 6）。这说明，现阶段有超过一半的残疾儿童少年接受融合教育。

中央和地方政府积极推进随班就读教育体系，加快融合教育的发展，主要采取了以下措施：（1）鼓励引导企业发展人工智能技术，开发残疾人辅助设备，为残疾学生的生活、学习提供便利，提高他们接受融合教育的能力；（2）规定学校依据合理便利原则，满足适龄残疾儿童随班就读的需要，加强校园无障碍设施和无障碍环境建设，为资源教室配备必要的特殊教育教

---

① 《中国教育监测与评价统计指标体系》，教育部网站，http：//www. moe. gov. cn/srcsite/A03/
s182/201509/t20150907_206014. html。
② 《中国教育监测与评价统计指标体系》，教育部网站，http：//www. moe. gov. cn/srcsite/A03/
s182/201509/t20150907_206014. html。

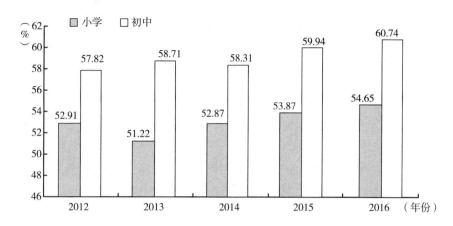

图6 2012～2016年义务教育阶段随班就读和在普 通学校附设特教班学习的残疾人的比例

注：计算方法：义务教育阶段随班就读和在普通学校附设特教班学习的残疾人比例＝义务教育阶段随班就读和在普通学校附设特教班学习的残疾儿童少年在校生数/义务教育阶段特殊教育在校生总数×100％。

资料来源：2012年、2013年、2014年、2015年、2016年《全国教育事业发展统计公报》。

学和康复设备，为残疾人参与融合教育创造条件；（3）要求地方政府对普通学校承担随班就读教学和管理工作的教师，在绩效考核中给予适当倾斜，鼓励教师从事随班就读工作①，促进教育质量的提高；（4）颁布《普通学校特殊教育资源教室建设指南》，规定在招收5人以上残疾学生的普通学校设立资源教室，配备专兼职资源教师，推动随班就读质量的提高②；（5）设立特殊教育改革实验区，围绕随班就读等重点难点问题，进行体制机制、政策措施等方面的改革探索③。经过几年的努力，义务教育阶段的融合教育规模增大，发展速度加快。

---

① 《教育部对十二届全国人大五次会议第4744号建议的答复》，教育部网站，http：//www.moe.gov.cn/jyb_xxgk/xxgk_jyta/jyta_jijiaosi/201712/t20171219_321908.html。

② 《教育部对十二届全国人大五次会议第4744号建议的答复》，教育部网站，http：//www.moe.gov.cn/jyb_xxgk/xxgk_jyta/jyta_jijiaosi/201712/t20171219_321908.html。

③ 《教育部对十二届全国人大五次会议第4744号建议的答复》，教育部网站，http：//www.moe.gov.cn/jyb_xxgk/xxgk_jyta/jyta_jijiaosi/201712/t20171219_321908.html。

（六）教师队伍建设取得一定成效

教师数量的多少和素质的高低决定着教育的质量。我国特殊教育长期存在教师数量不足、专业化程度不高的问题。为加快特殊教育教师队伍建设，2012 年教育部等财政部等印发《关于加强特殊教育教师队伍建设的意见》，对特殊教育教师的培养、培训、职称评定、工资待遇等问题做出具体要求。2012 年之后，全国专任特殊教育教师人数增长，2012 年我国有 4.3697 万名特殊教育教师，2016 年增长到 5.3213 万人，比 2012 年增长了 21.78%（见图 7）。

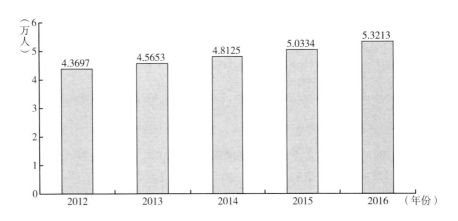

图 7 2012~2016 年专任教师数

资料来源：2012 年、2013 年、2014 年、2015 年、2016 年《全国教育事业发展统计公报》。

特殊教育学校接受过特教专业培训的专任教师数，是教育条件保障类和教育质量类的指标，它可以反映特殊教育教师的专业化程度。近五年，特殊教育教师专业培训机会增多（见图 8）。从 2013 年开始，特殊教育专任教师中接受过特教专业培训的教师已经超过 50%，这说明特殊教育教师队伍的专业化程度和教师专业素质有所提高。教师队伍的壮大和教师专业能力的加强，有利于提高教育质量。

教育部重视特殊教育教师队伍建设，为提升教师的专业知识和能力，采

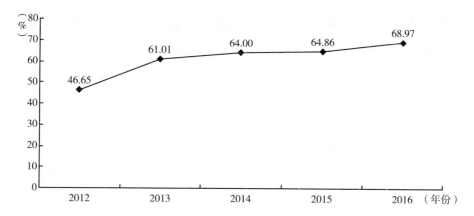

图8 2012~2016 年特殊教育学校接受过特教专业培训的专任教师比例

注：计算方法：特殊教育学校受过特教专业培训的专任教师比例 = 特殊教育学校受过特教专业培训的专任教师数/特殊教育学校专任教师总数×100% 。

资料来源：2012 年、2013 年、2014 年、2015 年、2016 年《全国教育事业发展统计公报》。

取了多项措施。（1）加强教师的培养工作。自特殊教育学校建设二期项目实施以来，中央财政投入 12.5 亿元，重点支持 25 所高校特殊教育师范专业的建设，建立了一批特殊教育师资培养培训基地。2014 年，国家启动"特殊教育教师培养计划改革项目"，在华东师范大学等五所高等院校开展卓越教师培养的试点工作。教育部增加特殊教育专业招生计划，2016 年，全国共有 60 所本专科高校招收特殊教育专业学生 6436 人[①]。经过努力，举办特殊教育师范专业的高等学校增多，人才培养规模加大[②]。（2）增加教师的培训机会。在"国培计划"中设立特殊教育骨干教师培训项目，在省培计划中，增加融合教育教师培训项目[③]，要求对特殊教育教师实行 5 年一周期不

---

① 《教育部对十二届全国人大五次会议第 2507 号建议的答复》，教育部网站，http：//www. moe. gov. cn/jyb_ xxgk/xxgk_ jyta/jyta_ jijiaosi/201712/t20171219_ 321916. html。

② 《〈国家中长期教育改革和发展规划纲要〉中期评估特殊教育专题评估报告》，教育部网站，http：//www. moe. gov. cn/jyb_ xwfb/xw_ fbh/moe_ 2069/xwfbh_ 2015n/xwfb_ 151130/151130_ sfcl/201511/t20151130_ 221728. html。

③ 《〈国家中长期教育改革和发展规划纲要〉中期评估特殊教育专题评估报告》，教育部网站，http：//www. moe. gov. cn/jyb_ xwfb/xw_ fbh/moe_ 2069/xwfbh_ 2015n/xwfb_ 151130/151130_ sfcl/201511/t20151130_ 221728. html。

少于 360 学时的全员培训。（3）加强特教课程建设。推动普通师范院校和综合性院校的师范专业开设特教课程的试点工作，培养师范生的融合教育理念和特殊教育教学能力。鼓励高校在教育硕士专业学位研究生课程体系中开设特殊教育课程，将特殊教育学分列入教育硕士必修学分①。（4）完善教师管理制度。教育部要求地方政府落实特殊教育学校的编制，给特殊教育学校配足配齐专业教师和工作人员，落实国家规定的特殊教育津贴、制定特教教师工资待遇倾斜政策；要求学校对承担残疾学生随班就读教学和管理工作的教师，在绩效考核中给予倾斜；对承担送教上门工作的教师和"医教结合"实验的医务人员提供工作和交通补贴②。（5）对优秀特教教师进行奖励。教育部、中国残疾人联合会从 2010 年起设立了"交通银行特教园丁奖"，每年评选 200 名优秀特教教师，在全国"十大教书育人楷模"等各类教师表彰奖励中都专设特教教师名额③。通过这些措施，吸引更多的人才从事特殊教育职业，增加教师数量，提高教师的专业水平。

二　发展中存在的问题

各级政府认真贯彻落实残疾人教育的保障措施，经过几年的努力，残疾人受教育机会不断扩大，残疾人受教育权保障水平提高。但是，在义务教育阶段，中西部农村地区特别是边远贫困地区的特殊教育普及水平仍然偏低；在非义务教育阶段，特殊教育发展速度缓慢，相关保障制度不健全。

---

① 《教育部对十二届全国人大五次会议第 2507 号建议的答复》，教育部网站，http：//www. moe. gov. cn/jyb_xxgk/xxgk_jyta/jyta_jijiaosi/201712/t20171219_321916. html。
② 《教育部对十二届全国人大五次会议第 2507 号建议的答复》，教育部网站，http：//www. moe. gov. cn/jybxxgk/xxgk_jyta/jyta_jijiaosi/201712/t20171219_321916. html。
③ 《〈国家中长期教育改革和发展规划纲要〉中期评估特殊教育专题评估报告》，教育部网站，http：//www. moe. gov. cn/jyb_xwfb/xw_fbh/moe_2069/xwfbh_2015n/xwfb_151130/151130_sfcl/201511/t20151130_221728. html。

（一）义务教育阶段残疾人教育发展不均衡

残疾人教育在城乡之间和区域之间发展不均衡。以各省份义务教育阶段特殊教育在校生与特殊教育教师的比例予以说明。生师比是指某学年内，某级教育中每位专任教师平均所教的学生数。该指标可用于反映教师数量的充足程度，也经常用作教育质量的替代指标[①]。生师比的值越高，表明每位教师平均所教的学生越多，教育质量相对较低，生师比的值越小，表明平均每位教师所教的学生数越少，教育质量相对较高。

2016年，我国31个省份的生师比，平均值为10.4，其中最小值是辽宁省的4.41，最大值是青海省的23.1，两者相差近5倍，这说明地区之间特殊教育质量差异大（见图9）。

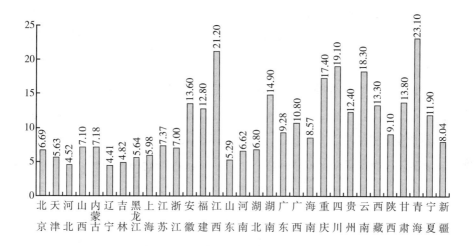

图9　2016年我国主要省份特殊教育的生师比

注：计算方法：特殊教育学校生师比＝特殊教育学校在校生总数/特殊教育学校专任教师总数。

资料来源：2012年、2013年、2014年、2015年、2016年《全国教育事业发展统计公报》。

---

① 《中国教育监测与评价统计指标体系》，教育部网站，http：//www. moe. gov. cn/srcsite/A03/ s182/201509/t20150907_206014. html。

在边远贫困地区、农村地区或牧区，残疾人受教育的普及水平偏低①，特殊教育专业人才匮乏，教育保障水平低，康复、教育等基本公共服务不能满足残疾人的需求。一些农村地区的政府部门，对特殊教育事业认识不到位②，认为残疾人教育工作就是救济工作，仅是慈善事业，一些工作人员在残疾人受教育权保障工作中法治观念不强，这制约了残疾人教育事业的发展。

（二）义务教育阶段的教育质量有待提升

残疾人教育保障水平决定残疾人教育的质量。以随班就读教育为例，残疾学生的随班就读制度是否有效，教育质量如何，是否真正实现了融合教育，关键要看学校在班级设置、师资建设、教学管理等方面采取了什么措施，这些措施是否帮助残疾学生开发了潜能，使他们获得尊重，是否实现了个性化发展的目标，否则，随班就读就会流于形式，变成随班就座、随班混读③。

由于普通学校的教师缺乏特殊教育专业能力，教师在随班生的学业评价、潜能提升工作上存在诸多困难。有些随班就读的学生，在教学活动和班级生活中常常处于"游离状态"，很难真正融入普通学生之中，导致融合教育效果不佳。有些普通学校虽然建立了特殊教育资源教室，硬件设备比较齐全，但是由于缺乏专业人员，很多教学仪器、设备被闲置。

在一些经济欠发达地区的农村特殊教育学校，很多教师没有特殊教育专业背景，缺乏特殊教育经验，他们参加专业培训的机会相对较少，因此，教育教学活动专业性低、针对性差，一些学校的课堂教学"做样子，走过场"，教育质量堪忧。

---

① 《国务院关于印发"十三五"加快残疾人小康进程规划纲要的通知》，中国政府网，http：//www. gov. cn/zhengce/content/2016 - 08/17/content_5100132. htm。
② 《〈国家中长期教育改革和发展规划纲要〉中期评估特殊教育专题评估报告》，教育部网站，http：//edu. cyol. com/content/2015 - 11/30/content_11881630. htm。
③ 庞文：《我国残疾人融合教育的现状与发展研究》，《残疾人研究》2017 年第 12 期。

重度残疾和多重残疾儿童的受教育权保障程度低。我国《残疾人教育条例》规定，对无法入学的残疾儿童少年提供送教上门服务。但是由于送教上门制度不健全，送教的人员、送教方式、教育内容等规定不足，送教上门教育的数量有限。2015年在《〈国家中长期教育改革和发展规划纲要〉中期评估特殊教育专题评估报告》中，专家指出，我国自闭症、脑瘫和多重残疾儿童的受教育情况堪忧①。

（三）非义务教育发展缓慢

有关理论研究和实践证明，残疾儿童的早期干预与康复教育非常重要，对残疾儿童的早期发现、早期干预和早期教育，是提高残疾人能力的关键，抓住这个关键期，可以事半功倍，错过这个关键期，残疾人的缺陷将不可逆转②。因此，开展残疾儿童的学前教育和康复工作显得非常重要。另外，残疾人要实现更高层次、更宽程度的发展，必须在义务教育之后，继续接受更高层次的教育。残疾人的高中教育和高等教育，既是对义务教育阶段教育成果的巩固，也是对其社会生活能力、劳动就业能力的提升，只有真正实现学校教育与劳动就业的转衔，残疾人才能更好地实现自我③。但是，我国残疾人非义务教育入学率低，残疾人的学前、高中和高等教育发展相对滞后④。

1. 接受高中教育的比例低

2012年至2016年，义务教育阶段结束后，残疾人进入普通高中的比例基本维持在11%左右，在2016年回落至9.84%，残疾人接受普通高中教育的比例低（见图10）。

表2是2012年至2016年，义务教育阶段残疾人在校生数、普通高中残

---

① 《〈国家中长期教育改革和发展规划纲要〉中期评估特殊教育专题评估报告》，教育部网站，http://edu.cyol.com/content/2015-11/30/content_11881630.htm。
② 方俊明：《努力构建残疾人终身教育体系》，《中国特殊教育》2014年第2期。
③ 方俊明：《努力构建残疾人终身教育体系》，《中国特殊教育》2014年第2期。
④ 《〈国家中长期教育改革和发展规划纲要〉中期评估特殊教育专题评估报告》，教育部网站，http://edu.cyol.com/content/2015-11/30/content_11881630.htm。

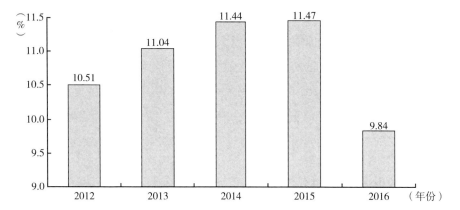

图 10　2012～2016 年义务教育结束之后进入普通高中学习的人数比例

注：计算方法：义务教育结束之后进入普通高中学习的人数比率 = 本年度高一人数/（上年度初三人数 + 上年度初四人数）。

资料来源：2012 年、2013 年、2014 年、2015 年、2016 年《全国教育事业发展统计公报》。

疾人在校生数和中等职业学校残疾人在校生数的对比情况。从表 2 可以看出，义务教育结束后，更多的残疾人进入了职业学校接受职业教育，但对照义务教育阶段残疾人在校生总数，可以看出，义务教育阶段结束后，残疾人接受高中教育（包含职业教育）的比例低。

表 2　2012～2016 年普通高中在校生数和中等职业教育在校生数

单位：人

	2012 年	2013 年	2014 年	2015 年	2016 年
义务教育阶段残疾人在校生数	378751	368103	394870	442223	491740
普通高中残疾人在校数	7043	7313	7227	7488	7686
中等职业学校残疾人在校数	10442	11350	11671	8134	11202

资料来源：2012 年、2013 年、2014 年、2015 年、2016 年《全国教育事业发展统计公报》。

2. 高考录取率低

2012 年至 2016 年，残疾考生达到高考分数线的人数和被高等学校录取的人数都在增加。2016 年，达到高考录取分数线的残疾人人数为 14263 人，其中，有9592人被普通高等学校录取（见表3）。2016年，残疾人高考录取率为67.25%，仍有接近三分之一的已经达到高考分数线的残疾考生，没有被高校录取（见图11）。

表3 2012～2016年我国残疾考生中达分数线人数和录取人数

单位：人

	2012 年	2013 年	2014 年	2015 年	2016 年
达到分数线的人数	7613	11604	8183	10353	14263
被录取的人数	7229	7538	7864	8508	9592

资料来源：《中国残疾人事业发展统计公报》、中国残疾人联合会数据中心《年度教育数据公报》。

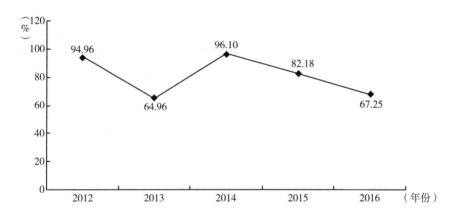

图11 2012～2016年普通高校残疾考生录取率

注：计算方法：录取率＝录取人数/录取达线数。

资料来源：《中国残疾人事业发展统计公报》、中国残疾人联合会数据中心《年度教育数据公报》。

2012年，《无障碍环境建设条例》要求"国家举办的升学考试，有视力残疾人参加的，应当为视力残疾人提供盲文试卷、电子试卷，或者由工作人员予以协助"。2017年，《残疾人参加普通高等学校招生全国统一考试管理规定》规定，各级招生考试机构，要为残疾人参加高考提供平等机会和合理便利，教育部出台了《残疾人参加普通高等学校招生全国统一考试考务

操作要点》①，要求地方政府认真履行职责，在报名、资格审查、考试、录取等关键环节切实保障残疾人参加高考的权利。近年来残疾人参加高考的人数增长较快，但是由于高校无障碍设施建设步伐缓慢，一些高校无法为残疾人提供合适的教育和相应的生活设施，无法满足残疾学生的学习、生活需要，因此，即使残疾人通过高考达到了分数线，也未能被录取，这是残疾考生高考录取率低的主要原因。

三　思考与建议

（一）完善残疾人教育法律制度，健全保障体系

提高残疾人受教育水平首先要完善相关的法律制度。残疾人教育保障程度较好的国家（如欧美国家及日本等），都是通过完善特殊教育法律制度，建立残疾人教育法律保障体系，来推动残疾人教育事业的发展。

我国《宪法》《义务教育法》《高等教育法》《职业教育法》《残疾人保障法》《残疾人教育条例》，均规定了残疾人教育保障的法律制度，但大量的规定集中在《残疾人教育条例》中，只有少量规定散见于其他法律。《残疾人教育条例》是我国现有的唯一一部专门规定残疾人受教育权及其保障制度的行政法规，它的立法层级低，规定的内容有限。

近年来，残疾人教育事业主要靠政策性文件推动，取得了一些成绩，积累了一些经验，但成果需要巩固、经验需要被推广。例如，有关政策规定了残疾人接受义务教育"零拒绝"的原则，规定了残疾人参加高考的"合理便利"原则，这些规定对残疾人教育保障水平的提高有积极的促进作用，应当用法律制度予以确认。一些政策文件要求残疾人入学要接受评估鉴定，政府要采取"一人一案"工作方法帮助残疾儿童顺利入学，学校应当给残

① 《教育部　中国残联关于印发〈残疾人参加普通高等学校招生全国统一考试管理规定〉的通知》，教育部网站，http：//www.moe.edu.cn/srcsite/A15/moe_776/s3258/201704/t20170428_303388.html。

疾学生制订"个别化教育计划"等。在特殊教育改革实验区，这些制度已经得到执行，并取得了一定的成效，也积累了一些经验。我们应当将这些好的制度上升为法律，在全国推广，一方面巩固前期的改革成果，另一方面为残疾人教育事业的进一步发展营造良好的制度环境。因此，应加快《特殊教育法》的立法工作，规定残疾人教育的基本原则、残疾人教育保障中的政府责任、学校及其他教育机构的职责，并明确相关责任追究机制；规定残疾人教育经费保障制度、残疾学生教育评估与鉴定程序、家长参与制度、专业评估委员会的组织原则与运行机制等。同时，加快残疾人学前教育、高中教育、职业教育、高等教育等非义务教育的立法工作，制定相应的行政法规，完善非义务教育阶段特殊教育的保障制度，建立残疾人教育法律保障体系，以此来提高残疾人受教育权的保障水平。

（二）加强特殊教育专项督导和评估，促进教育均衡发展

教育督导和教育评估是提高残疾人教育质量的重要手段。教育督导分为督政、督学与评估监测。政府可以从这三个方面，加强对特殊教育的督导。（1）在督政方面，依据《二期特殊教育提升计划》的要求，将地方政府实施特殊教育工作的情况列入工作日程和年度任务，建立督导检查和问责机制，将目标任务的落实情况纳入地方各级政府的考核体系[1]，并建立相应的追责机制。（2）在督学方面，开展特殊教育专项督学，依据相关政策和盲、聋、哑特殊学校的教学标准，监督特殊教育的教学质量，并扩大特殊教育督导的范围，督导对象从特殊教育学校扩大到普通学校和其他教育机构。（3）在评估监测方面，对特殊教育工作开展综合评估或专项评估，建立特殊教育督导评估监测指标体系和评估机制，将残疾儿童的入学率、特殊教育教师的培养培训、特殊教育的资金保障等情况，作为义务教育阶段特殊教育均衡发展的指标，建立相应的奖惩机制。针对不同地区，适度调整指标和评

---

① 《教育部基础教育司负责人就〈第二期特殊教育提升计划（2017－2020年）〉答记者问》，教育部网站，http://www.moe.edu.cn/jyb_xwfb/s271/201707/t20170728_310276.html。

估方案，加强中西部地区的专项督导，按照《关于加快中西部教育发展的指导意见》《加快中西部教育发展工作督导评估监测办法》的要求，将特殊教育评估监测纳入中西部教育督导评估监测工作①。通过加强教育督导，努力缩小东中西部之间的差距，提高中西部残疾人受教育权的保障水平，扭转发展不均衡的问题。

（三）巩固义务教育阶段残疾人的入学率，提高教育质量

残疾人教育事业应当坚持普及与提高并重的发展思路②。一方面，要巩固义务教育阶段残疾儿童少年的入学率。《二期特殊教育提升计划》提出，到2020年，各级各类特殊教育普及水平全面提高，残疾儿童少年义务教育入学率达到95%以上③。为实现这个目标，要重点加强对重度和多重残疾学生的教育保障。对不能到校就读的残疾儿童，尤其需要专人护理的重症和多重残疾的适龄儿童少年，采用送教进社区、送教进儿童福利机构、送教进家庭的方式，保障他们的受教育权利。同时，以区县为单位完善送教上门相关管理制度，对人员的管理、设备的使用、教学内容等问题制定具体管理制度，将接受送教上门的学生纳入学籍管理体系④，增加重度或多重残疾儿童少年的教育经费，鼓励有条件的地区根据学校招收重度、多重残疾学生的比例，适当增加年度预算。各省（区、市）可以根据残疾学生的类别、残疾程度、教育成本等特点，采取经费倾斜措施⑤。进一步提高义务教育阶段残疾人的入学率。

---

① 《教育部基础教育司负责人就〈第二期特殊教育提升计划（2017 - 2020年）〉答记者问》，教育部网站，http://www.moe.edu.cn/jyb_xwfb/s271/201707/t20170728_310276.html。
② 《七部门关于印发〈第二期特殊教育提升计划（2017 - 2020年）〉的通知》，国务院，http://www.gov.cn/xinwen/2017 - 07/28/content_5214071.htm。
③ 《教育部基础教育司负责人就〈第二期特殊教育提升计划（2017 - 2020年）〉答记者问》，教育部网站，http://www.moe.edu.cn/jyb_xwfb/s271/201707/t20170728_310276.html。
④ 《教育部基础教育司负责人就〈第二期特殊教育提升计划（2017 - 2020年）〉答记者问》，教育部网站，http://www.moe.edu.cn/jyb_xwfb/s271/201707/t20170728_310276.html。
⑤ 《教育部基础教育司负责人就〈第二期特殊教育提升计划（2017 - 2020年）〉答记者问》，教育部网站，http://www.moe.edu.cn/jyb_xwfb/s271/201707/t20170728_310276.html。

　　另一方面，提高义务教育阶段特殊教育的质量，可以采取以下措施。
（1）健全管理机制。在教师编制方面，向特殊教育倾斜，推动各省份增加
特教教师编制，根据需要增加普通学校资源教师的数量。制定特教教师职业
标准和特教职务（职称）评聘体系①。完善经费发放程序，地方政府核定相
应的资源教师编制和运行经费，对他们进行考核，地方政府的相关部门，根
据特殊教育专家指导委员会的评估、安置和教育建议，将服务资源与工作经
费划拨给资源中心，由资源中心根据个别化教育方案整合资源，如租赁设
备、聘请专业人员、志愿者等，开展送教上门服务②。推进特殊教育课程教
学改革，提升差异教学和个别化教学的效果，提高教育教学的针对性。加强
特殊教育信息化建设和应用，创新随班就读教育教学与管理模式，建立全面
的质量保障体系③。（2）拓展特殊教育学校的功能。地方教育行政部门，在
特殊教育学校成立相应的区域特殊教育资源中心，为区域内随班就读学生提
供康复服务、特殊教育服务，对普通学校开展教师培训、教学研究、巡回指
导、绩效评估、咨询等工作，对作为区域特殊教育资源中心的特殊学校，还
可以提供送教上门服务。将普通学校的特殊教育班级和资源教室变成特殊教
育学校的办学点，由普通学校提供场地，由特殊教育学校和普通学校共同管
理，给学生制定个别化教育方案，采用集体教学、个别教学和走班进入普通
班级融合教学等方式开展教学活动④。（3）加强师资力量建设，扩大培训范
围。在职前培养方面，统筹规划特教师范院校的布局，实施中西部地区特教
教师定向培养计划，加大特殊教育专业毕业生的供给。在教师资格考试中加
入一定比例的特殊教育专业知识，提升新入职普通学校教师从事特殊教育的

---

① 《教育部基础教育司负责人就〈第二期特殊教育提升计划（2017－2020年）〉答记者问》，
　　教育部网站，http：//www.moe.edu.cn/jyb_xwfb/s271/201707/t20170728_310276.html。
② 申仁洪：《融合教育背景下的特殊教育学校转型发展方向与路径》，《现代特殊教育》2017
　　年第5期。
③ 《教育部基础教育司负责人就〈第二期特殊教育提升计划（2017－2020年）〉答记者问》，
　　教育部网站，http：//www.moe.edu.cn/jyb_xwfb/s271/201707/t20170728_310276.html。
④ 《教育部基础教育司负责人就〈第二期特殊教育提升计划（2017－2020年）〉答记者问》，
　　教育部网站，http：//www.moe.edu.cn/jyb_xwfb/s271/201707/t20170728_310276.html。

能力①。在职后培训方面，将特教专业培训纳入各级各类教师培训规划，对实施随班就读、资源指导、送教上门等特教教师加强培训②。

（四）积极发展残疾人非义务教育，扩大教育规模

随着社会经济的发展和法律政策的完善，我国残疾人受教育权保障制度逐步从慈善救济、福利保障模式转变为权利保障模式③。要切实保障残疾人接受高中教育、高等教育的权利。因此，加快发展残疾人非义务教育，扩大教育规模已是必然趋势。

《二期特殊教育提升计划》提出，到 2020 年，实现非义务教育阶段特殊教育规模显著扩大，各级各类特殊教育普及水平全面提高④。为实现此目标，可以采取以下措施。（1）加大残疾儿童学前教育的发展速度。支持普通幼儿园接收残疾儿童。在特殊教育学校和有条件的儿童福利机构、残疾儿童康复机构增加学前部或附设幼儿园。在有条件的地区设置专门招收残疾孩子的特殊幼儿园。鼓励各地整合资源，为残疾儿童提供半日制、小时制、亲子同训等多种形式的早期康复教育服务。为符合条件的残疾儿童提供功能评估、训练、康复辅助器具等康复服务⑤。同时，政府保障资金的投入及相关政策的支持。（2）加快发展以残疾人职业教育为主的残疾人高中教育。普通高中和中等职业学校通过随班就读、举办特教班等形式，扩大招收残疾学生的规模，招生考试机构为残疾学生参加中考提供合理便利。依托现有特殊教育和职业教育资源，各省（区、市）集中力量至少办好一所面向本地区

① 《教育部基础教育司负责人就〈第二期特殊教育提升计划（2017－2020 年）〉答记者问》，教育部网站，http：//www. moe. edu. cn/jyb_ xwfb/s271/201707/t20170728_310276. html。
② 《教育部基础教育司负责人就〈第二期特殊教育提升计划（2017－2020 年）〉答记者问》，教育部网站，http：//www. moe. edu. cn/jyb_ xwfb/s271/201707/t20170728_310276. html。
③ 刘璞：《中国残障教育立法 30 年：轨迹、问题与方向》，《残障权利研究》2015 年第 2 期。
④ 《〈第二期特殊教育提升计划（2017－2020 年）〉启动实施》，教育部网站，http：//www. moe. edu. cn/jyb_ xwfb/xw_ fbh/moe_ 2069/xwfbh_ 2017n/xwfb_ 20170728/170728_ sfcl/201707/t20170728_310275. html。
⑤ 《第二期特殊教育提升计划（2017－2020 年）》，教育部全民终身学习公共服务平台，http：//www. goschool. org. cn/xw/zcwj/2017－07－28/20065. html。

招生的盲人高中（部）、聋人高中（部）和残疾人中等职业学校。特教高中资源不足的地市，在特殊教育学校增设高中部。加强职业教育，支持校企合作，使完成义务教育且有意愿的残疾学生都能接受适宜的中等职业教育①。（3）稳步发展残疾人高等教育。修订普通高等学校招生体检指导意见，帮助普通高等学校进行无障碍环境建设，改造设施、提供设备，给残疾学生的生活和学习提供便利。统筹残疾人高等教育资源的布局，支持高校增设适合残疾人学习的相关专业，增加招生总量②，提高残疾考生录取率。支持普通高校、开放大学、成人高校等，面向残疾学生开展继续教育，支持各种职业教育培训机构加强残疾人职业技能培训，拓宽和完善残疾人终身学习通道。加强就业指导，做好残疾人教育与就业衔接工作③。（4）加大对非义务教育阶段残疾学生的资助力度，对家庭经济困难的残疾学生实行高中阶段免费教育，积极推进高中阶段残疾学生免费教育，对进入学前教育和高等教育阶段的残疾学生优先进行资助，并提高补助水平④。

---

① 《第二期特殊教育提升计划（2017－2020年）》，教育部全民终身学习公共服务平台，http：//www. goschool. org. cn/xw/zcwj/2017－07－28/20065. html。
② 《第二期特殊教育提升计划（2017－2020年）》，教育部全民终身学习公共服务平台，http：//www. goschool. org. cn/xw/zcwj/2017－07－28/20065. html。
③ 《第二期特殊教育提升计划（2017－2020年）》，教育部全民终身学习公共服务平台，http：//www. goschool. org. cn/xw/zcwj/2017－07－28/20065. html。
④ 《教育部基础教育司负责人就〈第二期特殊教育提升计划（2017－2020年）〉答记者问》，教育部网站，http：//www. moe. edu. cn/jyb_ xwfb/s271/201707/t20170728_310276. html。

·（五）人权立法和国际合作·

B.18

2017年国家人权立法分析报告[*]

班文战^{**}

摘　要：　2017年，我国的人权相关立法工作继续取得显著进展，与人权直接相关的几十部法律和行政法规获得通过或修改，一系列法律制度得到建立或完善，个人的生命权、人格尊严权、人身自由权、隐私权、宗教信仰自由权、健康权、适当生活水准权、文化生活权、财产权、环境权、有效救济权以及残疾人的康复服务权和平等受教育权的法律保障得到了进一步加强。

关键词：　人权　立法　法律　法规

2017年是进入全面建成小康社会决胜阶段、执行《国民经济和社会发展第十三个五年规划纲要》和实施《国家人权行动计划（2016－2020年）》的第二年，也是第十二届全国人大及其常委会履职的最后一年。按照党中央关于全面推进依法治国和全面深化改革的要求，全国人大及其常委会和国务院在2017年分别开展了一系列立法活动，对人权的尊重和保障产生了重要影响。

＊　本文是中国人权研究会资助的2014年度"人权的立法保障研究"课题项目的阶段性成果。
＊＊　班文战，法学硕士，中国政法大学人权研究院教授、副院长，人权建设协同创新中心教授，人权法学专业硕士研究生导师，主要研究方向：国际人权法、人权国内保障和人权教育。

一 全国人大立法工作对人权的影响

2017 年，全国人大通过了《中华人民共和国民法总则》，在健全我国民事法律体系、完善我国民事法律制度、保障民事主体的民事权利等方面迈出了新的步伐，在人权的立法保障方面取得了重大进展。

民法作为调整平等民事主体之间人身关系和财产关系的基本法律规范，在保障个人人身、财产和其他合法权益方面具有至关重要的作用。以法律确认个人的人身、财产和其他合法权益，规定平等主体的相应义务，明确违反义务所应承担的责任，是国家在人权领域的重要义务和职责，也是不可或缺的人权保障措施。早在 1950 年，我国通过《中华人民共和国婚姻法》，对婚姻家庭关系中的权利义务问题做出规定。从 1954 年开始，我国先后四次启动制定民法和编纂民法典的工作，并取得了显著成绩。自 1979 年第三次启动民事立法工作以来，我国先后颁布实施了 30 多部民商事单行法律和数十部行政法规①，形成了比较

---

① 相关法律包括但不限于《中外合资经营企业法》（1979 年通过，1990 年、2001 年、2016 年修正）、《婚姻法》（1980 年通过，2001 年修正）、《经济合同法》（1981 年通过，1999 年废止）、《商标法》（1982 年通过，1993 年、2001 年、2013 年修正）、《专利法》（1984 年通过，1992 年、2000 年、2008 年修正）、《继承法》（1985 年通过）、《涉外经济合同法》（1985 年通过，1999 年废止）、《民法通则》（1986 年通过，2009 年修改）、《外资企业法》（1986 年通过，2000 年、2016 年修正）、《技术合同法》（1987 年通过，1999 年废止）、《中外合作经营企业法》（1988 年通过，2000 年、2016 年修正）、《全民所有制工业企业法》（1988 年通过，2009 年修改）、《著作权法》（1990 年通过，2001 年、2010 年修正）、《收养法》（1991 年通过，1998 年修正）、《反不正当竞争法》（1993 年通过）、《消费者权益保护法》（1993 年通过，2009 年、2013 年修正）、《公司法》（1993 年通过，1999 年、2004 年修正，2005 年修订）、《城市房地产管理法》（1994 年通过，2007 年、2009 年修正）、《票据法》（1995 年通过，2004 年修正）、《担保法》（1995 年通过）、《保险法》（1995 年通过，2009 年修订，2002 年、2014 年修正）、《拍卖法》（1996 年通过，2004 年、2015 年修正）、《乡镇企业法》（1996 年通过）、《合伙企业法》（1997 年通过，2006 年修订）、《合同法》（1999 年通过）、《公益事业捐赠法》（1999 年通过）、《个人独资企业法》（1999 年通过）、《招标投标法》（1999 年通过）、《信托法》（2001 年通过）、《农村土地承包法》（2002 年通过，2009 年修改）、《证券投资基金法》（2003 年通过，2012 年修订，2015 年修正）、《电子签名法》（2004 年通过，2015 年修正）、《农民专业合作社法》（2006 年通过）、《物权法》（2007 年通过）、《侵权责任法》（2009 年通过）、《涉外民事关系法律适用法》（2010 年通过）和《慈善法》（2016 年通过）。

完整的民事法律规范体系。其中，1986 年通过的《民法通则》对民事活动的基本原则、公民和法人等民事活动主体、民事法律行为和代理、民事权利、民事责任、诉讼时效、涉外民事关系的法律适用等问题做了一般性规定。《民法通则》与调整具体民事法律关系、规范具体民事活动、保护具体民事权利和相关权益的《婚姻法》《继承法》《收养法》《合同法》《担保法》《信托法》《物权法》《侵权责任法》《涉外民事关系法律适用法》等法律一起，确立了基本的民事法律规范，在保护公民、法人和其他民事主体的人身、财产和其他合法权益方面发挥了十分重要的作用。

为全面贯彻党的十八大和十八届三中、四中、五中、六中全会精神，体现党执政为民的根本宗旨，维护最广大人民的根本利益，全面推进依法治国，实现国家治理体系和治理能力现代化，健全社会主义市场经济制度，完善中国特色社会主义法律体系，健全民事法律秩序，完善民事法律规范，正确调整民事关系，更好地保护民事主体合法权益，维护社会经济秩序，十二届全国人大及其常委会按照党的十八届四中全会的要求，全力开展民法典的编纂工作①。2017 年 3 月 15 日，十二届全国人大五次会议表决通过了《中华人民共和国民法总则》，完成了民法典编纂工作的第一项重要任务②。新通过的《民法总则》按照中国特色社会主义发展和社会主义核心价值观的要求，针对我国经济社会生活中出现的新情况和新问题，坚持和继承我国优秀的法律文化传统和成功的民事立法实践，学习和借鉴外国立法的有益经验，在科学整理和系统整合现行民事法律规范的基础上，对我国民法的目的、根据和调整范围、民事活动的基本原则、民事法律的适用规则、民事主体、

---

① 关于编纂民法典的任务、意义和指导思想，参见李建国《关于〈中华人民共和国民法总则（草案）〉的说明》，2017 年 3 月 8 日，第一部分，全国人大常委会办公厅《中华人民共和国全国人民代表大会常务委员会公报》（以下简称《全国人大常委会公报》）2017 年第二号，第 206~208 页。

② 按照全国人大及其常委会的计划，民法典的编纂工作分为两步：第一步是制定总则编，第二步是制定物权、合同、侵权责任、婚姻家庭和继承等分编。关于《民法总则》草案的起草情况，参见李建国《关于〈中华人民共和国民法总则（草案）〉的说明》第二部分，《全国人大常委会公报》2017 年第二号，第 208~209 页。

民事权利、民事法律行为和代理、民事责任和诉讼时效等问题做了比较全面和系统的规定，进一步健全、完善和发展了我国的民事基本制度①。按照《民法总则》第11条和第206条的规定，该法自2017年10月1日起施行，其他法律对民事关系有特别规定的，依照其规定。与此同时，《民法通则》暂不废止，其与《民法总则》规定不一致的，根据新法优于旧法的原则，适用《民法总则》的规定②。

《民法总则》构建了我国民事法律制度的基本框架，也为各分编的规定提供了依据，对民事法律体系的完善、民事法律秩序的健全、民事活动的规范、民事权利的保护以及更为广泛的立法目的的实现具有十分重要的意义。与《民法通则》相比，《民法总则》在人权保障方面也有非常明显的进展，主要表现为以下七个方面：第一，在民事活动的基本原则方面，进一步明确了平等、自愿、公平、诚信、守法等项原则的含义，增加了"有利于节约资源、保护生态环境"的原则，取消了"等价有偿"的原则以及"应当遵守国家政策"和"不得……破坏国家经济计划，扰乱社会经济秩序"的规定③，既在一定程度上扩大了民事主体民事活动的自由，也在一定领域内加强了对民事主体民事活动的要求；第二，在民事法律的适用规则方面，将法律、习惯和公序良俗作为处理民事纠纷的根据，并确立了优先适用其他法律对民事关系的特别规定的原则④，否定了"政策"对民事活动的约束作用，增强了据以规范民事活动和处理民事纠纷的规则的透明度、严谨度和可预见度；第三，在民事主体方面，用"民事主体"和"自然人"等含义更广泛的措辞取代了含有国籍限制的"公民"一词⑤，用性别中立的"其"字取

---

① 关于制定《民法总则》遵循的指导思想和基本原则以及该法在完善和发展现有民事法律制度方面的具体体现，参见《民法总则》和李建国《关于〈中华人民共和国民法总则（草案）〉的说明》第二、三部分，《全国人大常委会公报》2017年第二号，第208~211页。

② 参见李建国《关于〈中华人民共和国民法总则（草案）〉的说明》第三部分倒数第三段。

③ 参见《民法总则》第4~9条和《民法通则》第3、4、6、7条。

④ 参见《民法总则》第10~11、128条和《民法通则》第6条。

⑤ 参见《民法总则》第2、13~15、17、25、40~41、46~47、49、54、109~112条和《民法通则》第1~2、5、9~12、15、20、23、26、63、75~76、78、80、94~95、97~103、106、110、118~121条。

代了含有性别限制的"他"字①，增加了保护胎儿利益的规定②，下调了限制民事行为能力的未成年人的年龄标准③，扩大了自然人之外的民事主体的范围④，明确了各类民事法律主体的地位及其民事权利能力和行为能力的认定标准⑤，并从监护的对象、主体、资格、责任和监督等方面完善了保护无民事行为能力人或者限制民事行为能力人合法权益的监护制度⑥；第四，在民事权利方面，提高了民事权利（特别是人身权利）在民法体系中的地位⑦，把"生命健康权"分别规定为生命权和健康权，增列了自然人的人身自由权、人格尊严权、身体权、隐私权、个人信息权和因婚姻、家庭关系等产生的人身权利，扩大了民事主体知识产权的范围，增列了民事主体的股权和其他投资性权利、数据和网络虚拟财产权以及法律规定的其他民事权利和利益，规定了民事权利的取得方式，明确了自愿、守法、履约和禁止权利滥用等行使民事权利的一般原则⑧；第五，在民事法律行为和代理方面，取消了关于民事法律行为必须"合法"的要求，扩充了民事法律行为的范围，规定了民事法律行为成立的条件（意思表示）及其表示和生效方式，完善了民事法律行为有效和无效的认定标准、撤销情形和代理制度，加强了对民

---

① 参见《民法总则》第 41～43、48、51～53 条和《民法通则》第 20～25、143 条。

② 参见《民法总则》第 16 条。

③ 参见《民法总则》第 19 条和《民法通则》第 12 条。

④ 《民法通则》把自然人之外的民事主体总括为法人，在第三章把法人分为企业法人（包括企业联营）和非企业法人（机关、事业单位和社会团体法人）两大类；《民法总则》则把自然人之外的民事主体重新调整为法人和非法人组织两大类，前者包括第三章规定的营利法人（有限责任公司、股份有限公司和其他企业法人等）、非营利法人（事业单位、社会团体、基金会和社会服务机构等）和特别法人（机关法人、农村集体经济组织法人、城镇农村的合作经济组织法人、基层群众性自治组织法人等），后者包括第四章规定的个人独资企业、合伙企业和不具有法人资格的专业服务机构等。

⑤ 参见《民法总则》第 13～25、54～108 条。

⑥ 参见《民法总则》第 26～39 条和《民法通则》第 16～19 条。

⑦ 《民法通则》第五章"民事权利"依次规定了财产权、债权、知识产权和人身权，该章位于"民事法律行为和代理"一章之后。相比之下，《民法总则》把"民事权利"一章移到了"民事法律行为和代理"一章之前，并把"人身权利"移到了"财产权利"之前。

⑧ 参见《民法总则》第 109～132 条和《民法通则》第 71～105 条。

事主体意志的尊重①；第六，在民事责任方面，进一步明确了民事主体承担民事责任的根据，增加了自愿实施紧急救助行为造成受助人损害的免责规定，取消了关于过错责任、监护人责任以及由审判机关主动追究行政责任、刑事责任和给予其他处罚的规定②；第七，在诉讼时效方面，延长了一般诉讼时效的期间，增加了未成年人遭受性侵害后诉讼时效的特殊起算点和不适用诉讼时效的请求，进一步明确和扩大了诉讼时效中止和中断的情形，强化了诉讼时效的法定性和法院适用诉讼时效的被动性，加强了民事主体的民事权益获得司法救济的机会③。除此之外，《民法通则》明确要求营利法人在从事经营活动时承担社会责任④，这对个人权利的尊重和保护同样具有重要的指导意义。

《民法总则》的通过是全国人大在 2017 年开展的最为重要的立法工作。除此之外，十二届全国人大五次会议还于 3 月 15 日通过了 3 项有关选举问题的法律文件⑤，根据《宪法》、《香港特别行政区基本法》、《澳门特别行政区基本法》和《选举法》的相关规定，对第十三届全国人大代表名额、选举时间以及香港和澳门两个特别行政区选举第十三届全国人大代表的问题分别做出了具体规定。

二 全国人大常委会立法工作对人权的影响

2017 年，全国人大常委会通过了 6 部法律⑥，修订了 6 部法律⑦，修改

---

① 参见《民法总则》第 133~157 条和《民法通则》第 54~70 条。
② 参见《民法总则》第 176、184 条和《民法通则》第 106、110、134 条。
③ 参见《民法总则》第 188、191、193~197 条和《民法通则》第 135~136、139~140 条。
④ 参见《民法总则》第 86 条。
⑤ 即《关于第十三届全国人民代表大会代表名额和选举问题的决定》《中华人民共和国香港特别行政区选举第十三届全国人民代表大会代表的办法》《中华人民共和国澳门特别行政区选举第十三届全国人民代表大会代表的办法》。
⑥ 即《国家情报法》《国歌法》《核安全法》《公共图书馆法》《船舶吨税法》《烟叶税法》。
⑦ 即《红十字会法》《测绘法》《中小企业促进法》《标准化法》《反不正当竞争法》《农民专业合作社法》。

了26部法律①的若干条款，通过了3项方案②，做出了8项决定③，审议了7部法律草案④和6部法律修订（正）案草案⑤。其中，《国家情报法》《核安全法》《公共图书馆法》的制定，《民事诉讼法》《行政诉讼法》《水污染防治法》《法官法》《检察官法》《公务员法》《律师法》《公证法》《仲裁法》《行政复议法》《行政处罚法》《刑法》的修改，《关于在全国各地推开国家监察体制改革试点工作的决定》和《关于延长人民陪审员制度改革试点期限的决定》的通过，以及若干法律或法律修订案草案的审议对人权都有不同程度的影响。

（一）制定《国家情报法》对人权的影响

由特定的国家机关及其工作人员依法搜集和处理境内外组织、机构和个人危害国家安全和利益行为的情报，为防范、制止和惩治上述行为提供情报

---

① 即《企业所得税法》《水污染防治法》《民事诉讼法》《行政诉讼法》《法官法》《检察官法》《公务员法》《律师法》《公证法》《仲裁法》《行政复议法》《行政处罚法》《刑法》《会计法》《海洋环境保护法》《文物保护法》《海关法》《中外合作经营企业法》《母婴保健法》《民用航空法》《公路法》《港口法》《职业病防治法》《境外非政府组织境内活动管理法》《招标投标法》《计量法》。

② 即《第十三届全国人民代表大会代表名额分配方案》《第十三届全国人民代表大会少数民族代表名额分配方案》《台湾省出席第十三届全国人民代表大会代表协商选举方案》。

③ 即《关于延长人民陪审员制度改革试点期限的决定》《关于在全国各地推开国家监察体制改革试点工作的决定》《关于延长授权国务院在北京市大兴区等三十三个试点县（市、区）行政区域暂时调整实施有关法律规定期限的决定》《关于中国人民武装警察部队改革期间暂时调整适用相关法律规定的决定》《关于增加〈中华人民共和国香港特别行政区基本法〉附件三所列全国性法律的决定》《关于增加〈中华人民共和国澳门特别行政区基本法〉附件三所列全国性法律的决定》《关于延长授权国务院在北京市大兴区等二百三十二个试点县（市、区）、天津市蓟州区等五十九个试点县（市、区）行政区域分别暂时调整实施有关法律规定期限的决定》《关于批准〈内地与香港特别行政区关于在广深港高铁西九龙站设立口岸实施"一地两检"的合作安排〉的决定》。

④ 即《土壤污染防治法（草案）》《监察法（草案）》《电子商务法（草案）》《英雄烈士保护法（草案）》《基本医疗卫生与健康促进法（草案）》《国际刑事司法协助法（草案）》《人民陪审员法（草案）》。

⑤ 即《证券法（修订草案）》《人民法院组织法（修订草案）》《人民检察院组织法（修订草案）》《农村土地承包法修正案（草案）》《法官法（修订草案）》《检察官法（修订草案）》。

依据或参考，是国家安全工作的重要组成部分，既关涉国家的安全和其他重大利益，也关涉有关组织、机构和个人的合法权益①。中华人民共和国成立以后，我国的情报工作不断发展，但长期缺乏明确而全面的法律规范。1993年和2014年，全国人大常委会先后通过《国家安全法》和《反间谍法》，分别规定了国家安全机关在维护国家安全工作和反间谍工作中的相关职权，但都没有明确使用"情报"一词。直到2015年7月和12月，全国人大常委会先后通过《国家安全法》和《反恐怖主义法》，才对与国家安全工作和反恐怖主义工作有关的情报信息的收集、研判和使用等问题专门做出了明确规定②。为贯彻落实国家总体安全观，适应国家情报工作的新的形势和要求，加强和保障国家情报工作，维护国家安全和利益，第十二届全国人大常委会第二十八次会议于2017年6月27日通过《国家情报法》③，对国家情报工作的任务、体制和原则、国家情报工作机构的职权、国家情报工作的保障和监督以及违反该法的责任等问题分别进行了规定，为国家情报工作提供了基本的法律原则和法律依据。

根据《国家情报法》关于国家情报机构职权的规定，国家安全机关、公安机关情报机构、军队情报机构等国家情报工作机构在境内外开展情报工作，有权"依法使用必要的方式、手段和渠道"，包括（但不限于）"委托（有关个人和组织）开展相关工作"，"采取技术侦察措施和身份保护措施"，"进入限制进入的有关区域、场所"，"向有关机关、组织和个人了解、询问有关情况"，"查阅或者调取有关的档案、资料、物品"，"优先使用或者依法征用有关机关、组织和个人的交通工具、通信工具、场地和建筑物"，并

---

① 关于国家情报工作的对象、内容和意义，参见《国家情报法》第11条和第2条。
② 参见《国家安全法》第42~43、51~54条和《反恐怖主义法》第43~48条。
③ 关于《国家情报法》草案的起草和审议情况，参见陈文清《关于〈中华人民共和国国家情报法〉（草案）的说明》，2016年12月19日；李适时《全国人民代表大会法律委员会关于〈中华人民共和国国家情报法〉（草案）审议结果的报告》，2017年6月22日；《全国人民代表大会法律委员会关于〈中华人民共和国国家情报法〉（草案第二次审议稿）修改意见的报告》，2017年6月27日。以上文件分别载于全国人大常委会办公厅《全国人大常委会公报》2017年第二号，第477~481页。

有权"要求有关机关、组织和公民提供必要的支持、协助和配合"①。与国家情报机构的上述职权相适应，任何组织和公民都应当"依法支持、协助和配合国家情报工作，保守所知悉的国家情报工作秘密"，并应对其"阻碍国家情报工作机构及其工作人员依法开展情报工作"和"泄露与国家情报工作有关的国家秘密"的行为承担法律责任②。以上规定直接关涉境内外有关个人的人身自由权、隐私权、财产权、表达自由权等项权利。为防止有关个人和组织的合法权益受到侵害，《国家情报法》明确要求国家情报工作"依法进行，尊重和保障人权，维护个人和组织的合法权益"，禁止国家情报工作机构及其工作人员超越和滥用职权、侵犯公民和组织的合法权益、泄露个人信息，规定了财产补偿、监督和安全审查、检举和控告等措施，还规定了国家情报工作机构及其工作人员侵犯公民和组织的合法权益的法律责任③。按照《国家情报法》第 32 条的规定，该法已于通过次日开始施行。

（二）制定《核安全法》对人权的影响

核能的安全利用既关涉国家安全和经济社会发展，也关涉公众和从业人员的生命、安全和健康。近年来，我国民用领域的核能产业不断发展，核安全问题也日益引起社会的广泛关注。改革开放以来，我国曾通过一系列法律法规，对与核安全有关的一些问题做出了若干规定④，但都不能满足我国的核事业发展和核安全保障的实际需要。为全面加强核安全保障，有效预防与应对核事故，保护有关人员的安全、健康和生态环境，促进核能安全利用和经济社会可持续发展，第十二届全国人大常委会第二十九次会议于 2017 年 9 月

---

① 参见《国家情报法》第 10、12~14、16~17 条。
② 参见《国家情报法》第 7 条和第 28~29 条。
③ 参见《国家情报法》第 8、17、19、25~27、31 条。
④ 参见 1979 年《刑法》（第 115 条）、1997 年《刑法》（第 114~115、125、127、130、136 条和第 291 条之一）、1984 年和 2008 年《水污染防治法》（第 30 条）、2001 年《职业病防治法》、2002 年《安全生产法》、2003 年《放射性污染防治法》、2015 年《国家安全法》（第 31 条）、1989 年和 2005 年《放射性同位素与射线装置放射防护条例》、2000 年《水污染防治法实施细则》、2007 年《民用核安全设备监督管理条例》和 2009 年《放射性物品运输安全管理条例》。

1 日通过《核安全法》①，从观念方针、工作原则、工作机制、安全规划、安全标准、安全政策、安全文化、安全保卫、科学研究、人才培养、信息公开、公众参与、监督检查、应急管理、国际合作以及政府、单位和个人的职责、义务和法律责任等多个方面，对位于我国领域和我国管辖下的其他海域内的核设施、核材料及相关放射性废物的安全保障问题做了比较全面和系统的规定。除了有助于保护公众和从业人员的生命、安全和健康的一般性规定外，《核安全法》还明确规定了核安全信息获取、核损害赔偿、从业人员劳动防护和职业健康检查、重大核安全事项公共参与、违法行为举报以及个人信息保护等权利②，从而为表达自由权（含知情权）、工作权（含安全的工作环境和条件权）、参政权、隐私权（含个人信息权）和获得有效救济权提供了一定程度的法律保护。按照《核安全法》第 94 条的规定，该法已于 2018 年 1 月 1 日开始施行。

（三）制定《公共图书馆法》对人权的影响

公共图书馆③作为向社会公众免费开放的公共文化设施，可以为公众文化权利的实现提供便利。改革开放以来，我国的图书馆事业取得了显著发展，但在服务体系、规划布局、组织管理、服务功能和社会参与等方面还存在明显问题④。进入 21 世纪以来，我国曾先后通过若干法律法规，对公共图书馆的规划、建设、使用、服务和管理等问题做了一些分散性和一

---

① 《核安全法》的立法目的载于该法第 1 条。关于该法草案的起草和审议情况，参见张云川《关于〈中华人民共和国核安全法法〉（草案）的说明》，2016 年 10 月 31 日；苏泽林《全国人民代表大会法律委员会关于〈中华人民共和国核安全法法〉（草案）修改情况的汇报》，2017 年 4 月 24 日；苏泽林《全国人民代表大会法律委员会关于〈中华人民共和国核安全法法〉（草案）审议结果的报告》，2017 年 8 月 28 日；《全国人民代表大会法律委员会关于〈中华人民共和国核安全法法〉（草案三次审议稿）修改意见的报告》，2017 年 9 月 1 日。以上文件载于全国人大常委会办公厅《全国人大常委会公报》2017 年第五号，第 643～652 页。

② 参见《核安全法》第 11、20、65～66、68、74、90 条。

③ 根据《公共图书馆法》第 2 条的规定，公共图书馆是指向社会公众免费开放，负责收集、整理、保存图书报刊、音像制品、缩微制品、数字资源等文献信息，提供查询、借阅及相关服务，开展社会教育的公共文化设施。

④ 参见雒树刚《关于〈中华人民共和国公共图书馆法（草案）〉的说明》，2017 年 6 月 22 日。

般性的规定①，但显然不能适应公共图书馆事业发展的实际需要。为进一步促进公共图书馆事业的发展，充分发挥公共图书馆在提供公共服务、提高公民科学文化素质和社会文明程度、传承人类文明、坚定文化自信等方面的社会功能，加强公民基本文化权益的保障，第十二届全国人大常委会第三十次会议于 2017 年 11 月 4 日通过《公共图书馆法》②，对公共图书馆的地位、功能、设立、运行、服务、管理、义务和责任、国家、政府、政府部门和公共图书馆行业组织的相关职责，公民、法人和其他组织在公共图书馆的建立和服务方面的作用，以及少年儿童（未成年人）、老年人和残疾人享受服务等问题做了专门规定。这些规定显然有助于科学和文化的保存、发扬和传播，并有助于公民参与文化生活和享受科学进步及其应用所带来的利益，从而有助于促进公民文化权利的实现③，其关于未成年人、老年人和残疾人等群体享受政府设立的公共图书馆特别服务的规定④则为这些群体的成员实现文化生活权利进一步奠定了法律基础。按照《公共图书馆法》第 55 条的规定，该法已于 2018 年 1 月 1 日开始施行。

（四）全国人大常委会其他立法工作对人权的影响

除制定上述 3 部新的法律之外，全国人大常委会 2017 年的其他一些立法工作与人权也有不同程度的关系，主要体现为以下七个方面。第一，修改《民事诉讼法》和《行政诉讼法》，分别规定了检察官在生态环境和资源保

---

① 参见 2006 年《未成年人保护法》（第 30 条）、2008 年《残疾人保障法》（第 43 条）、2011 年《非物质文化遗产法》（第 33 条）、2012 年《老年人权益保障法》（第 58 条）、2016 年《公共文化服务保障法》和 2003 年《公共文化体育设施条例》。

② 关于《公共图书馆法》草案的起草和审议情况，参见雒树刚《关于〈中华人民共和国公共图书馆法（草案）〉的说明》，2017 年 6 月 22 日；《全国人民代表大会法律委员会关于〈中华人民共和国公共图书馆法（草案）〉审议结果的报告》，2017 年 10 月 30 日；《全国人民代表大会法律委员会关于〈中华人民共和国公共图书馆法（草案二次审议稿）〉修改意见的报告》，2017 年 11 月 4 日。

③ 参见《经济、社会及文化权利国际公约》第 15 条第 1~2 项关于文化权利和缔约国相关义务的规定。

④ 参见《公共图书馆法》第 34 条。

护、食品药品安全领域提起或支持民事公益诉讼以及在生态环境和资源保护、食品药品安全、国有财产保护、国有土地使用权等领域提起行政公益诉讼的职责①，建立了检察官提起民事和行政公益诉讼的法律制度，确立了检察官作为民事公益诉讼当事人和行政公益诉讼参加人的资格和身份，为国家利益、社会公共利益以及个人的生命权、健康权、环境权、适当生活水准权和其他相关权益的保护提供了进一步的程序保障。第二，修改《水污染防治法》，把"维护公众健康"明确作为立法目的之一，强化了各级地方政府及其有关部门在标准和规划、监督管理、事故处置等方面的水污染防治责任，增加了重要江河、湖泊的流域水环境和生态环境保护制度，加大了企业事业单位和其他生产经营者的水污染防治义务以及对其违法行为的处罚力度②，加强了对健康权、环境权和适当生活水准权的法律保障。第三，修改《法官法》《检察官法》《公务员法》《律师法》《公证法》《仲裁法》《行政复议法》《行政处罚法》，将"通过国家统一法律职业资格考试取得法律职业资格"统一作为初任法官和检察官、初次从事行政处罚决定审核、行政复议、行政裁决和法律顾问的公务员以及律师、公证员和仲裁员的任职资格之一，明确了被吊销律师和公证员执业证书者的禁止从业范围，进一步完善了法律职业准入制度，提高了对从事行政处罚决定审核、行政复议、行政裁决和法律顾问的公务员以及律师、公证员和仲裁员的职业准入要求③，有助于提升审判、检察、行政处罚、行政复议、行政裁决、法律顾问、律师、公证、仲裁等工作的专业化和职业化水平，从而有利于个人公正审判权、有效救济权和其他相关权利的保护和实现。第四，通过《刑法修正案（十）》，规定了"侮辱国歌"的罪名和相应的刑事责任④，明确了对严重侮辱国歌的

① 参见《全国人民代表大会常务委员会关于修改〈中华人民共和国民事诉讼法〉和〈中华人民共和国行政诉讼法〉的决定》，2017年6月27日。

② 参见《全国人民代表大会常务委员会关于修改〈中华人民共和国水污染防治法〉的决定》，2017年6月27日。

③ 参见《全国人民代表大会常务委员会关于修改〈中华人民共和国法官法〉等八部法律的决定》，2017年9月1日。

④ 参见《中华人民共和国刑法修正案（十）》，2017年11月4日。

行为追究刑事责任的法律根据。第五，通过《关于在全国各地推开国家监察体制改革试点工作的决定》，决定从 2017 年 11 月 5 日开始，在各省、自治区、直辖市、自治州、县、自治县、市、市辖区设立监察委员会，对本地区所有行使公权力的公职人员行使监察权①，为监察委员会的设立、产生、职权、措施以及相关法律的暂时调整或暂停适用提供了临时性的法律依据。第六，通过《关于延长人民陪审员制度改革试点期限的决定》，决定从 2017 年 4 月 28 日开始的一年内，继续在部分地区开展人民陪审员制度改革试点工作②，以便对人民陪审员制度的改革问题做出进一步的探索和研究。第七，审议《土壤污染防治法（草案）》《监察法（草案）》《英雄烈士保护法（草案）》《基本医疗卫生与健康促进法（草案）》《国际刑事司法协助法（草案）》《人民陪审员法（草案）》《人民法院组织法（修订草案）》《人民检察院组织法（修订草案）》《农村土地承包法修正案（草案）》《法官法（修订草案）》《检察官法（修订草案）》，在涉及个人权利的有关法律的通过或修订方面取得了不同程度的进展。

三 国务院立法工作对人权的影响

2017 年，国务院先后制定了 6 项条例、1 项实施细则和 1 项办法③，修订了 4 项条例和 1 项办法④，单独修改了 6 项条例⑤，集中修改了涉及取消

---

① 参见《全国人民代表大会常务委员会关于在全国各地推开国家监察体制改革试点工作的决定》，2017 年 11 月 4 日。
② 参见《全国人民代表大会常务委员会关于延长人民陪审员制度改革试点期限的决定》，2017 年 4 月 27 日。
③ 即《残疾预防和残疾人康复条例》《统计法实施条例》《志愿服务条例》《融资担保公司监督管理条例》《机关团体建设楼堂馆所管理条例》《环境保护税法实施条例》《反间谍法实施细则》《无证无照经营查处办法》。
④ 即《残疾人教育条例》《农药管理条例》《宗教事务条例》《中国人民解放军文职人员条例》《食盐专营办法》。
⑤ 即《大中型水利水电工程建设征地补偿和移民安置条例》《医疗器械监督管理条例》《建设项目环境保护管理条例》《中华人民共和国增值税暂行条例》《行政法规制定程序条例》《规章制定程序条例》。

行政审批项目、中介服务事项、职业资格许可事项和企业投资项目核准前置审批改革的 53 项行政法规的部分条款①，废止了 4 项条例、1 项实施细则和 4 项办法②，通过了 1 项有关法律实施问题的决定③，提请全国人大常委会审议了 3 项法律草案、2 项法律修订案草案、14 项法律修正案草案和 4 项决定草案④，并就 1 部法律修订草案、10 项条例、4 项条例修正草案和 1 项条例修改决定的送审稿或征求意见稿公开征求了意见⑤。其中，《反间谍法实施细则》和《残疾预防和残疾人康复条例》的制定以及《残疾人教育条例》和《宗教事务条例》的修订对人权的影响最为直接和明显，《志愿服务条例》的制定、《农药管理条例》和《食盐专营办法》的修订以及《医疗器

① 这些法规分 3 次修改，包括 46 项条例、3 项实施细则、2 项实施办法和 2 项管理办法。

② 即 1988 年《楼堂馆所建设管理暂行条例》、1990 年《盐业管理条例》、2003 年《排污费征收使用管理条例》、2008 年《营业税暂行条例》、1994 年《国家安全法实施细则》、1983 年《城乡集市贸易管理办法》、1985 年《工资基金暂行管理办法》、1990 年《国家体育锻炼标准施行办法》和 2003 年《无照经营查处取缔办法》。

③ 即《国务院关于在自由贸易试验区暂时调整有关行政法规、国务院文件和经国务院批准的部门规章规定的决定》。

④ 3 项法律草案是《公共图书馆法（草案）》《烟叶税法（草案）》《船舶吨税法（草案）》，2 项法律修订案草案是《反不正当竞争法（修订草案）》和《标准化法（修订草案）》，14 项法律修正案草案是《企业所得税法修正案（草案）》《〈招标投标法〉、〈计量法〉修正案（草案）》《〈会计法〉等 11 部法律的修正案（草案）》，4 项决定草案是《关于中国人民武装警察部队改革期间暂时调整适用相关法律规定的决定（草案）》《关于延长授权国务院在北京市大兴区等 33 个试点县（市、区）行政区域暂时调整实施有关法律规定期限的决定（草案）》《关于批准〈内地与香港特别行政区关于在广深港高铁西九龙站设立口岸实施"一地两检"的合作安排〉的决定（草案）》《关于延长授权国务院在北京市大兴区等 232 个试点县（市、区）、天津市蓟州区等 59 个试点县（市、区）行政区域分别暂时调整实施有关法律规定期限的决定（草案）》。

⑤ 即《海上交通安全法（修订草案征求意见稿）》《未成年人网络保护条例（送审稿）》《缔结条约程序法实施条例（征求意见稿）》《全民阅读促进条例（征求意见稿）》《反走私工作条例（征求意见稿）》《重大行政决策程序暂行条例（征求意见稿）》《基础设施和公共服务领域政府和社会资本合作条例（征求意见稿）》《快递暂行条例（征求意见稿）》《处置非法集资条例（征求意见稿）》《私募投资基金管理暂行条例（征求意见稿）》《农作物病虫害防治条例（征求意见稿）》《盐业管理条例（修订送审稿）》《出境入境边防检查条例（修订草案送审稿）》《政府信息公开条例（修订草案征求意见稿）》《奥林匹克标志保护条例（修订草案送审稿）》《国务院关于修改〈生猪屠宰管理条例〉的决定（征求意见稿）》。

械监督管理条例》、《放射性药品管理办法》、《农业转基因生物安全管理条例》、《建设项目环境保护管理条例》、《行政法规制定程序条例》和《规章制定程序条例》的修改对人权的尊重和保障也有一定程度的影响。

（一）制定《反间谍法实施细则》对人权的影响

2017 年 11 月 22 日，国务院发布《反间谍法实施细则》①。该实施细则重申了 2014 年《反间谍法》确认的反间谍工作的若干原则和具体规定②，界定了《反间谍法》所称"境外机构、组织"、"境外个人"、"间谍组织代理人"、"敌对组织"、"资助"实施危害中国国家安全的间谍行为、"勾结"实施危害中国国家安全的间谍行为、第 7 条所称"重大贡献"、第 24 条所称"非法持有属于国家秘密的文件、资料和其他物品"、第 25 条所称"专用间谍器材"、第 27 条所称"立功表现"和"重大立功表现"以及第 39 条所称"间谍行为以外的其他危害国家安全行为"等用语的含义③，充实了国务院国家安全主管部门和国家安全机关在反间谍工作方面的职权④，进一步明确和强化了有关组织和个人协助国家安全机关执行反间谍工作的义务以及故意阻碍国家安全机关依法执行职务的法律责任⑤，为国家安全机关、公安机关和其他有权机关履行防范、制止和惩治间谍行为与其他危害国家安全行为的职责提供了进一步的法律根据。按照该实施细则的规定，除间谍行为外，组织、策划、实施分裂国家、破坏国家统一、颠覆国家政权、推翻

---

① 该细则自公布之日起施行，1994 年《国家安全法实施细则》同时废止。
② 参见《反间谍法实施细则》第 2、11、14、25 条。
③ 参见《反间谍法实施细则》第 3~8 条。
④ 根据《反间谍法实施细则》第 9 条和第 24 条的规定，国务院国家安全主管部门对被认为入境后可能进行危及中国国家安全活动的境外个人可以决定其在一定时期内不得入境，还可以对违反《反间谍法》的境外个人决定限期离境或驱逐出境。另据该实施细则第 10、12、15、19 条的规定，国家安全机关可以通缉、追捕背叛祖国、危害国家安全的犯罪嫌疑人，检查身份不明、有危害国家安全行为的嫌疑人员携带的物品，协助、指导和督促机关、团体和其他组织落实单位安全防范工作，警告危害国家安全行为的实施者，并在一定期限内禁止涉嫌间谍行为的人出境。
⑤ 参见《反间谍法实施细则》第 21~24 条。

社会主义制度，组织、策划、实施危害国家安全的恐怖活动，利用言论、出版、结社、宗教、邪教危害国家安全，通过制造民族纠纷、煽动民族分裂危害国家安全，境外人员擅自会见境内有危害国家安全行为或危害国家安全行为重大嫌疑的人员，都属于国家安全机关和公安机关依法防范、制止和惩治的对象①。

（二）制定《残疾预防和残疾人康复条例》对人权的影响

2017年1月11日，国务院第161次常务会议通过《残疾预防和残疾人康复条例》②。该条例根据2008年《残疾人保障法》的相关规定，借鉴国际和域外的相关经验，针对我国残疾预防和残疾人康复工作存在的问题，确立了预防为主、预防与康复相结合，禁止基于残疾的歧视和鼓励全社会参与等残疾预防和残疾人康复工作的方针和原则③，明确了各级政府和县级以上政府负责残疾人工作的机构领导、监督、组织实施和开展残疾预防和残疾人康复工作的职责④，规定了县级以上政府有关部门、残联、工会、共青团、妇联、红十字会、国家机关、社会组织、企业事业单位（特别是具有高度致残风险的用人单位）、城乡基层群众性自治组织、医疗卫生机构、康复机构、从事残疾人康复服务的人员、未成年人和老年人的监护人、新闻媒体、社会力量和公民个人在残疾预防和残疾人康复方面的责任⑤，专章规定了国家、政府和政府部门在残疾人的基本医疗保险和经济困难残疾人的医疗救助，特殊残疾群体的康复救助和康复服务，辅助器具的研发、推广和应用，残疾预防和残疾人康复工作所需要的资金、设施设备、土地、税收优惠和人才培养以及残疾预防和残疾康复工作人员的职业能力水平评价、待遇、培训进修和表彰奖励等方面应当采取的保障措施⑥，还用专章分别规定了有关方

---

① 参见《反间谍法实施细则》第8条。
② 该条例于2017年2月7日公布，自同年7月1日起施行。
③ 参见《残疾预防和残疾人康复条例》第3、7~9条。
④ 参见《残疾预防和残疾人康复条例》第4、11、17~18、20条。
⑤ 参见《残疾预防和残疾人康复条例》第4~7、11~16、19~24条。
⑥ 参见《残疾预防和残疾人康复条例》第四章（保障措施）第25~31条。

面的违法责任①。该条例的通过和施行不仅有助于全面预防残疾的发生，保障残疾人享有康复服务权利的实现，促进其平等、充分地参与社会生活，而且对接受康复服务的残疾人的知情权和隐私权②的保护也有一定的积极作用。

（三）修订《残疾人教育条例》对人权的影响

2017 年 1 月 11 日，国务院第 161 次常务会议通过《残疾人教育条例（修订草案）》③，根据 2006 年《教育法》和 2008 年《残疾人保障法》的相关规定，结合我国经济社会和残疾人事业发展的实际情况，针对我国残疾人教育存在的问题，对 1994 年《残疾人教育条例》做出全面修改。与 1994 年《残疾人教育条例》相比，修订后的《残疾人教育条例》明确规定了国家"保障残疾人享有平等接受教育的权利，禁止任何基于残疾的教育歧视"的原则和鼓励全社会开展残疾人教育事业的政策④，确认了"积极推进融合教育"的残疾人教育理念，突出强调了"义务教育"和"普通教育方式"在残疾人教育方面的优先地位和作用⑤，强化和细化了各级政府（特别是县级和县级以上政府）及其教育行政部门、教育督导机构和其他主管部门在领导、指导、监督、鼓励、支持、保障残疾人平等享受义务教育、职业教育、学前教育、普通高级中等以上教育和继续教育方面的职责、制度和措施⑥，进一步明确了各级残联、学前教育机构、各级各类学校、其他教育机构、残疾儿童或少年的父母或其他监护人以及残疾人所在社区、相关社会组织和企事业单位在尊重、保障、支持和帮助残疾人平等接受

---

① 参见《残疾预防和残疾人康复条例》第五章"法律责任"第 32~35 条。
② 按照《残疾预防和残疾人康复条例》第 21 条的要求，提供康复服务，应当向残疾人告知康复措施的详细信息，并应保护残疾人的隐私。
③ 该条例于 2017 年 2 月 1 日公布，自同年 5 月 1 日起施行。
④ 参见 2017 年《残疾人教育条例》第 2、10、51、53~54 条。
⑤ 参见 2017 年《残疾人教育条例》第 3 条第 2~3 款和 1994 年《残疾人教育条例》第 3 条第 2~3 款。
⑥ 参见 2017 年《残疾人教育条例》第 4、12、15~17、20~21、26、28~29、31、35~36、40、43~50、53 条。

教育方面的权利、义务和责任①，增加了不履行残疾人教育相关职责的地方各级政府及其有关部门的法律责任，以及歧视或者放任歧视残疾学生和未按规定减免学费或其他费用的学前教育机构、学校、其他教育机构及其工作人员的法律责任②。修订后的《残疾人教育条例》更能适应残疾人平等接受义务和融入社会的需要，且更加符合我国根据《残疾人权利公约》承担的关于残疾人教育的国际法律义务③以及国际社会先进的残疾人教育理念，对于残疾人享有平等教育权利的尊重、保障和实现具有十分积极的意义。

（四）修订《宗教事务条例》对人权的影响

2017年6月14日，国务院第176次常务会议通过《宗教事务条例（修订草案）》④，对2004年《宗教事务条例》做出全面修改。与2004年《宗教事务条例》相比，修订后的《宗教事务条例》确立了"保护合法、制止非法、遏制极端、抵御渗透、打击犯罪"的宗教事务管理原则⑤，扩充并适当调整了各级政府管理宗教事务、提供公共服务以及维护宗教团体、宗教院校、宗教活动场所、宗教教职人员和信教公民的合法权益的职责⑥，明确了宗教团体的职能、宗教活动场所的范围和临时宗教活动地点的指定、宗教院校和宗教活动场所的法人资格以及宗教团体、宗教院校和宗教活动场所作为非营利性组织的法律地位⑦，强调了宗教院校在宗教事务中的地位和作用，充实了关于宗教院校的设立、制度、职责、权利、活动和管理等方面的规定⑧，

---

① 参见2017年《残疾人教育条例》第6～9、13、18、21～22、24、32
② 参见2017年《残疾人教育条例》第56～57条和1994年《残疾人教育条例》第50条。
③ 参见《残疾人权利公约》第24条。
④ 该条例于2017年8月26日公布，自2018年2月1日起施行。
⑤ 参见2017年《宗教事务条例》第3条。
⑥ 参见2017年《宗教事务条例》第6、15～19、23、30、32～36、42、47、51、57～59条和2004年《宗教事务条例》第5、22、24、27、31条。
⑦ 参见2017年《宗教事务条例》第8、14、19、23、35、52条。
⑧ 参见2017年《宗教事务条例》第4～5、10～11、14～18、40～41、45、49～51、55～60条和2004年《宗教事务条例》第3～4、7、12、21、30～31、33～35条。

增列了宗教教职人员从事慈善公益活动和享受社会保障的权利以及宗教团体、宗教院校、宗教活动场所对有关财产的使用权、所有权和其他财产权利，适当扩大了选派和接收宗教留学人员的宗教团体的范围，降低了举行大型宗教活动的审批等级，加大了对被征收的宗教团体、宗教院校和宗教活动场所的房屋的保护力度①，明确禁止制造宗教矛盾与冲突，宣扬、支持和资助宗教极端主义，利用宗教危害国家安全、破坏民族团结、分裂国家和进行恐怖活动，擅自选派和接收宗教留学人员，在寺观教堂外修建大型露天宗教造像，擅以宗教教职人员的身份从事活动，擅自开展宗教教育培训，组织公民出境参加宗教方面的培训、会议或活动，在宗教院校以外的学校及其他教育机构传教、举行宗教活动、成立宗教组织或设立宗教活动场所，擅自和违法从事互联网宗教信息服务，将宗教团体、宗教院校、宗教活动场所的财产和收入用于分配，借捐资修建宗教活动场所而享有该宗教活动场所的所有权、使用权或者从该宗教活动场所获得经济收益，投资或承包经营宗教活动场所或者大型露天宗教造像，以宗教名义进行商业宣传，利用公益慈善活动传教，接受境外组织和个人附带条件的捐赠②，加强了对宗教团体和寺观教堂开展 3 个月以上的宗教教育培训、在寺观教堂内修建大型露天宗教造像、在宗教活动场所内改建或者新建建筑物、扩建或在异地重建宗教活动场所、藏传佛教活佛传承继位等宗教活动的管理以及对宗教团体、宗教院校、宗教活动场所的财务、资产的检查、审计和税收管理③，加大了对有关方面违法行为的处罚力度④。修订后的《宗教事务条例》进一步强化了对宗教事务的规范和管理，也在一定程度上加强了对宗教团体、宗教院校、宗教活动场

---

① 参见 2017 年《宗教事务条例》第 9、38~39、42、49、55~56 条和 2004 年《宗教事务条例》第 10、22、33 条。

② 参见 2017 年《宗教事务条例》第 4 条第 3~4 款、第 9 条、第 30 条第 4 款、第 36 条第 3 款、第 41 条第 2 款、第 44 条、第 47~48 条、第 52 条、第 53 条第 2 款、第 56 条第 2 款和第 57 条第 2 款。

③ 参见 2017 年《宗教事务条例》第 18 条、第 30 条第 1 款、第 33 条、第 36 条第 2 款、第 58~59 条和 2004 年《宗教事务条例》第 24 条第 1 款、第 27 条第 2 款、第 36 条。

④ 参见 2017 年《宗教事务条例》第 62~74 条和 2004 年《宗教事务条例》第 39~43、35 条。

所、宗教教职人员和信教公民合法权益的保护，对宗教信仰自由权的行使具有比较重要的影响。

（五）国务院其他立法活动对人权的影响

除制定和修订上述4项条例之外，国务院2017年的其他一些立法工作与人权也有不同程度的关系，主要体现为以下三个方面。第一，制定《志愿服务条例》①，明确了国家、县级以上政府及其民政部门和其他有关部门管理、协调、鼓励、促进志愿服务活动的职责和措施，确认了志愿服务组织的非营利组织地位、成立行业组织的权利以及志愿者和志愿服务对象的人格尊严权、隐私权和其他合法权益，规定了志愿者、志愿服务组织和其他组织在我国境内开展志愿服务和相关活动应当遵守的原则和规则，以及志愿者、志愿服务组织、政府有关部门及其工作人员的违法责任，为志愿者、志愿服务组织和志愿服务对象的合法权益提供了法律保障。第二，修订和修改6项涉及生命安全、人体健康和生态环境的条例和办法：一是修订1997年《农药管理条例》②，严格农药登记制度，强化对农药生产、经营、使用活动的监督管理和对违法行为的处罚；二是修订1996年《食盐专营办法》③，在改革和完善食盐生产、批发、运输、销售、定价等专营制度和食盐储备制度的同时，加强对食盐生产、销售的监督管理和对违法行为的处罚；三是修改2014年《医疗器械监督管理条例》，规定了对大型医用设备的配置和使用的监督管理，以及对擅自配置使用大型医用设备、骗取大型医用设备配置许可证和违规使用大型医用设备等行为的处罚措施④；四是修改1989年《放射性药品管理办法》，赋予了县级以上政府的药品监督管理部门和其他有关部门对放射性新药的研制、临床研究和投产审批以及放射性药品的生产、经

---

① 2017年6月7日通过，同年8月22日公布，自12月1日起施行。

② 2017年2月8日修订通过，同年3月16日公布，自6月1日起施行。

③ 2017年12月26日修订通过并公布施行，1990年《盐业管理条例》同时废止。

④ 参见《国务院关于修改〈医疗器械监督管理条例〉的决定》（2017年5月4日公布施行）第二、三、四、五、七项。

营、购销、进口、使用、标准和检验的监督管理权，以及对违法单位或个人的处罚权，取消了卫生部门的相应职权①；五是修改 2001 年《农业转基因生物安全管理条例》，统一了农业转基因生物试验办法和境外公司向我国出口农业转基因生物用作加工原料的检测办法，提高了农业转基因生物安全证书的颁发条件，取消了为农民养殖、种植转基因动植物代办审批手续和对农业转基因生物在我国过境转移进行检疫的规定②；六是修改 1998 年《建设项目环境保护管理条例》，在简化建设项目环保审批事项的同时，强化了对建设项目环境保护设施的设计、施工、验收、投入生产、使用情况以及有关环境影响评价文件确定的其他环境保护措施的落实情况的监督检查，加大了对违法违规行为的惩罚力度③。第三，修改 2001 年《行政法规制定程序条例》和《规章制定程序条例》，按照 2015 年修改的《立法法》和有关中央文件的要求，确立了"贯彻落实党的路线方针政策和决策部署"、"体现全面深化改革精神"和"弘扬社会主义核心价值观"等行政法规和规章的制定原则，确认了党中央和同级党组对重大行政法规和规章制定工作的领导权，完善了行政法规和规章的立法项目征集和论证制度、公开征求意见制度、委托第三方起草和评估制度和重大利益论证咨询制度，建立了行政法规的暂时调整或暂停适用制度、及时清理制度以及行政法规和规章的立法后评估制度，明确了行政法规解释的具体情形，重申了《立法法》关于部门规章和地方政府规章不得擅自减损公民、法人和其他组织权利或者增加其义务的规定④，为公民在行政法规和规章制定领域的参与权以及可能受行政法规和规章影响的其他权利提供了进一步的法律保障。

---

① 参见《国务院关于修改和废止部分行政法规的决定》（2017 年 3 月 1 日公布施行）第六部分。

② 参见《国务院关于修改部分行政法规的决定》（2017 年 10 月 7 日公布施行）第九部分。

③ 参见《国务院关于修改〈建设项目环境保护管理条例〉的决定》，2017 年 6 月 21 日通过，同年 7 月 16 日公布，自 10 月 1 日起施行。

④ 参见《国务院关于修改〈行政法规制定程序条例〉的决定》和《国务院关于修改〈规章制定程序条例〉的决定》，2017 年 12 月 22 日公布，自 2018 年 5 月 1 日起施行。

B.19
2017年中国在人权领域的国际合作与交流

罗艳华*

摘　要： 2017年中国在进行国际人权合作与交流方面取得了新的突破，主要表现在中国提出的"构建人类命运共同体"和"发展促进人权"的理念被写入了联合国人权理事会的决议，成为国际人权话语的重要内容；中国通过主办"南南人权论坛"为广大发展中国家搭建了一个新的高端交流平台。对于常规性的多边和双边合作与交流，中国仍然积极参与并发挥建设性的作用，呼吁加强与改善全球人权治理，推动建立公正、合理的国际人权体系。中国民间的人权组织和机构在开展国际人权合作和交流方面也表现出了一些新形式和新特点，与政府部门联合举办了重要的国际人权交流活动，进行了更加丰富多彩的人权研讨和交流活动。

关键词： 中国　人权　国际合作　国际交流

2017年中国在进行国际人权合作与交流方面取得了突破性的进展，一些重要的理念被纳入国际人权话语体系。常规的多边和双边人权合作在按部就班地进行，中国在多边人权合作方面提出了一些新主张。民间人权组织和

---

* 罗艳华，法学博士，北京大学国际关系学院教授、博士生导师，主要研究方向：人权与国际关系、国际关系史、非传统安全问题。

机构表现活跃，在开展国际人权合作和交流方面展现出了一些新形式和新特点。

一 2017年中国进行国际人权合作与交流的新突破

2017 年中国在开展国际合作与交流方面取得了一些突破性的进展，主要表现在如下几个方面。

突破之一是"构建人类命运共同体"的理念成为国际人权话语体系的重要内容。习近平主席 2017 年 1 月在联合国日内瓦总部发表了题为《共同构建人类命运共同体》的重要演讲，对构建人类命运共同体的理念进行了全面系统的阐述。3 月 1 日，中国在联合国人权理事会第 34 次会议上代表 140 个国家发表了题为《促进和保护人权，共建人类命运共同体》的联合声明，在国际人权舞台上进一步阐释了构建人类命运共同体的理念及其对于保护和促进人权的重要意义。3 月 23 日，在联合国人权理事会第 34 次会议上分别通过了关于"经济、社会、文化权利"和"粮食权"的两个决议，均明确写入了"构建人类命运共同体"的话语。这是"构建人类命运共同体"理念被首次载入联合国人权理事会的决议①，标志着这一理念已经成为国际人权话语体系的重要组成部分。

突破之二是中国提出的"发展促进人权"的理念首次被引入了国际人权话语体系。6 月 22 日，中国提出的题为《发展对享有所有人权的贡献》的决议在联合国人权理事会获得通过。该决议反映了发展中国家的诉求和心声，得到了广大发展中国家的支持和拥护，获得了 70 多个国家联署。这是人权理事会历史上第一次就发展问题通过决议②。决议再次重申构建人类命

---

① 《人类命运共同体理念首次载入联合国人权理事会决议》，人民网，http：//world. people. com. cn/n1/2017/0325/c1002 – 29168281. html。

② 《人权理事会通过中国提出的"发展对享有所有人权的贡献"决议，"发展促进人权"理念首次被引入国际人权体系》，中国外交部网站，http：//www. fmprc. gov. cn/ce/cegv/chn/dbtzyhd/t1473892. htm。

运共同体是全世界的共同愿望，认为发展对享有所有人权具有重大贡献，呼吁世界各国实现以人民为中心的发展。决议呼吁各国加强国际合作，全力推进可持续发展，特别是落实 2030 年可持续发展议程，促进全面享有人权。决议欢迎各国进一步推进发展倡议，促进伙伴关系，实现合作共赢和共同发展①。该决议是中国对全球人权治理贡献的中国方案，将在一定程度上提升发展中国家在国际人权领域的话语权和议程设置权②，增强发展中国家在国际人权领域的影响力。

突破之三是为广大发展中国家在人权领域进行交流与合作搭建了一个新的高端平台。2017 年 12 月 7～8 日，国务院新闻办公室和外交部在北京共同主办了首届"南南人权论坛"。出席论坛的代表包括来自 70 多个国家和国际组织的官员和学者等 300 余人，论坛的规模之大、规格之高都是空前的。中国国家主席习近平专门向论坛发来了贺信，在其中指出"全球人权事业的发展离不开广大发展中国家共同努力，希望国际社会本着公正、公平、开放、包容的精神，尊重并反映发展中国家人民的意愿，促进发展中国家人民享有更加充分的人权，实现全人类共同繁荣发展"③。本次论坛的主题是"构建人类命运共同体：南南人权发展的新机遇"，下设"构建人类命运共同体与推进全球人权治理""包容性发展与南南人权的实现""南南国家教育权的保障""南南国家减贫及粮食权的保障""南南国家健康权的保障""中国与南南合作：对推进世界人权事业发展的重要作用"等六个分论坛。与会代表就相关议题进行了深入的探讨和交流，达成了很多共识，并最终形成了凝聚这些共识的"北京宣言"。中国主办的"南南人权论坛"是广大发展中国家在人权领域进行交流与合作的新平台。这不仅是拓展南南合作

① 《联合国人权理事会历史上第一次通过发展促进人权决议》，中国政府网，http：//www.gov.cn/xinwen/2017－06/23/content_5204684.htm。

② 《人权理事会通过中国提出的"发展对享有所有人权的贡献"决议，"发展促进人权"理念首次被引入国际人权体系》，中华人民共和国常驻日内瓦办事处和瑞士其他国际组织代表团网站，http：//www.china－un.ch/chn/dbtyw/rqrd_1/hractivities_1/t1473892.htm。

③ 《习近平致首届"南南人权论坛"的贺信》，新华网，http：//news.xinhuanet.com/politics/2017－12/07/c_1122073544.htm。

领域的有益尝试，而且对于推动发展中国家参与全球人权治理，提升发展中国家在国际人权领域的话语权具有重要意义。

二　多边人权合作与交流

2017 年中国开展的多边人权合作与交流主要包括三个方面：呼吁加强与改善全球人权治理，推动建立公正、合理的国际人权体系；与联合国人权理事会的合作；与国际人权条约机制的合作。

（一）呼吁加强与改善全球人权治理，推动建立公正、合理的国际人权体系

2017 年 2 月 27 日，中国外交部部长王毅在《人民日报》发表了题为《共同促进和保护人权　携手构建人类命运共同体》的署名文章，指出"人权保障是构建人类命运共同体的重要组成部分。我们应思考如何加强和改善全球人权治理，推动国际人权事业健康发展，助力人类命运共同体宏伟目标的实现"。他指出："中国是全球人权治理的参与者。中国始终秉持平等互信、包容互鉴、合作共赢的精神，全面深入参与国际人权合作，推动建立公正、合理的国际人权体系。"① 9 月，王毅外长为《中国人权新成就（2012 - 2017）》作了序言，在其中指出，"这是参与国际人权治理持续深化的 5 年。5 年来，中国全面深入参与国际人权合作，推动建立公正、合理的国际人权体系"②。12 月 7 日，王毅外长在首届"南南人权论坛"开幕式上致辞指出："全球人权治理体系存在权利不公、机会不公和规则不公。发展中国家是直接的受害者，也应成为积极的变革者。我们要推动提高全球人权治理

---

① 《王毅：共同促进和保护人权　携手构建人类命运共同体》，新华网，http：//news. xinhuan et. com/world/2017 - 02/27/c_129496542. htm。

② 王毅：《沿着中国特色人权发展道路继续前进——〈中国人权新成就（2012 - 2017）〉序言》，《人民日报》2017 年 9 月 14 日，第 17 版，http：//paper. people. com. cn/rmrb/html/2017 - 09/14/nw. D110000renmrb_20170914_1 - 17. htm。

体系中发展中国家的代表性和发言权。要推动国际人权机制在规则制定、成员组成、职员分布等方面，切实反映发展中成员占联合国会员国五分之四、人口占全球80％的需求和利益……要形成更为公正合理的人权治理格局，让发展中国家成为国际人权合作与治理的受益者。"①

除了呼吁改善全球人权治理，中国还与联合国相关部门共同主办了一些高层论坛来推动全球人权治理，促进具体领域的人权保护。

6月8日，中国在联合国人权理事会第35次会议期间举办了"通过加强公共卫生能力建设促进健康权"的专题讨论会。世界卫生组织总干事陈冯富珍在会上做了主旨发言，中国常驻联合国日内瓦办事处和瑞士其他国际组织代表马朝旭和多国主管公共卫生问题的高级官员出席了讨论会并做了发言。与会者均认为，加强公共卫生能力建设是世界各国共同的责任和义务，国际社会应以落实联合国2030年可持续发展议程为契机，通过加强国际合作来推动人人享有最高标准身心健康权的全面实现。中国举办此次专题讨论会获得了与会各国代表的普遍赞赏，与会者认为此次会议为各国就加强公共卫生能力建设和促进健康权进行交流提供了有益平台②。

10月9日由中国国务院扶贫办公室和联合国驻华系统主办的"2017减贫与发展高层论坛"在北京举行。此次论坛以"精准扶贫与2030年可持续发展议程"为主题，共有13个国家的政要、16个国际机构的代表以及专家学者共200余人参加了论坛，联合国秘书长古特雷斯还专门向论坛发来了贺信③。

11月27日，由联合国亚太经社会与中国政府共同主办，中国残联（国务院残工委办公室）承办的2013～2022年亚洲及太平洋残疾人十年中期审查政府间高官级会议在北京召开。此次会议是中国在十九大之后与联合国职

① 《促进全球人权事业发展，构建人类命运共同体》，中华人民共和国外交部，http：//www.fmprc.gov.cn/web/wjbzhd/t1517373.shtml。
② 《中国在人权理事会举办促进健康权专题讨论会》，新华网，http：//news.xinhuanet.com/world/2017－06/08/c_1121111814.htm。
③ 《汪洋出席2017减贫与发展高层论坛并致辞》，中国政府网，http：//www.gov.cn/xinwen/2017－10/09/content_5230393.htm。

能机构共同主办的首个残疾人领域最高规格国际会议。会期为 5 天，来自亚太经社会各成员国和地区负责残疾人事务的部长级和高官级代表、联合国有关机构的代表、非政府组织和残疾人组织的代表约 350 人出席了会议，共商共议亚太残疾人事务①。

（二）与联合国人权理事会的合作

中国与联合国人权理事会一直保持着良好的合作关系。2017 年是中国作为联合国人权理事会成员国第四个新任期的开始之年。中国一直认真履行自己作为人权理事会成员国的职责，积极参加人权理事会的相关会议和普遍定期审议工作。中国专家刘昕生担任了联合国人权理事会咨询委员会委员，任期至 2019 年②。

中国充分利用人权理事会这个多边平台，通过代表其他国家进行共同发言和发布联合声明的方式表达了明确的人权立场。

1. 关于维护和平与促进人权

2 月 27 日，在联合国人权理事会第 34 次会议人权主流化年度高级别专题讨论会上，中国外交部人权事务特别代表刘华代表非洲国家和中国做了题为《维护和平，促进和保护人权》的共同发言，强调和平是促进和保障人权的根本前提和基础，并就实现持久和平、促进和保护人权提出五点主张："一是建立平等伙伴关系。世界各国一律平等，应相互尊重，平等相待。各国主权、独立和领土完整必须得到尊重，各国自主选择的社会制度和发展道路必须得到尊重。二是以和平方式解决争端。应坚持通过沟通协商化解分歧，通过政治谈判解决冲突。区域组织和地区国家可在解决地区问题中发挥积极作用。三是通过合作维护和平。各国应加强合作，同舟共济，统筹应对传统和非传统安全威胁。应坚持多边主义，充分发挥联合国的核心作用。四

---

① 《2013－2022 年亚洲及太平洋残疾人十年中期审查政府间高官级会议在京开幕》，中国网，http：//www. china. com. cn/guoqing/2017－11/28/content_41952335. htm。

② OHCHR｜About the Advisory Committee，http：//www. ohchr. org/EN/HRBodies/HRC/AdvisoryCommittee/Pages/AboutAC. aspx.

是以发展促进和平。和平与发展相辅相成，相互促进。应有效落实 2030 年可持续发展议程，实现全球平衡发展，为维护和平提供坚实基础。五是尊重文明多样性。不同文明应该和谐共处、交流互鉴、取长补短、共同进步，成为维护世界和平的纽带。"①

2. 关于保护人权与共建人类命运共同体

3 月 1 日，在联合国人权理事会第 34 次会议上，中国常驻联合国日内瓦办事处和瑞士其他国际组织代表马朝旭大使代表 140 个国家发表了题为《促进和保护人权，共建人类命运共同体》的联合声明。马朝旭指出，"为维护世界和平，实现共同发展，促进和保护人权，各国应共同构建人类命运共同体，建设一个持久和平、普遍安全、共同繁荣、开放包容、清洁美丽的世界"。马朝旭提出以下五点主张："一是坚持主权平等。国家不分大小、强弱、贫富，都是国际社会平等成员。根据《联合国宪章》宗旨和原则，各国主权和领土完整必须得到尊重。各国有权自主选择发展道路和社会制度。各国促进和保护人权的努力和成就应当得到尊重。二是坚持对话协商。各国应努力构建相互尊重的伙伴关系，通过对话与合作促进和保护人权，防止将人权问题政治化。三是坚持合作共赢。各国应同舟共济，坚持多边主义，通过加强国际合作应对各种全球性挑战，实现多赢、共赢。各国应通过务实和有效合作来加强人权能力建设。四是坚持交流互鉴。不同文明之间应该相互尊重、取长补短、共同进步。文明差异不应该成为世界冲突的根源，而应该成为人类文明进步的动力。五是坚持可持续发展。各国应有效落实 2030 年可持续发展议程，为促进和保护人权提供坚实基础。"②

3. 关于完善全球人权治理

3 月 20 日，在联合国人权理事会第 34 次会议上，中国常驻联合国日

---

① 《中国代表就实现持久和平、促进和保护人权提出五点主张》，新华网，http://news. xinhuanet. com/2017-02/28/c_1120539604. htm。
② 《中国代表 140 个国家发表关于促进和保护人权，共建人类命运共同体的联合声明》，中华人民共和国常驻日内瓦办事处和瑞士其他国际组织代表团网站，http://www. china-un. ch/chn/dbtyw/rqrd_1/hractivities_1/t1442505. htm。

内瓦办事处和瑞士其他国际组织代表马朝旭大使代表发展中国家发表了题为《完善全球人权治理，推进国际人权事业》的共同发言，强调"各国应共同努力，发展和完善全球人权治理，推动国际人权事业健康可持续发展，共同构建人类命运共同体"。马朝旭就完善全球人权治理、推进国际人权事业提出五点主张："一要坚持主权平等。根据《联合国宪章》的宗旨和原则，尊重各国主权和领土完整，尊重和维护各国人民自主选择社会制度和发展道路的权利，推动国际关系民主化，反对各种形式强权政治。二要坚持多边主义。发展和完善联合国人权机制，确保其公正、客观、建设性、非选择性地开展工作，同等重视各类人权，推动各方求同存异，凝聚共识，为国际人权事业发展注入强劲动力。三要坚持互利合作。坚持不冲突不对抗，相互尊重，通过对话交流增进了解，缩小分歧，通过合作取长补短，推动各国人权事业发展。摒弃唯我独尊心态和公开施压做法，防止将人权问题政治化和双重标准。四要坚持开放包容。尊重世界文明多样性，不同文明应和谐共处、交流互鉴、兼收并蓄、共同进步。国际社会应共同打击一切形式种族歧视。五要坚持和平发展。没有和平与发展，人权就成为无本之木。应致力于维护持久和平，实现共同发展，为促进和保护人权提供坚实基础。"①

4. 关于消除贫困与保护人权

6 月 13 日，在联合国人权理事会第 35 次会议上，中国常驻联合国日内瓦办事处和瑞士其他国际组织代表马朝旭大使代表 140 多个国家发表了题为《共同努力消除贫困，促进和保护人权》的联合声明。马朝旭指出，"消除贫困是促进和保护人权的重要途径。目前，全球仍有 8 亿多人生活在贫困之中。如何有效减缓和消除贫困，为更好促进和保护人权创造条件，是国际社会面临的共同挑战"。马朝旭提出四点主张："一是加快可持续发展，发挥扶贫开发与经济社会发展相互促进作用，推动扶贫减贫、经济、社会、文化

---

① 《马朝旭大使在人权理事会第 34 次会议发表"完善全球人权治理，推进国际人权事业"共同发言》，中华人民共和国外交部，http：//www. fmprc. gov. cn/ce/cegv/chn/dbtyw/rqrd_1/hractivities_1/t1447180. htm。

和环境发展与人权保障统筹兼顾、协调发展。尊重各国自主选择减贫和可持续发展道路的权利。二是综合施策，实施开发式扶贫，把精准扶贫、精准脱贫作为基本方略，加强贫困地区基础设施建设，为贫困人口提供卫生、教育、文化等公共服务，扩大就业，提升贫困人口自我发展能力。三是坚持社会公平公正。以保障和改善民生为重点，建立和完善社会保障体系，切实保障妇女、儿童、老年人、残疾人等弱势群体权利，使全体人民共享发展成果，实现共同富裕。四是加强减贫国际合作。维护和发展开放型世界经济，建立以合作共赢为核心的新型国际减贫伙伴关系，推进南北合作，加强南南合作。联合国应在推动国际减贫事业方面发挥重要作用。"①

5. 关于加强人权对话与合作

9月15日，在联合国人权理事会第36次会议上，中华人民共和国常驻联合国日内瓦办事处和瑞士其他国际组织代表马朝旭大使代表140个国家发表了题为《加强人权对话与合作，构建人类命运共同体》的联合声明。马朝旭呼吁国际社会在人权领域开展建设性对话与合作，加强全球人权治理，推动国际人权事业健康可持续发展，并为此提出五点主张："一是恪守《联合国宪章》宗旨和原则，尊重各国主权和领土完整，尊重各国人民自主选择的发展道路和社会制度，尊重各国促进和保护人权的努力和成就。二是坚持对话交流。各国应相互尊重，平等相待，通过对话与交流，不断增进相互了解，扩大共识，缩小分歧，共同促进和保护人权。应尊重文化多样性，摒弃公开施压和对抗作法，不将人权问题政治化，不将价值观强加于人。三是坚持合作共赢，坚持多边主义，努力构建伙伴关系，通过务实有效合作，取长补短，实现互利共赢。国际人权机制应在自身授权范围内，客观、公正开展工作，平衡推进各类人权。四是通过减贫促进人权。各国应综合施策，实施开发式扶贫，发挥扶贫开发与经济社会发展相互促进作用，有效减缓和消除贫困，为更好促进和保护人权创造条件。五是通过发展促进人权。坚持以

---

① 《中国代表140多个国家发表关于共同努力消除贫困，促进和保护人权的联合声明》，中华人民共和国常驻日内瓦办事处和瑞士其他国际组织代表团网站，http：//www.china‑un.ch/chn/dbtyw/rqrd_1/hractivities_1/t1470123.htm。

人民为中心的发展，在人民中寻找发展动力，依靠人民推动发展，使发展造福人民，全力推进可持续发展，落实好 2030 年可持续发展议程，为促进和保护人权提供坚实基础。"①

（三）与国际人权条约机制的合作

1. 提交履约报告

中国政府于 2017 年 1 月 24 日提交了《消除一切形式的种族歧视公约》第 14～17 次国家履约报告②，预计在 2018 年接受条约机构审议。中国在报告中指出："长期以来，特别是 2008 年以来，中国政府始终奉行民族平等、民族团结、民族区域自治和各民族共同繁荣的基本原则和基本政策，并确立了现阶段各民族共同团结奋斗、共同繁荣发展的民族工作主题，及加快少数民族和民族地区经济社会发展的主要任务。各民族平等权利以及民族地区实行民族区域自治的权利得到更为充分的保障。同时，根据少数民族和民族地区因历史或地理原因造成发展相对滞后的实际情况，中国政府致力于采取特殊措施，扶持少数民族和民族地区在经济、社会、文化等各方面得到快速发展。"③

2. 鼓励并推荐中国专家到国际人权条约机构任职

2017 年，中国专家陈士球成功连任经济、社会和文化委员会委员。中国妇女专家宋文艳成功当选消除对妇女歧视委员会委员。张红虹接替张克宁当选为新一届禁止酷刑委员会委员（任期为 2018 年 1 月 1 日至 2021 年 12 月 31 日）（见表 1）。

---

① 《中国代表 140 个国家发表关于加强人权对话与合作的联合声明》，中华人民共和国常驻日内瓦办事处和瑞士其他国际组织代表团网站，http：//www. china - un. ch/chn/dbtyw_1/hractivities_1/t1493633. htm。

② Treaty bodies countries，中国网页，联合国网站，http：//tbinternet. ohchr. org/_layouts/TreatyBodyExternal/countries. aspx？CountryCode = CHN&Lang = EN。

③ 中国提交的履约报告，联合国网站，http：//tbinternet. ohchr. org/_layouts/treatybodyexternal/Download. aspx？symbolno = CERD%2fC%2fCHN%2f14 - 17&Lang = zh。

表1　2017年中国专家在国际人权条约机构的任职情况

姓名	任职的联合国人权条约机构	担任职务	本届任期到期时间	现任职是否连任
陈士球	经济、社会和文化权利委员会	委员	2020.12.31	是
李燕端(女)	消除种族歧视委员会	委员	2020	否
宋文艳(女)	消除对妇女歧视委员会	委员	2020.12.31	否
张克宁	禁止酷刑委员会	委员	2017.12.31	否
尤亮	残疾人权利委员会	委员	2018.12.31	否

资料来源：作者根据联合国相关机构的材料整理而成，资料来源分别为联合国网站的如下网页：Membership of the Committee on Economic, Social and Cultural Rights, http://www.ohchr.org/EN/HRBodies/CESCR/Pages/Membership.aspx; Membership of the Committee on the Elimination of Racial Discrimination, http://www.ohchr.org/EN/HRBodies/CERD/Pages/Membership.aspx; Membership of the Committee on the Elimination of Discrimination against Women, http://www.ohchr.org/EN/HRBodies/CEDAW/Pages/Membership.aspx; Membership of the Committee against Torture, http://www.ohchr.org/EN/HRBodies/CAT/Pages/Membership.aspx; Committee on the Rights of Persons with Disabilities, http://www.ohchr.org/ch/HRBodies/CRPD/Pages/Membership.aspx。

三　双边人权交流与合作

2017年中国共进行了8次人权对话和磋商。其中与西方发达国家进行了5次人权对话和会谈，和发展中国家进行了2次人权磋商，与俄罗斯进行了1次人权磋商。

1. 中国瑞士第10次人权对话

3月2~3日，在瑞士伯尔尼举行了中国和瑞士第10次人权对话。中国外交部人权事务特别代表、国际司副司长刘华和瑞士外交部人权特使奈格利共同主持了此次对话。来自中央统战部、国家民委、公安部、司法部、国家宗教局的中方代表和来自瑞士外交部、司法和警察部、内政部、联邦警察总局等部门的瑞方代表参加了对话。在对话中，中方表达了关切的问题包括瑞方存在的酷刑、暴力执法、侵犯难民权利等。双方交换意见的问题包括人权领域的新进展、司法和刑罚体系、少数群体权利、国际人权领域合作、人权

技术合作等。此间中方代表团还走访了伯尔尼警察局和监狱，考察了瑞士的刑罚体系、监狱管理等情况①。

2. 中荷第10次人权对话

4月11~12日，在北京举行了中国与荷兰第10次人权对话。中国外交部人权事务特别代表刘华与荷兰外交部人权事务大使范巴尔共同主持了对话，两国负责外交、司法、民族、宗教等事务的官员参加了对话。双方介绍了各自在促进和保护人权方面取得的新进展，并就国际人权合作、难民问题、企业社会责任等问题交换了看法。对话后，荷方代表团在北京与矿业、纺织业等行业协会进行了座谈，并走访了相关企业②。

3. 中国外交部人权事务特别代表刘华与英国外交部人权和民主局局长理查德·琼斯举行会谈

4月28日，外交部人权事务特别代表刘华应约会见了英国外交部人权和民主局局长理查德·琼斯，双方就打击现代奴役等问题交换了意见③。

4. 中俄第10次多边人权事务磋商

6月3日，第10次中俄多边人权事务磋商在莫斯科举行。此次磋商由中国外交部国际司司长李军华与俄罗斯外交部人道主义合作与人权局局长维克托罗夫共同主持，双方就多边人权问题交流了看法④。

5. 中欧第35次人权对话

6月22~23日，中国欧盟第35次人权对话在比利时布鲁塞尔举行。中国外交部人权事务特别代表刘华与欧盟对外行动署亚太总司副总司长帕姆帕洛尼共同主持了对话。双方负责外交、司法、民族、宗教等事务的官

---

① 《中国瑞士举行第10次人权对话》，中华人民共和国外交部，http：//www.fmprc.gov.cn/web/wjdt_674879/sjxw_674887/t1443195.shtml。
② 《中荷举行第10次人权对话》，中华人民共和国外交部，http：//www.fmprc.gov.cn/web/wjdt_674879/sjxw_674887/t1453359.shtml。
③ 《外交部人权事务特别代表刘华会见英国外交部人权和民主局局长理查德·琼斯》，中华人民共和国外交部，http：//www.fmprc.gov.cn/web/wjdt_674879/sjxw_674887/t1457699.shtml。
④ 《中俄举行第10次多边人权事务磋商》，中华人民共和国外交部，http：//www.fmprc.gov.cn/web/wjdt_674879/sjxw_674887/t1467665.shtml。

员参加了对话。对话中，双方介绍了各自在促进和保护人权方面的新进展，并就国际人权合作、难民和移民权利以及人权司法保障等问题交换了意见。中方指出了欧方存在的侵犯难民和移民权利、种族歧视、排外主义、侵犯少数人权利、警察滥用职权等方面的问题。中方代表团还与欧洲议会议员、学者代表以及欧盟基本权利机构举行了座谈，并走访了当地难民中心①。

6. 中英第24次人权对话

6月27~28日，在北京举行了中国和英国第24次人权对话。中国外交部人权事务特别代表刘华与英国外交部亚太司司长白凯共同主持了对话。双方负责外交、司法、宗教、移民等事务的官员参加了对话。对话中双方介绍了各自在促进和保护人权方面的新进展，并就国际人权合作、难民权利及人权技术合作等问题交换了看法。中方指出了英方存在的侵犯难民权利、侵犯公民隐私权、种族歧视、宗教歧视、仇恨犯罪、性别歧视等方面的问题。在中方安排下，英国对话代表团于6月28日走访了北京女子监狱及中华女子学院②。

7. 中国和巴基斯坦第3次人权磋商

7月20日，在北京举行了中国与巴基斯坦第3次人权磋商。此次磋商由中国外交部人权事务特别代表刘华与巴基斯坦外交部联合国司司长卡里尔·哈什米共同主持。双方就各自人权新进展、国际人权形势、多边人权领域合作及双边人权技术合作等问题交换了意见③。

8. 中国与非盟第2次人权磋商

10月31日，中国与非盟在北京举行第2次人权磋商。中国外交部人权事务特别代表刘华与非盟委员会政治事务司司长卡贝莱共同主持了磋商。中

---

① 《中国欧盟举行第35次人权对话》，中华人民共和国外交部，http：//www. fmprc. gov. cn/web/wjdt_674879/sjxw_674887/t1472908. shtml。

② 《中国英国举行第24次人权对话》，中华人民共和国外交部，http：//www. fmprc. gov. cn/web/wjdt_674879/sjxw_674887/t1473740. shtml。

③ 《中国巴基斯坦举行第3次人权磋商》，中华人民共和国外交部，http：//www. fmprc. gov. cn/web/wjdt_674879/sjxw_674887/t1479059. shtml。

国最高人民检察院、国务院扶贫办、全国妇联、中国残联派代表参加了磋商。双方在磋商中就中国和非洲人权领域新进展、国际人权形势、多边人权领域合作及人权技术合作等问题交换了意见。同日，非盟代表团还走访了东四奥林匹克社区体育文化中心等地①。

除了以上由外交部主持的正式的官方双边人权对话，其他部门也进行了一些双边人权交流活动。例如，11月6~8日，中国最高人民检察院刑事执行检察厅和挪威国会行政监察专员办公室在四川成都共同主办了"中挪2017年刑事执行监督与刑事司法人权保障国际研讨会"。该研讨会由四川省检察院承办。来自挪威国会行政监察专员办公室、挪威法院、挪威检察院、挪威律师事务所的挪方代表和来自最高人民检察院刑事执行检察厅和各省级院刑事执行检察部门的中方代表近100人参加了会议。会议的主题是"刑事执行监督与刑事司法人权保障"，分议题包括"对被羁押人的人权保障""羁押必要性审查""刑事执行检察的功能与价值"等。会议期间，中方还组织挪方代表和香港特别行政区的代表参观考察了四川省锦江监狱、成都市检察院派驻锦江监狱检察室、成都市龙泉驿区司法局社区矫正中心。本次研讨会使得最高人民检察院刑事执行检察厅与挪威国会行政监察专员办公室的司法交流与合作项目得以重新启动②。

四　民间人权组织和人权机构的国际交流活动

2017年中国民间的人权组织和机构在开展国际人权合作和交流方面也有一些新形式和新特点，主要表现在：（1）与政府部门联合举办了重要的国际人权交流活动；（2）进行了丰富多彩的人权研讨和交流活动。

---

① 《中国非盟举行第2次人权磋商》，中华人民共和国外交部，http：//www.mfa.gov.cn/web/wjbxw_673019/t1506192.shtml。
② 《中挪研讨刑事执行监督与刑事司法人权保障》，中国人权网，http：//www.humanrights.cn/html/gjjl/6/5/2017/1115/32931.html。

（一）中国人权研究会与政府部门联合举办了一些重要的国际人权交流活动

1. 举办主题为"共同构建人类命运共同体：全球人权治理的新路径"的边会

3月8日，中国人权研究会代表团出席了联合国人权理事会第34次会议，并与中国常驻日内瓦联合国代表团共同举办了以"共同构建人类命运共同体：全球人权治理的新路径"为主题的边会。来自北京大学、西南政法大学、中国宗教研究中心的人权专家学者在边会上进行了主题发言，主题发言的题目包括"人类命运共同体的现实挑战""人类命运共同体的多元人权观""人类命运共同体下的人权保护""全球人权治理的中国贡献""构建人类命运共同体——中国宗教的主张和实践""人类命运共同体成员的共同诉求"等。来自20多个国家的非政府组织代表、政府代表团代表和新闻媒体记者等约50人参加了此次边会。其中来自俄罗斯、巴基斯坦、古巴等国的多位与会者就"多元"与"共同"的关系、中国人权非政府组织在全球人权治理中的作用等问题进行了提问，并与中方学者进行了深入的探讨①。

2. "构建人类命运共同体与人权"国际研讨会

6月14日，在联合国人权理事会第35次会议期间，中国人权研究会和中国常驻日内瓦联合国代表团在日内瓦万国宫共同主办了"构建人类命运共同体与人权"国际研讨会。出席研讨会的有来自20多个国家的政府代表、有关国际组织的代表、中外人权领域专家学者、非政府组织的代表和新闻媒体记者近百人。在研讨会上致辞的有中国常驻联合国日内瓦办事处和瑞士其他国际组织代表马朝旭大使和中国人权研究会秘书长鲁广锦等。与会专家学者认为，"构建人类命运共同体"理念是中国在21世纪提出的世界发展愿景，它为人权治理体系的发展提供了重要指南②。

---

① 《中国在联合国人权理事会举办"共同构建人类命运共同体：全球人权治理的新路径"边会》，中国人权网，http：//www. humanrights. cn/html/2017/2_0309/26224. html。

② 《中国在日内瓦举办"构建人类命运共同体与人权"国际研讨会》，中国人权网，http：//www. humanrights. cn/html/2017/2_0615/29385. html。

（二）民间人权组织和人权机构单独主办或与其他非政府组织、国际机构共同主办了内容丰富的人权研讨活动

1. 以"减贫促进人权"为主题的边会

6月16日，在联合国人权理事会第35次会议召开期间，国际交流促进会和中国扶贫基金会在联合国日内瓦总部万国宫共同举办了主题为"减贫促进人权"的边会。与会的国外非政府组织认为中国在国际减贫领域是领跑者，中国的经验值得国际社会学习①。

2. "2017女性公益可持续发展国际论坛"

6月19日，由中国妇女发展基金会、美中友好协会、联合国经济和社会事务部主办的"2017女性公益可持续发展国际论坛"在纽约联合国总部召开。本次论坛分为三个专题，分别是赋权女性与可持续发展、创新合作、公益可持续发展、女性在艺术及时尚领域中的贡献。与会者就女性可持续发展相关话题展开了深入的讨论②。

3. "2017·中欧人权研讨会"

7月2日，在荷兰阿姆斯特丹举办了"2017·中欧人权研讨会"。此次会议由中国人权研究会和阿姆斯特丹自由大学共同主办、西南政法大学人权研究院与荷兰跨文化人权研究中心共同承办。来自中欧人权领域的50多位专家学者参加了会议并围绕残疾人权利保障这一主题进行了深入的研讨。与会者认为虽然欧洲和中国文化不同，但都在致力于为民众提供更为美好的生活。本次研讨会有助于双方就人权问题进一步交流和沟通并达成共识③。

4. 以"构建人类命运共同体与发展权的实现"为主题的边会

9月13日，中国人权研究会和荷兰阿姆斯特丹自由大学跨文化人权中

---

① 《中国民间组织在联合国举办"减贫促进人权"主题边会》，光明网，http：//news. gmw. cn/2017－06/18/content_24815100. htm。

② 《"2017女性公益可持续发展国际论坛"在联合国举行》，新华网，http：//news. xinhuanet. com/2017－06/20/c_1121178492. htm。

③ 《"2017·中欧人权研讨会"在荷兰阿姆斯特丹举办》，《光明日报》2017年7月3日，第10版；光明网，http：//news. gmw. cn/2017－07/03/content_24957501. htm。

心在日内瓦万国宫共同举办了以"构建人类命运共同体与发展权的实现"为主题的边会。来自中国人民大学、南开大学、山东大学、西南政法大学、西北政法大学、荷兰阿姆斯特丹自由大学、荷兰乌特勒支大学、南非大学塔博·姆贝基非洲领导力研究所的人权领域专家学者在会上进行了主题发言，并与参会代表进行了对话交流。联合国人权高专办有关官员和俄罗斯、古巴、南非、缅甸、新加坡、印度尼西亚等国家的政府代表团代表、非政府组织代表、新闻媒体记者等约50人与会。与会专家学者认为，"构建人类命运共同体"理念是全球治理现代化的核心理念，重申人人享有尊严和平等，明确人民追求美好生活的基本权利，是对国际人权事业发展的重大贡献①。

5. 第二届中国 – 阿拉伯国家妇女论坛

9月19日，第二届中国 – 阿拉伯国家妇女论坛在北京举行。此次论坛由全国妇联主办，是落实"中国 – 阿拉伯国家合作论坛2016年至2018年行动执行计划"的重要举措。参会者包括来自中国和阿拉伯国家的妇女机构和妇女组织的领导人、阿盟妇女事务负责人、学术界和企业界的代表、阿拉伯国家驻华使馆及阿盟驻华机构的代表共150余人。论坛期间，与会代表围绕妇女赋权与政策支持、"一带一路"建设中的女性贡献、妇女与文化传承三个分议题进行了高层对话和专题研讨②。

6. 第七届中美司法与人权研讨会

由中国人权发展基金会和美国美中关系全国委员会共同主办的第七届中美司法与人权研讨会于11月14～15日在纽约举行。来自中美两国人权和司法领域的20多位专家学者及法官、律师等相关人士参加了会议，并围绕"司法建设与人权保障"的主题进行了深入研讨。参加本次研讨会的中美专家学者来自中国最高人民法院、中共中央党校、中华全国律师协会、中国政法大学、外交学院及美国纽约南区联邦法院、耶鲁大学、纽约大学、乔治·

---

① 《"构建人类命运共同体与发展权的实现"边会在联合国日内瓦总部举行》，新华网，http://news.xinhuanet.com/world/2017 – 09/14/c_1121659515.htm。

② 《第二届中国 – 阿拉伯国家妇女论坛在北京举办》，中新网，http://www.chinanews.com/gn/2017/09 – 20/8335350.shtml。

华盛顿大学等机构①。

7. 第二届中欧性别平等专题研讨会

11 月 14 日，由全国妇联和欧洲妇女院外集团主办、上海市妇联承办的第二届中欧性别平等专题研讨会在上海举行。此次研讨会是中欧高级别人文交流对话机制第四次会议的配套活动，与会代表围绕"助力青年女性就业创业"的主题，就助力青年女性就业创业的政策措施、平衡工作与家庭两个分议题开展了交流研讨。来自国务院、教育部、外交部、上海市的代表，欧盟驻华代表团及欧洲国家驻上海总领馆外交官代表，欧盟委员会及欧盟对外行动署代表，中国和欧盟妇女机构负责人，中欧双方专家学者，青年学生以及女企业家代表等 150 余人参加了会议②。

8. 第二届中法性别平等专题研讨会

11 月 24 日，由全国妇联与法国驻华使馆主办、中华女子学院承办的第二届中法性别平等专题研讨会暨第三届中法反家暴研讨会在北京举行。来自中法两国反家暴领域的专家及行动者近百人参加了会议，分享了中法两国对家庭暴力的法律规定和司法实践，探讨了存在的问题和障碍③。

9. 第三届人权文博国际研讨会

11 月 28～29 日，在南京大屠杀发生 80 周年之际，由中国人权发展基金会、中国博物馆协会、江苏省对外文化交流协会联合主办的第三届人权文博国际研讨会在南京举行。参会者包括来自英国、德国、意大利、日本、韩国、印度、南非、墨西哥等 18 个国家的相关博物馆、纪念馆的负责人以及国内外人权文博领域的专家学者近百人。研讨会的主题是"历史·和平·人权"，与会者围绕"博物馆、纪念馆在记录和维护史实等方面的影响作用""文博机构从事和平人权教育的责任使命""加强国际交流合作，构

① 《第七届中美司法与人权研讨会在纽约举行》，新华网，http：//news. xinhuanet. com/2017－11/16/c_1121968151. htm。

② 《第二届中欧性别平等专题研讨会在上海举行》，中国人权网，http：//www. humanrights. cn/html/2017/1_1115/32927. html。

③ 《第二届中法性别平等专题研讨会在京召开》，中国人权网，http：//www. humanrights. cn/html/gjjl/6/5/2017/1127/33182. html。

建人类共同记忆的方式与途径"等议题进行了深入的交流与探讨①。会议最终形成了《南京共识》。与会者通过这份文件指出文博机构对于促进人权事业的发展肩负着重要责任，并呼吁全人类应该以史为鉴，共同致力于建设一个人人得享和平、发展与尊严的美好家园②。

10. "2017·中德人权发展论坛"

12月14日，由中国人权发展基金会与德国弗里德里希·艾伯特基金会共同主办的"2017·中德人权发展论坛"在北京举行。论坛的主题是"特殊群体的权益保障"，来自中德两国人权相关领域的专家学者就这一主题进行了深入研讨③。

（三）出访交流

1. 中国人权研究会代表团访问巴西、智利和秘鲁

5月21～31日，全国人大常委会副委员长、中国人权研究会会长向巴平措率领中国人权研究会代表团访问了巴西、智利和秘鲁。访问期间，中国人权研究会代表团与这三国的议会和政府的领导人、人权事务负责人和智库、学校的专家学者进行了广泛座谈和深入交流。向巴平措向三国介绍了中国人权研究会近年来开展的主要工作、中国特色的人权理论的基本内涵、中国传统文化与人权的思想渊源、中国在人权立法保障方面的新进展、西藏少数民族的人权状况等内容。巴西、智利和秘鲁三国的与会者对于中国的"一带一路"倡议进行了充分肯定，赞赏了中国人权研究会在促进中国和世界人权事业健康发展、加强人权理论研究和人权教育培训、人权知识普及等方面所做出的不懈努力，并把中国人权研究会的此次访问看作中国和三国在人权领域合作的良好开端，期待与中国在人权研究与教育方面建立更多的联

---

① 《第三届人权文博国际研讨会在南京举行》，中国人权发展基金会网站，http：//rqjjh.china. cn/txt/2017－12/04/content_40090327.htm。

② 《加强交流合作　促进人权保障——第三届人权文博国际研讨会综述》，《人民日报》2017 年11月30日，第9版。

③ 《2017·中德人权发展论坛在京举行》，新华网，http：//news.xinhuanet.com/politics/2017 －12/14/c_1122112905.htm。

系，并向中国学习国家人权行动计划的制定和实施经验①。

2. 中国人权发展基金会代表团访问意大利、捷克和英国

9月20~28日，全国政协原副主席、中国人权发展基金会理事长黄孟复率领中国人权发展基金会代表团访问了意大利、捷克和英国。访问期间，中国人权发展基金会代表团会见了如上三国议会的负责人、政府外交及人权事务的负责人和有关智库、非政府组织的专家学者，并就相关人权议题进行了广泛的座谈和深入的交流。黄孟复分别在三国介绍了中国的人权立场与进展情况，三国人士欢迎中国人权代表团前来访问交流，并充分肯定了中国经济社会发展的成就和在人权领域取得的新进展，高度评价了中国倡导的"人类命运共同体"理念和"一带一路"倡议，赞赏了中国在国际事务和人权领域发挥的积极作用，并表示期待今后与中国人权发展基金会等中方相关机构进行进一步的交流与合作②。

（四）其他重要交流活动

4月3~7日，武汉大学人权研究院的学者应联合国官方邀请，赴联合国日内瓦办事处出席了发展权高级专家咨询会议，就如何在"2030可持续发展议程"背景下保护发展权提供咨询意见③。

4月11日，联合国消除种族歧视委员会主席安娜斯塔西亚·克里克丽应邀访问了中央民族大学，并为该校师生做了主题为消除种族歧视的演讲，介绍了全球范围内种族歧视的情况、联合国消除种族歧视委员会的宗旨以及近50年来消除种族歧视委员会所采取的行动等内容④。

---

① 《中国人权研究会代表团访问巴西、智利、秘鲁》，《人民日报》2017年6月1日，中国人大网，http：//www. npc. gov. cn/npc/fwyzhd/2017 – 06/01/content_2022746. htm。

② 《中国人权发展基金会代表团访问意大利、捷克和英国》，中国人权发展基金会网站，http：//rqjjh. china. cn/txt/2017 – 10/01/content_40034468. htm。

③ 《武汉大学汪习根出席联合国发展权专家咨询会议》，新华网，http：//www. hb. xinhuanet. com/2017 – 04/12/c_1120794846. htm。

④ 《联合国消除种族歧视委员会主席安娜斯塔西亚·克里克丽来校访问》，中央民族大学新闻网，http：//news. muc. edu. cn/content/details_1_9366. html。

　　5月24~26日，首届亚欧妇女经济赋权会议在立陶宛维尔纽斯召开。此次会议以"在工作世界创造平等机会"为主题，有来自亚欧会议（ASEM）30多个成员的高级别代表团及联合国妇女署、经合组织等国际机构代表约120人参加。中国妇女代表团出席了此次会议。此次会议是亚欧会议框架下召开的首届妇女经济赋权会议，中方系会议共提方之一。会议的宗旨在于分享亚欧会议成员在促进妇女经济赋权方面的成功政策，并为启动亚欧性别对话提出行动建议。会议的参加者包括来自亚欧会议成员的外交和妇女事务部长、企业代表、学者和国际组织的代表，与会者讨论的议题包括妇女经济赋权的政策、性别不平等的经济成本、女性领导力、教育中的性别挑战、妇女创业、平衡工作生活等。会议最终通过了《维尔纽斯宣言》。

　　8月27日至9月8日，应中联部和全国妇联邀请，来自阿尔巴尼亚、白俄罗斯、黑山、罗马尼亚、塞尔维亚、乌克兰6个国家的执政党和妇女机构、妇女组织代表19人来华参加主题为"凝聚女性力量，共建'一带一路'"的"欧洲东部部分国家妇女干部研修班"。访华期间，研修班深入了解了中国改革开放所取得的成就及妇女事业的发展。除北京外，研修班还访问了杭州和上海，实地考察妇女工作和妇女发展项目①。

---

① 《谭琳出席"欧洲东部部分国家妇女干部研修班"开班式》，四川妇联网，http://www.scfl.org.cn/website/third/zxgz/3361。

B.20
金砖国家厦门会议对国际
人权合作的贡献

范继增*

摘　要：　随着合作不断的深化，金砖国家联盟从单纯的经济合作组织
演变成全面性的发展中国家合作组织。尊重和保障人权亦是
金砖国家开展成员国间有效合作、发展同其他国际组织关系
和制定政策的关键。尽管各成员国的传统和政治制度有着巨
大的差异，但是同为非西方文化和发展中国家的现实为各国
在人权领域达成共识提供了基础，对国内和国际人权政策的
制定和走向产生了影响。本文将从 2017 年《金砖国家领导人
厦门宣言》出发，结合以往峰会宣言和部长会议，分析金砖
国家在保障和实现发展权利、社会权利、打击恐怖主义和跨
国犯罪等领域达成的共识，并指出这些人权共识补充和修正
了西方主导的人权理念，为金砖国家联盟改善发展中国家社
会和经济状况设置了国际义务，促进了采取政治对话方式以
保障民众生存权为前提化解国际危机。

关键词：　人权共识　国际秩序　发展权　金砖国家　社会权

　　2001 年美国高盛投资公司设计师奥尼尔在报告中提出了"金砖四国"

---

　　* 范继增，四川大学法学院特聘副研究员，法学博士，主要研究方向：宪法学、比较法学与国际人权法。

的概念。预计到 2050 年，中国、俄罗斯、巴西和印度将取代世界众多老牌资本主义强国，成为 GDP 增长最快的新兴经济体①。从 2009 年起，金砖国家联盟建立了成员国领导人峰会机制与成员国部长会议，逐步从单纯的跨国经济联盟走向综合性合作国际组织。2011 年，伴随南非的加入，金砖国家联盟涵盖了亚洲、非洲、拉美和欧洲的重要新兴势力国家。目前，金砖国家人口数占全球人口数量的 45%，占全世界国内生产总值（GDP）的 25%。

2017 年的金砖国家领导人在厦门以"深化金砖国家伙伴关系，开辟更光明的未来"为主题，透过发展中国家政府在经济、金融、国际政治和文化领域内的交流与合作，为"人类命运共同体"的建立创造更为光明的未来。

金砖国家联盟不仅谋求成员国之间的合作，也共同致力于建构国际政治经济新秩序。即使各成员国的政治制度具有明显的差异，部分国家对全球政治影响力依旧微弱，甚至个别国家间发生过政治摩擦②，但是共同属于发展中国家的现实、继承非西方文化传统和对经济增长的追求有助于金砖国家达成共识。在人权发展领域，稳定的国内政策与现实的经济发展促进了经济与社会权利的实现，给金砖国家带来进步，这是不争的事实③。各国领导人在2017 年金砖厦门峰会中对落实 2030 年可持续发展议程、落实《巴黎协定》发展绿色与低碳经济、增强粮食安全、反对腐败、消除贫困和提升就业以及地区和平等社会权利和集体人权的政治经济领域达成了最为广泛的共识。此外，各国领导人也同意在打击跨国犯罪、毒品走私、移民和互联网安全等与人权保障相关的具体事项达成了共识。为了落实金砖国家承诺的"人类命运共同体"和"南南合作"的原则，2017 年的厦门峰会继续推行了"金砖 +"的政策，更好地为发展中国家人民实现发展权提供经济和政治帮助。

---

① Jim O'Neil, Building Better Global Economic BRICs, Global Economy, Paper No. 66, p. 8.

② Clifford J. Levy, Emerging Power Prepare to Meet in Russia, 25 - 07 - 2009, available at http: // www. nytimes. com/2009/06/16/world/europe/16bric. html.

③ Salil Shatty, The Rise of the BRICS: What Does it Mean for Human Rights?, 22 - 01 - 2012, available at http: // www. huffingtonpost. co. uk/salil - shetty/the - rise - of - the - brics - human - rights_b_1107671. html.

虽然金砖成员国内部对人权话语仍然存在分歧，但是各国宪法共同将经济与社会权利视为重要的基本权利。因此，金砖国家对"人权"的概念存在共识和合作空间①。另外，2017 年厦门峰会体现出各成员国在内政和外交领域对改变国际秩序和发展国内经济的共识，并将"发展权"作为政策制定的基础。在国际领域，金砖国家共同致力于维护国家主权，在利比亚、伊拉克、朝鲜等问题上反对西方国家将人权问题政治化、反对武力干涉和单边制裁的提议②。

从 2009 年到 2017 年，金砖国家联盟共召开了九次领导人峰会，每次峰会宣言都是金砖国家领导人展示共识的权威性官方文件。各国政府在发展经济、维护国家和平、推进可持续发展、保障国际与国内安全、解决社会矛盾、保障弱势群体、发展科技等领域逐渐取得共识③。为了使经济合作与人权保障协调发展，金砖国家联盟领导人共同将维护国际人权与秩序、国内保障人权、加强国家间人权法治合作作为保障人权的重点内容④。以厦门峰会精神为指导，2017 年第四届金砖国家法律论坛通过的《莫斯科宣言》将"人权"作为建立更为公正和民主的国际新秩序的核心价值，并且号召各国法律界通过司法对话的方式"促进法治、发展平等包容的社会、经济、政治与文化以保护和促进人的自由与尊严"。

本文将以《金砖国家领导人厦门宣言》（以下简称《厦门宣言》）为出发点，从三个部分阐述金砖国家人权共识对世界人权的贡献与影响。第一部分将根据领导人联合声明分析"人权"议题在金砖联盟共识中的地位；第二部分将根据八次峰会宣言和部长年度会议声明等官方文件分析金砖国家具

---

① 王毅：《金砖国家要理直气壮高举多边主义旗帜》，2017 年 9 月 22 日，http：//
www.fmprc.gov.cn/web/wjbzhd/t1495768.shtml.

② Oliver Stuenkel, "The BRICS and the Future of R2P: Was Syria or Libya Exception?" *Global Responsibility to Protect*, 2014, Vol. 6 (1), p. 8.

③ Jayshree Sengupta, "The BRICS and New International Legal Order", *Feature*, October 21, 2014, pp. 30 – 31.

④ Jorge G. Castaneda, The Trouble with BRICS, 14 – 03 – 2011, available at http：//
foreignpolicy.com/2011/03/14/the – trouble – with – the – brics/.

体展现金砖国家联盟在发展权和社会权领域中取得的共识；第三部分将重点突出金砖国家人权共识对全球人权事业的影响与贡献。

一 "人权"词语在金砖国家领导人宣言中的地位

2017 年《厦门宣言》文本中共有六次提及"人权"。从语境和功能角度分析，皆是各成员国维护联合国地位和处理国际问题的共识。各成员国支持联合国具有"促进和保护人权的授权"①；承诺在打击恐怖主义和解决难民问题过程中保障人权与自由②；通过平等合作方式促进人权，反对人权问题政治化和双重标准，加强金砖成员国在联合国人权理事会的合作③；尊重《联合国宪章》中对保障人权的要求④。《厦门宣言》实质上延续了 2014 年《金砖国家领导人第六次会晤福塔莱萨宣言》（以下简称《福塔莱萨宣言》）以来的历届金砖峰会取得的人权共识。

2009 年叶卡捷琳堡峰会的主要议题是应对国际金融危机、提高发展中国家在国际金融机构的表决权和挑战美元在国际上的主导地位⑤。尽管各国领导人在第一次峰会宣言中简单提及了经济和社会领域的合作事项，但是《"金砖四国"领导人俄罗斯叶卡捷琳堡会晤联合声明》（以下简称《叶卡捷琳堡联合声明》）没有专门提及"人权"。当 2009 年下半年的 G20 峰会达成维护人权与和平是复苏经济的重要前提条件后，金砖国家联盟领导人意识到人权保障是促进经济发展不可回避的问题。在《金砖国家领导人第四次会晤德里宣言》（以下简称《德里宣言》）中五国领导人共同要求各方势力"立即停止在叙利亚的侵犯人权的行为"⑥。这是金砖国家峰会宣言的文件中

---

① 《金砖国家领导人厦门宣言》，第 39 段。
② 《金砖国家领导人厦门宣言》，第 51 段。
③ 《金砖国家领导人厦门宣言》，第 54 段。
④ 《金砖国家领导人厦门宣言》，第 56 段。
⑤ Lucia Scaffardi, "BRICS, a Multi‐Center "Legal Network?" *Beijing Law Review*, 2014, No. 5, p. 141.
⑥ 《金砖国家领导人第四次会晤德里宣言》，第 21 段。

第一次写入人权。

2013 年 2 月，美国加州洛杉矶分校专门举办了"建立金砖国家联盟：新兴经济强国的人权保障现状"的学术研讨会，五国学者共同对金砖成员国人权保障做了分析和评估①。另外，多数金砖国家基于共同的殖民历史拒绝附和西方国家武力解决叙利亚人道主义灾难的提议使得世界人权团体开始关注金砖国家的发展政策和国际角色②。因此，2013 年德班峰会令人瞩目。但是，德班峰会并未太多回应国际社会的关切。《金砖国家领导人第五次会晤德班宣言》（以下简称《德班宣言》）在重复性地表达对叙利亚人权问题关切之余，还指出"欢迎《维也纳宣言和行动纲领》制定 20 周年和同意在人权领域的国际合作"③。

2014 年《福塔莱萨宣言》中十次提到了"人权"，主要出现在打击跨国犯罪、维护区域和平、维护联合国的权威地位和履行国际人权义务的领域。为了回应国际社会对金砖国家在尊重人权领域的关切，《福塔莱萨宣言》明确地阐述了金砖国家的人权共识："我们赞同继续以公正、平等的方式对待各种人权，包括发展权，承认各种人权相同的地位以及同等的重要性。我们将在公平和相互尊重的基础上开展人权对话与合作。金砖国家都是 2014 年联合国人权理事会成员。我们将在金砖国家之间及联合国人权理事会等多边框架下加强人权领域的合作。我们认为需要以非选择性、非政治性和建设性的方式促进、保障及实施人权，避免双重标准。"④ 从上述宣言中我们可以总结出六点共识：（1）平等地承认与保障一切权利；（2）促进发展权的实现；（3）反对武力干涉，加强人权对话与合作；（4）推动在联合国框架和多边框架下解决人权问题的能力；（5）非政治性的解决人权问题；（6）避免双重标准成为金砖国家参与国际人权事务的底线。

① Building BRICS：Human Rights in a Multipolar World，14 - 02 - 2013，available at http：// international. ucla. edu/institute/event/9853.
② Carroll Bodget，What are the Brics Building?，30 - 03 - 2013，available at https：// www. hrw. org/news/2013/03/30/what - are - brics - building.
③ 《金砖国家领导人第五次会晤德班宣言》，第 23 段。
④ 《金砖国家领导人第六次会晤福塔莱萨宣言》，第 28 段。

福塔莱萨峰会对国际人权灾难的关注从单一的叙利亚地区拓展到非洲和欧洲的其他区域。在已建立的人权观指导下，金砖国家联盟强调所有地域性的冲突都应该在联合国框架下以符合国际法认可的人权与自由解决。另外，《福塔莱萨宣言》将"尊重人权"作为打击跨国犯罪和恐怖主义的前提。依据巴西的提议，金砖国家联盟在尊重人权的理念上重视保障信息时代下的个人隐私和反对监控。

2015年的《金砖国家领导人第七次会晤乌法宣言》（以下简称《乌法宣言》）延续了《福塔莱萨宣言》高频率提及"人权"的状态。宣言共有11次提及人权，特别强调主权国家间的平等和相互尊重是"促进和保护人权国际行动的基石"①更为重要的是，金砖国家成员国在乌法峰会中对人权合作方法和目标达成共识："在包括联合国人权理事和联大三委在内的联合国人权机构内，我们将就设计共同利益的问题加强立场协调。我们支持人权理事会开展国别的人权审查，并将建设性的为其工作作出贡献。"②

2016年《金砖国家领导人第八次会晤果阿宣言》（以下简称《果阿宣言》）直接提及"人权"的次数大幅度减少。《果阿宣言》仅有四处提及人权。各国政府在果阿峰会中承认保障个人隐私和反对政府监视属于公认的人权保障领域，但是同时将"尊重人权"和"不干涉主权"共同作为和平、安全、开放与合作使用信息技术的基础。

二 金砖国家联盟的具体人权共识

（一）金砖国家联盟在保障和实现发展权领域的政策和外交共识

消除贫困和实现发展权是金砖国家向国际社会承诺的重要人权保障领

---

① 《金砖国家领导人第七次会晤乌法宣言》，第10段。
② 《金砖国家领导人第七次会晤乌法宣言》，第10段。

域，也是金砖国家共同落实《2030 可持续发展议程》的核心内容①。2017
年《厦门宣言》不仅突出了落实发展权和可持续发展作为金砖国家联盟政
治目标，而且继续努力完善已有的配套的银行与金融制度和机构。

《厦门宣言》特别提及保障发展权在内的一切人权。这从人权话语中体
现了金砖国家始终站在发展中国家的国际法立场。发展权是每个人和所有各
国人民均有权参与、促进并享受经济、社会、文化和政治的发展，在这种发
展中所有人权和基本自由都能获得充分的实现。提出发展权的目的源于发达
国家和新兴的发展中国家与新独立国家在国际政治经济地位中的不平衡②。
1967 年的 77 国集团会议共同发表了《阿尔及尔宣言》，从国际合作视角定
义了发展权的概念和功能："国际社会有义务纠正不利的发展趋势并为发展
权的实现创造一个有利的国际条件。在这一国际环境中，所有国家都能共享
经济和社会福利并各自发挥自己的资源优势，从而使人民过上免于匮乏和恐
惧的生活。"③ 1977 年联合国人权委员会明确承认发展权是一项人权。1993
年的《维也纳宣言和行动纲领》有十次提及 "发展权" 或者《发展权利宣
言》。联合国在维也纳世界人权大会后设置了人权事务高级专员，其职责之
一就是促进和保护发展权的实现。尽管发展权与传统性基本权利分类不同，
但是《非洲人权与民族权宪章》第 22 条规定，"所有民族在适当顾及其本
身的自由和自我认同并且平等分享人类遗产的条件下，均享有经济、社会和
文化的发展权。各国均有义务单独或者集体确保发展权的行使"。

联合国 "千年发展目标" 指出 "要使每个人的发展权都得到实现，并
使全人类免于匮乏"④。在 21 世纪，发展权与可持续发展紧密地联系在一
起。联合国人权理事会南部研究中心执行主任马丁·柯尔（Martin Khor）在

① Press Trust of India, BRICS countries stress right to development as core to 2030 Agenda, 01 – 03 –
2016, available at http：//www. india. com/news/world/brics – countries – stress – right – to –
development – as – core – to – 2030 – agenda – 995022/.

② Noel G. , Villaroman, "Rescuing a Troubled Concept: An Alternative View of the Right to
Development", *Netherland Quarterly of Human Rights*, 2011, Vol. 29（1）, p. 14.

③ Charter of Algiers, Part One, Section 3.

④ United Nation Millennium Declaration, A/RES/55/2, 18 September 2000, para. 11.

纪念发展权利通过 30 周年的会议中指出，"实现发展权的措施和手段可以应用于实现可持续发展目标中，反过来，实现可持续性发展目标又将有助于发展权的实现"①。中国政府认为："发展既是消除贫困的手段，也为实现其他人权提供了条件，还是人实现自身潜能的过程。发展权贯穿于其他各项人权之中，其他人权为人的发展和发展权的实现创造条件。"② 2017 年《厦门宣言》支持"全面落实 2030 年的可持续发展议程，并且要求发达国家履行承诺，为发展中国家提供更多的资源"③。

作为新兴发展中国家间的国际组织，金砖国家非常重视"千年发展目标"作用和指导规范，并支持将发展中国家和人民的发展权和消除贫困作为经济发展和政治合作重要目的。2014 年的《福塔莱萨宣言》指出："金砖国家将继续对全球的经济增长及本国和其他国家的减贫事业做出贡献。我们的经济增长和社会包容性的政策将有助于稳定全球经济，创造就业，减少贫困，消除不平等，为实现联合国千年发展目标作出贡献。在新的合作周期内，除继续致力于强劲、可持续、平衡增长以外，金砖国家将利用其消除贫困和不平等的经验，继续促进社会发展、制定该领域国际议程方面发挥重要作用。"④ 2017 年金砖国家厦门峰会特别将发展绿色与低碳经济作为消除贫困和促进可持续性发展的要求之一。在应对"气候变化合作，扩大绿色融资"的基础上，呼吁各国"各国根据共同但有区别的责任原则、各自能力原则等《联合国气候变化框架公约》有关原则，全面落实《巴黎协定》，并敦促发达国家向发展中国家提供资金、技术和能力建设支持，增强发展中国家减缓和适应气候变化的能力"⑤。

---

① The Right to Development at 30: Looking Back and Forward, 18 – 08 – 2016, available at http://www. sharing. org/information – centre/articles/right – development – 30 – looking – back – ad – forwards – 0.

② 中华人民共和国国务院新闻办公室：《发展权：中国的理念、实践与贡献》，人民出版社，2016，第 5 页。

③ 《金砖国家领导人厦门宣言》，第 14 段。

④ 《金砖国家领导人第六次会晤福塔莱萨宣言》，第 6 段。

⑤ 《金砖国家领导人厦门宣言》，第 16 段。

2017 年的《厦门宣言》表明金砖国家联盟将继续在对内和对外两个方面落实以经济建设为导向的发展权：（1）建立金砖国家开发银行，为金砖成员国和其他新兴经济体提供贷款以建设基础设施；（2）金砖国家联盟在国际货币基金组织和世界银行等全球性的金融机构中为发展中国家提高表决地位而呐喊①。

金砖国家和其他发展中国家在全球化过程中始终面临着投资不平衡和多种因素的政治限制。外国直接投资不足和长期融资困难成为各国政府和民众发展经济的主要困境之一。金砖成员国合作利用全球金融和经济资源成为改善发展不平衡状态的重要途径。从 2012 年起，金砖成员国的财政部部长就开始论证建立专门的金砖国家开发银行作为投资各国基础设施建设、实施可持续发展以及为其他发展中国家提供资助的可行性。

考虑到所有的金砖成员国都处于高度发展的阶段，2012 年金砖五国财政部部长和央行行长会议进一步决定建立独立的预警性美元储备体系，为金砖各国缓解短期性的货币压力，提供相互支持和增强财政的稳定性。2013 年金砖国家德班峰会中，各国领导人决定金砖国家发展银行基础资金为 1000 亿美元，并且再投入 1000 亿美元作为应急储备。金砖国家领导人在 2014 年福塔莱萨峰会正式签署生效协议，美元应急储备在 2015 年的乌法峰会后正式生效。金砖国家领导人在厦门峰会中认可了美元应急储备机构稳定全球金融秩序的重要作用。

然而，由于金砖国家各成员国差异较大，金砖开发银行在组织章程和实际运行中无法完全移植其他国际金融机构的人权保障模式。尽管金砖国家开发银行董事会第一届年会批准了《临时信息披露政策》，但至今尚未对外公布运营的政策，也没有启动与利益相关方的磋商，外界无从知晓项目投资如何处理对社会和环境的影响②。巴西民间人权团体指出，"即使那些被视为可持续的基础设施项目，也会产生负面影响。因此，在项目批准之前应该进

---

① 《金砖国家领导人厦门宣言》，第 29 段。
② 《开放性金融——金砖银行与可持续性发展》，2016 年 7 月 23 日，http://www.chinagoinggreen.org/en/? p=6026。

行环境评估，同时在项目实施过程中应该进行监督和管理工作，金砖国家开发银行应该向其他多边开发银行汲取经验，而不是在制定政策和形成政策中减少各方的参与"①。

另外，由于建立金砖国家联盟的主要目的是应对当下的国际金融体系对发展中国家实现发展权的限制，金砖国家联盟希望以统一的声音为发展中国家在国际金融机构争取最大利益。《叶卡捷琳堡联合声明》奠定了金砖国家联盟在该领域的共同诉求："我们承诺推动国际金融改革，使其体现世界经济形势的变化。应提高新型市场和发展中国家在国际金融机构中发言权和代表性……最贫困国家受金融危机影响最为严重。国际社会需要加强向这些国家提供流动性支持的力度，努力将危机对发展的影响降到最低，确保实现千年发展目标。发达国家应兑现官方发展援助占其国民生产总值 0.7% 的承诺，进一步向发展中国家增加援助，减免债务、开放市场和转让技术。"②

在金砖国家联盟的努力下，20 国集团（G－20）峰会决定向全球性和区域性的开放银行增资。中国、俄罗斯、印度和巴西皆是 20 国集团峰会的成员国。金砖国家领导人巴西利亚峰会共同决定在"平等分摊"原则的基础上履行向国际金融机构增资的义务，以使多边开发银行向发展中国家经济体提供更强劲、更灵活、更敏捷和更以客户为导向的支持。金砖国家巴西利亚峰会的决定显然对 2010 年的 20 国集团峰会产生了影响。2010 年 G－20 领导人首尔峰会宣言明确促进低收入国家的经济增长和加强与低收入国家的合作，改善当地的民众生活，推动发展中国家基础设施建设的发展。金砖国家提高新兴经济体发言权和代表性的提议在首尔峰会中得到了采纳，峰会宣言决定"将国际货币基金组织份额向富有活力的新兴市场和发展中国家以及份额低估国转移 6% 以上，同时保护对最贫困国家的投票权重"③。

由于发达国家对国际货币基金组织的改革方式存在争议，落实首尔 G－

①　Civil society groups express concerns over BRICS Bank，12－04－2016，available at http：//rightsindevelopment. org/wp－content/uploads/2016/04/BRICS－NDB－Release－4. 12. 16. pdf.

②　《"金砖四国"领导人叶卡捷琳堡会晤联合声明》，第 6 段。

③　《G－20 首尔峰会宣言》，第 16 段。

20 峰会改革路线进展缓慢。2012 年的《德里宣言》再次为改革现有的国际金融体系，为维护发展中国家和贫穷国家的发展权而呐喊：

> 我们对国际货币基金组织的份额和治理结构改革缓慢表示关切。我们认为迫切需要在 2012 年国际货币基金组织/世界银行年会前如期落实 2010 年治理和份额改革方案，在 2013 年 1 月前全面审查份额公式，以更好地体现经济权重，提高新兴市场和发展中国家的发言权和代表性……我们将同国际社会共同努力，保障国际货币基金组织在完善治理和合法性的同时能够及时动员充足资源。我们重申支持采取措施保护国际货币基金组织最贫穷成员国的发言权和代表性。

> 我们欢迎发展中国家提名候选人竞选世界银行行长。我们重申国际货币基金组织和世界银行的负责人应通过公开、择优的程序遴选。同时，新的世界银行领导层必须承诺将世界银行转变为真正反映所有成员观点的多边机构，包括其治理结构应体现当前经济和政治现实。世界银行的性质必须从主要协调北南合作转变为加强同所有国家的平等伙伴关系，以解决发展问题，并不再使用过时的"捐助国－受援国"分类①。

2013 年《德班宣言》除了继续批评国际货币基金组织未能履行 20 国集团峰会宣言外，还特别指出应该通过多元的渠道为发展中国家和贫苦国家提供稳定、充足和长期的融资，并要求国际货币基金组织增强撒哈拉以南非洲和贫穷国家的投票权和代表权。2014 年《福塔莱萨宣言》毫不隐讳地批评发达国家操控的国际货币基金组织的缓慢的改革。金砖国家领导人一致对国际货币基金组织未能落实改革方案表达"失望和严重关切"，并告诫该组织"这对其合法性、可信度和有效性将带来负面影响"②。针对发达国家操控的国际金融机构的不满也是金砖国家建设专属开发银行的重要原因。在 2015 年

---

① 《金砖国家领导人第四次会晤德里宣言》，第 9 段和第 12 段。
② 《金砖国家领导人第六次会晤福塔莱萨宣言》，第 18 段。

《乌法宣言》公开批评美国阻碍国际货币基金组织改革后，2016 年《果阿宣言》要求欧洲发达经济体让出两个执行董事职位给予贫困国家。2017 年《厦门宣言》进一步为发展中国家发声，要求建立公平的全球税收体系①。

（二）金砖国家联盟在社会权领域取得的共识

发展中国家通常将社会权摆在首要位置。消除贫困与保障人权有着紧密的联系。金砖国家明确将消除贫困作为金砖国家联盟政策制定和外交的重点之一，"我们呼吁国际社会采取一切必要措施，充分考虑发展中国家，尤其是最不发达国家、小岛屿发展中国家和非洲国家的特殊需要，消除贫困，增进社会包容，化解不平等。我们必须加强这些政府的技术和财政能力的建设，广泛促进社会发展和社会保障，确保充分的就业和体面的劳动，特别关注弱势群体，包括穷人、妇女、青年、移民和残疾人"②。厦门峰会进一步强化了金砖国家联盟保障工作权、妇女权、穷人适当生活水准权、残疾人权利和健康权的规定。

1. 健康权与医疗权保障

联合国《经济、社会及文化权利国际公约》第 12 条规定，为了实现健康权，各缔约国有义务"预防、治疗和控制传染病、风土病、职业病以及其他的疾病"和"创造保证人人在患病的时候能得到医疗照顾的条件"。考虑到发展中国家的医疗和财政系统普遍面临的医药问题，金砖成员国在《厦门宣言》中进一步拓展了卫生合作领域，并谋求加强金砖国家联盟在全球卫生组织中的角色："我们同意加强金砖国家在全球卫生治理中的作用，特别是在世界卫生组织和联合国机构中的作用，通过研发提高创新型医疗产品的普及性，并通过促进卫生系统与卫生融资，提高可负担的、有质量的、有效的、安全的药物、疫苗、诊断和其他医药产品和技术及医疗服务的可及性。我们同意完善应对埃博拉、艾滋病、结核病、疟疾等传染病以及非传染

---

① 《金砖国家领导人厦门宣言》，第 34 段。
② 《金砖国家领导人第二次正式会晤联合声明》，第 18 段。

性疾病的监控能力和医疗服务，鼓励更多利用信息通信技术来提高公共卫生服务水平"①。

保障健康权和医疗权源于2011年的金砖国家峰会。《金砖国家领导人第三次会晤三亚宣言》（以下简称《三亚宣言》）在延续《金砖国家领导人第二次正式会晤联合声明》（以下简称《巴西利亚联合声明》）的精神，进一步强调要在"公共卫生包括艾滋病防治等领域加强对话与合作"②。2011年，金砖国家卫生部长会议就成员国合作开发新型药品、促进国际卫生组织改革和监督发达国家落实国际责任等事项达成政治共识。

在2015年的乌法峰会上，金砖国家领导人在保障健康权领域达成新的政治共识，决定在"管理新型流行病潜在传染风险"、"落实承诺，限制并消除阻碍发展的传染病"和"研发、生产、供应药品，以更好地预防和治疗传染病"等方面开展合作③。《乌法宣言》不仅关注医疗健康，也将精神健康和个人及家庭的健康与福祉作为保障健康权之内容④。2014年，金砖国家卫生部长巴西利亚会议在治疗结核病用药、发展科技合作、共享技术、担负费用和扩大共同利益等方面达成共识，承诺为发展中国家医疗机构治疗结核病提供最先进的用药；在预防艾滋病领域，巴西利亚会议为各国2020年防止艾滋病提出了"三个90%"的目标。2016年的《果阿宣言》确认了卫生部长会议的结果，强调"必须推进金砖国家在艾滋病和结核病防治方面的合作和行动，包括生产保证质量的药物和病情诊断"⑤。为了使发展中国家民众从科技的发展中得到真正的实惠，《果阿宣言》进一步强调"面对全球卫生挑战，我们强调金砖国家在促进药物和诊断工具研究和开发方面合作的重要性，以消灭传染病，让人民获得安全、有效、保证质量和负担得起的必需药品"⑥。

---

① 《金砖国家领导人厦门宣言》，第64段。
② 《金砖国家领导人第三次会晤三亚宣言》，第24段。
③ 《金砖国家领导人第七次会晤乌法宣言》，第60段。
④ 《金砖国家领导人第七次会晤乌法宣言》，第60段。
⑤ 《金砖国家领导人第八次会晤果阿宣言》，第71段。
⑥ 《金砖国家领导人第八次会晤果阿宣言》，第73段。

2. 平等权、弱势群体权利和生育权

《公民权利和政治权利国际公约》和《经济、社会及文化权利国际公约》将平等原则视为国际人权法的基本原则。此外，基于文化、经济以及生理因素的实质差异和不平等，联合国人权公约为缔约国设置了保障特定易受伤害人群免于伤害的义务。

基于对联合国人权公约的承认与尊重，金砖国家联盟在扩大合作的过程中开始关注易受伤害群体的权利。《福塔莱萨宣言》指出，"我们确认将致力解决社会问题，特别是性别不平等、妇女权益和青年人问题，重申决心确保生殖和生育健康，以及人人享有生育权"[①]。《乌法宣言》将老年人权利作为社会政策保障对象。《果阿宣言》细化了保障妇女和青年人社会权的内容，承认"教育、就业、创业和技能培训对于增强他们的社会和经济权利的重要性"[②]。

3. 适当生活水准权与粮食安全

联合国《经济、社会及文化权利国际公约》第 11 条第 2 款规定，"人人享有免于饥饿的基本权利"。缔约国有义务通过国内或者国际措施保障该权利的实现，即：（1）用充分的科技知识……以使天然资源得到最有效的开发和利用等方法，改进粮食生产、保存及分配方法；（2）……保障粮食供应，会按照需要，公平分配。2017 年的金砖国家领导人厦门峰会肯定了农业合作对可持续性发展的重要性，并规划了未来的发展方向：

> 过去几年金砖国家农业合作成果丰硕，认为各国农业发展各具特色，互补性强，合作潜力巨大。为此，我们同意在粮食安全与营养、农业适应气候变化、农业技术合作与创新、农业投资贸易以及农业信息技术应用等五大重点领域加强合作，为推动全球农业稳定增长、实现可持续发展目标作出贡献[③]。

---

① 《金砖国家领导人第六次会晤福塔莱萨宣言》，第 57 段。
② 《金砖国家领导人第八次会晤果阿宣言》，第 95 段。
③ 《金砖国家领导人厦门宣言》，第 18 段。

在 2012 年德里峰会时，各国领导人同意推动合作，重点挖掘"金砖国家在增进全球粮食安全和营养合作方面的潜力，提高农业产量和生产率，提高市场透明度，减少大宗商品价格过度波动，从而提高人民生活质量，特别是在发展中国家"①。2014 年的《福塔莱萨宣言》达成金砖成员国农业"确保最脆弱的人权获得食物的战略"② 的共识。2016 年，金砖国家农业部长在《德里声明》中明确宣布通过加强合作、互通信息和共享科技的方式提高粮食产量、确保粮食安全和改良农业，以满足最脆弱的民众获得粮食的要求以及增加农民收入。2016 年的《果阿宣言》赞赏了《德里声明》对适当生活水准权的促进作用："我们欢迎 2016 年 9 月 23 日举行的金砖国家农业部长会《联合声明》等成果，强调通过提高农业生产和生产力、促进自然资源可持续管理以及金砖国家间农业贸易，确保粮食安全、解决营养不良、消除饥饿、不平等、贫困。作为世界领先的农产品生产商并拥有大规模人口，我们认为金砖国家农业合作十分重要，认识到将科学和信息通信技术应用到农业领域的重要性。"③

4. 劳动权与劳工权的保障

联合国《经济、社会及文化权利国际公约》第 6 条和第 7 条分别保障了工作权和良好工作条件的权利。国际劳工组织的立法亦有相关的规定。增加就业机会和保障公民的劳动权是发展中国家维护政治稳定和加速经济发展的核心环节之一。由于金砖国家联盟依旧处于发展过程中，尚未对劳动权的具体保障标准做出明确规定，但是 2017 年厦门峰会鼓励"金砖国家就未来劳动治理取得共识，同意进一步加强合作与交流，确保充分就业和体面劳动，通过技能开发减少和消除贫困，构建普遍、可持续的社会保障体系"④。

从 2014 年金砖国家峰会起，各国开始关注劳动权的保障。2014 年的

① 《金砖国家领导人第四次会晤德里宣言》，第 38 段。
② 《金砖国家领导人第六次会晤福塔莱萨宣言》，第 61 段。
③ 《金砖国家领导人第八次会晤果阿宣言》，第 81 段。
④ 《金砖国家领导人厦门宣言》，第 23 段。

《福塔莱萨宣言》建议将"劳工和就业"作为可探讨的新兴合作领域。2015年的《乌法宣言》确认金砖国家将在就业和劳工领域开展合作，要求劳工就业部长会议重点关注创造体面的就业岗位和信息分享。2016年，金砖国家劳工就业部长会议声明特别指出，将通过与国际劳工组织等国际机构合作的方式解决共同关心的问题。同时，《乌法宣言》明确将社会保障作为创造高质量社会工作职位的三大支柱之一。为了最大限度地落实工作权和适当工作条件权，各国部长共同许诺要加强待业者的科技培训、改善工作条件和标准、尊重工人的权利和社会保障以及避免易受伤害群体和待业群体受到社会排斥。

2016年的《果阿宣言》指出，"优质就业、包括体面劳动的计划，保证社会保障和加强工作中的权利是包容和可持续发展的核心"①。2017年的《厦门宣言》指出，通过技能开放消除贫困，"构建普遍和可持续的社会保障体系"②。

5. 隐私权和获得信息权

《公民权利和政治权利国际公约》第17条和第19条分别保障了个人隐私权和获得信息自由权。2014年斯诺登爆出美国中央情报局的"棱镜计划"后，福塔莱萨峰会开始对保障互联网自由、安全和权利事项关注。《福塔莱萨宣言》指出，"遵守公认的国际法原则和准则，通过国际合作使用和发展创新通信技术才能十分重要，以确保和平、安全和开放的网络空间"，并谴责在全球范围内实施的大规模电子"监控和个人数据搜集行为，以及侵犯国家主权和人权，特别是隐私权的行径"③。《乌法宣言》认为利用互联网和现代的信息技术侵犯个人隐私和基本权利是"不可容忍"的。各国达成共识建立"保密和保护用户个人信息的机制"④。金砖国家领导人在厦门峰会中就保障互联网安全和互联网隐私权领域达成了具体的共识，"倡导在基础

---

① 《金砖国家领导人第八次会晤果阿宣言》，第77段。
② 《金砖国家领导人厦门宣言》，第23段。
③ 《金砖国家领导人第六次会晤福塔莱萨宣言》，第49段。
④ 《金砖国家领导人第七次会晤乌法宣言》，第34段。

设施安全、数据保护、互联网空间领域制定国际通行的规则，共建和平、安全的网络空间"①。

（三）联合打击恐怖主义和跨国犯罪领域的人权保障共识

恐怖主义和跨国犯罪是全球人权保障面临的两大难题。由于世界各国对恐怖主义的定义尚有差异，所以联合国尚未出台适用于整个国际社会的反恐公约。《巴西利亚联合声明》敦促联合国大会尽快缔结关于恐怖主义的全面公约。《三亚宣言》承诺金砖成员国开展打击恐怖主义的合作，并且将打击和预防犯罪领域拓展至信息安全和网络犯罪领域。考虑到无法在全球范围内形成对恐怖主义统一的定义，各国领导人在 2017 年的厦门峰会上认为"任何原因都不能作为恐怖主义正名的理由"②。面对恐怖主义的多样化，各国领导人在厦门峰会对打击恐怖主义的内容取得了空前的共识：

> 我们呼吁所有国家综合施策打击恐怖主义，包括打击极端化以及包括外国恐怖作战人员在内的恐怖分子的招募与流动；切断恐怖主义融资渠道，例如包括通过洗钱、武器供应、贩毒、刑事犯罪等方式的有组织犯罪；摧毁恐怖组织基地；打击恐怖主义实体滥用包括社交媒体在内的最新信息通信技术。我们致力于预防和打击日益蔓延的恐怖主义言论，打击恐怖主义融资的一切来源、技术和渠道③。

从《福塔莱萨宣言》起，保障人权不仅成为打击犯罪追求的目标，同时也是打击犯罪的前提条件："我们重申在致力于尊重人权的情况下，继续打击跨国有组织的犯罪，从而降低跨国有组织的犯罪对个人和社会的负面影响。我们鼓励依照国内法和国际法采取防范和打击跨国犯罪的联合行动，特

---

① 《金砖国家领导人厦门宣言》，第 13 段。
② 《金砖国家领导人厦门宣言》，第 49 段。
③ 《金砖国家领导人厦门宣言》，第 51 段。

别要遵守《联合国打击跨国有组织犯罪公约》。"①

金砖国家联盟在 2015 年的乌法峰会上第一次承诺在国际人权法和国际人道法承认的范围内加强国际性的反恐合作。《果阿宣言》明确地指出"所有反恐措施都必须要尊重人权"②。面对恐怖主义犯罪网络化、信息化和多面性，金砖国家在果阿峰会中决定共同加强在网络、反洗钱、金融和反毒品领域的刑事司法合作。

在 2014 年的福塔莱萨峰会上，依据尊重和保障个人权利、社会稳定和可持续性发展的需要，各成员国扩大了打击犯罪的空间。《福塔莱萨宣言》特别建议在打击海盗和毒品犯罪领域加强合作。考虑到毒品对公共健康、安全和福祉构成威胁，并损害政治、经济和可持续性的发展，金砖国家禁毒部门特别建立了"禁毒工作组"以应对世界范围内的毒品活动。2015 年的乌法峰会将"腐败"列为金砖国家共同打击的犯罪对象。为了实现合作，乌法峰会同意建立专门的金砖国家工作组，加强国际领域的反腐败合作和追讨赃款的活动。2017 年的厦门峰会巩固了各国在反腐败上的共识和打击毒品犯罪的合作空间。各国"致力于按照联合国毒品控制公约，通过整体、全面、平衡的方式制定减少毒品供需的战略，解决国际毒品问题"，"加强国际和地区协调合作，应对非法生产和贩运毒品，特别是鸦片制剂对国际社会造成的威胁"③。《厦门宣言》将腐败视为威胁可持续发展的因素之一，支持加强金砖国家反腐败合作，重申致力于加强对话与经验交流，支持编纂金砖国家反腐败图册④。

三 总结：金砖国家历次峰会对人权发展的贡献

金砖国家联盟所达成的人权共识对国际组织政策和机制的改革有着重要

---

① 《金砖国家领导人第六次会晤福塔莱萨宣言》，第 45 段。
② 《金砖国家领导人第八次会晤果阿宣言》，第 59 段。
③ 《金砖国家领导人厦门宣言》，第 53 段。
④ 《金砖国家领导人厦门宣言》，第 20 段。

的影响力，为落实和保障发展中国家的发展权和社会权提供了坚实的政治基础和外交动力。

首先，金砖国家的共识对国际货币基金组织和世界银行等国际金融机构的改革有着重要的影响。俄罗斯国民经济与国家行政学院国际制度研究中心主任拉里奥诺娃就指出，这是金砖国家共识为发展中国家和贫穷国家在世界银行和国际货币基金组织增强话语权做出的贡献，也是金砖国家联盟改变国际秩序的胜利①。

其次，金砖国家人权共识和"构建人类命运共同体"逐渐成为对西方主导的人权理念的补充和修正。普遍的人权规范可接受性的前提是反对西方人权话语的霸权主义②。金砖国家提出的人权观和保障发展权的政策确切地反映了发展中国家的政治现实。尽管金砖国家是新兴发展经济体的联盟，但是并非局限于五国。目前，金砖国家联盟已经与拉美、非洲和东盟等跨国组织建构了"金砖＋"计划。在首届南南人权论坛中，"构建人类命运共同体"成为各发展中国家的共识。金砖国家峰会宣言所倡导的"以合作促发展，以发展促人权"的方式得到了国际社会的认可。

再次，以发展权为核心的"人类命运共同体"的概念为金砖国家联盟改善发展中国家社会和经济状况设置了国际义务。"人类命运共同体"不仅写入了第72届联大决议③，成为全球治理的出发点，也是金砖国家对外人权援助的一部分。通过建立金砖国家开发银行，为发展中国家建设提供贷款，减少地域间的发展不平衡，改善发展中国家和贫困国家的医疗状况，为其提供低廉高效的药品。在全球化时代下，金砖国家联盟逐渐在环境保护、绿色能源开发、打击腐败与毒品犯罪和反对恐怖主义领域加强成员国内部的合作，为建立和平与公正的国际环境做出最大的贡献。

---

① 《金砖国家学者认为：携手合作，完成全面治理》，《人民日报》（海外版）2017年8月18日，第2版。
② 〔南非〕瑟格斯·卡姆葛：《金砖国家、国际合作和人权话语：南方国家视角的思考》，郝鲁怡译，《国际法评论》2017年第1期。
③ 《联合国决议首次写入"人类命运共同体"的概念》，新华网，2017年11月2日，http：//news. xinhuanet. com/world/2017－02/11/c_1120448960. htm。

最后，金砖成员国在联合国安理会中共同抵制西方国家提出的武力干涉的决议。从利比亚问题到叙利亚问题，金砖国家的立场始终保持一致，主张通过政治对话和在尊重民众生存权的前提下解决政治危机。要求国际社会和联合国通过提供援助和限制战争的方法促进地区和平。中国和俄罗斯作为联合国安理会常任理事国反对西方国家在中东和北非以武力方法解决人道危机；南非、印度和巴西在作为安理会非常任理事国期间同样反对西方国家在中东地区的武力干涉。

B . 21
中国警察人权法治教育与培训

化国宇 *

摘　要： 人权保障应当被视为警察执法的终极目的，任何执法活动均不得以任何理由侵犯人权。因此，警察应当接受人权法治教育与培训，提升人权保障的意识和技能。目前，中国警察人权法治教育主要通过学历教育和在职培训实现，并取得了一定成效，但警察人权教育在法律依据、价值理念、教材建设和培训资源等方面还存在不足，需要促进人权教育法定化，注重警察人权素养和思维的塑造，编写专用的人权教材，制定执法人权指南，整合人权教育与培训资源。

关键词： 警察　人权法治　价值理念　教育培训

　　"人民警察必须以宪法法律为行为准则，尊重和保障人权。"这是《中华人民共和国人民警察法》2016 年 12 月 1 日修订草案稿在第七条新增的内容，体现了中国政府越来越重视警察对人权的保障。人权保障应当被视为警察执法的终极目的，因而任何执法活动均不得以任何理由侵犯人权。警察对人权的侵犯会使执法工作面临非常被动的局面，其执法行为的合法性会遭到质疑；同时，侵犯人权的执法行为，背离了执法的初衷，不仅是

---

　　* 化国宇，法学博士，中国人民公安大学法学院讲师，中国人民公安大学国家生态安全法治研究中心研究员，主要研究方向：人权法和警察法。

对法的价值和警察形象的贬损，也会因侵害公民的人身和财产权利而造成更大的不公正，使执法在法治社会中的应有功能落空。因而，《国家人权行动计划（2016－2020年）》提出，把人权教育作为加强国家工作人员学法用法工作的重要内容，将人权知识纳入党委（党组）的学习内容，列入各级党校、干部学院、行政学院的课程体系，列为警察等公职人员入职、培训必修课①。

一 警察院校人权法治教育

中国警察学历教育阶段的人权法治教育主要是在警察院校内部展开的。

公安干部学校在中华人民共和国成立后相当长的一段时间内承担着警察培训的任务。中华人民共和国成立初期，中央和地方公安机关都相继办起公安干校，主要的培训形式是三个月到半年的短期集中训练。授课内容主要以爱国、爱人民和爱社会主义的政治教育以及公安工作的基本理论、宪法和法律等业务培训为主。

随着改革开放的推进，警察教育体制也开始发生变化，警察学历教育模式开始确立。在公安干部学校基础上，全国先后组建起100所警察院校，承担大、中专学历教育，同时还恢复、改建了160多所警察成人院校，新建了近40所武警院校。自2001年开始，一批条件成熟的成人高等院校和人民警察学校合并申办普通高等专科学校并渐成规模。目前，公安部直属的警察院校有五所②，各省公安机关也设立了开办本科或专科学历教育的警察学院。经过不断发展，警察学历教育的层次也逐步提升，1993年和1999年中国人民公安大学、中国刑事警察学院先后开办硕士研究生教育，2004年中国人民公安大学开办博士研究生教育，为警察院校和研究机构培养了大量研究型

---

① 中华人民共和国国务院新闻办公室：《国家人权行动计划（2016－2020年）》，《人民日报》2016年9月30日。

② 分别为中国人民公安大学、中国刑事警察学院、中国人民武装警察部队学院、铁道警察学院和公安海警学院。

人才。

当前，在中国警察院校开设的课程中，公安和法律课程各占据半壁江山。人权法治教育主要是通过开设法学课程实现的。随着人权主流化的进展，在法学院的相关部门法课程中，已经涵盖了相当多的人权内容①。将人权教育融入一般法学基础课程而不仅仅留待单独和随后的课程再学习已经成为人权教育的共识。当前中国绝大部分警察院校都成立了法学院（法律系），开设人权及相关法律课程（见表 1）。

表 1　警察院校开设人权相关课程情况

序号	院校名称	人权相关课程
1	中国人民公安大学	人权法学、警察执法与人权、法理学、宪法学、刑法学、刑事诉讼法学
2	山东警察学院	法理学、宪法学、刑事诉讼法学、刑法学、警察职业道德
3	北京警察学院	宪法学、刑法学、刑事诉讼法学、行政法与行政诉讼法学
4	浙江警察学院	法理学、宪法学、刑法学、刑事诉讼法学、证据法学、行政法与行政诉讼法学
5	福建警察学院	法理学、宪法学、刑法学、刑事诉讼法学、行政法与行政诉讼法学、环境资源法学、劳动与社会保障法学
6	江西警察学院	法理学、宪法学、刑法学、刑事诉讼法、行政法与行政诉讼法学、国家赔偿法学、环境法与资源保护法学、劳动法与社会保障法学
7	河南警察学院	法理学、宪法学、刑法学、刑事诉讼法学、行政法与行政诉讼法学
8	湖南警察学院	警察执法与人权、法理学、宪法学、刑法学、刑事诉讼法学、行政法与行政诉讼法学、证据法学
9	广西警察学院	警察执法与人权保护、法理学、宪法学、刑法学、刑事诉讼法学、行政法与行政诉讼法学、环境与资源保护法学
10	云南警官学院	法理学、宪法学、行政法与行政诉讼法学、刑法学、刑事诉讼法学、环境与资源保护法学、劳动与社会保障法学

资料来源：各警察院校网站。

① 〔冰岛〕古德蒙德·阿尔弗雷德松：《关于人权教育融入法学及其他学科的思考》，《人权》2016 年第 2 期。

警察院校开设的"法律基础""法理学""宪法学""法理学""刑事诉讼法学"等法律课程已经囊括了主要的人权理论知识。"法律基础"和"法理学"作为必修课在警察院校普遍开设，人权的基本理念和原则、法与人权的关系等是其讲授的重点内容之一，对于培养学生的人权法治意识、理念具有十分重要的意义；"宪法学"的讲授有助于学生理解公民基本权利和保障人权宪法精神，确立规范警察权、保障公民权的执法理念；"刑事诉讼法学"引导学生关注对被告人的诉讼权利的保障，明晰惩罚犯罪与保障人权的关系；"刑法学"使学生对罪刑法定、刑法适用平等和罪责刑相适应三大原则有深入的理解，避免滥用刑罚对个人权利造成侵害。此外，一些警察院校还开设了"环境法"（涉及公民环境权）、"劳动法与社会保障法"（涉及公民劳动权）等选修课程。上述法律课程对于培养学生的人权理念、思维具有重要作用，取得了明显成效，成为对警察院校学生进行人权法治教育的重要阵地[1]。

同时，部分警察院校还开设有专门的人权课程，如中国人民公安大学开设了"人权法学"和"警察执法与人权"两门课程，[2] 湖南警察学院开设了"警察执法与人权"课程[3]，广西警察学院开设了"警察执法与人权保护"课程[4]等。

二　警察在职人权法治教育与培训

警察在职培训是接受人权、法治教育的重要途径。长期以来，公安部十分重视警察的在职培训，在 2017 年公安部部门预算中，教育（类）科目的

---

[1]　化国宇：《我国的公安人权教育：现状及完善》，《人权》2016 年第 4 期。
[2]　化国宇：《我国的公安人权教育：现状及完善》，《人权》2016 年第 4 期。
[3]　《湖南警察学院 2017 年招生简章》，湖南警察学院网站，http：//www.hnpolice.com/show.aspx？id＝21946&cid＝225。
[4]　陈华等：《警察院校人权法教学问卷调查报告——以广西警察学院为例》，《西部素质教育》2017 年第 6 期。

投入达到 75000.35 万元①。《公安机关人民警察训练条令》第 4 条规定，公安机关人民警察训练的目的是提高队伍的整体素质和执法水平，增强履行职责的能力，努力打造一支信念坚定、执法为民、敢于担当、清正廉洁的公安队伍。公安部《2014－2017 年公安民警培训规划》指出，公安培训以"忠诚、为民、公正、廉洁"为主要内容的人民警察核心价值观、公安民警履职必备知识和实战技能为重要内容。2017 年公安民警培训规划情况见表 2。

表 2　2017 年公安民警培训规划

培训组织部门	培训对象	培训内容	培训人数
公安部	省级公安机关领导班子成员	到中国浦东干部学院等国家级干部教育培训机构培训	50 人左右
	省级公安机关、省会市和计划单列市公安机关内设机构正职领导	警种、部门专业培训	800 人左右
	首任地市公安局局长		100 人左右
	首任县级公安局局长、政委		600 人左右
	市、县公安局局长	赴香港研修学习	100 人左右
	公安厅(局)级后备中青年领导干部	到公安部培训基地参加为期三个月左右的学习研讨	80 人左右
	高、中、初级专业技术资格人员	知识更新培训	1000 人左右
公安部政治部联合各警种、部门	省、市级公安机关警种、部门业务骨干	专业培训班	3000 人左右
公安部政治部联合各警种、部门	公安部机关处级干部		总人数的 1/4
公安部政治部	晋升三级警监警衔培训		2000 人左右

① 《公安部 2017 年部门预算》，公安部网站，http：//app. mps. gov. cn：9000/gdnps/content. jsp? id＝5679786。

培训组织部门	培训对象	培训内容	培训人数
省级公安机关或授权、委托市级公安机关	基层派出所所长、队长	社区警务、群众工作、执法执勤等	不少于总人数的 1/4
各级公安机关	基层和一线民警	实战训练	每人每年培训时间累计不少于 15 天

资料来源：根据公安部《2014 – 2017 年公安民警培训规划》整理而成。

（一）"执法为民"核心价值观教育

"执法为民"是具有中国特色的政治表达，其核心是全心全意为人民服务，秉持忠诚、为民、公正、廉洁的人民警察核心价值观，强调不能将"执法"看作强制、管理的手段，而是要发挥其"为民"服务和人权保障的功能。因此，执法为民的基本要求就是保障人权，践行人民警察全心全意为人民服务的宗旨。2017 年 6 月 2 日，时任公安部部长的郭声琨同志在《人民日报》上发表的《切实做到对党忠诚服务人民执法公正纪律严明》一文，可以看作是对"执法为民"的深刻解读：人民警察队伍应"切实增强严格依法履行职责的观念、法律面前人人平等的观念、尊重和保障人权的观念，做到自觉尊法学法守法用法，坚持严格规范公正文明执法，努力让人民群众在每一起案件办理、每一件事情处理中都能感受到公平正义"①。具体而言，"执法为民"核心价值观要求人民警察：一方面要履行好预防、打击违法犯罪的职责，维护良好的社会治安秩序，使群众的合法权益免受侵害；另一方面要强化执法管理工作，为群众提供优质的行政服务，创造更多的便利。

---

① 郭声琨：《切实做到对党忠诚服务人民执法公正纪律严明》，《人民日报》2017 年 6 月 2 日，第 6 版。

首先，公安部通过入警宣誓制度强化"执法为民"理念。2017年公安部修订了《人民警察入警誓词》，并于当年6月27日印发。誓词中强调"坚决做到对党忠诚、服务人民、执法公正、纪律严明"，将"维护社会大局稳定、促进社会公平正义、保障人民安居乐业"作为中国警察的奋斗目标。这表明了中国警察所承担的保障人权的职责。通过认真组织入警宣誓、重温入警誓词等活动，教育引导广大民警牢记面向警徽做出的庄严承诺，自觉践行服务人民的根本宗旨，始终坚守执法公正、保障人权的价值取向①。

其次，中央和地方公安机关开展"执法为民"主题教育活动。2015年10月起，公安部曾在全国公安机关部署开展了"秉公执法、人民公安为人民"主题教育活动②，各地公安机关强化学习教育、筑牢秉公执法和为民服务的思想基础，并以此为导向深入排查纠治群众反映强烈的突出问题，解决了一大批涉及群众切身权益的执法服务问题。其中，通过梳理群众来信来访、110投诉、12389公安机关和民警违法违纪举报以及新闻媒体披露的案事件，从中发现侵害群众权益的问题和违法违纪的线索③。各地公安机关深入排查、纠治了一大批公安机关"门难进、脸难看、话难听、事难办"等服务态度问题，有警不接、有案不立、推诿塞责等不作为问题，越权办案、隐案瞒案、弄虚作假、包庇纵容等乱作为问题，违规采取强制措施、案件久拖不决、乱收乱罚等执法不公问题，滥用警力、警务辅助人员管理混乱、涉案财物管理不到位问题，以及执法办案场所、枪支警械和车辆管理使用制度不落实等问题④。各地公安机关在社会管理服务层面，也积极改革完善，根据实际情况探索便民利民的方式方法。山东等地公安机关将社会管理服务事

---

① 《公安部印发修订后的〈人民警察入警誓词〉》，《人民公安》2017年第14期。
② 赵婧夷：《忠实践行人民公安为人民根本宗旨 着力提升公安执法服务能力水平》，《人民公安报》2016年1月31日。
③ 赵婧夷：《忠实践行人民公安为人民根本宗旨 着力提升公安执法服务能力水平》，《人民公安报》2016年1月31日。
④ 赵婧夷：《忠实践行人民公安为人民根本宗旨 着力提升公安执法服务能力水平》，《人民公安报》2016年1月31日。

项的办事流程一一公布，并对办事时限做出承诺，还为偏远地区群众和行动不便的特殊群体提供上门办理服务。陕西省蓝田县公安局主动与西安市公安局户政处、蓝田县民政局等相关单位联系协调，着力解决县域山岭地区非婚生子女多、群众申报户口意识不强造成大量人员无户口，上学难、打工难以及低保、养老保险无法落实等问题①。"执法为民"思想政治教育的开展，积极回应了人民群众对人民警察在服务人民、保障人权方面的期待和要求，取得了扎实成效。2017 年，中共中央进一步强化了政法队伍"执法为民"思想政治教育，于 2017 年 1 月印发了《关于新形势下加强政法队伍建设的意见》，其中明确提出要加强思想政治建设，培育和践行政法职业精神②。地方公安局也在 2017 年开展专题思想政治教育，不断强化"执法为民"理念。如 2017 年 8 月 1 日起北京市公安局组织开展了为期两个月的"公正执法护平安"主题教育活动，开门接受群众监督、诚心征求群众意见③；2017 年 3 月，江苏省泰州在全市公安机关开展"忠诚、担当、公正、清廉"的主题教育活动，把群众是否满意作为衡量和检验主题教育活动的根本标准④；2017 年 11 月，湖南省安仁县公安局组织开展了"不忘初心、牢记使命、执法为民"主题教育实践活动⑤；2017 年 11 月，内蒙古自治区伊金霍洛旗公安局组织开展社会主义核心价值观宣传教育活动⑥；等等。

---

① 赵婧夷：《忠实践行人民公安为人民根本宗旨　着力提升公安执法服务能力水平》，《人民公安报》2016 年 1 月 31 日。

② 《中共中央印发〈关于新形势下加强政法队伍建设的意见〉》，中国政府网，http：//www. gov. cn/zhengce/2017－01/18/content_5160989. htm。

③ 《北京开展"公正执法护平安"主题教育活动》，北京市公安局网站，http：//www. bjgaj. gov. cn/web/detail_getArticleInfo_454089_col1169. html。

④ 《关于印发〈全市公安机关"忠诚、担当、公正、清廉"主题教育活动实施方案〉的通知》，泰州市人民政府网站，http：//xxgk. taizhou. gov. cn/xxgk_public/jcms_files/jcms1/web6/site/art/2017/4/12/art_441_149720. html。

⑤ 《安仁县公安局开展"不忘初心、牢记使命、执法为民"主题教育活动》，三湘综治网，http：//www. sxzzw. gov. cn/news/201711/17_164037_4794. html。

⑥ 《伊旗公安局组织开展社会主义核心价值观宣传教育活动》，伊金霍洛旗人民政府网站，http：//www. yjhl. gov. cn/yqxxgk_zyk/qq_yjhlq_10367/qq_yjhlq_0252/201711/t20171124_2042157. html。

（二）人权法治知识与技能培训

公安民警履职必备知识包含了对与人权保障相关的重要法律法规的理解与应用。2017年地方公安机关开展了《刑事诉讼法》《公安机关人民警察使用警械和武器条令》《反家庭暴力法》等法律法规的培训①。此类法律法规培训对于提升警察的人权法治理念、规范执法活动具有重要的作用。

同时，2017年，公安部强化了公安执法规范化等执法技术培训。公安规范执法，是对警察权的规训与制约过程，也是公安机关认真对待人权的具体表现和逻辑结果②，因而公安执法规范化训练对执法中的人权保障至关重要。2017年1月9日，公安部第二期全国公安机关规范执法视频演示培训会举行，全国公安民警通过视频演示同步接受指导培训。培训内容涵盖居民身份证核查、对"医闹"事件的处置、对群众围观拍摄民警现场执法的处置等十余个具体执法情形，通过直观的视频实战演示，细致讲解执法中的技术要领，对于民警在执法时"如何规范做"、如何以对公民权利的最小限制达到执法目的给予直观清晰的解答，为基层一线民警提供更加具有可操作性的执法指引，更好地保障人权，进一步提高执法质量和执法公信力③。时任国务委员、公安部部长郭声琨在此次规范执法视频演示培训会上强调，要坚持不懈地加强执法规范化教育培训，不断提升公安执法公信力和人民群众满意度④。

---

① 参见《关于举办全区森林公安机关新录用公务员（人民警察）初任培训班的通知》，内蒙古人事考试信息网，http://www.impta.com/dangzhengqungwy/20161110111313.asp；参见《广东省公安厅、省妇联联合举办全省反家庭暴力业务培训班》，国务院妇女儿童工作委员会网站，http://www.nwccw.gov.cn/2017-11/20/content_185758.htm。

② 张彩凤、刘洋：《公安执法规范化的法理逻辑》，《中国人民公安大学学报》（社会科学版）2011年第5期。

③ 《公安部举办第二期全国公安机关规范执法视频演示培训会》，公安部网站，http://www.mps.gov.cn/n2253534/n2253535/n2253537/c5593773/content.html。

④ 《郭声琨强调：坚持不懈加强执法规范化培训》，《人民日报》2017年1月11日，第4版。

（三）反腐倡廉警示教育

腐败行为导致广泛的人权侵害。在一些腐败案件中，滥用公权力本身就构成了对人权的损害，如枉法裁判、刑讯逼供等，都会对公民诉讼权利和人身权利造成直接侵害；还有一些腐败，虽然其滥用公权力的行为本身并不直接侵害人权，如行贿、受贿等，但是其牟取私利的环节必然是以对某些人权的损害作为代价的①。同时，警察的腐败行为还会导致警察执法不力，增加社会治安违法和犯罪发生风险，导致公民权利被侵犯的概率大大升高，人权难以得到应有保障。可以说警察的腐败行为是国家履行保护改善人权义务的最大障碍之一②。故而对警察进行反腐倡廉警示教育，也应看作警察人权法治教育的重要内容。针对警察腐败问题，中央和地方公安机关采取了一系列的教育和矫正措施。

一方面，公安机关通过规划、纪律和内部规定等形式做出严格要求。如2014 年 2 月，中共公安部委员会印发了《关于贯彻落实〈建立健全惩治和预防腐败体系 2013 – 2017 年工作规划〉的实施办法》的通知，提出到 2017年，公安系统内的违纪违法现象易发、多发的状况得到有效阻断，不想腐的保障机制、不能腐的防范机制、不敢腐的惩戒机制更加完备并有效运行，广大民警清廉自律意识和拒腐防变能力明显增强，纪律作风扎实严明，精神面貌有新的好转，执法公信力有新的提升，干警清正、队伍清廉、政治清明的良好氛围在公安机关进一步形成，人民群众对公安机关的满意度明显提高。2017 年 3 月，公安部党委向全国公安机关印发了《2017 年公安机关党风廉政建设和反腐败工作要点》，提出了 2017 年公安机关党风廉政建设和反腐败工作的总体要求，并提出落实 7 个方面 25 项具体内容。

另一方面，对于涉警贪腐案件采取"零容忍"，依法依规依纪进行教育和处理，起到相应的警示作用。2017 年 1 月到 10 月，中央纪委驻公安部纪

---

① 孙世彦：《腐败如何损害人权》，《法制与社会发展》2013 年第 6 期。
② 〔秘鲁〕约塞·阿维拉·赫雷拉：《腐败：现代人权的敌人》，《人权》2015 年第 2 期。

检组开展提醒谈话、诫勉谈话和函询 261 人，给予党纪政纪处分 42 人①。中纪委驻公安部纪检组牵头修订了《公安部通报曝光违纪问题工作规定》，2016～2017 年两年间已通过中央纪委监察部网站、警示教育片、警示教育展、各类会议等形式通报曝光违纪问题 230 余起②。2017 年，吉林省公安机关开展基层"微腐败"整治，各级公安纪检部门共受理"三项整治"信访举报 608 件 700 人，全部进行了初核，已立案处理 89 起 139 人。给予党政记处分 128 人，组织处理 22 人，移送司法机关 6 人。吉林省公安厅还向社会公布了 20 起基层涉警"微腐败"典型案件③，对有案不立、推诿扯皮、以案谋私、滥用职权等侵犯公民人身、财产和诉讼权利的腐败行为予以惩处（见表 3）。

表 3　2017 年吉林省公安厅通报涉警"微腐败"典型案件情况

序号	涉案人员	涉案时间	违法违纪情况	处理结果
1	四平市公安局辽河分局经侦大队民警梁某某	2012 年 5 月	立案不查	行政记过
2	东丰县公安局那丹伯派出所民警侯某某	2016 年 6 月 11 日，2016 年 12 月 12 日	有案不立	行政警告
3	辉南县公安局辉南派出所所长于某某	2017 年 2 月 9 日	有案不立	行政记过
4	白城市公安局经开分局幸福派出所副所长朋某某、洮北分局光明派出所民警曹某	2017 年 4 月 9 日	推诿扯皮、有案不受	行政警告
5	白城市公安局洮北分局新华派出所教导员孙某某	2017 年 6 月 26 日	有警不出	行政警告

① 《驻公安部纪检组加大执纪审查力度》，法制网，http：//www. legaldaily. com. cn/legal_ case/content/2017 - 10/18/content_7360714. htm？node = 81780。
② 《驻公安部纪检组加大执纪审查力度》，法制网，http：//www. legaldaily. com. cn/legal_ case/content/2017 - 10/18/content_7360714. htm？node = 81780。
③ 《吉林公布 20 起基层涉警腐败案件》，《人民日报》2017 年 12 月 11 日，第 11 版。

续表

序号	涉案人员	涉案时间	违法违纪情况	处理结果
6	图们市公安局长安镇派出所教导员金某某	2016 年 10 月 19 日	有案不立	行政警告
7	公主岭市公安局刑侦大队中队长宋某某问题	2016 年 4 月 8 日	有案不立	行政记过
8	公主岭市公安局刑侦大队中队长于某	2015 年 11 月 18 日	有案不立	行政记过
9	长春市公安局新区公安分局前进大街派出所民警张某某	2017 年 5 月 6 日	办案索贿、以案谋私	涉嫌受贿罪被移送司法机关依法处理
10	长春市公安局南关分局永吉派出所警长霍某某	2017 年 2 月	敲诈勒索当事人钱款，以案谋私，滥用职权	涉嫌受贿罪、滥用职权罪被移送司法机关依法处理
11	长春市公安局交警支队民警张某某、贾某某、王某某、时某	2015 年 11 月至 2016 年 3 月	收受钱款帮助驾考作弊	张某某、贾某某受到党内警告、行政记过处分，王某某、时某受到行政警告处分
12	吉林市公安局船营分局大绥河派出所民警马某某	2016 年 10 月 20 日	收受钱款打听案情	行政记大过
13	四平市公安局铁西分局原禁毒大队教导员索某、副大队长王某某	2016 年 8 月 5 日	以案谋私收受贿赂	涉嫌受贿罪被移送司法机关依法处理
14	靖宇县公安局交警大队民警苑某某	2015 年 11 月 27 日	以权谋私违规销分	行政记过
15	松原市公安局交警支队党委副书记张某某	2016 年 2 月	以权谋私违规过户车辆号牌	行政警告
16	白城市公安局交警支队公路大队原大队长石某	2017 年 3 月 27 日	受人请托徇私枉法	留党察看 2 年、行政撤职
17	省公安厅物证鉴定中心副调研员康某某	2016 年 5 月	变相参与经商从事营利活动	行政记过
18	长春市公安局宽城分局东广场派出所民警董某某	2012 年 5 月	变相参与经商从事营利活动	行政警告
19	吉林市公安局交通管理支队船营大队民警郭某某	2012 年 3 月 5 日	变相参与经商从事营利活动	行政记过
20	梅河口市公安局经文保大队原大队长于某某	2004 年 8 月	经商从事营利活动	党内警告

资料来源：《省公安厅通报全省公安机关"三项整治"典型案件新闻发布会》，吉林省公安厅网站，http://gat.jl.gov.cn/jwzx/xwfb/201708/t20170824_3428933.html。

三　问题与建议

（一）当前警察人权法治教育中存在的问题

1. 警察人权教育缺乏明确法律依据

人权法治教育理应作为警察教育培训的重要内容，但在我国相关法律法规中却找不到明文规定。这就容易导致警察人权教育培训缺乏实在法层面的依据，各地公安机关进行警察教育培训时经常会忽略人权训练的内容，警察人权教育难以实现制度化、常态化。

2. 警察人权法治理念教育不充分

警察培训课程的设置偏重于警务实践，过于强调实用性、实战性的警务技能培训，疏于对警察的人文素养和人权法治思维的塑造。学习者也往往期待通过短、平、快的训练实现技能提高，甚至以短期内收效是否显著作为判断培训质量的标准。然而，除了具备完成执法任务的良好技能，在思想上树立尊重人权法治的基本理念也是执法者的必备素养。理念的建立并非一朝一夕，很难期待通过一次性的短期培训达到目标，必须将理念教育贯穿于警察教育培训的各个阶段，通过反复灌输、不断强化，建立起人权信仰和法治思维，这样才能从根本上杜绝警察执法中侵犯人权的现象。

3. 缺乏有针对性的人权教科书

随着我国人权研究的不断推进，不少学者在人权领域取得了丰硕的成果。作为成果集中体现的人权教科书也相继问世。2005年高等教育出版社出版了著名人权学者李步云主编的《人权法学》，这是我国第一部国家统编人权教材，标志着我国人权教科书基本理论体系的形成。此后，徐显明的《人权法原理》、白桂梅的《人权法学》、朱力宇的《人权法学》等人权教科书也先后出版。中国人权研究会组织编写了针对特定群体（公民、法官、监狱人民警察、行政执法人员、妇女和未成年人）的《人权知识读本丛书》

六卷本①，相较于一般教科书更为简明通俗，便于不同群体有针对性地学习和掌握。这些都为讲授警察人权课程提供了重要参考。但是，上述教科书缺乏警察人权教育的针对性，内容方面较为宏观，不专门涉及警察执法与人权的基本内容，人权知识读本又偏重于普及人权知识，因此均不适宜作为警察人权教育培训的教科书。

4. 警察院校人权教育与培训资源不足

警察院校由于起步晚，法学课程体系不完善以及承担大学教育与警察培训双重任务等原因，在人权研究和教学方面与国内一些著名大学法学院相比仍然存在不小的差距。做好警察人权法治教育，仅仅依赖于警察院校自身是远远不够的，在人权教学师资、课程体系设计和培训经验等方面可以与人权研究与教学领先的国内院校开展交流与合作，以弥补警察院校教育资源的不足。

（二）进一步加强警察人权法治教育与培训的建议

1. 警察人权教育法定化

我国《人民警察法》第 29 条对警察教育做了明确规定："国家发展人民警察教育事业，对人民警察有计划地进行政治思想、法制、警察业务等教育培训。"这一规定使警察教育作为一项法律制度被确定下来。《公安机关人民警察训练条令》对警察教育制度进行了细化，对具体的训练内容做了列举式的规定，但并没有囊括人权教育的相关内容。若要实现警察人权教育的制度化、常态化，落实《国家人权行动计划（2009－2010 年）》的警察人权教育目标，就应当在法律中明确其依据，避免人权教育在警察培训中可有可无的任意性。

2. 注重警察人权法治理念和思维的塑造

对警察进行执法规范化培训，督促其学习执法实践中一些人权保障的具

---

① 包括《人权知识公民读本》《人权知识法官读本》《人权知识监狱人民警察读本》《人权知识行政执法人员读本》《人权知识妇女权利读本》《人权知识未成年人权利读本丛书》。

体手段，可以在一定程度上减少警察侵犯人权现象的发生，但这并非解决警察执法与人权之间紧张关系的治本之策。警察人权教育只有从根本上树立起公安民警尊重和保障人权的价值理念，促使警察职业建立起普遍的人权文化，才有可能使警察执法与保障人权两者真正统一起来。而这种价值理念的塑造，不同于纯粹的实战技巧的掌握，很难一蹴而就，需要通过系统的人权理论的学习和把握，认同人权的重要性，明确人权保障的正当性与合法性，逐步形成保障人权的思维模式，并在执法实践中反复试错与强化，最终将人权价值内化为警察群体核心价值观的一部分。

3. 编写警察专用的人权教科书，制定执法人权指南

警察人权教学需要有专门的人权教科书，是由警察群体的特定职责所决定的。警察带有明显的暴力性和强制性，在行使警察权的过程中极易构成对公民权利的侵犯，因而要求警察必须给予人权以充分的注意。对公民或在校学生进行人权教育的目标是"守护你的权利"，这并不要求一般人对人权有细致和专业的掌握，因而很多教学内容都是带有通识性质的，重在了解。而对警察进行人权教育，则是以"不要侵犯他人的权利"作为目标。这就要求警察不仅要了解人权知识，还需要对执法中人权保障的相关内容有深入、全面和精确的把握，从而在实践中运用。这就要求警察培训人权教材应兼具理论性与应用性，并且详略得当，有所侧重。教科书可以由公安部统一组织编写，包括用于短期培训的实战教材、讲义，用于学历教育的本、专科教材以及用于民警个人日常学习的人权理念教育读本等。

警察群体的人权教育不仅要在书中学，还要"从做中学"。公安机关应制定规范性的执法人权指南，为警察执法提供具体的行为指引。警察在处理疑难案件时，通过翻阅指南，将指南的人权保障要求适用于具体个案，经由个案获取经验的方式，不断加深其对人权保障的领悟和理解①。

4. 整合警察人权教育与培训资源

警察院校在人权教学方面与国内一些著名法学院校相比仍然存在不小的

---

① 化国宇：《我国的公安人权教育：现状及完善》，《人权》2016 年第 4 期。

差距。除了学习和借鉴其人权教学方法之外，还应当积极开展交流合作，互通有无。相较而言，普通高校擅长人权基础理论教学，具有完整的人权教学体系，但是缺乏对警察执法工作的实际了解，难以开展有针对性的教学；警察院校在警察学科方面具有优势，熟悉警察执法中的实际理论需求，同时也具备一般高校所没有的行业内的动员能力，这就为开展警察人权教育合作打下了基础①。

除了与国内较早开展人权教育的法学院校合作以外，8 家国家人权教育与培训基地的成立为开展警察人权教育合作带来了新的契机。自 2011 年起，分两批在南开大学、中国政法大学、广州大学、中国人民大学、山东大学、武汉大学、复旦大学和西南政法大学 8 所高校设立了国家人权教育与培训基地。根据新的国家人权行动计划，到 2020 年，国家人权教育与培训基地的数量将增加到 13 家。基地的重要目标之一是对包括警察在内的公务人员进行人权教育与培训，使其确立尊重和保障人权的态度和行为方式②。基地的建立对于充实警察人权教育力量，提升人权教育教学水平具有重要意义。

除了充分利用国内警察人权教育与培训资源，还应开展人权教育国际合作，扩展警察人权教育国际视野。个别院校在国际合作方面已经积累了一些警察人权教育的经验。例如，2002 年湖南大学与丹麦人权研究所、湖南警察学院共同举办的"警察执法与人权保护"国际合作项目，对湖南省县级以上的大多数公安局局长进行了为期十天的培训。通过加强警察人权教育的国际合作，一方面有利于交流警察人权教育的经验，提升中国警察执法的人权保障水平，更好地开展国际警务合作，另一方面，也有助于改善中国警察的国内外形象，表明中国政府在警察人权保障领域的积极作为和正面立场。

---

① 化国宇：《我国的公安人权教育：现状及完善》，《人权》2016 年第 4 期。
② 常健：《国家人权教育与培训基地的职责和工作机制》，《人权》2014 年第 4 期。

调研报告和个案研究

Research Reports and Case Studys

B.22
悬崖村落反贫困调研报告[*]

杨志勇　曹　舒^{**}

摘　要：　2016 年 5 月，"悬崖村"被报道后，引起了相关部门和公众的强烈关注，在反贫困工作中引起广泛重视。相关部门采取了改善交通、易地搬迁、扶持产业、发展教育、优化通信等一系列综合措施改善当地的生产生活条件，帮助其发展经济，有效保障村民的生存权、发展权等基本权益，取得了显著的进展，也面临一些现实问题。反贫困中，建议从加强相关法律政策的落实和监督、均衡教育等方面对悬崖村落持续地实施精准的措施。

*　基金项目：四川省哲学社会科学重点研究基地、四川省教育厅人文社会科学重点研究基地彝族文化研究中心项目"全球化视野下对彝族非物质文化的保护与运用研究"（YZWH1701）。

**　杨志勇，四川大学中国西部边疆安全与发展协同创新中心博士研究生，主要研究方向：边疆社会学、民族经济、民族法学；曹舒，四川大学法学院宪法学与行政法学研究生，主要研究方向为宪法学、民族法学。

关键词： 悬崖村落　反贫困　生存权　发展权

反贫困作为我国人权保障事业的重要组成部分，受到中央和地方的高度重视。近年来反贫困的力度不断加强，成效显著，为世界人权事业的发展做出了重大贡献。悬崖村居民的生存权和发展权等基本权利的实现需要有效的反贫困措施加以保障。2016 年至 2017 年，在党和政府的高度重视下，在当地政府的积极努力下，悬崖村落的反贫困工作取得了重大进展。当地的交通得到了改善，相关配套设施和项目持续进行，居民生活水平逐步提高。

一　悬崖村落基本情况及调研背景

"悬崖村"相对集中分布在我国西部山区，尤其是西南少数民族地区，地理环境险峻，与地面落差大，村民出行不便，与外界交流不足，阻碍了当地的发展。受时间、人力、财力、交通等因素限制，调研中不能对所有的悬崖村落都进行探访，众多悬崖村落基本类似的地理环境及交通特征，使对部分悬崖村的反贫困调研也具有较为普遍的意义。

（一）悬崖村落的基本情况

自 2016 年 5 月以来，受到广泛关注的"悬崖村"通常指位于我国最大的彝族聚居区四川凉山彝族自治州腹心地带的阿土列尔村，其位于昭觉县管辖的支尔莫乡政府东北 18 公里处，距昭觉县城 72 公里，面积约 11 平方公里，最高海拔为 2300 米，最低海拔 600 米左右，相对高差近 1700 米，这是该村被外界形象地称为"悬崖村"的主要原因。阿土列尔村由四个村民小组（社）组成，即牛觉社、勒尔社、古曲洛社、特图社①。其中牛觉社位于

---

① 当地村、组（社）等地名主要是由彝语音译而来，因此不同资料中会出现不同的汉字写法，均指相应的地方，为便于阅读和理解，本文统一为以上写法。

山脚，海拔 610 米①左右，是该乡海拔最低的社，相对于海拔 2200 米左右的昭觉县城，这几乎接近全县的海拔最低点。勒尔社则在半山腰的坡地平台上，海拔约为 1200～1600 米，距离地面的垂直距离约 800 米，该社与牛觉社之间最近的道路间隔着十多处悬崖，出行异常艰难。勒尔社的这一地理位置及其交通闭塞的典型特征，使其成为相关媒体对"悬崖村"的特指。古曲洛社在勒尔社之上，大致位于从勒尔社到山顶的来洛社中间的位置，特图社的海拔大约为 1400～1700 米。阿土列尔村户籍人口 171 户，共 688 人②，均为彝族居民，贫困户 37 户，共 150 人，贫困发生率为 21.8%，贫困户人均年收入 1660 元③，远低于我国每人每年 2300 元（2010 年不变价）的农村贫困标准④。根据卫星图像绘制的"悬崖村"以及周边环境如图 1 所示。

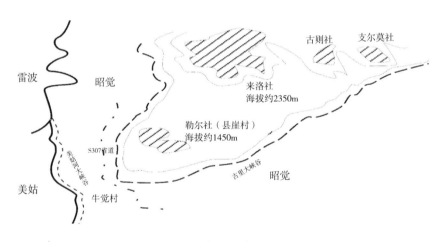

图 1　"悬崖村"地理位置

资料来源：根据彩色卫星图像使用相关软件绘制而成。

---

① 当地的工作人员提供的卫星地图显示为 610 米，也有的资料上为 628 米，存在一定的偏差。
② 该数据与不同的媒体报道存在一定的差别，在与当地工作人员交流和询问的过程中，得知这可能是当时由于个别媒体不够了解整村情况或由于只包含了当时山上的情况，而新分家和新上户人员也使得相关数据持续发生变化。
③ 支尔莫乡政府：《阿土列尔村精准扶贫情况说明》，2016 年 12 月 6 日。
④ 《中华人民共和国 2016 年国民经济和社会发展统计公报》，国家统计局网站，http://www.stats.gov.cn/tjsj/zxfb/201702/t20170228_1467424.html。

从图 1 中可以看出，"悬崖村"处于凉山彝族自治州腹心地带的昭觉、美姑、雷波三县的交界处，地势险峻。除了受到广泛关注的悬崖村——阿土列尔村以外，该区域中还较为广泛地分布着诸多交通不便、地势险要的村落，如与昭觉毗邻的雷波和美姑也有这样的村落。据长期在当地生活的居民和基层工作人员介绍，仅仅在古里拉达大峡谷，可被称为"悬崖村"的村落就多达数十个。

（二）悬崖村落反贫困调研的背景及方式

反贫困作为我国长期的工作重点，经过 30 多年努力，取得了举世瞩目的成就，但也存在对贫困底数不清、针对性不强、扶贫资金和项目指向模糊、相关信息不通畅等问题。国家主席习近平于 2013 年 11 月提出要"实事求是、因地制宜、分类指导、精准扶贫"；2014 年 1 月，中共中央办公厅详细规制了精准扶贫工作模式的顶层设计，推动了"精准扶贫"思想落地；2014 年 3 月，习近平参加全国两会贵州代表团审议时强调，要实施精准扶贫，瞄准扶贫对象，进行重点施策，进一步阐释了精准扶贫理念；2015 年 1 月，习近平在云南调研时强调，坚决打好扶贫开发攻坚战，加快民族地区经济社会发展，5 个月后，习近平来到贵州省，强调要科学谋划好"十三五"时期扶贫开发工作，确保贫困人口到 2020 年如期脱贫，并提出扶贫开发"贵在精准，重在精准，成败之举在于精准"[①]。在精准扶贫实施的过程中，乡村基层贫困情况底数与精准措施的实施与监督，是关系到精准扶贫工作有效开展的重要环节。

2016 年 5 月 24 日，新京报以《悬崖上的村庄》为题率先报道了位于四川凉山彝族自治州的阿土列尔村勒尔社的孩子们通过当时唯一的交通方式——攀爬 17 条藤梯上学的新闻。该报道的刊发，引起了各方的重视，并引发了舆论热议。2016 年 5 月 25 日，新京报配发了社论《精准扶贫，让悬

---

① 《精准扶贫的村级实践》，人民网，http://dangjian.people.com.cn/n1/2016/1011/c117092
-28767859.html。

崖村的孩子告别爬藤梯》，该社论指出："精准扶贫需要对接贫困人口的精准需求，也需要因地制宜，指定个性化的开发扶贫方案。"① 我国新闻自由的不断发展，也在一定程度上促进了在反贫困工作中找准目标，跟进、改善和解决问题。2017 年 3 月 8 日，全国两会期间，习近平总书记在参加四川代表团审议时表示，看到凉山州"悬崖村"报道感到很揪心，他要求切实打好脱贫攻坚战②。"悬崖村落"作为西南地区典型的地貌特征和历史、人文等因素结合的产物，在当地有很多。四川盆地周围的秦巴山区、川滇结合处的大小凉山彝族聚居区地势险峻、海拔高、峡谷深，生存条件恶劣，为集中连片贫困区，该区域内分布着相当数量的"悬崖村"。公众对"悬崖村"的认识多是关于"悬崖村"典型"阿土列尔村"的媒体报道，据不完全统计，除了新京报持续关注，2016 年下半年至 2018 年初在报纸、期刊等刊物媒体上发表的与悬崖村相关的新闻和文章近百篇，部分资料归纳整理如下（见表 1）。

表 1　媒体对"悬崖村"的部分报道

资料名称	发表时间	来源	类型
"悬崖村"，离山外的世界不再遥远	2016 年 8 月 16 日	农业发展与金融	期刊
决胜小康，决不能让凉山彝区掉队	2016 年 10 月 20 日	民主与科学	期刊
采访"悬崖村"始末	2016 年 11 月 5 日	新闻与写作	期刊
昭觉县"悬崖村"的一切都在改变	2017 年 5 月 14 日	凉山日报（汉）③	报纸
情注"悬崖村"搭建"信息路"	2017 年 5 月 31 日	人民邮电	报纸
下"绣花功夫"进一步创新和落实精准扶贫	2017 年 6 月 5 日	中国发展观察	期刊
27 个"悬崖村"脱贫大决战蹲点调查	2017 年 6 月	半月谈	期刊
"悬崖村"有了袖珍"银行"	2017 年 7 月 19 日	四川日报	报纸

① 《精准扶贫：让悬崖村的孩子告别爬藤梯》，《新京报》2016 年 5 月 25 日，第 A2 版。
② 高尚、解艳华：《从华中师大到凉山"悬崖村"的信息化天梯》，《人民政协报》2017 年 8 月 9 日，第 9 版。
③ 《凉山日报》分彝汉两种文字版，括弧内的"汉"，代表汉文版。《凉山日报》彝文版也有对应的报道。

资料名称	发表时间	来源	类型
从华中师大到凉山"悬崖村"的信息化天梯	2017 年 8 月 9 日	人民政协报	报纸
大凉山"悬崖村"助行设计研究	2017 年 10 月 25 日	艺术科技	期刊
油橄榄扎根"悬崖村"带来致富希望	2017 年 11 月 18 日	粮油市场报	报纸
悬崖村绝壁上凿出致富路	2017 年 11 月 21 日	重庆日报	报纸
"悬崖村":凉山脱贫攻坚的生动样本	2017 年 12 月 23 日	凉山日报(汉)	报纸

资料来源：表格内容选取相关数据库资料整理而成。

如表 1 所示，媒体关于悬崖村的报道涵盖了悬崖村的交通、通信、金融服务、农业发展等反贫困的重要举措，这些媒体的相关报道和持续关注，引起了大众对我国悬崖村落生存发展现状的关注，直面一些现实问题，促进相关部门对该地理环境下生活的人群的生存权和发展权进行积极有效的保障。

由于交通、人力和时间等因素，以及问卷的回收等现实困难，加之实际跟踪调研访谈中，悬崖村的反贫困举措在较为迅速的动态持续实施中，所以此次调研并未采取问卷调查的方式。为了更加深入和真实地了解悬崖村的相关情况，除了搜集和整理相关文献，笔者还走访了相关村落，进行参与式的观察，定期与村民、当地工作人员、乡邻、对悬崖村进行跟踪报道的记者等直接与悬崖村事务接触的人员进行交流和询问，并做了相应的记录和整理，同时也通过当地相关部门获取资料，用以了解在悬崖村反贫困工作中的一些具体举措，分析在保障当地百姓的生存权和发展权方面所取得的进展和存在的问题。根据情况对处于美姑、雷波、昭觉三县交界的峡谷地带的个别其他悬崖村落的相关情况进行了了解，特别是对具有典型特征、有代表性的反贫困具体模式的进展进行了一些分析和比较，如处于雷波县管辖区域内的莫红乡的一些村社等。

二 悬崖村落反贫困工作的整体进展

川滇结合部的大小凉山地区，位于青藏高原和云贵高原的结合部，地处

青藏高原东缘的横断山脉北段，为四川盆地和云贵高原之间的过渡地带，是我国最大的彝族聚居区，大部分地区山高谷深，金沙江、大渡河及其支流切割出西南最密集的高山"悬崖村"。该地区70%的土地属陡坡地，其中约半数的土地位于30度至50度的陡坡上，贫困发生率达21.4%[①]，远高于国家贫困发生率2%以下（西部地区为3%以下[②]）的贫困退出标准，是我国脱贫攻坚难度最大的集中连片特困地区之一。2016年至2017年，在各级政府部门、社会各界的关注和帮扶下，当地政府和村民共同努力，实施了一系列有力的反贫困措施，悬崖村落的反贫困工作全面开展，在交通改造、基础设施建设、扶贫产业发展、通信、教育、医疗卫生等方面取得了重大进展，有效保障了当地居民的生存权和发展权。

（一）制定方案、签署协议，指导和保障反贫困工作有序开展

通过一系列相关政策文件、方案报告和协议，保障和促进悬崖村落的反贫困工作（见表2）。

表2　部分与"悬崖村"相关的政策文件＼方案报告＼协议（按时间先后顺序）

名称	单位	时间
《大小凉山集中连片特困地区扶贫攻坚总体方案(2016－2020年)》	四川省人民政府	2015年底
《关于昭觉县"悬崖村"脱贫攻坚有关情况的报告》	四川省脱贫攻坚领导小组办公室	2016年12月15日
《昭觉县支尔莫乡阿土列尔村2016年度脱贫攻坚实施方案》	昭觉县支尔莫乡人民政府、支尔莫乡阿土列尔村村委会	2016年8月19日
《"悬崖村·古里大峡谷景区"投资开发协议》	昭觉县政府、成都天友旅游集团	2016年11月[③]

---

① 陈天湖、蒋作平、黄毅、李力可：《听，峭壁上传来笑语欢声——27个"悬崖村"脱贫大决战蹲点调查（上）》，《半月谈》2017年第11期。
② 《关于建立贫困退出机制的意见》，国务院新闻办公室网站，http://www.scio.gov.cn/xwfbh/xwbfbh/yg/2/Document/1476593/1476593.htm。
③ 《旅游让"悬崖村"变"幸福村"》，国家旅游局网站，http://www.cnta.gov.cn/xxfb/jdxwnew2/201704/t20170426_823434.shtml。

续表

名称	单位	时间
《关于昭觉县"悬崖村"脱贫攻坚有关情况的报告》	四川省脱贫攻坚领导小组办公室	2016年12月15日
《中国电信援建勒尔小学校园信息化合作协议》	勒尔小学、中国电信凉山分公司	2017年4月12日
《关于进一步加快推进深度贫困县脱贫攻坚的意见》	四川省委省政府	2017年8月15日
启动《四川农村扶贫开发条例》执法检查①	四川省人大常委会	2017年9月
《关于实施深度贫困县人才振兴工程的意见》	四川省委办公厅、省政府办公厅	2017年12月②

资料来源：根据相关单位网站和调研地相关部门所获资料整理。

　　基于相关政策文件、方案的指导以及执法检查和协议框架，悬崖村落反贫困工作得以顺利开展，各项工作取得了较大成效，较好地实现了对当地村民生存权和发展权等权益的有效保障。同时，各级政府和干部也在不断努力将该区域的反贫困工作提升到新的高度，加大反贫困工作的支持力度。

（二）就地发展与易地搬迁相结合，改善交通出行条件

1. 根据现实情况就地改善交通条件

　　"悬崖村"发展受阻并受到广泛关注的重要原因之一即交通出行不便。当地工作人员表示："阿土列尔村的两个社不通公路，群众致贫的主要原因为出行难，产业成本高，导致群众生产积极性不高。""悬崖村"由于地理位置所限，公路及硬化路几乎无法修进村且存在巨大的安全风险隐患，主要通过易地搬迁或就地寻求其他途径两种方式改善出行条件。要进入阿土

---

① 《四川将于9月启动〈四川农村扶贫开发条例〉执法检查》，国务院扶贫开发领导小组办公室网站，http://www.cpad.gov.cn/art/2017/8/28/art_5_68626.html。
② 《四川实施深度贫困县人才振兴工程　紧缺专业人才免费定向培养》，四川省人民政府网站，http://www.sc.gov.cn/10462/10778/10876/2017/12/29/10441886.shtml。

列尔村勒尔社大致有三条途径：第一条路是穿越硕足村硕足社①，途经特图社到达"悬崖村"，全程18公里，车辆无法通行，仅能供行人通过，步行距离远，且途经多个地质灾害点，存在较大的安全隐患；第二条路则需要沿古里河河谷穿越古里大峡谷，全程约5公里，只有每年年终和次年年初约3个月的枯水期可以通过，其余大部分时间因河水上涨淹没通道而无法通行，路况较为崎岖；第三条路便是引发关注的"藤条道"，即通过攀爬藤梯沿悬崖而上到达"悬崖村"，全长约4公里，其余还有一些没有藤梯直接位于悬崖上的"路"则极其危险。这几条路的概况见表3。

表3　进出"悬崖村"通道概况

进入"悬崖村"通道	进入方式	路长	基本情况	特点
绕经其他村社通道	步行	18公里	途经硕足社和特图社	步行距离远，经过地质灾害点
河谷通道	步行	5公里	沿河谷穿越古里大峡谷	仅3个月左右的枯水期能通过
藤梯通道	攀爬藤梯	4公里	攀爬17条藤梯上悬崖	攀爬时间长、安全隐患大
其他	直接攀岩等	不确定	没有藤梯等辅助	极度危险

资料来源：根据相关资料和访谈内容整理而成。

据当地人介绍，多年来有近10人在进出"悬崖村"的这几条路上摔死，摔伤的人则更多。通往"悬崖村"的"路"上，时常会出现猴群和蛇，给本身就崎岖陡峭狭窄的通道带来更大的安全隐患。从阿土列尔村村民的口述历史中可知，约200多年前，彝族先民为躲避匪患和战乱，迁徙至此，这里土地相对肥沃，远离战乱，于是在易守难攻的缓坡上过着自给自足的与世无争的生活，至今已有七八代，他们对这里有着深厚的情感。随着时代的迅速发展，先民们当年为了躲避战乱而选择的较为理想的居住家园，如今却由于偏远孤立、发展滞后而面临困境。凉山彝族自治州发改委领导介绍，凉山州超过40%的村海拔在勒尔社之上，还有超过1600个村位于石漠化严重地

---

① 均为当地彝语地名的音译。

区，很多村实际上比勒尔社更需要搬迁①。凉山适合耕种的土地面积较稀缺，合适的安置土地不易寻找，阿土列尔村的年平均气温达 12 摄氏度，气候温和，适合种植农作物，老乡们故土难离，绝大部分村民并没有强烈的搬迁愿望。当地工作人员告知，位于勒尔社和来洛社之间的古曲洛社，由于地势险要，自然灾害频发，该社村民已经自发地搬迁到了临近的村社，因此，阿土列尔村的四个行政社中，目前实际上仅有牛觉、特图和勒尔三个社有村民居住。

当地政府干部在参照相关的易地搬迁标准后，充分尊重村民的意见，主要采取了就地改善出行交通条件的方式，并在相关部门、机构的共同努力下加强相应配套设施建设。2016 年 8 月，凉山州、昭觉县两级财政各投入 50 万元改善通往勒尔、特图两社的交通条件及保障村民出行安全，在尽量维持其原自然风貌的基础上，启动了修建钢梯项目，用 1600 根钢管打造天梯，并于 2016 年底建成使用，方便了村民出行，提高了出行安全指数，缩短了上下村社的时间，促进了村社和外界的交流。

2. 实施自愿搬迁安置结合交通设施改善

截至 2017 年底，各地的"悬崖村"根据情况进行了相应的交通改善，以与昭觉县阿土列尔村隔山相望的雷波县莫红乡为例，该乡所辖的五个村中的达觉、九口、马处哈三个村也可被称为"悬崖村"，均实施了自愿搬迁移民安置。据当地工作人员介绍，很多村民投亲靠友进行了分散安置，对于这一部分村民，基层工作人员为了保障其实现搬迁脱贫，预先对搬入地进行实地考察。为保障村民搬迁后的生存发展等权益，防止村民的搬迁款得不到有效利用，在确保搬入地各项条件达标后，再按照程序予以发放搬迁款。大渡河旁的四川省汉源县古路村、贵州铜仁市沿河土家族自治县一口刀村等悬崖村均采取了相应的措施，方便村民出行，详情见表4。

---

① 《大凉山"悬崖村"村民为什么不搬迁？》，中国网，http://media.china.com.cn/yqfw/2017-03-11/996804.html。

表4　部分"悬崖村落"交通改善方式及进展

悬崖村名	所属区域	地理及原交通条件	交通改善方式	交通现状
阿土列尔村	四川省凉山彝族自治州昭觉县	地面落差800米，无公路，依靠藤梯出行	就地改善交通，修建加固"钢梯"	依靠1600根钢管搭建的钢梯出行
达觉村	四川省凉山彝族自治州雷波县	海拔近2800米①，无通村公路	易地搬迁	搬迁至交通便利处
九口村	四川省凉山彝族自治州雷波县	海拔1800米，无通村公路②	易地搬迁	搬迁至交通便利处
马处哈村	四川省凉山彝族自治州雷波县	海拔1600米③，无通村公路	易地搬迁	搬迁至交通便利处
古路村	四川省雅安市汉源县	海拔1400米左右，位于大渡河大峡谷入口处的绝壁上是雅安唯一不通公路的行政村	就地改善，开凿出"挂壁路"，加装护栏、硬化路面，建成高空横跨索道	可供行人行走的观光道和高空横跨索道方便村民出行，吸引游客
一口刀村	贵州铜仁市沿河土家族自治县	地处武陵山集中连片特困地区，村民分散居住于落差达830山间④，交通不便利	跨区域易地搬迁和就地转移结合	搬迁至铜仁市区或转移至山下

资料来源：根据相关材料⑤和访谈内容整理而成。

（三）加强基础设施建设，保障村民生存发展权益

保障村民的日常生活需求，如用水、用电、通信等，这些均是当今社会

---

① 雷波县扶贫移民局：《莫红中心乡达觉村调研报告》，2016年6月17日。

② 《翠屏区委统战部赴雷波县对口援彝》，宜宾新闻网，http：//www. ybxww. com/news/html/201702/262098. shtml。

③ 《宜宾卫计：情系凉山彝区　助推脱贫攻坚》，四川新闻网，http：//yb. newssc. org/system/20170301/002121264. html。

④ 谌思宇：《沿河一口刀村　昔日轮种一丘田　近照齐绿百座山》，《贵州日报》2017年4月11日，第1版。

⑤ 《三个"悬崖村"，三条脱贫路》，新华网，http：//news. xinhuanet. com/mrdx/2017－03/11/c_136120169. htm。

实现人类生存权和发展权等权益的基础要素。目前已完成并投入使用的基础设施有：投入 39 万元建成的勒尔社和特图社的人畜饮水安全工程；投入 16 万元实施的牛觉社脐橙产业灌溉水利设施建设工程。此外，四川省发改委号召四川能投集团投资 1800 万元进行的阿土列尔村电网升级改造工程竣工，2017 年 12 月 28 日，悬崖村正式合闸通电[①]。在通信设施方面，中国电信投资了 150 余万元，绕行 43 公里，成功实施了"悬崖村"的网络建设工程，把光纤通到了该村，目前阿土列尔村的村民可看电视、上网、用 4G 手机，同城市消费者一样，享受信息化应用[②]。

（四）发展教育，为反贫困提供人力资源保障

教育是实现人的全面发展的必要途径，人力资源是解决贫困问题、实现可持续发展的重要资源。交通不便、与世隔绝的"悬崖村"，现代教育资源匮乏，教学条件和设施落后，严重阻碍村民及其后代子女的生存权和发展权的实现，当地采取了一系列措施发展教育，保障适龄入学儿童的受教育权。

一是积极改善设施，满足新增学生的住宿需求。将学校原有的 1 间教室和 4 间教师宿舍临时改造成学生寝室，同时与学校附近的苏八姑电站和勒尔村两委会协调，该电站无偿为学校提供了 3 间教师宿舍，勒尔村将村活动室无偿提供给学校作为教师宿舍。二是增加师资力量。政府在 2017 年新招的特岗教师中选派了 2 名补充到勒尔村小学，同时还聘请了 2 名专职学校管理人员，与值周老师一起加强学生的管理。三是大力改善学生学习和食宿条件。目前已补充采购了 36 套教学桌椅、30 张高低床和相应床被以及食堂设备设施，这些物资和设备已在 2017 年 9 月 2 日到位[③]。

---

① 魏兆阳、李力可：《"家里的萤火虫飞走喽!"——四川凉山悬崖村通电记》，新华网，http：//m. xinhuanet. com/sc/2017－12/30/c_1122189575. htm。

② 高畅：《杨杰：把光纤通到悬崖村　让村民享受信息化应用》，新华网，http：//news. xinhuanet. com/politics/19cpcnc/2017－10/19/c_129723317. htm。

③ 石进：《"悬崖村"小学成了"香饽饽"》，《凉山日报》（汉）2017 年 9 月 3 日，第 A1 版。

为解决村里学生上学难问题和保障村民生命安全，尽量减少学生和家长往返悬崖路次数，阿土列尔村小学实行全寄宿制封闭式管理，每年补助每位学生生活费4500元，除中央、省补助寄宿制学生生活费和营养餐外，不足部分由州县按照5∶5比例分担。2017年投资1351万元①，将该校改扩建成容纳400人的全寄宿制学校，以满足该村周边村社的学生教育需求。增设了幼教点，保障全村适龄幼儿的学前教育的开展。国家政策和当地积极有效的举措保证了"悬崖村"的适龄儿童实现100%入学。

（五）因地制宜发展产业，实施立体举措

在种植业方面，一是巩固提升核桃产业，全村种植规模已达1.5万株，做到了应栽尽栽；二是扩大青花椒种植规模，种植规模达4420株；三是发展脐橙产业，首期在牛觉社种植雷波脐橙75亩7000株。同时，计划种植优质玉米、优质牧草等新品种。在养殖方面，一是成立山羊养殖农民专业合作社，以产业扶贫资金的形式，以贫困户5000元每户、其他户3000元每户的标准代其入股，并统一由以贫困户为主的16户村民养殖，派专人长期负责疫情防治。二是以借羊还羊的方式，按贫困户人均900元的标准发展山羊养殖。目前，全村村民均已全部加入合作社，首批已养殖山羊368只、绵羊80只，截至2017年底，该村成立的全县第一个村级山羊养殖合作社中山羊数量已达520多只。除此以外，乡政府还出资32000元为阿土列尔村全村村民采购了春耕玉米种子。养殖户补助37户，补助165910元；核桃嫁接96户，补助172090元；脐橙种植25户，补助112000元等。当地还从开发旅游资源、开展技能培训、改善卫生医疗条件等方面加以配套，更加立体地为反贫困工作助力，实现精准扶贫的可持续效果。相关的反贫困工作和项目综合见表5。

---

① 阿克鸠射：《昭觉县"悬崖村"的一切都在改变》，《凉山日报》（汉）2017年5月14日，第A1版。

表5　2016~2017年阿土列尔"悬崖村"反贫困促发展主要工作进展情况一览

工作/项目	实施进度	备注
"钢梯"修建加固	已完成并投入使用	州、县两级财政共投入100万元,公用钢管1500根,120吨钢材,共有2556级梯步
升级核桃产业	补助96户,全村已达1.5万株	计划进行科学嫁接、品种改良
扩大青花椒种植规模	已种植4420株	计划新种5000株
发展脐橙产业	补助25户,已种植75亩7000株	计划达到100亩10000株规模
发展油橄榄产业	试种油橄榄36亩,全部存活;阿土列尔村党支部(持股49%)和西昌中泽公司(持股51%)联合组建了昭觉支尔莫油橄榄产业发展有限公司	成功注册了"中泽悬崖村油橄榄品牌";预计2018年初完成在阿土列尔村勒尔社100亩高标准油橄榄建设基地
成立山羊养殖专业合作社	全村村民均已加入,山羊368只、绵羊80只	以产业扶贫资金和借羊还羊的方式进行,分别投资54万元、12.6万元
勒尔、特图人畜饮水安全工程	已完成并投入使用	投入39万元
牛觉社脐橙灌溉水利设施建设	已完成并投入使用	投入16万元
电网改造升级工程	已竣工并正式合闸通电	总投入1800万元
网络覆盖工程	2017年初开通电信网络服务,2017年5月打造智慧教育、医疗、党群通等移动服务	实现了4G网络覆盖,有的村民实用"快手"等直播软件分享悬崖村的生活;丰富了教育资源和医疗途径等
金融服务	多家涉农银行在"悬崖村"设立了金融扶贫服务点,农发行审批6000万元贷款提供全方位的金融服务	邮政银行通过印刷彝汉双语业务宣传手册,介绍精准扶贫贷款等业务
扩建容纳400人村完小项目	已完成勒尔小学综合楼主体部分新建工程	投入1351万元
"一寸一幼"幼教点建设	建成1个,招收幼儿25人	勒尔社和特图社的幼儿园建设物资已采购好,待货运索道启用后方能建设

续表

工作/项目	实施进度	备注
医疗建设项目	财政出资 15 万元修建勒尔社医疗卫生室;积极协调上级卫生部门安排两名医生到村医务室	2017 年底实现了全国首个"无人机"流动诊所①
开展初级挖掘机驾驶员培训	组织村民学习挖掘机操作	组织 30 名村民到西昌全免费学习挖掘机操作,并获得操作证书
悬崖村——古里大峡谷旅游总体开发	由成都天友旅游集团与昭觉县人民政府签订协议,预计分两期合计投资 3 亿元人民币,围绕户外运动、彝族原始村寨旅游核心功能,构建复合型的旅游产业链	目前旅游开展文本基本定稿,规划方案基本成型,预计 2018 年初可以开始实施
成立睦邻友好乡镇项目	与雷波瓦岗和莫红结为友好乡镇	信息资源共享,保护群众利益

资料来源:由当地相关部门提供的材料结合相关访谈内容整理而成。

如表 5 所示,2016 年至 2017 年,"悬崖村"的交通、教育、医疗等设施建设取得了较大的进展,该村各方面条件得到了明显改善,还有许多项目仍在进行中,一些规划有待更加具体的实施。这一系列的举措,都将使"悬崖村"村民基本的生存权和发展权得到更为有效的保障。

三 科学开展悬崖村落反贫困的建议

在我国精准扶贫的政策指导和要求下,悬崖村落的各项反贫困措施正在全方位地有效开展,取得了显著的成效。同时,由于悬崖村落特殊的地理条件等因素,反贫困任务依然艰巨,要使该区域人口的生存权和发展权更为充分的实现,仍需大量有效而精准的努力。

---

① 《全国首个无人机流动诊所开张 药品 15 分钟进悬崖村》,四川省人民政府网,http://www.sc.gov.cn/10462/12771/2017/12/17/10440947.shtml。

（一）有效落实相关政策法律，保障当地群众的权益

由于历史等原因，"悬崖村"村民在当地的居住时间长，很多悬崖村落及其周边地区往往又是光照、气候条件较好的地带，独特的地理位置和地貌构造，也使其拥有丰富的自然和文化资源，如矿产资源、水能资源、生态农业资源和人文旅游资源等。在昭觉县的阿土列尔村和邻近的雷波莫红、瓦岗等区域，进行着巨型的水能资源开发项目，同时还有自然资源和旅游开发项目。在这些项目的开发过程中，要充分考虑到生态环境保护及资源开发补偿、企业注册地和当地税收等现实问题。在宪法原则和框架下，通过贯彻落实《民族区域自治法》《环境保护法》等相关法律切实保障当地居民的各项权益，有效地实现该地区的自我造血功能。同时，要加强对相关法律政策的宣传力度，规范和畅通居民表达诉求和反映问题的渠道。

（二）重视教育均衡发展，科学有效开展双语教育

除了自然资源禀赋等因素，人力资源的有效开发与利用成为当今世界反贫困和实现经济增长的关键因素。相当多的悬崖村落集中分布于我国西部少数民族聚居区，这一区域的人口结构特征是儿童与青年占相应民族群体总人口数的比例较高，但教育发展失衡。要把人力资本有效地转变为人力资源，科学、均衡的教育发展是必经之路，诸如"一村一幼"项目的开展和四川省 2016 年全面对其所辖民族自治区实行免费十五年教育等措施，都是人力资源培养的重要举措。在加大教育资金投入的同时，要针对少数民族的学习特点，科学地开展民族教育，如双语教育等。我国签署的重要国际公约如联合国《儿童权利公约》，我国的《宪法》《民族区域自治法》《语言文字法》《国家民委"十三五"少数民族语言文字工作规划》等都对相关内容有具体的阐释和规定。我国在高等院校的考试录取中，坚持按照相应的实际情况，保障少数民族语言文字使用的权利。很多院校不断扩大对双语考生的招收力度，如西南民族大学除少数民族语言文学专业在录取的时候要求民汉双语成绩外，逐渐在法学、生命科学、建筑学、药学等学科根据相关政策招收民汉

双语考生，这是我国对少数民族权益保障的具体体现之一。欠发达民族地区主要承载着少数民族基础教育的实施和发展使命，在民族地区教育发展的过程中，相关部门和领导要遵循教育规律，既要保障少数民族学生用其母语接受教育和学习母语的权利，又要保障其学习国家通用语言文字的权利，利用少数民族学生的母语优势科学合理安排双语教育，以实现其民汉兼通的远期目标，为高等院校、相关政府部门、企事业单位等输送既具备双语能力，又有专业知识和技能的人才，提高少数民族人力资源的质量，并充分保障其权益，避免边缘化，使其更好地为当地精准脱贫和可持续发展发挥作用。

（三）因地制宜开展相关项目，根据实际进行调整和完善

悬崖村落作为我国西部贫困地区的缩影和典型，针对该地区开展的反贫困工作和其他地区相比，既要有共性也要注重其特性，从而实现精准脱贫的目标。在旅游业的开发中，要针对目前旅游业发展的方向和瓶颈，避免同质化，在进行旅游开发所必需的交通、住宿、餐饮服务等项目的同时，也要根据当地现实进行差异性开发，以增强相关旅游产品在旅游市场中的竞争力，在保护当地自然环境和尊重其民族风俗的前提下，利用当地人作为其文化持有者的优势，经过相应的指导培训使其充分参与到旅游业的发展中来，获得相应的报酬，并带动旅游产业链的发展。在种植业、养殖业发展中，也要因地制宜地选择品种、控制规模，解决农产品的交通运输和加工生产的问题。悬崖村落所处的地域落差大、地貌复杂，在调研中，笔者发现由于地理位置、气候、土壤等差异，同样品种的农产品如脐橙可能存在味道酸甜度、皮的厚薄等较为明显的差异，由于交通运输的不便，成本增加，降低了产品的竞争力。因此，要根据地区实际情况和差异，对相应的项目进行评估和调整，以达到最优的产业扶贫效果。

B.23
三江源地区民生权利保障状况调查报告*

张兴年　王洁琼　王怡雯**

摘　要： 中国政府高度重视对三江源的生态保护与当地藏族的民生保
障和改善工作。自2005年生态保护区项目实施以来，三江源
地区先后落实"退牧还草""三江源生态保护综合试验区"
"中国三江源国家公园"等重大项目工程，生态和居民生产
生活环境得到明显改善。但在前期生态保护区建设过程中，
由于保护区受自然条件、资金保障及政策法规等因素影响，
有重生态保护、轻民生保障的倾向。本文在调查研究的基础
上，分析了近年来在改善该地区民众生存权、受教育权、劳
动权、健康权、住房权、出行权方面采取的措施及其成效，
并指出在民生、教育、就业、疾病灾害救助、移民点和交通
路况方面仍然存在的问题，建议进一步更新观念、因势利导、
防治结合、统筹安置，使该地区人民的各项人权得到更全面、
更充分的保障。

关键词： 三江源地区　民生　权利保障

---

* 基金项目：本文系2016年度国家民委自筹类课题"中国三江源国家公园建设与三江源藏区
精准脱贫路径研究"阶段性成果（课题编号：2016－GMD－011）。
** 张兴年，政治学博士，青海民族大学政治与公共管理学院副教授，主要研究方向：藏区
稳定与发展；王洁琼，青海民族大学政治与公共管理学院政治学硕士，主要研究方向：
三江源地区发展与治理；王怡雯，青海民族大学民族学与社会学学院民族学硕士，主要
研究方向：马克思主义民族政策与理论。

"民生"即人民的生计问题。狭义的民生指解决人民的衣、食、住、行等基本生活需要。广义的民生则指民众的基本生存和生活状态,以及民众的基本发展机会、基本发展能力和基本权益保护等。民生问题专家郑功成认为,"民生是一个动态的、持续发展的概念,解决好民生问题始终是政府的核心任务,在经历了一个满足人民低层次温饱需求的阶段后,现阶段的民生问题已不再是简单的衣食之忧,而是包括教育、就业、收入分配、社会保障、医疗卫生乃至公平正义、民主法制等,从而是全方位的、高层次的民生问题"①。显然,"民生"从概念到内涵具有时代性,会随时代的变化而变化、发展而发展。经济社会越是发展,民生问题的内涵就越扩展。因此,我们对于地处偏远、高寒缺氧、经济落后的三江源地区民生内涵的理解也必须随着时代的变化而变化。跟计划经济时代相比,当前三江源地区除已日益显露出重要性的教育、就业、收入分配及社会保障等民生基础之外,还有生态保护与民生保障,从现代化世俗生活到藏传佛教信众的精神生活,从三江源区域发展不平衡、不充分到过上与城里人一样体面与尊严的生活,已成为该地区全面建成小康社会所必须考虑的重大民生问题。

一　调查背景及方法

"三江源"地区位于青藏高原南部,平均海拔 3600～4800 米,是长江、黄河和澜沧江－湄公河的源头汇水区,是我国乃至亚洲重要的生态屏障和水源涵养区,也是世界高海拔地区生物多样性最集中、生态最敏感和最脆弱的地区。其生态环境具有能深刻影响全球自然环境变化的巨大生态效应,并由此而广泛影响到人类的生存与发展。同时,三江源地区也是我国重点扶贫地区之一。行政区域涉及玉树、果洛、海南、黄南四个藏族自治州的 16 个县和格尔木市的唐古拉乡,总面积为 30.25 万平方公里,约占青海省总面积的

---

① 2007 年 3 月 1 日全国两会召开之际,全国人大常委会委员、全国人大内务司法委员、中国人民大学教授郑功成在接受南方周末记者专访时所言,http://news.sina.com.cn/c/2007 - 03 - 01/102712400712.shtml。

43%，占16县1乡总面积的97%。现有人口55.6万人，其中藏族人口占90%以上。中国政府高度重视对三江源乃至整个青藏高原的生态保护和当地藏族的民生保障和改善工作。自2005年以来，"三江源生态移民"离开了原来熟悉的粗放式的游牧生产、生活方式，自身又缺乏赖以发展的职业技能，移民搬迁后传统游牧社会的生产生活方式发生剧烈变迁，面临的实际困难仍然很多。

2015年12月10日，习近平总书记主持召开的中央全面深化改革领导小组第19次会议审议通过了《中国三江源国家公园体制试点方案》，会议指出，"在青海三江源地区选择典型和代表区域开展国家公园体制试点，实现三江源地区重要自然资源国家所有、全民共享、世代传承，促进自然资源的持久保育和永续利用"。中央从顶层设计和战略部署上所做的这种重大调整高瞻远瞩、前所未有，将三江源生态保护与民生保障放到全国乃至亚洲视域来谋划，对于之后三江源地区的生态保护和民生保障具有十分重要的意义。2016年8月22~24日，习近平总书记专程来青海调研，深入牧区，就贯彻落实"十三五"规划、加强生态环境保护、做好经济社会发展工作调研考察。在考察期间的座谈会上，习近平总书记围绕青海工作提出"四个扎扎实实"：扎扎实实推进经济持续健康发展，扎扎实实推进生态环境保护，扎扎实实保障和改善民生，扎扎实实加强规范党内政治生活①。

2016年1月25日，中央1号文件精神更明确了农牧区生态脱贫将从供给侧加大结构性改革力度的新发展理念，针对三江源地区的生态扶贫工作，先后批准建立首个国家公园、4个沙漠公园。中央首次在原"青海省三江源自然资源保护区"之前冠以"中国"二字，意味着"三江源自然保护区"已被纳入国家战略部署长期国策层面。可见，三江源已不仅仅是青海的事，而是关系我国乃至亚洲生态安全、经济循环及民生保障等国计民生的大事。可以预见，在接下来的5年里，国家将在第一个国家体制试点公园建设上，激活和释放三江源生态移民脱贫奔小康的内在活力，定向施策，精准发力，

---

① 2016年8月22~24日，习近平专程前来青海考察时发表的讲话。

带动该地区走向康庄大道。

截至 2017 年底，"中国三江源国家公园"、三江源相关州县"精准扶贫"等工作已经进行了两年。但随着物价和移民点人口的逐年增长，国家发放的补贴勉强能够解决温饱问题，生态移民定居点新增人口家庭因为没有增加补贴，生活出现困难。因此，要使三江源移民"移得出，稳得住，能致富，不反弹"，需要研究并切实解决移民的后续产业发展问题。目前三江源生态面临的最大问题就是民生和社会保障问题。尤其自 2015 年以来，三江源地区在第一、第二产业遭遇政策性限制，第三产业因环境、社会、资金及个人等因素先天不足，经济社会发展缺乏应有支点和活力，基本公共服务体系建设存在不充分、不平衡及不均等问题。项目区移民"等、靠、要"思想严重，"造血"式生态补偿机制亟待建立。而三江源国家公园建设政策于此时出笼，适逢其时。正如青海省委书记骆惠宁所指出的："三江源国家公园的获批，将通过建立起三江源地区牧民群众发挥生态保护主体作用并获得稳定收益的机制，不断激发当地群众和社会力量参与生态保护的内生动力，实现生态保护与民生改善，国家和区域发展的共赢。"① 中国三江源国家公园的建立，通过实现国家对三江源地区统一行使重要自然资源资产管理与国土空间用途管制，将在我国首次构建"归属清晰、权责明确、监管有效"的生态保护管理体制，为我国生态文明建设和项目区民生改善探索出一条新路径。

总之，三江源以"母亲河"的博大胸怀为人类提供了无价的生态产品，这一地区的藏族同胞也为此放弃了许多发展机会，如禁牧、禁采、禁挖、禁渔、禁猎、退牧还草、易地搬迁等，做出了巨大牺牲。至今，三江源经济社会发展仍相对滞后，相当一部分生态移民还生活在贫困线以下。

有鉴于此，本调查组自 2016 年 1 月起至今，先后 12 次赶赴三江源玉树州囊谦、治多、称多、曲麻莱、玉树 4 县 1 市，果洛州玛沁、玛多及久治 3 县，海南州同德、贵德 2 县，黄南州同仁、泽库及尖扎 3 县，共计 20 多个

---

① 2015 年 12 月 11 日，青海省委书记骆惠宁主持召开省委常委会议，部署中国三江源国家公园体制试点启动工作时的讲话。

乡镇，发放"三江源地区精准扶贫问卷"450份，回收416份，回收率92.4%，"三江源地区基本公共服务体系建设调查问卷"700份，回收689份，回收率98.4%（见图1）。本文中图表中的频数均指参与该项调查的人数；有效百分比指某选项频数在本题有效样本（去除缺失样本）中的比例；2 per. Mov. Avg. 频率指频数过程趋势线。利用宣讲"中央1号文件"精神、青海民族大学马克思主义学院思想政治教育专业学生"藏区顶岗支教"及"本科生暑期社会认知实践"的机会，采用人类学田野点参与观察、定居点深度访谈等参与式方法（PRA，PTD）进行访谈。本文主要从狭义角度就三江源地区民生权利保障现状、问题及前景，在长时段、大范围深入三江源核心区调查的基础上，通过SPSS统计工具进行相关分析，以期得到客观、科学的结论。

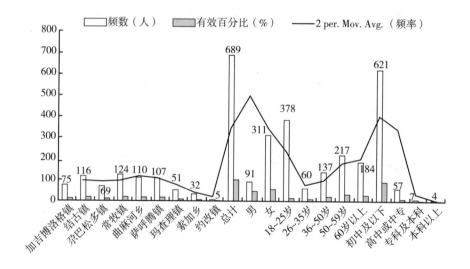

图1　"三江源地区基本公共服务体系建设调查问卷"受访人员基本信息

资料来源："三江源地区基本公共服务体系建设调查问卷"。

二　基本情况及其特点

三江源地区历经10多年的生态保护与民生改善，所取得的成就举世

瞩目。其主要民生指标在国家各级各类扶贫政策、援建项目的帮扶兜底下，较之以往，有了根本性和历史性的进步。该地区广大民众对此心怀感念，同时又对新生活充满期待。图 2 是受访者对人际关系，本地文体设施，水、电、燃气、供暖设施，居住安全感，公共场所设施以及行政事务办理人员服务态度等的评价。认为人际关系状况好的有 280 人，占受访总人数的 40.6%，并有 72 人认为非常好，认为差和非常差的仅 4 人；对于本地文化体育设施的评价，有 161 人认为较好，占受访总人数的 23.4%，130 人认为差，占受访总人数的 18.9%；对本地水、电、燃气、供暖等公用设施的评价，132 人表示较好，占受访总人数的 19.2%，并有 65 人感到非常好，122 人表示差，占受访总人数的 17.7%；对在本地居住的整体安全感而言，高达 447 人表示安全，占受访总人数的 64.9%；478 人认为公共场所设施较好，占受访总人数的 69.4%；对于行政事务办理人员的服务态度，有 184 人认为较好，占受访总人数的 26.7%；150 人认为态度差，占受访总人数的 21.8%。

但在这个基本面之下，仍有诸多民生之困亟待破解。一些地方的历史遗留问题，盲目开发所导致的民生欠账，区域发展的不充分、不平衡和不均等相互叠加，使很多利好政策被打了折扣。目前，就三江源地区而言，其民生状况呈现如下特征。

第一，地广人稀、居地分散、条件恶劣是三江源民生之困的天然因素。三江源地区地处青藏高原腹地，海拔高、气候寒冷、干燥、缺氧，自然条件极其严酷，加之人口分布较为分散，导致公共服务半径大，无法实现全覆盖和规模效应，进而使得农牧民无法得到及时的医疗救助，就近购买生活必需品也成为难题，同时当地居民子女面临不能就近上学而只能选择去有办学条件的县城上寄宿制学校的困境。这些因地理因素产生的现状如果处置不当就会产生一系列的社会问题。例如，因路程太远造成运输成本提高导致物价增高，因该地区农牧民无法得到及时的医疗救助而使生命安全缺乏有效保障。此外，这些地区的交通网络覆盖成本高、效益差，因而抑制了金融、电力等行业的投放意愿，加之地方财

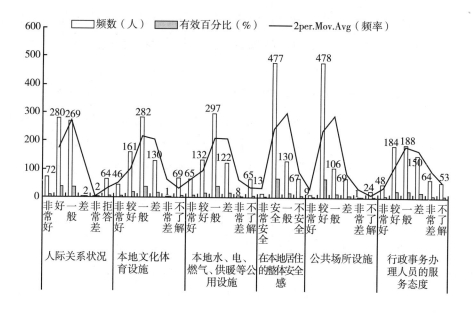

图2　受访者对其他方面的评价

资料来源："三江源地区基本公共服务体系建设调查问卷"。

力捉襟见肘，致使基础设施建设十分落后，三江源地区群众难以平等享有基本公共服务。因此，继续推进集中连片模式，整合分散乡镇，可以降低基础设施与公共服务的成本，形成规模效应。

　　第二，经济落后、发展缓慢是迟滞民生改善的经济因素。三江源地区群众由于地理环境的原因，收入来源稀少、就业渠道窄、大部分地区农牧民的经济来源依靠国家各种扶贫项目的经费。在其他有草山的地区，当地居民的主要经济收入来源是虫草收入，然而，该地区的虫草市场和居民收入之间呈现"小富掩大贫"的现象，该地区虫草市场具有地区性和季节性，即依靠虫草致富的群众多半原本就生活在虫草密集生长区域。虫草的采收集中于每年积雪溶化的农历四月至五月，以虫草为生者不得不在其余时间从事其他工作以维持生计。同时现阶段人们对于虫草的药用价值有所怀疑，如果虫草的药用价值在未来的科研阶段被证实没有神奇的疗效，那么当地农牧民失去虫草收入后将何去何从？此外，虫草给

当地居民带来了丰厚的报酬和草原经济的繁荣，也给草原生态带来了巨大压力和可持续性问题，同时越来越多的采挖者在采挖过程中，由于产量不足而进入藏族"神山"进行采挖，导致在虫草采挖过程中出现矛盾与冲突。这也是影响当地稳定和谐的一个因素。这些因素也会被部分分裂势力利用来扰乱当地的民心、破坏当地的稳定。值得一提的是，现阶段该地区农牧民收入结构单一，承担风险能力弱，突发重大灾害或者疾病就会严重影响农牧民的生产生活，如果没有国家政策为农牧民收入提供兜底保证，又会存在严重的返贫问题。

第三，基础设施薄弱、公共服务水平落后加剧区域差距。受三江源地区地理环境的限制，即地广人稀，人口分散，公共服务的辐射半径太大，无法形成规模化，在人员分散的地方要保证当地农牧民享受到成熟完善的公共服务是不现实的，在实际的投入方面也无法落实，所以就导致三江源农牧民难以平等地享受到基本的公共服务。同时公共服务存在"投非所用，供非所需"的情况。例如，投入资金修建便民图书馆，在实际的走访过程当中发现其并没有在真正意义上投入使用，长期关闭无人维护，馆内的书籍不考虑实际情况，投放的大部分都是汉文书籍，当地藏族群众看不懂，或者后续没有跟进完善。这些投入非所用的情况都使公共资源产生浪费，并没有发挥出其应有的价值与作用。

第四，生态保护和民生保障之间缺乏协调统筹和法律保障。由于三江源生态地位的特殊性，以往的政策出现了重生态、轻民生的情况。一味地为了生态保护的政策导向而忽视了民生问题，同时因为生态环境保护也被纳入了干部绩效考核当中，这一问题也难以根治，而导致民生问题与生态保护问题之间产生了矛盾。这要求当地政府统筹规划，合理制定相关的政策与规定，既要绿水青山，也要金山银山。既让农牧民的生产生活得到保障，也能够保护当地的生态环境，并使其受到相关法律的保障。

第五，三江源区域内发展亦不平衡、不充分和不均等。从横向的角度来看，三江源地区在地理空间上占地广袤，相关的政策也需要因地制宜，不能一概而论，又因各个地区之间在地理环境、气候条件、矿产资源分布方面都存在差异性，需要格外重视区域间发展的差异。草山、虫草等自然禀赋较好地区数量和带动力有限，存在"小富掩大贫"现象。由于政策倾斜程度、知名度的不同，三江源地区的玉树州，各方面的发展相对会比果洛州、海南州、黄南州要好一些，同时大部分的虫草也分布在玉树州地界，当地农牧民的生活水平相对其他各州县要优越一些。但是各个州县发展的不平衡也需要引起足够的重视，制定相关政策时需要考虑各个州县之间的差异和特有的自然禀赋。如果洛州玛多县，地处黄河源头，是格萨尔文化的重要发源地之一，有扎陵湖、鄂陵湖、星星海等自然景观，文化和自然资源独特，可发展旅游业和相关旅游文化产业。

第六，扶贫政策和项目工程存在不连续问题。由于三江源地区独特的地理位置和生态地位，政府在制定相关的政策方面需要保证前瞻性和连续性，这样才能保障当地农牧民的民生问题。刚刚投入使用的项目没有运行几年又要拆掉改建其他项目，或者由于资金和地方财政短缺，项目实施到一半就不能再继续施行，这样劳民又伤财的政策走向，不利于当地的民生和经济建设，也不利于政府的公信力建设。

"善治病者，必医其受病之处；善救弊者，必塞其起弊之源。"三江源生态保护与民生保障的有力抓手即在国家公园建设与管护中实现牧民身份的就地转换，让当地群众充分参与其中，提高其获得感和幸福指数，使基本公共服务体系的建设与完善成为该地区诸多社会矛盾的减压阀。

三 保护生态和保障民生的主要做法及其成效

早在 2011 年，国务院就审议并通过了《青海三江源国家生态保护综合试验区总体方案》，建立了青海三江源国家生态保护综合试验区。试验区建立后，三江源地区在生态环境和民生保障方面得到大幅度改善。2016 年中央层面在顶层设计上明确了三江源地区的发展战略，提出青海省的发展应"扎扎实实推进经济持续健康发展，扎扎实实推进生态环境保护，扎扎实实

保障和改善民生，扎扎实实加强规范党内政治生活"①，并将之前的"三江源自然保护区"升格为"中国三江源国家公园"，使其成为中国首个国家体制公园试点地区。中央和青海省各级政府在三江源地区生态保护和民生改善方面达成共识，即三江源生态移民就地转化，身份由原先的"游牧人"转变为国家公园的"管护员"；在生态保护的同时要使广大牧民投入国家公园的建设、经营和管护当中去；建立稳定增收机制，加大该地区群众的大众参与感、获得感，摸索三江源生态脱贫路径、激活该地区社会内在活力并以此推动该地区协调发展，从源头上预防和减少生态恶化及地区社会矛盾的发生，保障和维护好该地区社会稳定与和谐。三江源国家生态保护综合试验区建设两年来，有力推动了三江源地区的可持续发展，在生态保护、区域发展的同时，民生权利的保障与改善也有了新的突破，主要做法与成效如下。

（一）自然环境与生存条件大幅改善

三江源地区民生问题的核心是"人与自然和谐"永续发展。这是政府服务人民的最高价值取向，就是在建设"青藏高原生态屏障"的同时，统筹谋划，解决当地群众的衣、食、住、用、行等基本民生问题。三江源地区生态环境条件和民生条件的改善和可持续发展不仅关系到当地人与自然的和谐永续发展，而且还对亚洲乃至世界人与自然可持续发展具有重要的战略意义。保护了三江源地区的生态环境，也就等于保护了人类文明可持续发展的生态屏障与人类生存环境。如果三江源地区的生存环境都得不到保护，其他权益也无从谈起。正是由于三江源地区特殊的地理环境，青海省政府坚持生

---

① "四个扎扎实实"是 2016 年 8 月 22～24 日，习近平专程前往青海格尔木"长江源村"（为保护三江源生态，也为保障和改善民生，2004 年该村村民从海拔 4700 米的可可西里整体搬迁到此，是一典型的藏族生态移民村）时对青海省所提出的重大工作要求。为保护三江源生态、改善藏区民生，贯彻落实习近平上述重大要求，2016 年 12 月 28 日，青海省第十二届委员会第十三次全体会议上提出"四个转变"（即"努力实现从经济小省向生态大省、生态强省的转变，从人口小省向民族团结进步大省的转变，从研究地方发展战略向融入国家战略的转变，从农牧民单一的种植、养殖、生态看护向生态生产生活良性循环的转变"），作为青海省"十三五"各项工作的总体指导原则。

态保护与制度建设同抓、工程治理与自然修复并重，驰而不息推进生态文明建设。仅 2017 年一年，青海省先后投入 10 亿元专项资金，重点实施 18 个保护监测设施项目、5 个科普教育服务设施项目、12 个门禁系统项目、13 个森林公安派出所项目。将生态保护落实到乡镇一级，精准到管护员个人。应该说此举扎实推动了三江源二期工程、湿地保护、生物多样性保护等项目的有效实施。2017 年，在国家公园范围内组织实施三江源生态保护和建设二期工程项目 5 大类共计 8 个项目，总投资 4535 万元。如在三江源三个核心区通过项目化建设，治理黑土滩项目 1 个，草原有害生物防控项目 2 个，沙化土地防治 3 个，截至 2017 年 5 月项目已基本完成①。青海省各级环境检测部门与中国科学院专家 10 年的检测结果表明：三江源地区生态系统退化趋势得到初步遏制，重点生态建设工程区生态状况好转；草地和湿地面积增加，荒漠化趋势出现初步逆转；草地退化趋势得到初步遏制，草畜矛盾有所减轻；水源涵养功能提高，水资源总量增加；生态系统土壤保持服务功能提高。随着生态移民、退牧还草、人工增雨、鼠害防治、水土保持等一系列生态保护和建设工程的持续推进，水体与湿地面积扩大，生态系统结构和质量改善，三江源地区野生动物生存和栖息环境逐渐恢复。同时，由于人类活动对生态系统干扰强度减少，三江源自然保护区野生动物种群数量明显增加，生态环境和人居环境均呈明显改善和良性发展态势。

根据《三江源国家公园体制试点规划》，青海省各级政府将以产业扶贫、资产收益、设置生态公益性管护岗位等方式为基础，深层次地解决该地区群众的民生问题。生态环境得到有效的保护后，原先在三江源地区普遍存在的贫困问题在国务院、全国政协和国务院扶贫办的组织实施下，通过项目化运作，稳步推进。该地区腹地村级道路畅通工程、安全饮水工程、电网改造、光伏扶贫、美丽乡村建设不断推进，基础设施和生产生活条件得到明显改善，为区域经济发展奠定了良好基础，居民收入水平也不断提高。"三江

---

① 数据来源：中共青海省委、青海省人民政府《青海省精准扶贫工作汇报》，2017 年 5 月 20 日。

源地区精准扶贫问卷"显示,受访的 416 人中家庭年收入 1 万元以下者有 175 人,占受访总人数的 42.1%;年收入 1.3 万元者 117 人,占受访总人数的 28.1%;3.5 万元者 82 人,占受访总人数的 19.7%;5 万元以上者 41 人,占受访总人数的 9.9%。对其预期收入进行调查得知,73 人希望他们的月收入稳定在 1000~3000 元,占受访总人数的 17.5%;176 人希望是 3000~7000 元,占受访总人数的 42.3%;102 人希望是 7000~12000 元,占受访总人数的 24.5%;12000 元以上者 65 人,占受访总人数的 15.6%。收入来源以虫草收入为主的有 104 人,占受访总人数的 25%;212 人从事农牧业,占受访总人数的 51.0%;以打工为生者 187 人,占受访总人数的 45.0%;经商者 85 人,占受访总人数的 20.4%;98 人依靠政府帮扶,占受访总人数的 23.6%;13 人依靠子女或亲戚帮扶。他们中有 138 人享受政府低保,占受访总人数的 57%(见图 3)。青海藏区农村常住居民人均可支配收入已从

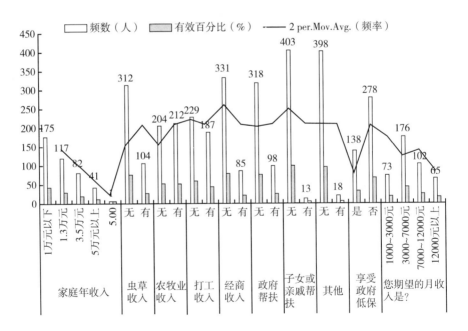

图 3 "三江源地区精准扶贫问卷"受访者收入来源及预期

资料来源:"三江源地区精准扶贫调查问卷"。

2010 年的 4122 元增长至 2016 年的 8519 元，6 年增长 107%，年均增长达 12.86%，同时，城镇常住居民的人均可支配收入也从 2010 年的 1.5 万元增长至 2016 年的 2.7 万元，年均增长 10.29%，实现六年稳定增长①。

（二）教育与职业培训长足发展

三江源地区的教育和文化水平相对比较落后，但自 2005 年以来，国家和政府通过有效调控，区外优秀教育师资力量不断被吸纳进来。地区适龄儿童、青少年不仅享受到学校免费的义务教育，各州县还新办了一些职业学校。纵向来看，三江源地区的教育事业取得了长足发展，文盲率明显下降，牧民群众的科学文化水平、法律意识、公民意识等不断提高。三江源地区所有学生 15 年免费教育全面落实，所有州县各建成 1 所中等职业学校。实施了学前教育双语幼儿园、教育基础薄弱县普通高中、中等职业教育、教师周转宿舍等 64 个项目建设②。如黄南州把发展教育事业作为地区自我发展新突破，开办天津重点中学"黄南班"总数达 7 个，招生 315 名，招生中职班学生 190 人，还通过"3 + 2"方式，开办中藏医药剂、药品检测专业，招生 50 人。组织四县农牧民子女三好学生 9 批次 400 多人到天津市、北京市访学，还培训各级党政干部及教育、卫生、科技、农牧等各类专业技术人员 74 期 4460（人）次③；果洛州对全州所有家庭全程免除学杂费、教材费并补助生活费。认真落实从学前教育到小学、中学、大学"一条龙"帮扶机制，加强中等职业教育工作，让未升入普通高中的初中毕业生接受中等职业教育，加强贫困地区教师队伍建设，不断提升师资队伍教学能力利用上海对口援青的智力优势，积极推进异地办学，扩大办学规模④。在西宁市、海东市建立"三江源民族中学"等举措成效显著。"在三江源地区基本公共服

---

① 数据来源：国家统计局青海调查总队居民收支调查处（2010～2016 年）。
② 数据来源：青海省人民政府网站，http://www.qh.gov.cn/。
③ 数据来源：黄南州人民政府《黄南州精准扶贫工作汇报》，2017 年 5 月 19 日内部资料。
④ 数据来源：果洛州人民政府《果洛州脱贫攻坚工作情况汇报》，2017 年 5 月 16 日内部资料。

务体系建设调查问卷"问题"对本地区义务教育的总体感受"中，表示非常满意者 75 人，占受访总人数的 10.9%；183 人认为满意，占受访总人数的 26.6%；267 人表示一般，占受访总人数的 38.8%；95 人不满意，占受访总人数的 13.8%；1 人感到非常不满意；有 68 人表示对义务教育并不了解，占受访总人数的 9.9%。在问题"是否保障就近入学"中，45 人认为非常有保障，占受访总人数的 6.5%；139 人认为有保障，占受访总人数的 20.2%；认为保障就近入学一般者高达 318 人，占受访总人数的 46.2%；认为没有保障者 128 人，占受访总人数的 18.6%；还有 59 人表示不了解，占受访总人数的 8.6%。关于"教育乱收费"问题，135 人认为不存在该现象，占受访总人数的 19.6%；99 人认为乱收费现象偶尔存在，占受访总人数的 14.4%；285 人对此持有一般态度，占受访总人数的 41.4%；90 人认为该现象严重，占受访总人数的 13.1%；有 1 人认为负担非常严重；还有 79 人表示对此不了解，占受访总人数的 18.9%。在问询到"学生课业负

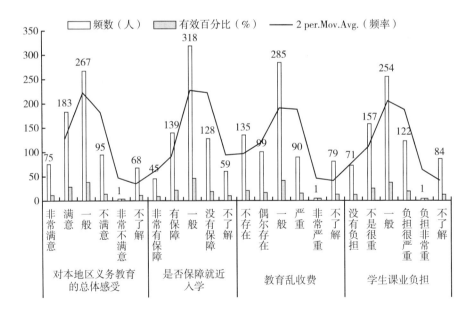

图 4　三江源地区受访者对当地义务教育的评价

资料来源："三江源地区基本公共服务体系建设调查问卷"。

担"中，71 人认为没有负担，占受访总人数的 10.3%；157 人感到有负担但并不是很重，占受访总人数的 22.8%；254 人认为负担一般，占受访总人数的 36.9%；122 人表示课业负担很严重，占受访总人数的 17.7%；1 人认为负担非常严重；有 84 人表示不了解该情况，占受访总人数的 12.2%（见图4）。

（三）生态保护与就业"双赢"稳步推进

三江源地区的生态环境有着重要的战略地位，该地区居民的就业问题始终要走有利于改善生态与改善民生的"双赢"之路，避免过度追求经济利益而超载过牧、滥采滥挖以致形成生态退化、经济衰退等恶性循环。黄南、玉树及果洛各州县多措并举，出台优惠政策，大力发展当地特色产业；各县设立生态管护公益性岗位、培训国家公园管护员、解说员等，极大地调动了农牧民保护草原生态的积极性，为今后建立草原保护和合理利用长效机制奠定了基础。各级政府并村两委，因地制宜，大力扶持发展生态畜牧业、畜牧业合作社，强化生态移民的技能培训，加大对特色种养业畜产品加工、生态旅游业的扶持力度，积极帮助生态移民发展第二、第三产业，以此确保生态居民有稳定的收入来源，有效巩固生态保护及其建设的成果。例如，贵南县实施"青春创业扶贫行动"计划，积极引导扶持大学生创业创新，为家乡培育人才、创造人才、发展人才，力争实现更多居民就业增收，利用互联网时代深入结合供销联社电商网络发展契机，通过招商引资、整合项目等手段，搭建覆盖全县 6 乡镇 30 个村的电商网络服务平台，打造物流园区，建立农牧区产品集散基地，推进电商线上线下渠道同步建设。又如，果洛州充分利用三江源核心功能区各项优惠政策，依托科技、农牧、人社、扶贫等各类培训资源，结合县域产业发展，围绕各乡村产业发展需要，进行肉乳制品加工、藏茶蔬菜种植加工、汽车修理、民族手工艺品加工和商贸餐饮旅游服务等技能培训；与当地龙头企业、专业合作社、外地企业协调，定向输出劳务，力促劳动力就业增收；黄南州实施了生态保护与就业计划，在省政府安排 5978 个生态公益性管护岗位的基础上，自主开发公益性岗位 360 个，全部安排给建档立卡贫困户从事生态公益性管护工作，人均月工资达 1800 元。

（四）医疗卫生条件改善，群众满意度较高

三江源地区平均海拔 3500 米以上，高寒、干旱、缺氧，自然条件艰苦，这种特殊的生存环境使得居民看病难、就医难，医疗负担也很沉重。在这些地区医疗保障被视作民生大事，与当地人民群众的生活息息相关。政府对此实施了基层医疗卫生服务体系、儿童医疗服务体系、重大疾病防控体系、妇幼健康和计划生育服务体系以及地市级医院等 22 个项目建设。在各地区的齐心协力下，该地区居民的医疗救助得到了很大的改善和提升。贵南县新型农村合作医疗体系不断完善，医疗装备水平不断提高，医疗保险大病救助实现年报销 2872 人（次），医疗救助金年报销额超过 370 万元，建档立卡贫困人口就医同步享受医保、大病保险和医疗救助政策；果洛州以现有的基本医疗保险为基础、大病医疗保险为补充，实行基本医疗和大病保险制度全覆盖，降低大病保险和医疗救助的起付线。对贫困人口参加城乡居民基本医疗保险个人缴费部分，在争取国家补助资金的基础上，由州、县财政按比例分级承担，给予全额资助，2016 年，全州开展临时性医疗救助 4199 人次，累计发放救助金 1067.8 万元；玉树州健康工程，州县两级财政筹措资金 2.1 亿元用于各类地方病的医疗普查、重大疾病防控等公共卫生工作。在"三江源地区基本公共服务体系建设调查问卷"问题"对本地医疗卫生保障的总体感受是？"中，213 人表示满意，占受访总人数的 30.9%，并有 4 人认为非常满意；233 人觉得一般，占受访总人数的 33.8%；122 人感到不满意，占受访总人数的 17.7%；114 人认为非常不满意，占受访总人数的 16.5%。关于"获得需要的医疗服务是否方便？"有 232 人认为方便，占受访总人数的 33.6%，还有 8 人感到非常方便；认为一般者 195 人，占受访总人数的 28.3%；127 人表示不方便，占受访总人数的 18.4%；122 人认为非常不方便，占受访总人数的 17.7%。关于"医疗保险是否方便？"，有 196 人认为方便，占受访总人数的 28.4%，并有 5 人表示非常方便；212 人觉得一般，占受访总人数的 30.8%；认为不方便者有 127 人，占受访总人数的 18.4%；还有 87 人表示非常不方便，占受访总人数的 12.6%；对医

保险不了解者有 60 人。在问及"**本地看病的医药费负担**"时，表示便宜者有 185 人，占受访总人数的 26.8%；239 人认为一般，占受访总人数的 34.6%；认为不便宜者 120 人，占受访总人数的 17.4%；还有 135 人感到非常贵，占受访总人数的 19.6%。对于"**本地食品安全状况**"高达 486 人认为安全，占受访总人数的 70.5%，并有 17 人认为非常安全；131 人认为一般；认为不安全者仅 50 人（见图 5）。

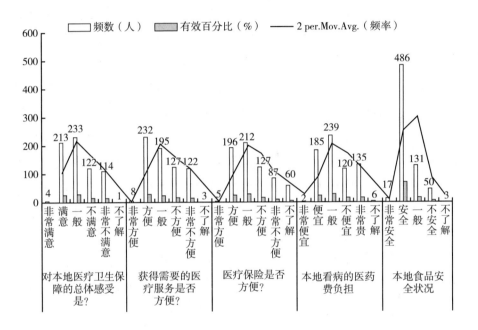

图 5　受访者对当地医疗卫生服务的评价

注：有两份问卷对此问题选项没有作答，对"本地的食品安全状况"做了多重选择。
资料来源："三江源地区基本公共服务体系建设调查问卷"。

（五）异地搬迁形式灵活，效果明显

三江源地区以藏区游牧民族为主，牧民时常居无定所，就医难、子女上学难、行路难、吃水难和用电难等问题相伴而生。因此，游牧定居工程的实施改善了牧民的住房条件。生态移民和小城镇建设等项目的实施，使生态移民社区的水、电、路，文、教、卫等基础设施进一步改善，搬迁牧民的生产

生活条件发生明显变化，上述提及的问题也得到有效解决。为确保生态移民"搬得出、稳得住、能致富"，青海省财政为此共投入 3 亿元改善了三江源区 23 个小城镇的基础设施条件①。其中海南州 2014 年投入资金 2200 万元，用于兴海县南部三乡 643 户牧民住房建设。2015 年和 2016 年投入资金 5162 万元，用于全州 5162 户牧民建房补助，户均补助 1 万元，在充分尊重群众意愿的基础上，积极整合行业部门住房建设资金，采取就近集中安置、插花安置、自主安置等模式，共完成投资 2.92 亿元，搬迁安置涉及 5 县 18 个乡镇 90 个村群众 2444 户 8636 人，其中建档立卡户 1996 户 6799 人②。玉树州的安居工程旨在争取棚户改造 3687 户，开工建设 2558 户；危房改造 5300 户，建设完工 3614 户，取得了显著的效果。贵南县投入 1.02 万元实施扶贫易地搬迁、农牧区危房改造及零自筹建房项目，有效改善了农牧民住房条件③。在"三江源地区精准扶贫问卷"对"当地居住条件和生态环境的评价"调查中，对于"您理想的住所是？"这一问题，受访者有 106 人希望在城市中拥有配套完善的住房，占受访总人数的 25.5%；70 人希望在城市的住房中邻里都是熟人，占受访总人数的 16.8%；95 人希望在州县拥有配套完善的住房，占受访总人数的 22.8%；83 人希望能够远离喧嚣的城市而住在宁静的县城，占受访总人数的 20.0%。对于"您认为生态环境比过去有什么变化？"这一问题，认为有很大好转者 79 人，占受访总人数的 19.0%；241 人表示有所改善，占受访总人数的 57.9%；35 人认为没有变化；61 人感到有所恶化，占受访总人数的 14.7%。在问及"您认为生态环境建设主要依靠？"时，262 人认为应该依靠政府，占受访总人数的 63.0%；114 人认为要依靠群众自身，占受访总人数的 27.4%；36 人提出要依靠社会组织，仅有 4 人认为要依靠企业（见图 6）。

---

① 数据来源：中共青海省委青海省人民政府《青海省精准扶贫工作汇报》，2017 年 5 月 20 日。

② 数据来源：海南州人民政府《海西州脱贫攻坚工作情况汇报》，2017 年 5 月 19 日，内部资料。

③ 数据来源：玉树州人民政府《海西州脱贫攻坚工作情况汇报》，2017 年 5 月 19 日，内部资料。

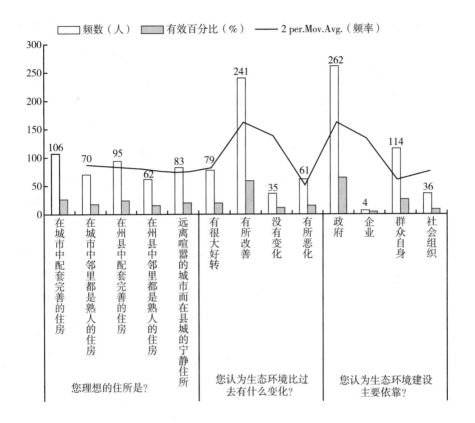

图6 受访者对当地居住条件和生态环境的评价

资料来源："三江源地区精准扶贫调查问卷"。

（六）交通出行条件极大改善

青海省"十二五"期间"一主六辅"民用机场格局和"十三五"规划中"一主八辅"民用机场格局的基本形成，不仅为当地居民的日常出行提供了极大的便利，更深化了三江源地区与省内外地区全方位、多层次、宽领域的交流合作，形成了统筹协调、务实高效、互利共赢的长效机制。

公路建设方面，公路是经济发展的动脉，对于促进三江源区域经济发展，提高该地区人民生活水平有着十分重要的战略意义，是造福群众的基础

设施。对三江源地区道路交通的优化，解决了这些地区人们出行困难、物资运输困难的问题，改善了各种生产要素流动条件，促进了该地区人民思想的转变，提高了其收入水平。具体措施如黄南州河南县总投资 3.5 亿元，其中牧区乡村道路投资 1.1 亿元，落实 16 个贫困村通畅工程 16 项，总里程 390 公里，为牧区长远发展注入了活力，大大改善了群众的生产生活条件，拓宽了群众增收的渠道，共享发展成果更加明显，提升了群众全面建成小康社会的信心。果洛州玛多县交通便利，214 国道和花吉公路横贯县境，玛多成为进藏入疆出川的重要交通枢纽。黄南州在全州范围总投资 7036 万元，建成了两乡两镇 9 个扶贫村 8 条道路 351 公里，城镇道路建设 2184 万元。值得一提的是全长 634.8 公里的共玉高速公路是我国首条穿越青藏高原多年冻土区高速公路、通往玉树地区的"生命线"公路通道，于 2017 年 8 月 1 日通车运营。

机场建设方面，随着三江源国家公园试点建设的启动，玉树州积极探索开辟转型发展的新路子，玉树航空市场始终紧随玉树经济社会转型升级的步伐，坚定不移地服务和支撑玉树发展。玉树机场已有 4 家航空公司运营，6 个通航点，7 条航线，联通省会、辐射周边的航空网络布局逐步构建。2017 年，玉树州委、州政府先后与首都航空、西藏航空等签订《共同推进玉树航空运输发展战略合作（框架）协议》，并先后 16 次走访航空公司和行业政府，建立航线专项补贴预算机制，关心支持玉树机场发展，有力保证了机场的稳定运营；果洛玛沁机场位于大武镇境内，机场海拔 3787 米，是我国第六、世界第八高机场。机场自 2016 年 7 月 1 日正式通航以来，实行"通廉航空"发展模式，现开通航线为果洛—西宁—西安，每天一班，在果洛—西宁航段引入"通廉模式"运行，经济舱通廉票价为 200 元，为果洛州全体民众提供了周到的服务，成为果洛州民生建设的重要举措。2017 年，果洛机场为促进果洛地方经济社会发展发挥了重要作用。果洛机场稳定运营扭转了果洛单一的出行方式，提高了交通出行的安全性，增强了地区产业发展的优势。而低廉的价格、周到的服务受到了广大群众青睐，航班平均客座率达到 91.5%，高峰期航班更是出现一票难求的景象。果洛机场公司负责人表示，将继续依托西部机场集团和青海机场公司优势，走出一条符合省情实际的航空发展新路，为果洛州地方经济社会发展贡献力量。

汽车客运方面，三江源地区于 2016 年已先后开通网上售票渠道，省内外旅客可以通过登录官方网站、使用官方 App、使用官方微信、使用移动 Web 这四种方式查询购买汽车票，极大地便利了当地的出入。此外，本着"以人为本"的民生服务目标，青海省运管局对三江源地区汽车客运站卫生间设施不完善、管理不到位和脏乱差等问题实施全面维修改造。"三江源地区基本公共服务体系建设调查问卷"数据反馈：在"对本地公共交通出行状况总体评价"中，163 人对此表示满意，占受访总人数的 23.7%，并有 42 人认为非常满意，占受访总人数的 6.1%；310 人感到一般，占受访总人数 45.0%；173 人表示不满意，占受访总人数的 25.1%。关于"利用现有的公共交通出行是否便利"，表示便利者有 155 人，占受访总人数的 22.5%，并有 63 人认为非常便利，占受访总人数的 9.1%；351 人感到一般，占受访总人数的 50.9%；118 人认为不便利，占受访总人数的 17.1%。对于"乘坐公共交通工具的拥挤程度"，认为宽敞的有 129 人，占受访总人数的 18.7%；312 人对此表示一般，占受访总人数的 45.3%；228 人认为拥挤，占受访总人数的 33.1%，并有 13 人认为非常拥挤；询问"公共交通的票价能否承受"时，表示能承受者 201 人，占受访总人数的 29.2%，并有 37 人表示很容易承受；277 人认为票价一般，占受访总人数的 40.2%；还有 174 人表示难以承受，占受访总人数的 25.3%。对于"对本地市政道路的评价"，感到满意的有 170 人，占受访总人数的 24.7%，并有 60 人认为非常满意，占受访总人数的 8.7%；266 人对此表示一般，占受访总人数的 38.6%；128 人感到不满意，占受访总人数的 18.6%；还有 63 人对于市政道路的情况并不了解，占受访总人数的 9.1%（见图 7）。

需要说明的是，就整体而言，三江源地区的交通出行条件的改善是历史性的。然而，由于该地区地域辽阔，牧民居住分散，尤其冬夏草山距离定居点动辄数十公里，甚至上百公里远，这是问卷中部分群众评价一般的根本原因所在。

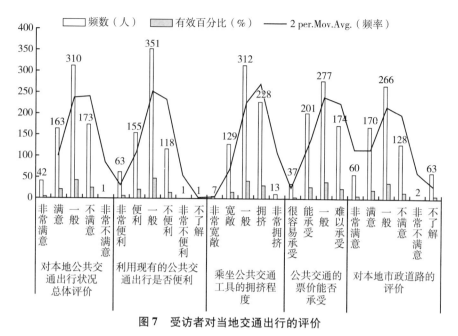

图7 受访者对当地交通出行的评价

资料来源："三江源地区基本公共服务体系建设调查问卷"。

四 仍然存在的问题及其改进建议

2017年，经过国家和青海省政府持续不断的努力，三江源地区民生权利保障成效显著，该地区群众的各项权益都得到明显改善。农牧民生活水平迅速提升；全省在教育方面的投入逐年提高并在三江源地区全面实现15年义务教育；三江源国家公园体制试点下提供生态管护员等岗位逐步实现一户一岗，切实解决了该地区农牧民的就业问题；针对该地区的各种举措的实施对三江源地区的民生权利保障与改善都起到了显著的作用。然而，在多次调查走访中发现，囿于三江源特殊的地理环境和农牧民的传统观念，该地区在民生权利保障过程中依然存在一些相应的问题，在分析问卷过程中发现三江源地区居民对当地基础建设、公共交通和村容环境的满意度较低，并且对养老服务、医疗卫生、乡镇安全保障方面的诉求很强烈（见图8），这也正是三江源地区民生工作面临的突出问题。

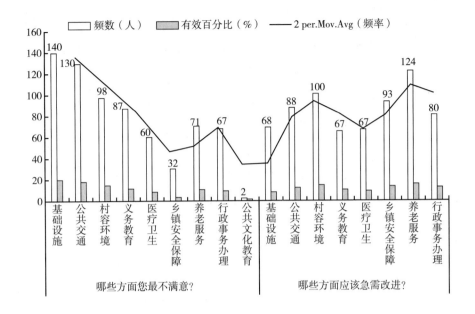

图8　受访者对当地基本公共服务的评价

注: 有两份问卷对该问题没做选择。

资料来源:"三江源地区基本公共服务体系建设调查问卷"。

(一)纾困民生喜中有忧

该地区社会历经10多年的快速发展期,广大牧民群众的基本生活困难得到极大纾解。但三江源地区98%的地区属于全国集中连片特殊困难地区,集中了西部地区、民族地区、高海拔地区、贫困地区的所有特征,具体体现在以下六个方面。一是贫困发生率高。全省贫困发生率为10.3%,远高于全国平均水平。二是贫困程度深。贫困人口居住在浅脑山地区和高寒牧区,社会发育程度低,经济结构单一,增收难度大,扶贫战线长,行业短板多,脱贫成本高。三是致贫原因复杂。贫困人口致贫因素复杂多样且交织叠加,在主要致贫因素中,因病、因残、缺劳力、缺技能占55.4%。同时,由于受传统习俗影响,因婚、因丧致贫问题也比较突出。四是返贫压力大。农村牧区人口收入结构呈"橄榄型",大多数处于中间位置,贫困界限不明显,存在相当一部分贫困边缘户,加之贫困地区资源

禀赋差，扶贫产业同质化现象突出，抵御自然和市场风险能力弱，贫困群众持续稳定脱贫难度和返贫压力大。五是观念落后。大多数贫困地区交通、信息比较闭塞，"等、靠、要"的思想比较严重。图9显示，三江源地区农牧民安土重迁思想严重，大部分不愿意远离家乡就业，这就导致了当地的就业受限，对生产生活造成阻碍。受自然条件和气候差异影响，一些工程建设施工期短、见效慢，工作推进不平稳，使得该地区农牧民不能及时保质保量地享受项目或工程带来的好处，惠民工程的质量监管、后续维修和配套设施不能及时跟进。六是易地搬迁政策。该政策在一定程度上

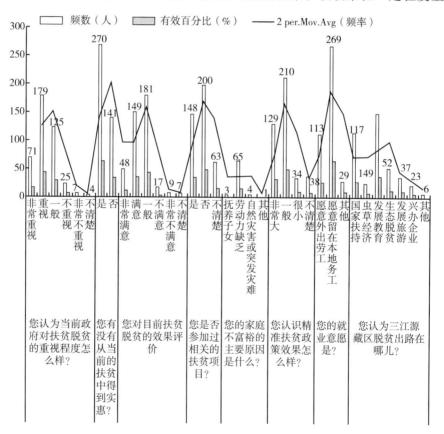

图9 受访者对扶贫政策的评价及对脱贫问题的认知情况

注：有五份问卷没做选择或做了多选。

资料来源："三江源地区精准扶贫问卷"。

为三江源地区的农牧民提供了极大的便利，也保障了当地农牧民的住房安全和生产生活，但是在政策执行过程中，部分州县的移民安置点设置不合理，选址距离医院、市场等公共场所太远，对生活造成了极大的不便。因种种原因，牧主丧失牛羊肉上的定价权，导致牧民吃肉贵、吃肉难的情况出现，群众对此颇有怨言。同时，公共交通在移民点也未普及到位，对移民点的农牧民的就业和出行造成了不便。移民政策因后续就业培训、基础设施和基本公共服务跟不上而打了折扣，造成搬迁后的农牧民对新环境的不适应和不满意。

（二）更新观念要教育先行

纵向来看，三江源地区教育事业取得了长足发展，人口素质不断提高。该地区全部学生全面享受 15 年免费教育政策。但横向来看，该地区教育和文化水平相对比较落后，导致思想封闭、观念陈旧、技能欠缺。目前三江源地区的教育政策在一定程度上帮助因为家庭经济贫困问题而不能继续受到教育的孩子能够完成学业，如雨露计划。但是这些教育优惠政策在实际的施行过程当中，以及在普及的广度和深度方面存在一定的问题，从下放的问卷来看，还是有较多的农牧民不了解或者不知道有这样的便民政策的存在。加之受藏传佛教的影响，当地农牧民会选择让家里的孩子去当地寺院学经，在一定程度上影响了适龄儿童的受教育权。一个地区群众的教育观念和思想开放度的差别，是造成贫富差距的根本原因，要缩小这种差距，除了被动的引导，由外而内逐步改变外，不仅要让该地区的孩子有学上，还要让该地区的孩子接受优质教育，加大教育走出去的力度，让走出牧区的学生长见识、扩视野、变观念，让他们用自己的话语、自己的故事、自己的方式来影响牧区群众。以他们自身的改变让群众看到差距，同时也是在为该地区培养优秀的双语教育的人才，通过教育，让旧的观念逐步淡化，从而由内而外地主动改变教育观念，增强教育意识，主动适应社会。这一方面有利于从根本上斩断贫困的代际传递，另一方面有利于为该地区可持续发展培养高素质人才。

（三）因势利导拓宽就业渠道

该地区的劳动就业近年来取得了长足的进步，如建设扶贫产业示范园，在贫困村实施旅游扶贫项目以带动当地群众就业。三江源国家公园体制试点，设置了公益性生态管护员岗位，一户设一岗，切实解决了该地区群众的就业问题。但是对于该地区农牧民来说，岗位仍旧有限，依然会有很多农牧民没有就业的机会，同时藏传佛教不杀生的观念让畜牧业的发展受限，藏族淡薄经商的传统观念也会阻碍自身的发展；部分农牧民甚至干部习惯了以前"输血式"的扶贫方式，"等、靠、要"的现象依然存在。州县各级政府每年组织劳务输出，出于语言、生活习惯和职业技能差异等原因，赴内地务工藏族青壮年普遍感到不适应而返乡现象比较突出。当地相关部门为了让当地农牧民有一技之长，时常举办相关的就业培训，如驾照的培训。因此，在保障该地区农牧民劳动权益时，应着力探索从外源性的就业转变为内源性的就业的有效途径，让该地区群众的就业取向朝稳定、可持续方向良性发展。如在三江源国家公园建设中，牧民就地转换身份，做讲解员、生态管护员等。

（四）疾病灾害形势严峻

2017年全面落实医疗救助政策，"健康保"保险救助、医疗服务"一免七减""十覆盖"等政策措施持续加力，保障了三江源地区农牧民的健康。受藏族传统饮食习惯和风俗的影响，该地区农牧民喜食风干的牛羊肉，极易受到包虫病的影响。包虫病严重危害该地区群众身体健康和生命安全，也是影响该地区经济发展和社会稳定的重要因素。近年来，政府高度重视对该地区包虫病的防控，每年中央和省里都分别拨巨资用来防治包虫病并在政策上给予倾斜和优惠。在青海省卫计委的指导下，在地市州和县乡各级政府部门以及医疗工作者和专家的共同努力下，该地区包虫病的发病率较前有所下降，包虫病的蔓延在一定程度上有所控制。但目前包虫病的防治工作形势依然严峻。在治疗疾病的同时，也需要加大宣传力度，加快食物加工方式转变和加工技术革新，防治结合，这样才能从根本上解决该地区包虫病的蔓延，不让该地区群众受疾病的困扰。在该地区农牧民致贫原因中，疾病占据了很大一部分。对于该地区农牧民健康权的保障，能够有效避免农牧民因病返贫的情况。此外，三江源地区的水源地保护和水质污染问题、鼠害虫害问题、部分草原荒漠化、冰雹雪冻及地震等人为或自然灾害也不时困扰着该地区，成为该地区的民生痛点。

（五）移民点新老问题叠加

易地扶贫搬迁政策为三江源地区农牧民提供了住房保障，坚持群众自愿、积极稳妥的方针，搬迁与脱贫同步，安居与乐业并重，通过财政资金补助、融资平台配套、贫困户少量自筹方式，对居住在"一方水土养不起一方人"地区的农牧民实施易地搬迁，项目开工率和工程进度均位居全国前列。受藏族传统游牧习俗的影响，藏族人民逐水草而居的传统仍旧根深蒂固。易地搬迁政策在实施过程中解决了群众的住房问题，使其居住条件得到了极大的改善，但是囿于游牧传统和观念，集中居住的农牧民难以适应新的生活方式，对于搬迁工作存在抵触心理。同时，部分州县的移民安置点设置不合理，部分地区搬迁选址距离县城较远，与医院、市场等公共场所距离也太远，配套设施建设不完善，对居民生活造成了极大的不便，同时，公共交通在移民点也未普及，对移民点的农牧民的就业和出行造成了阻碍，搬迁政策之后的就业培训及宣传工作的深度，造成搬迁后的农牧民对新环境的不适应。只有安居，才能乐业。为了让农牧民适应新的生活方式，需要解决好三江源地区农牧民的住房问题，只有真正保障农牧民的住房权，才能为其打好生活的基础。

（六）便捷平安出行任重道远

2017 年青海省会同周边省份，统筹协调铁路、公路、民航发展，进一步完善了区域内综合交通基础网络，加强出省通道建设，提高通畅水平和通畅深度，构建现代综合交通运输体系，铁路和公路建设都取得了明显的成

绩。构建起与周边省区的快速连接网络，全省高速公路全覆盖也在如火如荼地进行，丝绸之路经济带沿线干线网建设通达。由于农牧民游牧习惯和三江源地区山大沟深、地域辽阔，一户一地分散居住的情况普遍存在，偏远地区山大沟深，路况极差，一遇恶劣天气，恶性交通事故难以避免。所以交通建设的现实因素和农牧民的出行要求存在对接困难。同时，三江源国家公园体制试点的开展，使项目区的基础建设实施起来难度加大。这些客观存在的问题使得实现当地农牧民便捷、平安与文明出行任重道远。

2016年三江源国家公园体制试点工作开展后，出台了许多生态环境保护政策，按目前这些政策要求，三江源地区很多位于国家公园园区内的产业项目实施起来难度较大。如2017年省交通部门下达给玛多县的乡村公路项目也因项目实施地位于国家公园园区内，省环保部门未下达环评批复，导致项目无法正常开工，影响了整体脱贫步伐。这些问题需要各个部门之间做到联动配合。经济发展与生态保护不是对立的而是可以相互促进的，在生态保护中，要把三江源地区农牧民的主体作用充分发挥出来。

B.24
天津市建设"胸痛中心"保障居民
医疗权调研报告

张晓旺　马　原*

摘　要： 心血管疾病给我国人民群众基本生命健康权带来严重威胁，而建设规范化的"胸痛中心"是提供及时诊疗、打通"生命通道"的最优流程。2015年至今，天津市建设了以天津市胸科医院胸痛中心为代表的25家胸痛中心，通过建设专业团队、完善救治衔接、优化救治流程等方式，显著提升了心血管疾病的诊疗效果，增强了基层医疗服务的可及性，改善了基层医疗水平，增强了群众的防控意识，扩大了胸痛中心的辐射范围，切实保障了人民群众的医疗权和生命、健康权益。

关键词： 胸痛中心　医疗权　医疗服务　天津模式

2017年的一天上午，家住天津市北辰区的刘大娘感觉胸口憋闷、疼痛半小时，在家人陪伴下来到北辰医院就诊。患者做完心电图后，医生认为可能是急性心肌梗死，与天津市胸科医院"胸痛中心"取得联系，并将患者心电图以微信方式发给负责急诊的科住院医生。负责医生根据心电图初步诊断为急性前壁、下壁、右室大面积心肌梗死，认为患者必须尽快接受急诊支架治疗，开通血管。北辰医院的医生立即拨打120急救电话，并在120急救

---

* 张晓旺，天津胸科医院办公室科员，助理研究员；马原，南开大学人权研究中心（国家人权教育与培训基地）讲师。

车到达之前，先为刘大娘服用了支架手术前的常规用药并进行了术前化验。与此同时，天津市胸科医院胸痛中心专职医护组也启动胸痛治疗流程。在120急救车上，急救医生进一步完善检查，并将数据传输到胸痛中心。120急救车到达医院后，患者立即进入绿色通道流程，接受相关检查并被送入导管室。至此，从北辰医院到患者梗死相关血管开通用时不到1小时[1]。

上述患者只是众多急性、高危胸痛患者的缩影，以往的研究表明，高危胸痛患者治疗与时间明显相关。"时间就是生命，时间就是心肌"对急性胸痛患者是实实在在的体现，尤其对 AMI 患者，相关指南指出2小时之内治疗效果最佳，超过12小时基本没有意义。在相当长的一段时期内，胸痛患者的救治时间无法得到保证，从发病到就诊时间可能长达5~8小时，严重影响了 ST 抬高型心肌梗死（ST Elevated Myocardial Infarction，STEMI）患者的再灌注治疗时间的保障，进而导致病情发展迅速，死亡率居高不下，即使得到治疗后康复效果也比较差，直接影响患者的预后生活质量。面对这一现状，我国一些地区开始尝试通过"胸痛中心"的管理模式为以急性胸痛为主要临床表现的急危重症患者提供快速、高效和规范的诊疗系统。其中，天津市胸科医院胸痛中心作为天津市成立的首家胸痛中心单位和天津市第一个通过国家胸痛中心认证的单位，其建设和运行取得了明显的效果，为胸痛中心模式在全国的推广提供了典型经验。

一　天津市"胸痛中心"的产生与发展

随着经济与社会整体的不断进步，我国居民生活水平和习惯在不断地发生变化，高速的发展影响着人们生活环境和生活方式的变化、工作压力与亚健康状态人群的增加以及老龄化进程加速使得患心血管疾病人数逐年增加，带来的生命健康风险更加严峻。《中国心血管病报告2016》概要内容显示，总体上看，我国心血管病患病率及死亡率仍处于上升阶段。据推算，心血管

---

①　案例来自天津市胸科医院胸痛中心。

病患人数 2.9 亿人，心血管病死亡率高于肿瘤和其他疾病，占居民死亡构成 40% 以上，并且其治疗总费用也在快速增加，负担日渐加重，已成为重大的公共卫生问题①。其中，以急性心肌梗死（Acute Myocardium Infarction, AMI）为代表的急性心血管疾病多以胸痛为主要表现，变化快、死亡率高，而且预计未来 15 年内我国将额外增加 7500 万例心肌梗死患者，疾病负担严重②。由此可见，心血管疾病患者数量庞大，危重程度和急性病情致死率高，给家庭和社会带来的压力巨大，给人民群众基本生命健康权带来严重威胁。

面对这一严峻形势，天津市尝试建立"胸痛中心"，改善胸痛疾病固有的救治机制。"胸痛中心"最初是为降低急性心肌梗死发病率和死亡率提出的概念。本质上看，"胸痛中心"是为抢救急性胸痛患者而形成的一种快速规范化的诊疗模式和流程，作为一种规范化流程和医院针对急性胸痛患者资源的整合，"胸痛中心"的效果主要在于缩短有效实现院前和院内急救流程，做到高效分诊、确诊进而对高危且需进行介入治疗患者启动急诊介入通道，实现对胸痛患者送医和救治时间的缩短、加速抢救流程、绕行不必要环节、简化术前及院内手续，从而达到急性心肌梗死死亡率的下降、STEMI 再灌注治疗率的提升，同时减少不必要的费用。建设规范化的"胸痛中心"是快速识别高危胸痛患者，提供及时诊疗，打通"生命通道"的最优流程。目前"胸痛中心"建设模式已成为衡量医疗机构急性心肌梗死救治能力乃至整体急救能力的重要体现，通过规范、快速、高效的手段打开生命通路，绷紧"时间就是生命，时间就是心肌"的救治意识。

2016 年，天津市政府将胸痛中心建设作为年度全市 20 项民心工程之一，充分体现了政府对相关疾病救治工作和群众健康保障的高度重视，并取得显著成效。统计数据显示，天津市居民急性心肌梗死死亡率在 2014 年至

① 陈伟伟、高润霖、刘力生等：《中国心血管病报告 2016》，《中国循环杂志》2017 年第 6 期。
② 张岩、霍勇：《中国胸痛中心认证的现状和未来展望》，《中国医学前沿杂志》2017 年第 1 期。

2016 年连续三年出现下降，死亡率下降拐点在全国率先出现，STEMI 患者院内总死亡率下降 50%。同时，胸痛中心对流程的创新大大减轻患者就医负担，使医患纠纷明显减少①。2016 年以来，天津市胸痛中心建设走在了全国前列，在 2016 年 12 月亚洲心脏病学年会上被业界称为"天津模式"。2017 年 3 月，天津市又有 8 家医院通过中国胸痛中心认证。截至 2017 年 5 月，全市共有 23 家医院获得中国胸痛中心联盟认证，天津市心脏病急救体系已经初步建立，中心城区居民在 5 公里内可以抵达胸痛中心，远郊区县除宁河外均有一所胸痛中心，天津市国家级胸痛中心数量和密度位居全国第一。2017 年 10 月，国家卫生计生委印发《国家卫生计生委办公厅关于引发胸痛中心建设与管理指导原则（试行）的通知》，正式从国家层面推动相关工作进程，明确相关要求、流程和指标，也是对前期具体工作开展的肯定。

二 "胸痛中心"建设的主要举措：
以天津市胸科医院为例

天津市是全国较早开展胸痛中心建设的省市之一。在 2015 年成立第一家国家认证胸痛中心后实现迅速发展，经过 3 年的持续发展，目前天津市通过国家认证的胸痛中心已达 25 家，数量位居全国第三、建设密度为全国第一，已形成良好的心脏病急救布局，市内平均 5 公里可找到一家胸痛中心，为急性胸痛患者的及时就医架起生命通道。其中，天津市胸科医院作为心胸疾病专科医院，其胸痛中心救治 AMI 患者达 5000 余例，收治例数位居全国单中心第一，获得国家胸痛中心授予的最佳模范奖，得到全市范围内业界和社会的肯定，并作为示范在全市推广。

2015 年，面对天津市心血管疾病高发病率和高死亡率的现状，胸科医院以新址搬迁软硬件条件实现大幅改善升级的契机，结合医院专科和发展地

---

① 《天津胸痛中心建设数量和密度全国第一》，天津市卫生和计划生育委员会网站，2017 年 5 月 24 日，http：//www.tjwsj.gov.cn/html/WSJn/MTBD22996/2017 - 05 - 24/Detail_646285.htm。

位，针对原有对急性高危胸痛患者救治流程的缺陷和发现的问题，通过引入"胸痛中心"的救治理念和规范化流程进行针对性整改，成立了天津市首家国家级胸痛中心，对救治流程进行优化，在医院设立救护车站点，构建院前与院中救治的无缝衔接；同时协调全院所有相关职能科室、临床科室、技术科室，根据心血疾病专科医院"救急、救重"的专科定位，结合专业优势，将"胸痛中心"的规范化建设思路进行具体实践，重点针对以下几个方面进行发展和建设。

（一）建设专业团队，强化人员配置

在传统的救治模式中，医院对于胸痛患者未能在整体上形成协调机制，缺乏针对急性胸痛患者的专门性医疗队伍，造成诊疗效率不高和对复杂情况诊断的偏差。针对这一问题，天津市胸科医院专门成立了包括医院急诊科、CCU、心外科、胸内外科及相关部门在内的"胸痛中心"团队，主要救治ACS、AMI 和 STEMI 患者；心外科及呼吸与危重症医学科主要救治主动脉夹层及肺栓塞患者。医院配备心内科导管室 8 间，心外科手术室 8 间，杂交手术室 1 间。心内科导管室及外科手术室均有相关医技人员 24 小时轮班，"胸痛中心"介入治疗团队实行 24 小时值班制，每日均有 2 名具备副高级之上职称且具有丰富介入治疗经验的医师值班，以备及时有效完成急诊介入手术治疗。同时，设专人（科住院）负责需要急诊经皮冠状动脉介入治疗（Percutaneous Coronary Intervention，PCI）和溶栓治疗患者，克服了"胸痛中心"建设前非全天候在班，即非工作时间相关科室和技术部门人员不在岗值班而在家待班的情况，节约了救治人员来院时间，实现患者随时到，医疗团队随时在，随时展开抢救和相关紧急介入治疗工作。

同时，为确保"胸痛"患者能够及时有效且有针对性地得到救治，天津市胸科医院特别设立胸痛护士岗位。具体救治流程如下：患者来急诊就诊，首先由分诊台护士鉴别诊断，初步诊断为"胸痛"患者，马上转交由胸痛护士处理，胸痛护士在 10 分钟内完成十八导心电图检查，后由心内科急诊医生快速解读心电图，如果符合 STEMI 心电图，则再次请示心内科急

诊二线医生，直接进入 STEMI 患者救治流程，并配合完成血化验检查、建立静脉通路、口服及静脉药物治疗、行急诊介入术前准备等；如果认为可能是非 ST 段 抬 高 型 心 肌 梗 死 （Non-ST-Elevation Myocardial Infarction，NSTEMI）或不稳定型心绞痛（unstable angina，UA），则交由心内科急诊一线医生为患者进行进一步诊治。作为大型心血管病专科医院，每日急诊胸痛患者接诊量大，设立胸痛护士能够为医生对患者的诊疗做出更快更准确的判断，并能更有针对性地处理"胸痛"患者，起到了承上启下的作用。此种由胸痛护士主导胸痛流程的模式在国内外尚属首创，解决了大型心血管专科医院胸痛患者较多易延误的难题。

（二）提升急救效率，完善救治衔接

传统救治体系在院前院内衔接不畅，由于医院急诊科无法提前知晓患者情况，到院后再进行分诊、诊疗、排队的无意义等待，延误了确诊和治疗以及抢救的时间。为解决这一问题，天津市胸科医院在医院内设 120 救护车急救站点，与天津市急救中心合作建立远程急救网络，为高危胸痛患者开通"绿色通道"、缩短救治时间打开了新的渠道。同时，通过与 120 急救的深入合作，扩大了天津市胸科医院诊疗能力所覆盖的居民居住范围，使更多的高危胸痛患者得到及时有效的治疗。天津市胸科医院派送多名副高级职称心血管及呼吸病学专业医生跟随 120 出车，将"阿司匹林、氯吡格雷、替格瑞洛"带上 120 急救，提高了 120 急救对于胸痛患者的诊疗能力，并做到院前及时抗血小板用药，为胸痛患者提供更专业、有效的诊疗。同时，在救护车内配备远程传输系统，接收的急性胸痛患者在救护车上即可佩戴，并将患者十二导心电图、血压、血氧饱和度、呼吸、血糖等生命体征实时传输到医院"胸痛中心"，医院"胸痛中心"团队马上启动接诊环节，对还在来院途中患者的病情给予随车医师专业指导，从而将院内救治延展到院前；当患者到达医院时，"胸痛中心"救治团队已对患者病情完成评估，并有针对性地启动合理抢救工作，完成院前院中无缝衔接，大大节约了救治时间，提升了救治效率。

与救护车交接流程方面，分诊护士迎接救护车，通知医生接诊救护车，与急救中心人员交接患者病情，通知胸痛护士，观察并记录患者生命体征，认真交接用药情况（口服及静脉用药），填写救护车登记表、双方签字，协助患者登记挂号。通过以上急诊医护人员与院前救护和初期处置的规范，患者的入院手续和时间简化，医院将工作重点落在患者病情和及时展开的救治方面，提升了院前和院内的衔接流畅程度，并在启动进一步治疗或者介入之前以最迅速的方式提前做好相应准备。

此外，胸痛中心还配合"互联网＋"思路建立远程心电监护系统。患者通过佩戴可移动终端，以移动网络远距离实时采集、传输、监测十二导心电图，并在医院控制中心进行监控，发现异常情况系统马上提示报警，并第一时间联系患者、家属甚至社区医疗卫生机构进行及时的抢救治疗。

（三）优化救治流程，缩短救治时间

"胸痛中心"本质上是针对胸痛患者进行准确、快速、高效救治的科学化、规范化流程，因此流程的再造和优化是"胸痛中心"建设的重要内容和主要成效之一。

1. 实行 STEMI 患者"先救治、后交费"，争取救治时间

胸痛患者的急救非常强调"时间就是生命"的概念，从 STEMI 患者进入医院的大门（Door）到急诊介入治疗术中球囊（Balloon）扩张的时间（D-to-B）常常用来衡量医疗机构对急性心肌梗死患者的急救能力。天津市胸科医院胸痛中心建立了院内绿色通道，介入治疗团队 24 小时值班，优化患者从进入医院大门到球囊扩张的流程，并绕行急诊科，开通绿色通道在住院处优先办理住院。同时加强签署知情同意过程中的沟通技巧，建立 STEMI 患者"先救治后交费"的机制，尽可能剔除减缓 D-to-B 时间的客观因素。年平均 D-to-B 时间从 124 分钟缩短到 70 分钟（2017 年），D-to-B 时间达标比例呈逐步上升的趋势。

胸痛中心不仅加强自身规范化建设，更积极将 ACS 优化救治流程延伸到院前的急救与转运过程之中，尽可能地将这一时间控制在 120 分钟以内。

在完成院内规范化流程建设之后，天津市胸科医院以胸痛中心为核心，联合多家基层或社区医疗机构，利用远程医疗信息技术和急救系统构建胸痛快速诊疗急救网络。同时，"先救治、后付费"流程在实践中对适用范围进行了适当的拓展，不局限于 STEMI 患者，力争以患者生命求救为第一位，尽可能协调有关部门简化手续，减少不必要的时间。医院住院处对胸痛中心收治患者开设绿色通道，明确提出"先治疗后缴费"，直接给病人提供住院号，完成基本抢救治疗后再进行缴费；同时，检验科同样对需行紧急介入治疗患者进行先术前化验、后缴费的流程模式，这样就避免了原有"排队—交费—排队—取药"流程造成的不必要时间等候，为救治争取了时间，有效降低了死亡率，改善了患者预后。采取先救治后付费模式，极大地缩短了急性心肌梗死救治时间，提高了救治成功率，提升了患者就医满意度，缓解了医患关系，促进公立医院回归公益性。

2. 协调各部门，打通绿色通道

在不断完善与院前衔接和初期准备的同时，对院内原有不成形的架构与流程的重建就是医院"胸痛中心"建设的重点，并最终形成符合国家"胸痛中心"标准和医院工作实际针对高危胸痛患者（尤其是 AMI 和 STEMI 患者）救治流程，目标主要是通过协调医院的行政、财务、技术辅助等部门缩短各个环节等候及非医疗抢救时间，将时间有效用于对患者的救治，打通生命通道。设立"胸痛中心"PCI 专用章。以急诊科为中心协同药剂科、住院处、检验科、导管室等达到有效的统筹管理、提高 STEMI 患者的诊治效率，形成围绕患者的快速救治流程，提高诊治特别是对 STEMI 患者诊治的效率，通过设立"胸痛中心"专用 PCI 治疗印章，全院各个科室为盖此章患者提供绿色通道并优先就诊，让绿色通道成为患者救治的生命通道。同时，在急诊室中针对 STEMI 患者准备急诊 PCI 术前包，能够方便患者得到有效快速的救治，大大缩短了"排队—交费—排队—取药"的延误时间，为抢救患者打开绿色通道。

3. 及时介入治疗，缩短等候时间

STEMI 是造成急性胸痛患者死亡最主要的疾病，其救治主要要求抢救时间的及时和 PCI 的及时介入，因此，以 STEMI 的救治为主，医院完善了相关流程，流程内还需完成初步诊断急性心肌梗死，并对需行急诊 PCI 患者办理入院手续以及完善首程、术前医嘱，签署手术知情同意书、延期交费承诺书，启动导管室，通知术者等工作内容。而该流程优势在于对患者病情及时进行判断，必要时绕行急诊，直接启动导管室开启介入治疗，大大缩短了 D-to-B 时间，争取了抢救患者的黄金时间。急诊 PCI 能力是胸痛中心整体协作救治的重要考量之一，针对医院原先流程不明、人员不齐而出现"患者等医生"情况，医院进行了整体的统筹和明确流程环节，通过节点控制把控急诊 PCI 的启动，保证导管室全天候可以启动，随时为患者进行 PCI 手术，提升救治效率，并保证治疗的精准性。

4. 加强与基层医院合作，实现绕行急诊直接进入导管室的模式

胸科医院作为一所大型心血管病专科医院，除接诊 120 送诊及直接就诊的患者外，有义务帮助救治就诊于基层医院或不具备介入诊疗条件医院的 STEMI 患者。胸科医院与各基层医院加强合作，定期对上述医院医生进行急性冠脉综合征相关救治诊疗的培训，指导基层医院进行 PCI 术前药物诊疗及检查，优化流程，真正实现绕行急诊直接 PCI 的模式。具体实施流程如下：胸痛患者就诊于基层医院，基层医生完成十二导或十八导心电图检查，诊断符合 STEMI 且具备行急诊 PCI 条件。根据 STEMI 患者诊治流程，由当地医生立即于 PCI 术前用药，建立静脉通路，抽取血化验送检。同时，立即与心内科急诊二线医生电话联系，详细描述病情，通过微信传输并解读心电图，判断确实符合 STEMI 诊断并具备行急诊 PCI 条件，立即经由 120 转往胸科医院急诊。患者经由 120 转往急诊前，通过微信传输已经较全面地掌握了患者血化验指标、心电图情况。急诊接诊 120 时，再次通过简单的生命体征判断，具备急诊 PCI 条件，则绕行急诊诊疗程序，启动绿色通道流程及"先救治后交费"的机制，直接转往导管室拟急症 PCI 诊疗。通过加强与基层医院合作，指导基层医院医生对需行急诊 PCI 诊疗 STEMI 患者进行相关的术前诊疗，并启动及时 120 转诊机制，优化就诊基层医院 STEMI 患者救治流程，建立这种院外诊治，来院后绕行急诊直接进入导管室的模式，能够很

大程度地缩短 FMC-to-B 时间，使更多的 STEMI 患者获益。

通过以上流程，胸痛中心由心内科的急性心肌梗死患者到心外科、呼吸与危重症医学科的主动脉夹层和肺栓塞患者等急性胸痛高危病症运用相关模式开展工作，有效地保证了救治时间、救治效率和救治效果，形成了既符合国家标准又结合医院具体工作实际的规范化、科学化、程序化救治体系。

三　天津市胸科医院"胸痛中心"对保障医疗权的贡献

天津市胸科医院"胸痛中心"建设后，救治流程得到完善，以救治患者为核心的协调机制形成，医院急性胸痛患者就医规模、接诊能力、诊疗水平和效率都有了显著提升。同时，优化了患者的诊疗流程，降低了成本，大大提高了患者的生存质量和就医满意程度。

（一）显著提升诊疗效果，群众健康权益得到保障

根据医院在 2014 年成立"胸痛中心"前的有关记录，"胸痛中心"建设后与建设前有关数据相比，急诊胸痛患者量每年增长 100%。2015 年经由"胸痛中心"救治急性心肌梗死 1165 例，行急诊 PCI 治疗 585 台，死亡 47人，死亡率 4.03%；2016 年达 1212 人次（见图 1），行急诊 PCI 治疗 938 台（见图 2），死亡 41 人，救治死亡率 3.38%。急诊 PCI 数量（2014 年 269台、2015 年 585 台、2016 年 938 台）比成立前增加近 300%（见图 3），居全国前列，平均每月 78 台，最多一天 10 台急诊 PCI。D-to-B 时间由成立前的 120 分钟缩短至 78.66 分钟（见表 1），由国际上定义的 90 分钟缩短到 70分钟，急性冠脉综合征危重症患者的死亡率从 10% 降低到 3%，夹层动脉瘤外科手术成功率达到 95% 以上，介入手术成功率 99% 以上。"胸痛中心"成立之前，胸科医院 STEMI 死亡率约为 10%，成立后 2014 年即降至4.62%，一年实现降幅达 50%；2015 年达 4.03%，2016 年降至 3.38%（见表 2），并在未来有望降至 3% 以下。天津市急性心肌梗死死亡率在全国率先出现拐点，呈现下降的趋势。

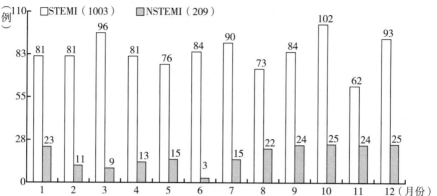

图1 天津市胸科医院2016年经由"胸痛中心"收治急性心肌梗死患者1212例

资料来源：天津市胸科医院内部统计数据。

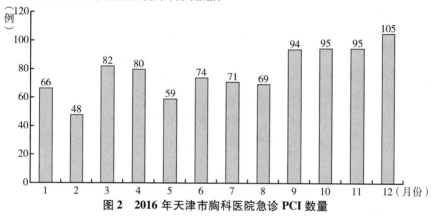

图2 2016年天津市胸科医院急诊PCI数量

资料来源：天津市胸科医院内部统计数据。

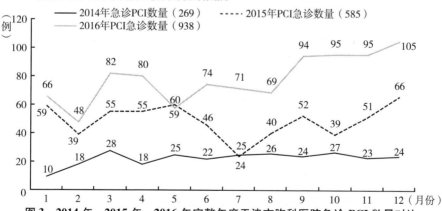

图3 2014年、2015年、2016年完整年度天津市胸科医院急诊PCI数量对比

资料来源：天津市胸科医院内部统计数据。

表1　D-to-B 时间对比（2014 年、2015 年、2016 年）

单位：台，分

组别	急诊 PCI 数量	"门－囊"时间	
		平均时间	中位时间
2014 年	269	91.43 ± 21.99	89
2015 年	585	89.49 ± 17.84	86.5
2016 年	938	77.65 ± 15.25	78.66

资料来源：天津市胸科医院内部统计数据。

表2　STEMI 死亡率

单位：人，%

	2014 年	2015 年	2016 年
死亡人数	46	47	41
患者死亡率	4.62	4.03	3.38

资料来源：天津市胸科医院内部统计数据。

根据天津市疾病预防控制中心的统计数据，天津市居民急性心肌梗死（AMI）死亡率 1999~2013 年为 52.32/10 万~73.72/10 万，呈逐年上升趋势（Z = 32.15，P < 0.001），年度变化百分比（APC）为 2.53%[1]。但 2013~2016 年呈现明显的逐年下降趋势（见图 4）。

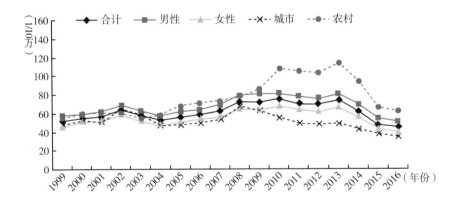

图4　1999 年至 2016 年天津市居民 AMI 标化死亡率

资料来源：天津市疾病预防控制中心统计数据。

---

① 王德征等：《天津市 1999~2015 年急性心肌梗死死亡率变化趋势分析》，《中华心血管病杂志》2017 年第 11 期。

（二）提高公立医疗服务可及性，群众获得感不断增强

胸科医院通过"胸痛中心"打造的远程心电监护系统，不仅用于与院前急救的衔接，还用于同基层社区患者的联系。医院"胸痛中心"团队可通过远程心电实时传输系统，收集、传输基层患者心电情况，并可实时指导社区医生进行心电图的判读工作，出具医院心电诊断报告，更早发现胸痛病人，使急性心肌梗死病人第一时间至最近的"胸痛中心"治疗，实现"胸痛中心"团队和专科医疗网络覆盖，这样就使医院优质的医疗资源下沉社区百姓，体现公立医院公益性的公平性和可及性，让基层百姓在获得基本医疗服务基础上在家门口就能得到医院更加专业和优质的医疗资源，尤其是使基层容易因忽略诊疗和诊治不及时的危重患者生命得到了保证。

同时，天津胸科医院通过与二级医院和社区卫生服务中心签订合作协议开展相关合作，已与天津市 126 家医疗机构、河北省 5 家医疗机构签订合作协议，初步形成覆盖天津、推广河北、辐射华北、面向基层社区的胸痛专科联盟，从专科医院角度，优化医疗资源供给侧结构，下沉优质医疗资源，方便患者在基层就医，增强群众获得感。

（三）改善基层医疗水平，患者满意度得到提升

基层医务人员长期以来由于接触一般性诊疗较多，对危重患者病例接触有限而出现诊断不自信，进而造成患者的不信任心理，使所在地患者外流严重，基层医疗机构难以充分发挥作用的恶性循环的情况。

为了更好地让基层群众放心在社区就医，就要帮助基层医师提升相关诊疗水平和能力。因此，天津市胸科医院在远程医疗进行专业协助的同时组织以"胸痛中心"团队专家为主要班底的培训队伍，包括心内科心电生理、急性心梗等方面的临床主任医师，将心电图技术作为培训起点，面对专科联盟内及天津市所有城乡基层医疗机构开展常见心脏疾病诊疗的专业轮训，对基层医务工作者心电图判读等基本业务能力进行提高。

2015 年，胸科医院举办 10 期"心电培训班"，为全市 500 名社区医生培训

基础性心电图判读知识；2016 年，又举办了共 6 期的"天津市基层医师高血压病分级诊疗及心电图诊断培训班"，培训了 249 名医师。共 16 期的培训班已培训来自 16 个区 202 个医疗机构医务人员 749 人次，大大提升了基层医院的诊疗水平，为早期急性胸痛患者的识别奠定了基础。经过医院培训，基层医疗卫生机构形成了具备基本业务素养和专业能力的医师队伍。业务能力的提升让患者信任社区，基层医师对危重症患者鉴别也更加迅速、准确，对患者及时转诊、及时救治起到关键作用，打通了社区到专科医院的通道，发挥了"小病在社区、大病到医院"的专科联盟作用，促进了分级诊疗机制的形成。

医院为保障医联体内各医疗机构顺畅运行，定期与社区医疗机构建立良好的沟通反馈渠道，听取基层医疗机构意见，积极进行相关工作改进，共 15 个区 56 家机构的 102 人参加座谈，此外，还结合心内科各病区专业特点（高血压、心衰重症、心律失常）和基层医疗机构实际情况对各个病区划分责任区域，分别承担对口医疗机构的病患诊治、转诊及技术支持等一系列工作；各病区都与负责基层医疗机构的医师建立了微信交流群，借助微信交流手段，社区医师可在第一时间向对应心内科专家咨询遇到的急性胸痛患者病情和就医转诊事宜以及日常心血管疾病诊治相关问题。目前已建立微信群 10 个，平均每群约 30 人，覆盖全市 15 个区的社区医疗服务机构。

（四）增强群众防控意识，救治效果不断改善

患者对于胸痛疾病的危机程度的正确认识关系到诊疗时间的保证，因此，让群众对疾病形成预防和及时就医的意识是从源头保证群众健康的有效途径。天津市胸科医院在 2016 年为全市各基层医疗卫生机构举办了心血管病防治培训，已累计派出副主任以上职称医师 112 人次，组织心血管专题讲座 39 场，对社区卫生服务中心和社区医生开展心血管筛查培训近 300 人次，累计为 2010 名社区居民进行第一线的心血管病健康教育，采取人民群众喜闻乐见的形式，使用朴实易懂好记的语言将胸痛知识进行普及，提高居民自救互救能力，提升百姓健康素养，使患者第一时间到"胸痛中心"进行救治，提升救治效果。

在"胸痛中心"和专科联盟建设基础上，胸科医院作为天津市心血管防治办公室挂靠单位牵头构筑天津市心血管防治体系，力求通过"胸痛中心"和专科联盟构筑起天津市心血管疾病防控体系。2016年心血管病高危人群早期筛查与综合干预项目在医院启动，2017年，胸科医院按照《天津市2016年度心血管病高危人群早期筛查与综合干预项目实施方案》要求，由河东区、东丽区和北辰区作为项目承担区，组织开展3.6万名35～75岁市常住居民的心血管病早期筛查，至9月底已全部完成初筛及高危人群检查任务；共筛查36077例，管理高危人群9030例，并组建市级心血管病防治健康教育专家团队，深入全市社区开展健康知识讲座，计划进行80场，至2017年9月底已完成69场，现场听众5000余人。

（五）扩大辐射范围，助力胸痛疾病防控

天津市胸科医院以"胸痛中心"建设基础形成的专科医联体不仅从救治角度与合作单位开展协作，还对合作医疗机构薄弱专科全方位支持，旨在以提高各单位胸痛相关疾病特别是急性心肌梗死的诊断、救治能力，带动全市及更大范围区域心血管疾病整体诊疗水平的提升。胸科医院已同天津市13家二级以上医疗机构进行了培训进修相关合作签约，接收进修人员51人次，派出专家至各医院指导工作50人次。同时，投身国家"京津冀"一体化号召，推动河北省医疗机构专科能力建设，已与5家二级以上医疗机构签约。截至2017年10月，已累计接收河北省来院进修医师40人次，派出专家至河北省医疗机构会诊39人次，接待150家河北省各级医疗机构至医院参观学习，涵盖河北省全部11个地级市。河北省已有15所医疗机构在胸科医院指导下通过胸痛中心认证，4所医疗机构等待认证，带动了147家医疗机构注册进行"胸痛中心"建设。

四 天津市胸痛中心建设未来发展对策

在我国，改善医疗卫生服务，提高人民群众健康水平是党和政府高度重

视的重要议题。《中共中央关于全面深化改革若干重大问题的决定》指出，应当"深化医药卫生体制改革。统筹推进医疗保障、医疗服务、公共卫生、药品供应、监管体制综合改革。深化基层医疗卫生机构综合改革，健全网络化城乡基层医疗卫生服务运行机制……充分利用信息化手段，促进优质医疗资源纵向流动。加强区域公共卫生服务资源整合"。《中共中央关于构建社会主义和谐社会若干重大问题的决定》指出，要深化医疗卫生体制改革，"建设覆盖城乡居民的基本卫生保健制度，为群众提供安全、有效、方便、价廉的公共卫生和基本医疗服务"。在未来发展方向上，以胸科医院为代表的天津市胸痛中心建设将进一步完善质量控制、加强信息化建设与深入基层，为患者提供更加精准、有效的医疗和救治服务。

（一）完善质控、推进认证，带动"胸痛中心"建设

天津市胸科医院"胸痛中心"建设已经初见成效并获得肯定。2017 年7 月，医院成为天津市胸痛联盟主席单位，因此，下一步医院将对"胸痛中心"质量与安全按照中国"胸痛中心"总部的指标和要求进行提升；医院已与中国"胸痛中心"进行数据对接，并已经按照中国"胸痛中心"总部和省级机构等质控标准进行对流程和相关业务指标的进一步要求和规范，今后将根据规定牵头有关考核机制的制定与落实，从"胸痛中心"建设向质量与安全的控制和中长期发展转变。

（二）加强胸痛中心救治信息化建设

天津市胸科医院已经建成天津市首个急性心肌梗死医学研究共享平台，建立以医院临床路径和结构化电子病历系统为核心的临床信息数据库，整合生物样本库和临床随访数据库的现代医学三位一体系统，为临床医学、科研、教学打造共享平台，为转化医学奠定基础。

未来将建立符合天津市医疗大数据要求的 AMI 结构化急救电子病历，同时完善天津市急性心肌梗死流行病学和临床诊断数据信息库，使 AMI 信息共享平台大数据库，接入天津市医疗大数据；未来提升共享平台，将临床

规范化诊治、标准化收集样本、规范的随访三者有机结合，数据覆盖 AMI 患者发病、诊疗、全流程，内部可共享、互通，实现患者资料数据收集、汇总和智能化管理，为科研提供高质量样本的同时，也为临床研究提供科学和完整的数据支持。

（三）以医改精神指导"胸痛中心"建设

医院"胸痛中心"建设必须坚持落实医改、服务医改，推动改革进程，结合胸痛中心"三全模式"——全域协同、全程管理、全员参与的内容，促进医院在急救、随访和基层培训三方面开展工作。发挥医院在专科医联体建设中的工作效果，从广度向深度延伸，结合信息化工作打造从院前到院后、来自社区最终回到社区的完整救治体系，同时以基层为基础，将百姓预防和基层医师救治能力提升作为重点，实现医改分级诊疗的目标和向"大健康"与"治未病"的思想理念的转变，促进"健康天津"建设。

综上所述，天津市胸科医院作为天津市首家"胸痛中心"，根据自身专业特点和搭建"互联网＋"救治体系形成了较为成熟和完备的"胸痛中心"建设及运行经验，使对急性胸痛患者，特别是急性心肌梗死患者的救治策略达到国际标准，提升了患者自身早发现早救治的预防意识，使得医院胸痛患者就诊量不断增加，通过"胸痛中心"流程的完善使得患者救治时间明显缩短、死亡率明显下降等实实在在的成效，极大地改善了来院就医以及社区心肌梗死患者的诊疗和预后。通过多层次、广覆盖的精准支援，构建以医院为核心的胸痛专科联盟，推动了基层首诊、双向转诊、急慢分治、上下联动、资源共享的分级诊疗模式的建立，为本区域内的患者提供了更及时、更便捷、更专业的医疗服务，通过下沉优质资源，扩大辐射，投身国家战略，最终为使更多患者成为受益人，得到最优质的医疗服务，架起天津市心血管疾病防控体系，向"治未病"的大健康观念转变，进一步增强群众对医疗卫生服务的获得感。

B.25

从人民法院346份国家赔偿决定书
看人权司法保障的进步[*]

赵树坤　张佰发^{**}

摘　要： 本文梳理 346 份国家赔偿决定书，呈现我国在刑事司法赔偿请求人权利救济上取得的进步。同时指出，在未来的刑事司法赔偿实践中，要进一步提升请求人权利救济程度，应该充分重视：确保律师充分参与刑事司法赔偿程序；完善精神损害赔偿制度；继续落实、创新协商和解制度；不断提升公民法律意识和法律基础能力。

关键词： 审限　律师　精神损害赔偿　和解

刑事司法赔偿程序，是指司法机关及其工作人员在行使侦查权、检察权、审判权和看守所、监狱管理职权时违法给无辜的公民、法人或者其他组织的生命、健康、自由和财产造成损害的，国家应当承担赔偿责任的一种救济程序①。该制度的出现旨在对刑事司法过程中因国家机关错误行使权力而致使公民人身、财产损失的一种救济，其宗旨在于充分保障公民权利救济

　＊　基金项目：本文是西南政法大学人权研究院 2017 "中国刑事司法赔偿请求人权利保障研究"项目（HRI2017011）阶段成果。

＊＊　赵树坤，西南政法大学教授；张佰发，西南政法大学法理学硕士研究生。

①　刑事司法赔偿，是国家赔偿之下的司法赔偿制度的一种分类。根据司法赔偿发生的领域不同，司法赔偿还包括民事司法赔偿、行政司法赔偿。关于刑事司法赔偿的适用范围，《中华人民共和国国家赔偿法》第 17 条和第 18 条均做了列举式规定。

和促进国家机关依法行使职权。近年来，越来越多的刑事冤假错案进入大众的视野，诸如"佘祥林案""杜培武案""赵作海案""呼格吉勒图案""浙江张氏叔侄案"等，都是大众关注的热点案件。其中赔偿机关如何对这些"受害者"进行赔偿，尤其引人注目。例如，浙江省高级人民法院2013年5月17日对张辉、张高平做出再审改判无罪决定，分别支付张辉、张高平国家赔偿金110.57306万元，共计221.14612万元的国家赔偿决定在网上引起较多的评论，一些网友质疑："坐10年牢才赔110万，真是连买房都不够"，"坐牢不是上班，怎么按平均工资来计算赔偿额？"①

毫无疑问，冤假错案被依法纠正之后，法律规定的负有赔偿义务的机关如果能让曾经在刑事司法过程中遭受"非公正对待"的被害人获取充分的救济、得到合理的赔偿，自然是对"迟来的正义也是正义"的一种支持。我国自1994年出台《中华人民共和国国家赔偿法》（后文中将简称《国家赔偿法》），刑事司法赔偿诉求开始有法可依。但直到1998年的《最高人民法院工作报告》中才出现"建立国家赔偿制度，是我国社会主义民主与法制建设的一个新发展"，并指出自1995年以来，全国法院共审结国家赔偿案件870件，其中决定国家赔偿的364件，占比41.8%。2003年《最高人民法院工作报告》指出，五年来共办理国家赔偿案件11321件，决定赔偿的4031件，占比35.6%；2008年《最高人民法院工作报告》显示，五年来共审结国家赔偿案件13000件，同比上升17.31%，涉及赔偿金额1.8亿元，同比增长6.26%；2013年《最高人民法院工作报告》指出，五年来共审结国家赔偿案件8684件，决定赔偿金额2.18亿元。目前最新统计数据是2016年《最高人民法院公报》公布的"各级法院审结国家赔偿案件5439件，决定赔偿金额2.4亿元"。

通过这些数据，可以粗略判断刑事赔偿申请人的权利救济诉求呈上升趋

---

① 参见《观察者》2013年5月29日对"浙江叔侄被冤案"的报道《浙江张高平叔侄强奸冤案110万国家赔偿已是最高》，http://www.guancha.cn/society/2013_05_29_147801.shtml，最后访问日期：2017年7月25日。

势，获赔金额也呈增长趋势。但是，在司法实践中，求偿程序的启动究竟难不难，申请人自己能否应对？律师在这类案件救济中功能如何？诉求能主张什么，能支持什么，预期与结果反差如何？这些问题都无法通过这些统计数字来窥知。

本文主要立足 346 份国家赔偿书（以下简称样本文书），尝试清晰、客观地厘清目前我国刑事司法赔偿请求人权利救济的现状，从人权司法保障理念和权利救济观念两个维度，对刑事司法赔偿请求人权利救济提出改进性意见，以期提升刑事司法赔偿请求人权利救济的水平。

一 样本文书来源与分布

本文所有的分析样本文书均来自北大法宝司法案例网络数据库，检索范围为"全文"，检索词为"刑事赔偿"，匹配方式为"精确"，匹配对象为"全篇"，检索时间精确到"2012 年 10 月 26 日～2017 年 5 月 27 日"[①]，检索结果为案例与裁判文书 1545 份，去掉其中虽然包括"刑事赔偿"但实质属于民事司法赔偿，行政司法赔偿的案例，刑事案件被害人赔偿案例以及重复出现的案例共计 1199 份，实际上最终得到有效的刑事司法赔偿样本文书346 份[②]。

研究的样本文书的地域分布包含了我国 29 个省、自治区、直辖市，其样本文书做出的时间主要集中分布在 2016 年，达到 210 份。且由于并未全部选择 2012 年和 2017 年的样本文书，在忽略 2012 年和 2017 年样本文书数量之后，总体上讲样本文书的数量随着时间的推移存在递增分布规律；而从现有样本文书的地域分布来看，辽宁省的刑事司法赔偿案件最多，达到 33

---

① 由于目前施行的《国家赔偿法》是在 2012 年 10 月 26 日生效，样本文书的下载时间为 2017 年 5 月 27 日，故在搜集案例时将检索时间做了处理。

② 前面已经提及刑事司法赔偿属于司法赔偿的一个分支，其与民事司法赔偿和行政司法赔偿构成司法赔偿的完整内容。因此，为在北大法宝网上获得更大范围的案例，本文在以"刑事赔偿"一词做搜索后进行了仔细的挑拣，最终得到 346 份样本文书。

件，其次是吉林省，达到 29 件；从整体上看，存在东部省份地区刑事司法赔偿案件多于西部省份、东北地区数量高于其他地区的分布规律。详细具体的样本案例时间、地域分布的情况如图 1、图 2 所示。

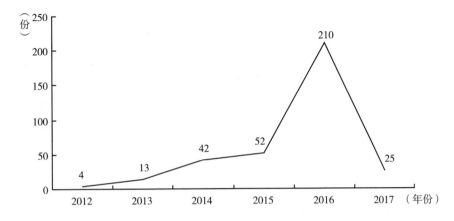

图 1　样本文书做出时间分布统计（以案件的审结时间为准）

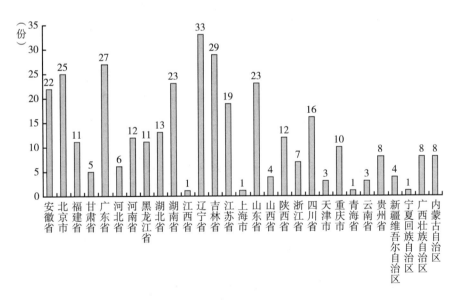

图 2　样本文书地域分布统计（2012～2017 年）

二 我国刑事司法赔偿请求人权利救济的现状分析

刑事司法赔偿请求人作为被国家机关侵犯合法权利的一类弱势群体，其权利救济的程度和寻求权利救济的过程是衡量一国法治人权保障情况的一个窗口。本文就权利救济问题设定以下变量因素：案件审理的用时；当事人是否获得律师支持；当事人诉求内容中的精神损害赔偿；案件胜（败）诉率；案件上诉率；协商和解运用情况。通过对这些变量的考察，以期能实证地对中国刑事司法赔偿请求人权利救济的司法实践现状有较为清晰的认知。

（一）关于案件的审理用时——"迟到的正义不是正义"

我国法律对刑事司法赔偿的审限规定因赔偿义务机关的不同而有不同。当赔偿义务机关为人民法院赔偿委员会时，其应当自收到赔偿申请之日起三个月内做出决定。属于疑难、复杂、重大案件的，经本院院长批准，可以延长三个月；若赔偿义务机关为人民法院之外的机关时，相应的赔偿义务机关以及复议机关做出赔偿决定的期限均为两个月。通过梳理，在所有支持了司法赔偿的 125 份样本文书中有 35 份可清晰计算审理期限，对其进行再分析可以看到，只有 3 件超出了审限，占总数的 8.57%。具体如表 1 所示。

表 1　部分获得刑事司法赔偿案件审理期限统计

样本文书编号	案号	案件最后审理机关	案件受理时间	案件审结时间	审理期限（天）	是否超出审限
004	（2016）辽 01 委赔 41 号	沈阳市中级人民法院赔委会	2016 年 9 月 26 日	2016 年 11 月 9 日	44	否
005	（2016）鄂 08 委赔 2 号	荆门市中级人民法院赔委会	2016 年 7 月 11 日	2016 年 11 月 21 日	133	否
006	（2016）鄂 08 委赔 3 号	荆门市中级人民法院赔委会	2016 年 7 月 11 日	2016 年 11 月 21 日	133	否

样本文书编号	案号	案件最后审理机关	案件受理时间	案件审结时间	审理期限（天）	是否超出审限
008	（2016）辽 01 委赔 39 号	沈阳市中级人民法院赔委会	2016 年 9 月 26 日	2016 年 11 月 8 日	43	否
009	（2016）川 14 委赔 4 号	眉山市中级人民法院赔委会	2016 年 11 月 9 日	2016 年 12 月 7 日	28	否
011	（2016）甘 06 委赔 1 号	武威市中级人民法院赔委会	2016 年 5 月 12 日	2016 年 11 月 10 日	182	否
014	（2016）皖 03 委赔 5 号	蚌埠市中级人民法院赔委会	2016 年 11 月 18 日	2017 年 1 月 16 日	59	否
015	（2014）宿中法委赔字第00006 号	宿州市中级人民法院赔委会	2014 年 11 月 21 日	2014 年 12 月 9 日	18	否
016	（2016）湘 03 法赔 3 号	湘潭中级人民法院赔委会	2016 年 10 月 20 日	2016 年 12 月 13 日	54	否
018	（2016）桂 13 委赔 1 号	来宾市中级人民法院赔委会	2016 年 8 月 26 日	2016 年 11 月 11 日	77	否
020	（2017）兵 08 委赔 1 号	新疆维吾尔自治区高级人民法院赔委会	2017 年 2 月 20 日	2017 年 4 月 17 日	56	否
022	（2016）鄂 11 委赔 8 号	黄冈市中级人民法院赔委会	2016 年 5 月 22 日	2017 年 3 月 7 日	289	是
026	（2017）吉委赔 4 号	吉林省高级人民法院赔委会	2016 年 8 月 8 日	2017 年 5 月 23 日	288	是
027	（2017）鄂 96 委赔 1 号	仙桃市中级人民法院赔委会	2017 年 2 月 13 日	2017 年 4 月 26 日	72	否
028	（2016）粤 0115 法赔 1 号	广州市南沙区人民法院赔委会	2016 年 8 月 3 日	2016 年 10 月 8 日	66	否
031	（2017）冀 0423 法赔 1 号	临漳县人民法院赔委会	2017 年 2 月 14 日	2017 年 3 月 23 日	37	否
039	（2016）皖 03 委赔 3 号	蚌埠市中级人民法院赔委会	2016 年 8 月 26 日	2016 年 9 月 20 日	25	否
043	（2017）皖 1522 法赔 1 号	霍邱县人民法院赔委会	2016 年 1 月 9 日	2017 年 1 月 19 日	375	是

续表

样本文书编号	案号	案件最后审理机关	案件受理时间	案件审结时间	审理期限（天）	是否超出审限
044	（2016）辽 01 委赔 38 号	沈阳市中级人民法院赔委会	2016 年 9 月 18 日	2016 年 11 月 10 日	53	否
045	（2016）辽 01 委赔 50 号	沈阳市中级人民法院赔委会	2016 年 10 月 28 日	2017 年 1 月 19 日	83	否
048	（2016）辽 01 委赔 37 号	沈阳市中级人民法院赔委会	2016 年 9 月 18 日	2016 年 11 月 10 日	53	否
049	（2016）吉 02 委赔 17 号	吉林市中级人民法院赔委会	2016 年 9 月 6 日	2016 年 11 月 24 日	79	否
050	（2016）粤 52 法赔 1 号	揭阳市中级人民法院赔委会	2016 年 12 月 15 日	2017 年 3 月 8 日	83	否
061	（2016）云 25 法赔 1 号	红河州中级人民法院赔委会	2016 年 3 月 31 日	2016 年 8 月 4 日	126	否
062	（2014）沈中委赔再字第 1 号	沈阳市中级人民法院赔委会	2014 年 6 月 4 日	2014 年 10 月 23 日	141	否
063	（2015）皖法赔字第 00025 号	安徽省高级人民法院赔委会	2015 年 8 月 10 日	2015 年 9 月 25 日	46	否
065	（2015）皖法赔字第 00021 号	安徽省高级人民法院赔委会	2015 年 8 月 7 日	2015 年 9 月 25 日	49	否
069	（2015）皖法赔字第 00022 号	安徽省高级人民法院赔委会	2015 年 8 月 10 日	2015 年 9 月 25 日	46	否
102	（2016）桂 0924 法赔 1 号	兴业县人民法院赔委会	2016 年 5 月 23 日	2016 年 7 月 14 日	52	否
139	（2016）黔 27 委赔 1 号	黔南布依族苗族自治州中级人民法院赔委会	2016 年 1 月 12 日	2016 年 6 月 17 日	157	否
140	（2016）辽 07 法赔 2 号	锦州市中级人民法院赔委会	2016 年 2 月 22 日	2016 年 6 月 14 日	113	否

续表

样本文书编号	案号	案件最后审理机关	案件受理时间	案件审结时间	审理期限（天）	是否超出审限
148	（2016）粤06委赔1号	佛山市中级法院赔委会	2016年2月26日	2016年5月11日	75	否
158	（2016）赣0823法赔1号	峡江县人民法院赔委会	2016年1月18日	2016年2月1日	14	否
172	（2014）郴中法委赔字第7号	郴州市中级人民法院赔委会	2014年11月7日	2015年2月10日	95	否
175	（2014）宿中法委赔字第00004号	宿州市中级人民法院赔委会	2014年7月31日	2014年10月21日	103	否

注：在对所收集的样本文书进行梳理过程中发现，有些国家赔偿决定书没有显示赔偿义务机关受理请求人申请的具体日期，而表格中所列明的案件日期均在相关样本文书有详细记录。

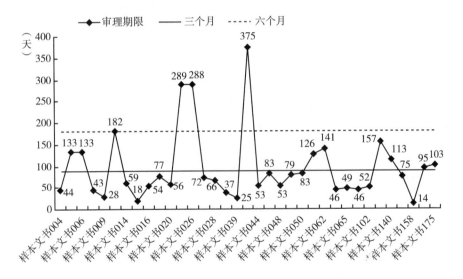

图3　部分获得刑事司法赔偿案件审理期限统计

注：在对所收集的样本文书进行梳理过程中发现，有些国家赔偿决定书没有显示赔偿义务机关受理请求人申请的具体日期，而图中所列的案件日期均在相关样本文书有详细记录。

（二）请求人获得律师支持的情况——"无律师，公正何来"

《中华人民共和国律师法》第2条第2款规定，"律师应当维护当事人

合法权益，维护法律正确实施，维护社会公平和正义"。这一法条规定既明确了律师的法定职责，又体现了律师在缓解社会冲突和平衡利益中所发挥的重要作用。

习近平总书记指出："没有律师可以求助，司法公正从何而来呢？"① 这就意味着，律师以其专业的法律知识水准在司法领域发挥着不可替代的作用，特别是在促进司法公正、保障人民群众合法权益方面。同样，在刑事司法赔偿请求人寻求权利救济的过程中律师也发挥关键作用。逻辑上，基于律师的价值功能定位，律师若能较大程度地参与刑事司法赔偿请求人权利救济的过程，则请求人获得充分、全面救济的可能性就会越大。

那么，目前中国刑事司法赔偿请求人权利救济的实践中律师的参与程度又如何呢？在 346 份刑事司法赔偿样本文书中，有 106 份样本文书中显示有律师的参与，参与率为 30.64%，其中法律援助律师参与案件的样本案例仅为 6 份，在所选取的样本数据中法律援助律师参与率仅为 6.67%②。显而易见，刑事司法赔偿过程中律师参与的现状令人担忧。

另外，对收集的 346 份样本文书中没有获得国家赔偿的案例进行梳理之后，发现由于请求人没能正确选择救济程序而丧失救济的文书有 53 份，占总样本文书数量的 15.32%，部分刑事司法赔偿请求人未能获得救济的具体情况如表 2 所示。

通常来说，对于救济程序，普通当事人都不熟悉，而这恰恰是律师执业中为当事人服务非常重要的切入点。如表 2 所示，刑事司法赔偿请求人未能获得救济的主要原因在于其救济程序的选择与相关法律的规定背离，即本应可以按照刑事赔偿程序救济的，却提起了行政诉讼，或者是违反了法律规定的救济程序要求，或者是对赔偿义务机关选择错误。归根结底，请求人未能

---

① 邓连引：《律师在全面推进依法治国战略中的定位与作用》，《黑龙江省政法管理干部学院学报》2016 年第 1 期。
② 基于数量偏少，下文对刑事司法赔偿案件的研究的律师仅指申请人聘请的律师，而不包含应由司法行政机关依照《法律援助条例》指派的法律援助律师。

表 2　部分刑事司法赔偿请求人未能获得救济情况

样本文书编号	案号	赔偿义务机关	有无律师参与	未获得救济原因
214	（2014）红中行终字第43号	云南省个旧市公安局	无	依法可主张刑事赔偿的权利,当事人提起的诉讼不属于人民法院行政赔偿诉讼的受案范围
253	（2016）川03委赔字3号	四川省自贡市公安局自流井区分局	无	错误选择赔偿义务机关
264	（2016）苏01行终421号	江苏省南京市公安局玄武分局	无	未经复议程序,就赔偿直接向人民法院提起诉讼不符合法律规定
278	（2015）鄂黄冈中行终字第00117号	湖北省黄冈市公安局龙感湖分局、黄梅县公安局	无	依法可主张刑事赔偿的权利,当事人提起的诉讼不属于人民法院行政赔偿诉讼的受案范围
283	（2014）临行终字第86号	山东省临沭县公安局	无	依法可主张刑事赔偿的权利,当事人提起的诉讼不属于人民法院行政赔偿诉讼的受案范围
303	（2016）苏06行终155号	江苏省如东县人民检察院	无	申请检察机关国家赔偿范畴,不属于人民法院行政诉讼受案范围

　　注：由于此类案件较多，笔者仅从53份样本文书中选取了6份代表性文书，但未列明的46份样本文书同样可以得出表2的分析结论。

获得救济的主要原因在于不能准确地适用法律，这正好可以印证知悉法律的律师对刑事司法赔偿请求人寻求准确的救济路径发挥了重大作用。

（三）当事人诉求赔偿的内容——是否支持精神损害赔偿的实践

　　《国家赔偿法》第35条规定，有本法第3条或者第17条规定情形之一，致人精神损害的，应当在侵权行为影响的范围内，为受害人消除影响，恢复名誉，赔礼道歉；造成严重后果的，应当支付相应的精神损害抚慰金。依据该规定，在刑事司法赔偿过程中，请求人请求赔偿义务机关支付精神损害赔偿的主要依据在于赔偿义务机关错误行使职权给请求人（或者是其家属）造成了严重后果，这种严重后果在实践中表现为对请求人（或者是其家属）人身自由权益的严重侵害，即刑事司法赔偿请求人（或者是其家属）失去

了较长时间的人身自由，或者更为严重的是对其生命健康权造成了严重损害。

1. 精神损害赔偿的请求和支持

从总体来讲，我国的刑事司法赔偿适用精神损害的范围较窄。在收集到的 346 份样本文书中，有 214 位请求人在寻求救济的过程中提出了精神损害赔偿请求，比例达到 61.85%，如图 4 所示。

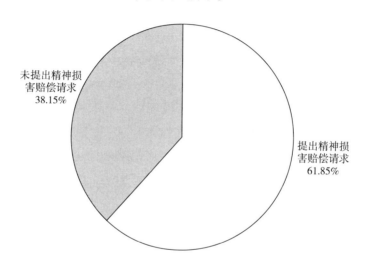

未提出精神损害赔偿请求
38.15%

提出精神损害赔偿请求
61.85%

图 4   刑事司法赔偿请求人是否提出精神损害赔偿请求情况对比

而这些请求被赔偿义务机关支持的有 85 份，达到样本文书总数的 24.57%，如图 5 所示。

尽管如此，仍然可以发现，一方面，刑事司法赔偿实践中适用精神损害的条件比较严格，主要表现为只有在刑事司法赔偿被害人遭受较长时间的非法羁押或者其生命、健康受到严重侵害等情形时，赔偿义务机关才适用精神损害赔偿。例如，梳理作为赔偿义务机关的人民法院适用精神损害赔偿的具体情况，可见法院理解的"严重后果"的标准。

如图 6 所示，人民法院在决定适用精神损害赔偿时，被害人普遍受到了较长时间的非法羁押，最长羁押时间达到了 6936 天，最短羁押时间也达到了 150 天，甚至出现了刑事司法赔偿被害人在非法羁押期间死亡的现象。而

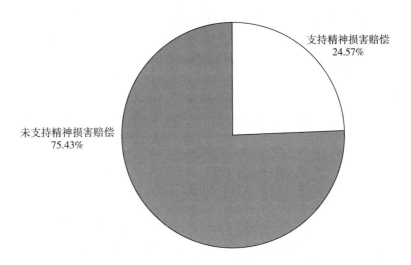

图5　赔偿义务机关支持精神损害赔偿比例对比

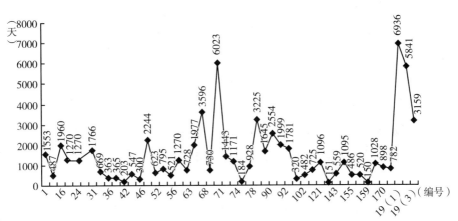

图6　作为赔偿义务机关的人民法院适用精神损害赔偿情形统计（2012～2017年）

注：编号为019的样本文书一共有三位刑事司法赔偿请求人，请求人陈夏影被完全限制人身自由6936天；请求人黄兴被完全限制人身自由天数为5841天；请求人林立峰被完全限制人身自由天数为3159天。详见（2015）闽法赔字第1～3号国家赔偿决定书。编号为054和065的样本文书显示当事人在非法羁押过程中死亡。

梳理人民法院之外的赔偿义务机关适用精神损害赔偿的具体数据，也出现了近似的结果，即作为赔偿义务机关的人民检察院、公安机关、看守所及监狱管理机关，其适用精神损害赔偿时常常伴随着错误逮捕、违法拘留时间较长

或者被害人在羁押期间遭到人身损害甚至死亡。

2. 精神损害赔偿的支持程度

精神损害赔偿的支持程度，是属于司法自由裁量权范围内的一个问题。从司法公正公平的视角来看，其往往也需要一个标准来衡量。但这个标准如何确立是个棘手的问题。比如，当事人的精神损害请求并非得到全部支持可以理解，但如果法院最终决定的精神损害赔偿金额均远远低于申请人请求的金额，可能也会造成社会公众的困惑。例如，司法实践中存在这样的一个案例，在谭某某与湘潭市中级人民法院无罪国家赔偿决定书案①中，申请人主张精神损害赔偿金 2750000 元，而赔偿义务机关最终决定支付其精神损害赔偿 166218 元，二者之间相差近 15 倍。同样的结果发生在常某某重审无罪赔偿一案国家赔偿决定书案②中，请求人主张精神损害赔偿 1100000 元，最终赔偿义务机关支持 70000 元。

那么用什么标准来衡量精神损害赔偿适用的程度呢？前文表明，在大多数刑事司法赔偿案件中，赔偿义务机关适用精神损害赔偿往往伴随着刑事司法赔偿请求人（或其家属）人身自由的限制，这就意味着在刑事司法赔偿的过程中必然伴随有侵犯人身自由的赔偿金的决定，故能否将赔偿义务机关决定的侵犯人身自由赔偿金的数额与赔偿义务机关最终决定的精神损害赔偿金额的比较值作为衡量精神损害赔偿的适用程度呢？

本文认为答案是肯定的，理由有二：第一，《国家赔偿法》规定的适用精神损害赔偿的标准是对请求人（或其家属）造成严重后果，而赔偿义务机关决定适用的侵犯人身自由赔偿金数额的多少即赔偿义务机关对被害人因限制人身自由而造成损害结果的认定，则将其作为精神损害赔偿适用程度的对比项具有较大程度的合理性；第二，由于侵犯人身自由赔偿金额由限制人身自由的天数与申请赔偿时的国家上年度职工日平均工资而确定（侵犯人身自由赔偿金额＝限制人身自由的天数×国家上年度职工日平均工资），所

---

① 具体参见（2016）湘 03 法赔 3 号。
② （2016）吉委赔 17 号。

以侵犯人身自由赔偿金额的多少具有确定性，将其作为精神损害赔偿适用程度的对比项则具有较大程度的可操作性。

由此，我们从以人民法院作为赔偿义务机关的 47 份获得精神损害赔偿的样本案例中随机抽取了 10 份样本案例，对相关案例中最终决定的精神损害赔偿金占到侵犯人身自由赔偿金的百分比进行梳理，以厘清刑事司法赔偿过程中适用精神损害赔偿的程度，得到了表 3 的数据。

表3　人民法院作为赔偿义务机关时侵犯人身自由赔偿金与精神损害赔偿金适用情形

单位：元，%

样本文书编号	侵犯人身自由赔偿金	精神损害赔偿金	精神损害赔偿金/侵犯人身自由赔偿金
016	474908.00	166218.00	35.00
024	307721.00	70000.00	22.75
026	388025.52	100000.00	25.77
031	162098.70	18000.00	11.10
035	88439.50	10000.00	11.31
078	708597.00	150000.00	21.17
090	618834.20	70000.00	11.31
091	438780.84	90000.00	20.51
155	106783.92	35000.00	32.78
159	32958.00	5000.00	15.17

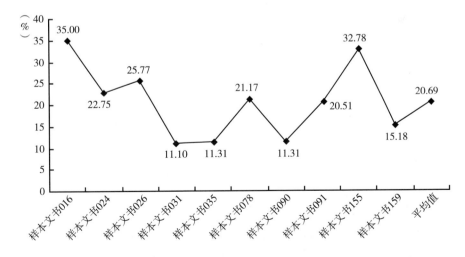

图7　精神损害赔偿金额与侵犯人身自由赔偿金的比值趋势

如图 7 所示，人民法院在作为赔偿义务机关时，其适用精神损害赔偿金与侵犯人身自由赔偿金的百分比均介于 10% 和 40% 之间，百分比平均值约为 20.69%，相对于侵犯人身自由赔偿金的数额，精神损害赔偿金的支持标准还是比较低。即使被害人被非法羁押了 2554 天（样本文书 90），接近 7 年的时间，最终获得的精神损害赔偿也仅有 7 万元。

（四）主张失败——请求人基础法律意识与能力现状

司法告诉的结果包含胜诉和败诉两种。在中国的传统司法文化中，"民告官"想告赢向来难。在所收集的 346 份国家赔偿文书中，有 205 份当事人未能获得赔偿，其比例占到收集样本文书总数的 59.25%。通过仔细阅读样本文书，可以发现基于《国家赔偿法》对刑事司法赔偿条件的具体规定、刑事司法赔偿请求人自身的原因以及存在相关刑事法律的修订致使刑事司法赔偿被害人无罪的情形时请求人的赔偿请求均未能获得支持。

1. 请求人申请刑事司法赔偿的依据不符合《国家赔偿法》的规定

《国家赔偿法》于 1995 年 1 月 1 日生效，根据溯及既往的原则，在刑事司法程序中赔偿义务机关行使职权侵害被害人合法权益的行为若发生在《国家赔偿法》生效之前，则请求人就无法运用《国家赔偿法》的相关规定救济权益。但是，通过梳理，在所收集到的刑事司法赔偿文书中因请求人违反了不溯及既往原则而未被补偿的案例就有 7 份，如样本文书 255——王香芝、王巍等与钟祥市公安局违法使用武器、警械致死赔偿决定书案①。在本案中，钟祥市公安局警察在刑事侦查过程中，使用枪支导致涉案嫌疑人寇从国死亡事件发生在 1983 年，而《国家赔偿法》生效于 1995 年，所以赔偿义务机关认定其不属于国家赔偿案件受案范围，故做出对王香芝等五人及钟祥市公安局提交的证据不予审查的决定，并维持了荆门市公安局荆公赔复决字〔2016〕01 号刑事赔偿复议决定书以及驳回赔偿请求人王香芝、王巍、王磊、寇正茂、何凤英的国家赔偿申请。类似的样本文书 256——沈德鸿申请

---

① （2016）鄂 08 委赔 5 号。

江苏省苏州市中级人民法院刑事赔偿立案决定书案①、样本文书257——王治义与汉滨区人民法院国家赔偿决定书案②等，其结果都是赔偿义务机关不予受理，或者请求人继续申诉的又被人民法院赔偿委员会驳回申诉、维持原赔偿决定。

2. 因请求人自身适用法律救济的能力较弱而未能获偿

请求人自身适用法律救济的能力较弱在刑事司法赔偿过程中主要表现在两个方面。一方面，请求人错误选择救济程序致使其未能获得国家赔偿，这种情形在所有收集的未能获赔的样本文书中占据主导地位。经过统计，205份未能获得刑事司法赔偿的样本文书中就有50份属于请求人误将行政诉讼程序当作刑事司法赔偿程序来寻求权利救济。另一方面，请求人申请刑事司法赔偿的期限超过法律规定的两年时效也是赔偿义务机关不予赔偿的理由。

3. 因相关法律的修订致使刑事司法赔偿请求人无罪的情形

在刑事司法赔偿的司法实践中，还有导致请求人无法获得赔偿的重要原因，即在因相关法律的修订致使被告人无罪的情况下，应该按照刑事法律的规定予以释放，但是根据《国家赔偿法》的规定，其在相关法律未变更之前被羁押期间不属于刑事司法赔偿的范畴。

在收集的样本文书中，属于因相关法律的修订致使刑事司法赔偿请求人无罪而未能获得赔偿的文书有3份，其主要原因是2015年11月4日，全国人大常委会对《中华人民共和国种子法》进行了修订，其中删除了该法第46条中"种子产地与标签标注内容不符"属于假种子的规定。经过梳理，由《中华人民共和国种子法》的修订引起的刑事司法赔偿案件有3件，分别是杨俊忠与厦门市翔安区人民检察院国家赔偿决定书案③、陈加添与厦门市思明区人民检察院国家赔偿决定书案④和林朝阳与厦门市思明区

---

① （2014）苏法委赔立字第00009号。
② （2017）陕09委赔3号。
③ （2016）闽02委赔2号。
④ （2016）闽02委赔3号。

人民检察院国家赔偿决定书案①。于是因法律未修订被判处刑罚的被告人即因法律的修订重获人身自由，却在之后的刑事司法赔偿中未能就此损害获得救济。

对其未能获得刑事司法赔偿，赔偿义务机关厦门市思明区人民检察院和厦门市翔安区人民检察院的解释是，根据国家赔偿法第 19 条第 3 项规定，符合《刑事诉讼法》第 15 条中的第 6 项"其他法律规定免于追究刑事责任的"情形，国家不承担赔偿责任。该条款规定在于某些犯罪会随着形势、时间的变化而变化，某些犯罪的出罪、入罪数额也会发生变化，此时由于行为人的行为之所以不构成犯罪是基于当时法律的变化，在法律发生变化之前的羁押是符合法律规定的，因此国家不承担赔偿责任。

（五）诉求方式的选择——协商和解制度的实践

按照《国家赔偿法》规定的救济程序，刑事司法赔偿请求人必须先向赔偿义务机关申请国家赔偿，赔偿义务机关进行书面审查后做出赔偿决定；请求人对做出的赔偿决定不服时可以根据赔偿义务机关的不同进一步依据《国家赔偿法》规定的救济途径进行下一步的救济程序，以保证其权益获得充分保障。但通过梳理所收集到的刑事司法赔偿文书，我们发现在刑事司法赔偿实践中存在请求人与赔偿义务机关进行协商和解的情形。并且，早在2011 年最高人民法院就通过了《最高人民法院关于人民法院赔偿委员会审理国家赔偿案件程序的规定》这一司法解释，其中第 9 条、第 10 条和第 11条对这种协商和解制度的实施做了具体明确的规定。

值得肯定的是，这种协商和解制度的实施，一方面，可以通过自愿合法协商的方式让赔偿义务机关更加直接、充分地了解申请人的诉求，对当事人权利受损情况有更直观的感受，对权力滥用的后果有警示功能；另一方面，相对于司法诉讼，协商和解能缩减请求人寻求救济的时间，以较高的效率处理刑事司法赔偿请求人请求的事项。

---

① （2016）闽 02 委赔 4 号。

在 346 份国家赔偿文书中，有 15 份经过协商和解制度解决争议的样本文书，其中发生在 2014 年的 1 份、2015 年的 5 份、2016 年的 7 份、2017 年的 2 份，在有限的样本中，大体可以发现运用协商和解制度处理刑事司法赔偿纠纷案件的数量有逐渐上升的趋势，这也许意味着多元化解决刑事司法赔偿纠纷的程序代表了刑事司法赔偿实践的走向。

三　我国刑事司法赔偿请求人权利救济的完善

（一）继续加大支持律师参与刑事司法赔偿的比例

律师在刑事司法赔偿过程中对充分保障请求人正确选择救济程序、保障权利的实现方面发挥了重要作用。实际上，"从 2012 年到 2016 年，律师参与刑事司法赔偿的案件数量与时间的推移成正比关系"[1]，律师参与刑事司法赔偿案件的数量逐年上升，且 2016 年增幅最大，增长率约为 252.63%（见图 8）。

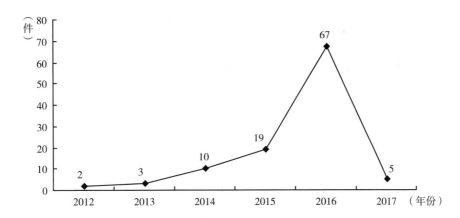

图 8　2012～2017 年律师参与刑事司法赔偿数量统计（以案件的审结时间为准）

---

[1] 由于 2017 年所收集文书的时间截止到 2017 年 5 月 27 日，为保证研究的科学性，2017 年律师参与刑事司法赔偿案件的数量不与前 5 年数量做对比分析。

随着我国全面依法治国的步伐稳步推进，在全面深化体制改革的背景下司法体制改革取得显著成效，人权司法保障观念日益加强。在这样的背景之下，刑事司法赔偿申请人寻求律师支持获得国家赔偿应该得到进一步的提升。

（二）完善关于精神损害赔偿的制度

《国家赔偿法》规定了可以适用精神损害赔偿的几种情形，却未规定赔偿义务机关应该做出多大程度的精神损害赔偿。即是说，在确定适用精神损害赔偿的程度时，《国家赔偿法》赋予了赔偿义务机关较大的自由裁量权，同时又没有规定其行使该权力的标准。同样地，司法实践中精神损害赔偿适用的程度至今仍未具有规范性、统一性的适用标准。所以，确定和规范精神损害赔偿适用的程度确有必要。

目前我国虽然没有规定具体的适用精神损害赔偿数额，但司法实践过程却为最终确定精神损害赔偿金额标准提供了思路，即以侵犯人身自由赔偿金为基数确定一个百分比。图 11 的百分比变化趋势的区间数据只是提供了一种可行性依据，而并非一个有效的参考依据，因为相对于请求人的侵犯人身自由赔偿金，这个比值还是太低，正如前文显示我国刑事司法赔偿中适用精神损害赔偿程度总体较低一样。

（三）确保协商和解制度的有效实施

刑事司法赔偿请求人和赔偿义务机关事实上实力对比失衡，这源于两方面。其一，当下"官本位"思想依然盛行。这让曾经遭遇不公正对待的刑事司法赔偿请求人（或其家属）惧怕与赔偿义务机关协商赔偿事项，这样请求人就不会为了自身的合法权益而与赔偿义务机关争锋谈判，而是一味迎合赔偿义务机关的决定，从而将协商和解制度演变为赔偿义务机关的"独角戏"；其二，赔偿义务机关处于强势地位。同样的道理，若遇到强势的赔偿义务机关，刑事司法赔偿请求人的地位愈加不平等，其协商和解提出的请求远远不能被赔偿义务机关所接受，到最后还是不得不接受强势的赔偿义务机关的赔偿决定。

确保协商和解制度有效实施的关键在于保证请求人和赔偿义务机关的平

等地位。一方面，需要刑事司法赔偿请求人转变思想。作为自身权益受损的请求人，协商和解制度亦是其"为权利而斗争"的有效途径，该制度运行的结果与赔委会的救济具有异曲同工之妙，故请求人应转变"官本位"思想，积极向赔偿义务机关表达诉求、据理而争、平等协商；另一方面，赔偿义务机关改变工作作风、积极听取请求人的诉求也尤为关键。此外，现行的协商和解制度的运行并没有律师参与其中，若律师能参与其中，无疑将会使请求人的诉求得到更加充分的表达，谈判双方的地位愈加平等，其救济的程度将会得到进一步加强。

（四）提升请求人适用法律的能力是确保其获得充分救济的关键

保障刑事司法赔偿请求人获得充分救济的重要因素是当事人的自我权利意识和基本的法律理解、适用能力。一方面，要加大普法宣传力度，不断加强公民法治宣传教育，大力提升公民法治观念；另一方面，在刑事司法赔偿过程中，赔偿义务机关也要尽最大可能向刑事司法赔偿请求人及其家属说明救济的渠道和相关适用的法律，在遇到符合法律援助的情形时，亦要积极地促成法律援助，充分保证请求人知悉救济信息的权利。

人权与法治是人类文明进步的标志，两者相辅相成。全面推进依法治国，必将在全方位提升人权保障法治水平，保证人民享有更加充分的权利和自由上做出更大的成绩。在2018年2月5~6日第二十一次全国法院工作会议上，最高人民法院院长周强指出，"五年来依法纠正呼格吉勒图案、聂树斌案等重大冤错案件39件78人，出台防范刑事冤假错案工作机制的指导意见，坚决守住防范冤假错案底线。推动建立国家赔偿联动机制，加强刑事冤错案件国家赔偿工作"。这代表了针对国家赔偿请求人诉求权利救济的司法立场，也是人权司法保障的重要制度、机制发展方向。与此同时，法院、检察院、律师、司法行政管理机关、社会团体、利害关系人等多元主体在国家赔偿案件上，共同探索更细致的、更系统性的机制举措，以进一步切实保障请求人的基本权利。

附　　录

Appendices

B.26
中国人权大事记·2017

许　尧*

1月

　　4日　中共中央总书记、国家主席、中央军委主席习近平对食品安全工作做出重要指示指出，各级党委和政府及有关部门要全面做好食品安全工作，坚持最严谨的标准、最严格的监管、最严厉的处罚、最严肃的问责，增强食品安全监管统一性和专业性，切实提高食品安全监管水平和能力。

　　4日　由中国社会科学院主办的第六部《反腐倡廉蓝皮书》系列之《中国反腐倡廉建设报告 No.6》发布会在北京举行。报告指出，2016年全面从严治党深入推进，制度"笼子"越扎越紧，党内政治生活不断规范，执纪

---

　　* 许尧，管理学博士，南开大学人权研究中心（国家人权教育与培训基地）、南开大学周恩来政府管理学院副研究员，主要研究方向：人权政策、公共冲突管理。

监督进一步加强，廉洁政治建设的法规基础得到夯实。

4 日　国务院办公厅印发《国家职业病防治规划（2016－2020 年）》，部署做好"十三五"时期职业病防治工作，进一步保障劳动者职业健康权益，推进健康中国建设。

5 日　经李克强总理签批，国务院印发《"十三五"节能减排综合工作方案》，明确了"十三五"节能减排工作的主要目标和重点任务，要求到2020 年，全国万元国内生产总值能耗比 2015 年下降 15%，能源消费总量控制在 50 亿吨标准煤以内。

9 日　公安部召开第二期全国公安机关规范执法视频演示培训会，对全国百万公安民警进行集中培训。培训涉及治安管理、刑事侦查、交通管理等方面，从法律要求、处置流程、言行举止、策略技巧等内容，对民警在一线执法时"应该怎么做""如何规范做"给予直观清晰的解答，提出明确规范的要求。

10 日　司法部、外交部、商务部、国务院法制办公室联合印发《关于发展涉外法律服务业的意见》。意见提出，到 2020 年，建立一支通晓国际规则、具有世界眼光和国际视野的高素质涉外法律服务队伍。

10 日　国务院印发《"十三五"卫生与健康规划》，确定了卫生与健康领域要重点推进的 10 项工作任务，提出到 2020 年，覆盖城乡居民的基本医疗卫生制度基本建立，实现人人享有基本医疗卫生服务，人均预期寿命超过77.3 岁。

10 日　《中共中央　国务院关于推进防灾减灾救灾体制机制改革的意见》发布，明确提出要坚持以人民为中心的发展思想，坚持以防为主、防抗救相结合，努力实现从注重灾后救助向注重灾前预防转变，从应对单一灾种向综合减灾转变，全面提升全社会抵御自然灾害的综合防范能力。

11 日　国务院总理李克强主持召开国务院常务会议，通过《残疾人教育条例（修订草案）》和《残疾预防和残疾人康复条例（草案）》，增设对残疾人保障义务教育、扩大职业教育和防止各类教育入学歧视等相关规定。要求将残疾预防融入卫生计生、公安、安全生产等相关行业管理和服务

之中。

11 日　国家卫生计生委印发《"十三五"全国健康促进与教育工作规划》。明确到 2020 年，健康的生活方式和行为基本普及，人民群众维护和促进自身健康的意识和能力有较大提升，"把健康融入所有政策"方针有效实施。

14 日　全国信访局长会议在北京召开。国家信访局统计数字显示，2016 年，全国信访事项中来信量同比下降了 0.7%，来访批次同比下降了 8.6%，来访人次同比下降了 12.6%。同时，受国家信访局手机客户端、微信公众号等多种网上信访渠道开通的影响，网上信访量同比上升了 106.8%。

14～15 日　全国司法厅（局）长会议在北京召开，对深化推进司法行政改革做出全面部署。中国社区服刑人员突破 70 万人，社区服刑人员矫正期间重新犯罪率一直处于 0.2% 左右的较低水平；全国 60% 多的县（市、区）建立了社区矫正中心；全国从事社区矫正工作的社会工作者 83036 人，社会志愿者 672003 人。

16 日　国家发展改革委、国家卫生计生委、人力资源和社会保障部发布《关于推进按病种收费工作的通知》。公布了 320 个病种目录；明确规定二级及以上公立医院都要选取一定数量的病种实施按病种收费，城市公立医院综合改革试点地区 2017 年底前实行按病种收费的病种不少于 100 个。

17 日　全国老龄办、最高人民法院、最高人民检察院、公安部、民政部、司法部等六部门联合出台《关于进一步加强老年法律维权工作的意见》。

18 日　国家主席习近平在日内瓦万国宫出席"共商共筑人类命运共同体"高级别会议，发表题为《共同构建人类命运共同体》的主旨演讲，主张共同推进构建人类命运共同体伟大进程，坚持对话协商、共建共享、合作共赢、交流互鉴、绿色低碳，建设一个持久和平、普遍安全、共同繁荣、开放包容、清洁美丽的世界。

18 日　国务院总理李克强主持召开国务院常务会议，通过"十三五"

促进就业规划，推动稳定和扩大就业打造高素质劳动者队伍；部署进一步做好困难群众生活保障工作，兜住基本民生底线。

18 日 国家卫生计生委、中宣部、中央综治办等 22 个部门共同印发《关于加强心理健康服务的指导意见》。这是中国首个针对加强心理健康服务的宏观指导性文件，提出加强职业人群、老年人、妇女、儿童、残疾人等重点人群心理健康服务。

19 日 最高人民检察院印发《关于充分发挥检察职能依法惩治"村霸"和宗族恶势力犯罪积极维护农村和谐稳定的意见》，强调各级检察机关要坚决依法惩治"村霸"和宗族恶势力刑事犯罪，突出打击为"村霸"和宗族恶势力充当"保护伞"的职务犯罪。

19 日 国家卫生计生委在北京召开 2017 年全国健康扶贫工作会议，全面部署 2017 年健康扶贫工作，强调要采取力度更大、针对性更强的政策举措，以兜底保障为重点，以分类救治为主要抓手，将健康扶贫落实到人、精准到病。

19 日 财政部印发《关于切实做好 2017 年基本民生支出保障工作的通知》，提出在经济下行压力较大、财政收入增速放缓的情况下，必须更好地统筹民生政策与经济发展，优先保障民生投入，保障困难群众基本生活。

20 日 国务院印发《国家教育事业发展"十三五"规划》，提出到 2020 年中国教育现代化取得重要进展，教育总体实力和国际影响力显著增强。全民终身学习机会进一步扩大，学前三年毛入园率达到 85%，九年义务教育巩固率达到 95%，高中阶段教育毛入学率达到 90%。

22 日 中国互联网络信息中心在北京发布第 39 次《中国互联网络发展状况统计报告》。截至 2016 年 12 月，中国网民规模达 7.31 亿，互联网普及率达到 53.2%，超过全球平均水平 3.1 个百分点，超过亚洲平均水平 7.6 个百分点。

22 日 《教育部 2017 年工作要点》印发，强调促进入学机会公平。

23 日 《中共中央 国务院关于加强耕地保护和改进占补平衡的意见》发布，要求坚持最严格的耕地保护制度和最严格的节约用地制度，着力加强

耕地数量、质量、生态"三位一体"保护，着力加强耕地管控、建设、激励多措并举保护，依法加强耕地占补平衡规范管理，提高粮食综合生产能力，保障国家粮食安全。

24 日 国务院印发《"十三五"促进民族地区和人口较少民族发展规划》，对国家支持少数民族和民族地区发展、加强民族工作做出全面部署。明确了实现地区生产总值年均增速 8% 以上、农村贫困人口脱贫 1805 万人、耕地保有量 3.19 亿亩等 7 个方面 23 项定量指标。

30 日 工业和信息化部发布《信息通信网络与信息安全规划（2016 - 2020）》。重点从建立网络数据安全管理体系、强化用户个人信息保护、建立完善数据与个人信息泄露公告和报告机制三个方面大力强化网络数据和用户信息保护。

2月

3 日 国务院办公厅印发《安全生产"十三五"规划》，提出了七个方面的主要任务：构建更加严密的责任体系，强化安全生产依法治理，坚决遏制重特大事故频发势头，推进职业病危害源头治理，强化安全科技引领保障，提高应急救援处置效能，提高全社会安全文明程度。

4 日 国务院印发《全国国土规划纲要（2016 - 2030 年）》，提出了加快构建"安全、和谐、开放、协调、富有竞争力和可持续发展的美丽国土"的总体目标。该规划对涉及国土空间开发、保护、整治的各类活动具有指导和管控作用。

5 日 《中共中央　国务院关于深入推进农业供给侧结构性改革加快培育农业农村发展新动能的若干意见》发布，这是 21 世纪以来指导"三农"工作的第 14 份中央一号文件。

5 日 国务院办公厅发布《中国遏制与防治艾滋病"十三五"行动计划》，提出要最大限度地发现感染者和病人，有效控制性传播，持续减少注射吸毒传播、输血传播和母婴传播，降低病死率，逐步提高感染者和病人生存质量，减少社会歧视。

5日 最高人民检察院与环保部、公安部联合出台《环境保护行政执法与刑事司法衔接工作办法》，要求三部门加强在环境保护工作中的协作配合，统一法律适用，完善案件移送和信息共享等衔接机制，形成打击环境犯罪的强劲合力。

6日 国务院印发《"十三五"促进就业规划》。提出到2020年，城镇新增就业5000万人以上，全国城镇登记失业率控制在5%以内，高校毕业生、农民工等重点人群就业形势基本稳定。促进贫困人口就业，带动1000万人脱贫。

7日 最高人民法院公布《人民法院落实〈保护司法人员依法履行法定职责的规定〉的实施办法》，健全完善法官、审判辅助人员依法履行法定职责保护机制，涉及免受干预、免责机制、救济渠道、公正考核、安全保障、休假权利、薪酬保障等。

7日 中共中央办公厅、国务院办公厅印发《关于划定并严守生态保护红线的若干意见》。提出2020年底前，全面完成全国生态保护红线划定，勘界定标，基本建立生态保护红线制度，国土生态空间得到优化和有效保护，生态功能保持稳定，国家生态安全格局更加完善。

7日 国务院办公厅印发《关于进一步加强疫苗流通和预防接种管理工作的意见》，强调完善疫苗管理工作机制，促进疫苗自主研发和质量提升，加强疫苗流通全过程管理。

9日 人民检察院案件信息公开网公布了《最高人民检察院关于聂树斌故意杀人、强奸妇女一案的检察意见》。从六个方面认为原审判决事实不清、证据不足，应该改判聂树斌无罪。此意见得到了最高人民法院的采纳。

9日 国务院办公厅发布《关于进一步改革完善药品生产流通使用政策的若干意见》，强调要围绕突出问题，坚持标本兼治、协同联动，从药品生产、流通、使用全链条提出系统改革措施，提高药品供给质量疗效，确保供应及时，促进药品价格合理，使药品回归治病本源，建设规范有序的药品供应保障制度。

14 日　国务院办公厅印发《中国防治慢性病中长期规划（2017－2025年)》。规划将降低重大慢性病过早死亡率作为核心目标，到 2020 年和 2025年，力争 30~70 岁人群因心脑血管疾病、癌症、慢性呼吸系统疾病和糖尿病导致的过早死亡率分别较 2015 年降低 10% 和 20%。

17 日　国家发展改革委、教育部、人力资源和社会保障部联合印发《教育现代化推进工程实施方案》。提出要推动义务教育均衡发展，基本实现县域校级资源均衡配置，义务教育巩固率提高到 95%，普及高中阶段教育，高中阶段教育毛入学率达到 90%。

21 日　中共中央政治局就脱贫攻坚形势和更好地实施精准扶贫进行第39 次集体学习。中共中央总书记习近平在主持学习时强调要言必信，行必果。农村贫困人口如期脱贫、贫困县全部摘帽、解决区域性整体贫困，是全面建成小康社会的底线任务。

21 日　最高人民法院发布《关于全面推进以审判为中心的刑事诉讼制度改革的实施意见》。意见分为五个部分，共 33 条，提出将积极构建以审判为中心的刑事诉讼格局，健全落实证据裁判、非法证据排除、疑罪从无等法律原则的有关制度。

21 日　国务院印发《"十三五"国家食品安全规划》和《"十三五"国家药品安全规划》，明确了食品药品安全工作的指导思想、基本原则、发展目标和主要任务。要求坚持最严谨的标准、最严格的监管、最严厉的处罚、最严肃的问责，坚持源头治理、标本兼治，促进食品药品产业健康发展。

22 日　最高人民法院公布修订后的《最高人民法院关于庭审活动录音录像的若干规定》，要求庭审活动全程同步录音录像，建设透明法庭。

23 日　国务院公布修订后的《残疾人教育条例》，从残疾人教育的发展目标和理念、入学安排、教学规范、教师队伍建设以及保障和支持等方面完善了相关制度。

23 日　文化部发布《文化部"十三五"时期文化发展改革规划》。强调要全面推进基本公共文化服务标准化均等化，开发和提供适合老年人、未成年人、残疾人、农民工、农村留守妇女儿童、生活困难群众等群体的基本公共文化产品和服务。

24 日 最高人民检察院召开纠防冤错案件经验交流会，最高人民检察院刑事申诉检察厅研究起草《人民检察院刑事申诉案件异地审查规定》，提出对有重大冤错可能的申诉案件交由异地进行办理，以消除阻力和干扰。

27 日 最高人民法院在北京召开新闻发布会，公布人民法院司法改革进展情况，发布《中国法院的司法改革（2013－2016)》《中国法院的司法公开（2013－2016)》。

27 日 中国外交部人权事务特别代表刘华在联合国人权理事会第 34 次会议"人权主流化年度高级别专题讨论会"上，代表非洲国家和中国做题为《维护和平，促进和保护人权》的共同发言。

27 日 国务院公布《残疾预防和残疾人康复条例》。明确了各级政府的职责；规定了残疾预防工作的基本原则；明确了残疾人康复服务的基本要求，康复机构及其工作人员的法定条件及要求；加大了对残疾预防和残疾人康复事业的扶持力度。

3月

1 日 国务院公布《"十三五"推进基本公共服务均等化规划》。明确建立国家基本公共服务清单制，确定了公共教育、劳动就业创业、社会保险、医疗卫生、社会服务、住房保障、公共文化体育、残疾人服务等领域81 个基本公共服务项目。

1 日 中国常驻联合国日内瓦办事处和瑞士其他国际组织代表马朝旭大使在联合国人权理事会第 34 次会议上，代表 140 个国家发表题为"促进和保护人权，共建人类命运共同体"的联合声明。

2 日 国家发展改革委、水利部联合发布《关于做好"十三五"农村饮用水安全巩固提升工作的通知》。

2～3 日 中国外交部人权事务特别代表刘华和瑞士外交部人权特使奈格利在瑞士伯尔尼共同主持中瑞第 10 次人权对话。双方围绕人权领域新进

展、司法和刑罚体系、少数群体权利、国际人权领域合作、人权技术合作等问题交换意见。

3~13日 中国人民政治协商会议第十二届全国委员会第五次会议在人民大会堂召开。俞正声作政协常委会工作报告。2000多位政协委员将紧紧围绕"十三五"规划实施等关系国计民生的重大问题,深入协商议政。

5~15日 第十二届全国人民代表大会第五次会议在北京人民大会堂召开。国务院总理李克强作政府工作报告。全国人大代表共提交议案514件、建议8360件。闭幕会后,李克强召开记者会,回答了关于中国经济形势、简政放权、减税降费、就业、雾霾等热点问题。

5日 最高人民检察院发布《未成年人刑事检察工作指引(试行)》,包括总则、特殊制度落实、讯问未成年犯罪嫌疑人、询问未成年被害人(证人)、审查逮捕、审查起诉六个部分。

6日 国务院印发《"十三五"国家老龄事业发展和养老体系建设规划》,提出了八个方面的主要任务:健全完善社会保障体系、健全养老服务体系、健全健康支持体系、繁荣老年消费市场、推进老年宜居环境建设、丰富老年人精神文化生活、扩大老年人社会参与、保障老年人合法权益。

8日 中国人权研究会代表团出席在日内瓦召开的联合国人权理事会第34次会议,并与中国常驻日内瓦联合国代表团共同举办以"共同构建人类命运共同体:全球人权治理的新路径"为主题的边会。

9日 国务院新闻办公室发表《2016年美国的人权纪录》《2016年美国侵犯人权事记》,回应美国发布的"国别人权报告"。纪录分为导言、生命人身权利受到严重侵犯、政治权利遭到践踏、中低收入群体生活状况堪忧、种族歧视愈演愈烈、妇女儿童老年人权利缺乏应有保障、粗暴侵犯他国人权等部分。

15日 十二届全国人大五次会议通过《中华人民共和国民法总则》,共分基本规定、自然人、法人、非法人组织、民事权利、民事法律行为、代理、民事责任、诉讼时效、期间计算和附则11章、206条。

17日 中国少数民族地区精准扶贫论坛暨《中国少数民族地区扶贫

进展报告（2016）》发布会在中央民族大学举行。国务院扶贫开发领导小组专家咨询委员会主任范小建介绍，2016 年民族八省区 402 万农村贫困人口实现脱贫，贫困人口总数从 2015 年底的 1813 万人下降到 1411 万人。

20 日 中国常驻联合国日内瓦办事处和瑞士其他国际组织代表马朝旭大使在联合国人权理事会第 34 次会议上，代表发展中国家发表题为《完善全球人权治理，推进国际人权事业》的共同发言。

21 日 国家卫生计生委、国家发展改革委、民政部、财政部、中国残疾人联合会、全国老龄工作委员会办公室等 13 部门联合印发《"十三五"健康老龄化规划》。提出了推进老年健康促进与教育工作，加强老年健康公共卫生服务工作，健全老年医疗卫生服务体系，积极推动医养结合服务，加强医疗保障体系建设等任务。

24 日 全国律协召开首次新闻发布会，"全国律协维护律师执业权利中心"和"全国律协投诉受理查处中心"挂牌成立，会上通报了《律师协会维护律师执业权利规则（试行）》《律师执业行为规范》《律师协会会员违规行为处分规则（试行）》的制定和修订完善情况。

24 日 住房和城乡建设部印发《城市管理执法办法》，对城市管理执法主管部门在城市管理领域根据法律法规章规定履行行政处罚、行政强制等行政执法职责的行为进行进一步规范，从而提高执法和服务水平，保护执法相对人合法权益。

28 日 最高人民检察院印发《关于完善检察官权力清单的指导意见》，就各省级人民检察院制定辖区内三级人民检察院检察官权力清单过程中遇到的问题，进一步明确了完善检察官权力清单的指导思想、制定主体、内容与形式等问题。

28 日 由 21 世纪教育研究院、社会科学文献出版社、新公民计划联合主办的"2016 年'流动儿童蓝皮书'新闻发布会"在北京举行。与会专家总结了中国流动儿童教育发展的现状和面临的挑战，分析了中国流动儿童教育改革进程中的热点和难点问题，发布了《流动儿童蓝皮书：中国流动儿

童教育发展报告（2016）》。

31日 全国妇联在北京举行纪念《妇女权益保障法》颁布25周年暨全国维护妇女儿童权益先进集体和先进个人表彰大会。

4月

7日 全国法院减刑假释信息化办案平台建设推进会在合肥举行。最高人民法院院长周强在会议上强调，要加快建设全面互联互通、全面网上办理、全面依法公开、全面智能支撑的减刑假释信息化办案平台。

8日 由中国政法大学法治政府研究院组织编写、社会科学文献出版社出版的"法治政府蓝皮书"之《中国法治政府发展报告（2016）》在北京发布。报告对2016年中国法治政府建设的发展进行了总体梳理和客观描述，包括法治政府建设实践和法治政府理论两大方面。

10日 环境保护部印发《国家环境保护标准"十三五"发展规划》。环境保护部将全力推动约900项环保标准制修订工作，发布约800项环保标准，包括质量标准和污染物排放（控制）标准约100项，环境监测类标准约400项，环境基础类标准和管理规范类标准约300项。

11日 由中国人权研究会主办、西南政法大学人权研究院承办的"全面推进依法治国与中国人权事业的新进展"理论研讨会在重庆举办。与会代表围绕科学立法、依法行政、公正司法、法治观念等方面与中国人权事业进步的关系进行了研讨。

11日 教育部、中国残联联合印发《残疾人参加普通高等学校招生全国统一考试管理规定》，为残疾人参加高考提供必要支持条件和合理便利。

11~12日 中荷第10次人权对话在北京举行，中国外交部人权事务特别代表刘华与荷兰外交部人权事务大使范巴尔共同主持。双方介绍了各自在促进和保护人权方面取得的新进展，并就国际人权合作、难民问题、企业社会责任等问题交换了看法。

13日 中共中央、国务院印发《中长期青年发展规划（2016－2025

年)》，从思想道德、教育、健康、婚恋、就业创业、文化、社会融入与社会参与、维护合法权益、预防违法犯罪、社会保障等 10 个领域提出了具体发展目标，针对每个领域青年发展面临的突出问题提出发展措施。

14 日 国务院办公厅印发《2017 年食品安全重点工作安排》，包括加强食品安全法治建设，完善食品安全标准，净化农业生产环境，加强种养环节源头治理，严格生产经营过程监管，严密防控食品安全风险，严厉打击食品安全违法犯罪，建立统一权威的食品安全监管体制，落实食品安全责任制等。

19 日 最高人民法院发布《人民法院规范执行行为"十个严禁"》。包括严禁在办理执行案件过程中"冷硬横推"及消极执行、拖延执行、选择性执行，严禁明显超标的额查封、扣押、冻结财产及违规执行案外人财产，严禁违规评估、拍卖财产及违规以物抵债，严禁隐瞒、截留、挪用执行款物及拖延发放执行案款等。

20 日 最高人民法院发布《关于国家赔偿监督程序若干问题的规定》，明确赔偿请求人或者赔偿义务机关对赔偿委员会生效决定，认为确有错误的，可以向上一级人民法院赔偿委员会提出申诉。属于"有新的证据，足以推翻原决定的"等 8 种情形之一的，应当决定重新审理。

23 日 中国首家专为残疾人设立的美术馆在北京开馆。该馆从全国各地征集了 350 多幅残疾人书画爱好者作品，经专家评审委员会严格评审，遴选出 150 幅优秀美术作品进行巡回展示。

23 日 由吉首大学、国务院扶贫办宣传教育中心、社会科学文献出版社共同编撰的《中国连片特困区发展报告（2016 – 2017）》在北京发布。探索"人（贫困主体） – 业（生计活动） – 地（自然和社会环境）"范式和专家、村干部、村民三重扶贫政策评价路径。

24 日 国土资源部会同国家改革发展委、财政部、环境保护部、住房和城乡建设部、水利部、农业部、国家林业局、国家海洋局、国家测绘地信局等 9 个部门制定印发《自然生态空间用途管制办法（试行）》。

24 日 最高人民法院举办 2017 年知识产权司法保护宣传周新闻发布

会。发布《中国知识产权司法保护纲要（2016－2020）》、《中国法院知识产权司法保护状况（2016）》、2016年中国法院知识产权司法保护十大案件和五十个典型案例。

24日 国务院办公厅印发《关于进一步加强"地沟油"治理工作的意见》，坚持疏堵结合、标本兼治，就构建"地沟油"综合治理长效机制，提出强化企业主体责任、培育无害化处理和资源化利用企业、完善配套措施和技术手段等政策措施。

25日 中国医学科学院发布《中国医改发展报告（2016）》。报告显示，深化医改取得突破性进展和明显成效，形成了一批符合实际、可复制可推广的经验做法。个人支出占卫生总费用比例保持在30%以下，人民群众有更多的获得感。

26日 国务院办公厅印发《关于推进医疗联合体建设和发展的指导意见》。强调医疗卫生工作重心下移和资源下沉，提升基层服务能力，提升医疗服务体系整体效能，更好实施分级诊疗和满足群众健康需求。

28日 教育部、中国残联印发《关于做好残疾儿童少年义务教育招生入学工作的通知》，要求按照"全覆盖、零拒绝"的要求，根据残疾儿童的实际制订教育安置方案，逐一做好适龄残疾儿童少年的入学安置工作。

28日 国务院办公厅印发《关于加强中小学幼儿园安全风险防控体系建设的意见》。要求把保障中小学和幼儿园安全放在公共安全的突出位置，认真做好风险预防、管控、事故处理和风险化解等工作，进一步健全完善工作机制和防控体系。

5月

2日 国家信访局对2005年制定实施的《国家信访局办理群众来信工作规则（试行）》进行了修订。修订后的规则强化了办理信访事项的工作责任，明确群众来信须在登记15日内及时办理。

5 日 国务院办公厅印发《深化医药卫生体制改革 2017 年重点工作任务》。围绕分级诊疗、全民医保、药品供应保障、综合监管等制度建设提出了具体任务。同时，对健康扶贫、基本公共卫生服务、开展改善医疗服务行动计划等工作提出要求。

8 日 《最高人民法院、最高人民检察院关于办理侵犯公民个人信息刑事案件适用法律若干问题的解释》发布，对法律有关要求进行了解释或界定，明确了非法获取、出售或者提供公民个人信息的"情节严重""情节特别严重"的具体情形及相关法律适用。

10 日 中央财政下达城乡义务教育经费保障机制预算 1170 亿元，比 2016 年增加约 70 亿元，增加 6.4%。中央财政补助资金分配重点向中西部农村地区倾斜，从城乡看，农村占 82%，城市占 18%；从区域看，中西部地区占 77%，东部地区占 23%。

10 日 教育部公布《关于做好 2017 年普通高等教育招生计划编制和管理工作的通知》，对 2017 年高等教育招生计划管理工作进行部署。2017 年高招计划安排继续促进公平，维护广大考生切身利益，确保各地高考录取率不降低。

18～19 日 "中国扶贫经验国际研讨会暨'一带一路'沿线国家扶贫经验分享活动"在北京举办。总结和分享中国和"一带一路"沿线国家减贫工作的经验，探讨和商议"一带一路"各国开展扶贫领域交流与合作的机制。

21～31 日 全国人大常委会副委员长、中国人权研究会会长向巴平措率领中国人权研究会代表团访问了巴西、智利和秘鲁，会见了三国政要、议员、学者、媒体等，介绍了中国人权理念和人权事业发展成就等，取得了良好效果。

22 日 中国国家卫生和计划生育委员会主任李斌在第 70 届世界卫生大会一般性辩论发言中表示，中国已建立惠及 13 亿人的基本医疗保障安全网，提高了卫生服务的公平性、可及性、质量和效率，开辟了一条符合中国国情的健康发展道路。

23 日 教育部发布《县域义务教育优质均衡发展督导评估办法》。评估体系的建设以"促进公平、提高质量"为核心，设计了"资源配置、政府保障程度、教育质量、社会认可度"四方面内容。

23 日 由中国关心下一代工作委员会事业发展中心主办的"巾帼创业就业圆梦行动"在北京启动，旨在通过举办公益培训、创业就业大赛、合作创业等形式，带动农村贫困妇女、留守妇女、进城务工女性、待业女性投身创新创业，进一步完善妇女创业就业服务体系，推进家庭服务业标准化建设。

26 日 由国务院新闻办公室指导，中国互联网新闻中心、中国国际扶贫中心、世界银行、联合国粮农组织与亚洲开发银行联合主办的"2017 中国扶贫国际论坛"在北京举行，主题为"减贫治理方案的开发与分享"。同时，南南合作减贫知识分享网站"中外减贫案例库及在线案例分享平台"正式上线。

31 日 《中国残疾人事业发展报告（2017）》出版。除总报告外，分别从教育、就业、康复事业、社会保障、扶贫、社会组织、基础设施和无障碍环境、残疾儿童事业、老年残疾事业和文化体育事业等方面，记录了中国残疾人事业的发展。

6月

1 日 国务院新闻办公室发表《新疆人权事业的发展进步》白皮书。包括九部分，分别是前言、政治权利、公民权利、经济权利、社会权利、文化权利、环境权利、宗教信仰自由权利，以及妇女、儿童、老年人、残疾人权利。

3 日 第 10 次中俄多边人权事务磋商在莫斯科举行。外交部国际司司长李军华与俄罗斯外交部人道主义合作与人权局局长维克托罗夫共同主持，双方就多边人权问题交换了意见。

5 日 中央财政安排补助资金 51.15 亿元，支持 2017 年公益性文化设施免费开放，支持范围包括全国 1849 个博物馆、纪念馆和全国爱国主义教育基地，1094 个市级和 5869 个县级美术馆、公共图书馆和文化馆，41051 个乡镇文化站、城市社区（街道）文化中心。

5 日 环境保护部发布《2016 中国环境状况公报》。公报显示，各地区、各部门贯彻落实新发展理念，以改善环境质量为核心，以解决突出环境问题为重点，扎实推进生态环境保护工作，取得积极进展。

8 日 在联合国人权理事会第 35 次会议期间，中国举办了"通过加强公共卫生能力建设促进健康权"专题讨论会。

8 日 由中国人权研究会和天津市委宣传部主办，南开大学承办的"构建人类命运共同体与全球人权治理"理论研讨会在天津举行，全国人大常委会副委员长、中国人权研究会会长向巴平措出席会议并致辞，来自全国高校和人权研究机构的近 50 名专家学者参加了理论研讨，深刻阐释习近平总书记关于"构建人类命运共同体"重大理念的人权意义。

13 日 中国常驻联合国日内瓦办事处和瑞士其他国际组织代表马朝旭大使在日内瓦联合国人权理事会第 35 次会议上，代表 140 多个国家发表题为《共同努力消除贫困，促进和保护人权》的联合声明。

14 日 中国人权研究会和中国常驻日内瓦联合国代表团在日内瓦万国宫举办"构建人类命运共同体与人权"国际研讨会，20 多个国家的政府代表、有关国际组织代表、中外人权领域专家学者、非政府组织代表和新闻媒体记者近百人出席。

16 日 国务院办公厅印发《关于制定和实施老年人照顾服务项目的意见》，明确了 20 项老年人照顾服务的重点任务，包括全面建立针对经济困难高龄和失能老年人的补贴制度，发展居家养老服务，推进老年宜居社区建设，支持城市公共交通为老年人提供优惠和便利等，涵盖了医、食、住、用、行、娱等方面。

16 日 中国民间组织国际交流促进会与中国扶贫基金会在联合国日内瓦总部万国宫共同举办了主题为"减贫促进人权"的边会。

19 日 由中国妇女发展基金会、美中友好协会、联合国经济和社会事

务部主办的"2017 女性公益可持续发展国际论坛"在纽约联合国总部举行。论坛分为三个专题,分别是赋权女性与可持续发展,创新合作、公益可持续发展,女性在艺术及时尚领域中的贡献。

22 日 联合国人权理事会通过中国提出的"发展对享有所有人权的贡献"决议。决议明确构建人类命运共同体是国际社会的共同愿望,确认发展对享有所有人权的重大贡献,呼吁各国实现以人民为中心的发展,在人民中寻找发展动力,依靠人民推动发展,使发展造福人民。

22 ~ 23 日 中国外交部人权事务特别代表刘华与欧盟对外行动署亚太总司副总司长帕姆帕洛尼在比利时布鲁塞尔共同主持中国欧盟第 35 次人权对话。双方介绍了各自在促进和保护人权方面的新进展,并就国际人权合作、难移民权利及人权司法保障等问题交换了意见。

27 日 最高人民法院、最高人民检察院、公安部、国家安全部、司法部联合发布《关于办理刑事案件严格排除非法证据若干问题的规定》,从侦查、起诉、辩护、审判等方面明确非法证据的认定标准和排除程序,切实防范冤假错案产生。

27 日 第十二届全国人民代表大会常务委员会第二十八次会议决定,对《中华人民共和国民事诉讼法》和《中华人民共和国行政诉讼法》做出修改,对《中华人民共和国水污染防治法》做出修改。

27 ~ 28 日 中国外交部人权事务特别代表刘华与英国外交部亚太司司长白凯在北京共同主持中国英国第 24 次人权对话。双方介绍了各自在促进和保护人权方面的新进展,并就国际人权合作、难民权利及人权技术合作等问题交换了意见。

27 ~ 28 日 由全国妇联和联合国妇女署、联合国人口基金联合举办的反家庭暴力多部门合作经验交流研讨会在北京举行。

30 日 中国残障与可持续发展论坛在北京举行。来自联合国等国际组织的代表及近百名中外专家学者、社会组织负责人,围绕融合教育、媒体与意识提升、支持性就业、司法保护及服务的可及性等四个方面进行了深入探讨。

7月

2 日　由中国人权研究会和阿姆斯特丹自由大学主办，西南政法大学人权研究院与荷兰跨文化人权研究中心承办的"2017·中欧人权研讨会"在荷兰阿姆斯特丹举办，来自中欧人权领域的 50 多位专家学者围绕残疾人权利保障进行了研讨交流。

3 日　由中国人民大学法学院、中国宪法学研究会和法国宪法委员会、法国宪法学研究会共同举办的"中法宪法上的环境权"国际学术研讨会在北京召开。

3 日　国务院批复中国残疾人联合会，同意自 2017 年起，将每年 8 月 25 日设立为"残疾预防日"。

4 日　国务院办公厅印发《关于加快发展商业养老保险的若干意见》。到 2020 年，基本建立运营安全稳健、产品形态多样、服务领域较广、专业能力较强、持续适度盈利、经营诚信规范的商业养老保险体系。

5 日　世界卫生组织向中国政府颁发"社会健康治理杰出典范奖"。中国开展爱国卫生运动 65 年来，人民群众健康水平大幅提高，人均期望寿命提高到 2015 年的 76.3 岁，婴儿死亡率降至 2016 年的 7.5‰，孕产妇死亡率降至 2016 年的 19.9/10 万，达到中等发达国家水平，提前实现联合国千年发展目标。

7 日　最高人民法院召开"人民法院司法改革成效数据报告暨改革典型案例"新闻发布会，发布《人民法院司法改革案例选编（一）》以及《人民法院司法改革成效数据报告》。

10 日　全国司法体制改革推进会在贵阳召开。中共中央政治局委员、中央政法委书记孟建柱在会上强调，要更加积极主动地拥抱大数据、人工智能新时代，把理念思路提升、体制机制创新、现代科技应用和法律制度完善结合起来，全面落实司法责任制及相关配套改革，深入推进以审判为中心的刑事诉讼制度改革。

13 日　国务院办公厅印发实施《国民营养计划（2017 – 2030 年）》。部

署七项实施策略和六项重大行动，覆盖全人群、生命全周期的营养和健康，着力满足国民健康需求提升获得感，充分应用大数据和信息化助力营养产业蓬勃发展。

13 日 环境保护部、国家发展改革委、水利部联合发布《长江经济带生态环境保护规划》。

18～19 日 第八次全国信访工作会议在北京召开。中共中央总书记、国家主席、中央军委主席习近平对信访工作指示强调，各级党委、政府和领导干部要把信访工作作为了解民情、集中民智、维护民利、凝聚民心的一项重要工作，把解决信访问题的过程作为践行党的群众路线、做好群众工作的过程。

20 日 中国与巴基斯坦在北京举行第 3 次人权磋商。中国外交部人权事务特别代表刘华与巴基斯坦外交部联合国司司长卡里尔·哈什米共同主持。双方就各自人权新进展、国际人权形势、多边人权领域合作及双边人权技术合作等交换了意见。

23 日 最高人民法院、最高人民检察院公布《关于办理组织、强迫、引诱、容留、介绍卖淫刑事案件适用法律若干问题的解释》，对不同情境的"情节严重"的认定标准等问题做出了规定。

25～27 日 中国国务院扶贫办与柬埔寨农村发展部主办，中国国际扶贫中心、广西壮族自治区扶贫办承办的"第十一届中国——东盟社会发展与减贫论坛"在柬埔寨暹粒举行。来自中国和东盟十国的政府官员、专家学者、媒体、中资企业代表、非政府组织代表及国际组织代表120 余人参加了会议。

28 日 环境保护部发布《固定污染源排污许可分类管理名录（2017 年版）》。提出到 2020 年，共计 78 个行业和 4 个通用工序纳入排污许可管理。2017 年首先对火电、钢铁、有色金属冶炼等 15 个行业核发排污许可证。

8月

1 日 《无障碍环境建设条例》施行五周年。五年来，相关部门出台

20 多项无障碍相关政策和服务举措；近 140 万残疾人家居环境得到改善；全国省地县三级公共图书馆共设立盲文及盲文有声读物阅览室 850 个；2017 年有 5626 名残疾考生申请了高考合理便利。

1 日 由联合国环境署、中国日报社主办，环保部宣教中心、北京市教育委员会联合发起，世青创新中心承办的"2017 联合国中国青少年环境论坛暨青年环境领袖营"在清华大学举行。旨在号召优秀的年轻人加入环保队伍，培养能够解决环保问题的青年领袖。

1 日 国务院公布《关于修改〈建设项目环境保护管理条例〉的决定》，进一步完善了防止建设项目产生新的污染、破坏生态环境的措施。

9 日 人力资源和社会保障部、财政部、国务院扶贫办联合印发《关于切实做好社会保险扶贫工作的意见》。意见提出，支持帮助建档立卡贫困人口、低保对象、特困人员等困难群体及其他社会成员参加社会保险，基本实现法定人员全覆盖，逐步提高社会保险待遇水平。

16 日 《关于汞的水俣公约》正式生效。自 2017 年 8 月 16 日起，禁止开采新的原生汞矿，各地国土资源主管部门停止颁发新的汞矿勘查许可证和采矿许可证。2032 年 8 月 16 日起，全面禁止原生汞矿开采。

18 日 中国首家互联网法院——杭州互联网法院挂牌运行。互联网法院集中管辖涉网案件，有助于提升涉网案件审判的专业化水平，破解传统诉讼规则不适应互联网案件特点的难题。

21 日 民政部联合教育部、财政部、共青团中央、全国妇联印发《关于在农村留守儿童关爱保护中发挥社会工作专业人才作用的指导意见》。

21 日 中国国际发展知识中心启动仪式暨《中国落实 2030 年可持续发展议程进展报告》发布会在北京举行。国家主席习近平致贺信指出，中国政府高度重视落实可持续发展议程，出台《中国落实 2030 年可持续发展议程国别方案》，在经济、社会、环境三大领域平衡推进落实工作，取得诸多早期收获。

21 日 中国国家卫生计生委发布《2016 年我国卫生和计划生育事业发展统计公报》。2016 年，中国 5 岁以下儿童死亡率由 2015 年的 10.7‰下降

到 10.2‰，婴儿死亡率由 2015 年的 8.1‰下降到 7.5‰，孕产妇死亡率由 2015 年的 20.1/10 万下降到 19.9/10 万。中国居民主要健康指标总体上优于中高收入国家平均水平。

21～22 日 全国来访接待工作会议在北京召开。党的十八大以来，全国信访系统按照中央部署要求推进信访工作制度改革，来访接待工作取得明显成效，2016 年全国来访总量比 2013 年下降 25.3%。

21 日 司法部印发《关于推进公共法律服务平台建设的意见》，要求各级司法行政机关立足"法律事务咨询、矛盾纠纷化解、困难群众维权、法律服务指引和提供"的平台建设功能定位，打造公共法律服务实体、热线和网络三大平台。

22 日 中国荣获世界未来委员会（WFC）颁发的 2017 年"未来政策奖"银奖。中国得奖原因是 2002 年出台的《中华人民共和国防沙治沙法》，该法规是世界上第一个致力于荒漠化防治，旨在强化国家应对荒漠化挑战的综合性法规，为国家防治荒漠化的行动计划和一系列防风治沙项目的实施提供了法律依据及框架。

28 日 最高人民法院、最高人民检察院、公安部、国家安全部、司法部联合印发《关于开展法律援助值班律师工作的意见》。

31 日 最高人民法院印发《关于进一步保护和规范当事人依法行使行政诉权的若干意见》，对充分保障当事人依法行使行政诉权和避免诉权滥用提出了具体要求。

9月

3～5 日 金砖国家领导人第 9 次会晤在福建厦门举行，主题是"深化金砖伙伴关系，开辟更加光明未来"。《金砖国家领导人厦门宣言》达成 70 多项共识，首次设立了外长正式会晤机制和常驻联合国代表定期磋商机制。

5 日 国务院办公厅印发《关于进一步加强控辍保学提高义务教育巩固水平的通知》，要求进一步防控义务教育学生失学辍学，确保实现到 2020 年全国九年义务教育巩固率达到95%的目标，切实保障适龄儿童少年依法接受义务教育。

6日 民政部、中国残联通报困难残疾人生活补贴和重度残疾人护理补贴制度建设落实情况。通报显示，截至2017年3月31日，除新疆生产建设兵团外，残疾人补贴发放实现县（区）全覆盖。

6日 中共中央总书记、国家主席、中央军委主席习近平《在深度贫困地区脱贫攻坚座谈会上的讲话》单行本，由人民出版社出版发行。

7日 新修订的《宗教事务条例》公布。条例进一步保障了公民宗教信仰自由，规定各级人民政府应当为宗教团体、宗教院校和宗教活动场所提供公共服务；宗教教职人员享有参加社会保障权利；宗教院校、宗教活动场所可以依法申请法人登记；宗教团体、宗教院校、宗教活动场所依法享有相关财产权利。

11日 由国务院新闻办公室、中国常驻联合国日内瓦办事处和瑞士其他国际组织代表团共同主办的"全面建成小康社会与中国人权事业进展"展览在联合国日内瓦总部万国宫举行。来自俄罗斯、美国、欧盟、法国等70余个国家和国际组织的使节和外交官，国际组织负责人，非政府组织负责人等800余人参加开幕式。

11日 由中国人权研究会和江苏省委宣传部共同主办，中央党校国际战略研究院和南京大学历史学院共同承办的"中国的和平权理念与实践"理论研讨会在南京召开。来自国内相关高校、研究机构的专家学者和涉人权实务部门的代表70余人与会，围绕"和平权的内涵""中国的和平权理念""和平权与发展权"等分议题展开深入研讨。

12日 《关于消耗臭氧层物质的蒙特利尔议定书》缔结30周年纪念大会在北京举行。国务院总理李克强致贺信指出，在蒙特利尔议定书框架下，中国累计淘汰消耗臭氧层物质占发展中国家淘汰量的一半以上。中国将继续承担应尽的国际义务，深入开展环境保护领域国际交流合作，为全球生态安全做出新贡献。

13日 中国人权研究会和荷兰阿姆斯特丹自由大学跨文化人权中心在

日内瓦万国宫共同举办以"构建人类命运共同体与发展权的实现"为主题的边会。来自中国人民大学、南开大学、荷兰阿姆斯特丹自由大学等高校的人权专家围绕构建人类命运共同体与发展权、构建人类命运共同体与"一带一路"、可持续发展等议题进行了发言与交流。联合国人权高专办有关官员以及俄罗斯、古巴等国家的政府代表团代表、非政府组织代表、新闻媒体记者等约50人与会。

15 日 中国常驻联合国日内瓦办事处和瑞士其他国际组织代表马朝旭在联合国人权理事会第36次会议上，代表140个国家发表题为《加强人权对话与合作，构建人类命运共同体》的联合声明。

16~17 日 全国易地扶贫搬迁现场会在四川省达州市召开。国务院总理李克强批示指出：要合理安排搬迁规模和进度，严格抓好工程质量，规范资金项目管理，实现精准搬迁、安全搬迁、阳光搬迁；聚焦培育内生动力，结合各地实际下大力气解决搬迁群众后续产业发展和就业增收问题，确保搬迁一户、稳定脱贫一户。

19 日 由全国妇联主办的第二届中国 – 阿拉伯国家妇女论坛在北京举行。中国和阿拉伯国家的妇女机构和妇女组织领导人、阿盟妇女事务负责人、学术界和企业界代表、阿拉伯国家驻华使馆及阿盟驻华机构代表约150人参会。与会代表围绕妇女赋权与政策支持、妇女与文化传承等议题展开了对话和研讨。

20~28 日 全国政协原副主席、中国人权发展基金会理事长黄孟复率领中国人权发展基金会代表团访问了意大利、捷克和英国，会见了三国议会负责人、政府外交及人权事务负责人和有关智库、非政府组织的专家学者，就相关人权议题进行了交流。

21 日 由全国妇联主办的中国妇女创业创新论坛在杭州举办。来自相关领域的专家学者、女企业家、草根创业女性和女大学生创业代表等，围绕国家创新驱动发展战略，就如何整合政府、妇联、企业等各方力量助力妇女创业，展现妇女自强不息的出彩人生等话题进行了交流和探讨。

24 日 中共中央办公厅、国务院办公厅印发《关于深化教育体制机制改革的意见》。对健全立德树人系统化落实机制、创新学前教育普惠健康发展的体制机制、完善义务教育均衡优质发展的体制机制、完善提高职业教育质量的体制机制、健全促进高等教育内涵发展的体制机制等做出具体安排。

26 日 中共中央办公厅、国务院办公厅印发《关于支持深度贫困地区脱贫攻坚的实施意见》。提出要中央统筹重点支持"三区三州";新增的脱贫攻坚资金、项目、举措主要用于深度贫困地区;进一步加大对深度贫困地区的中央财政投入力度、金融扶贫支持力度、项目布局倾斜力度、易地扶贫搬迁实施力度、生态扶贫支持力度、干部人才支持力度和社会帮扶力度。

26～29 日 国际刑警组织第 86 届全体大会在北京举行。国家主席习近平出席开幕式并发表题为《坚持合作创新法治共赢 携手开展全球安全治理》的主旨演讲。来自 158 个国家和地区的执法人士、国际刑警组织负责人、相关国际机构代表参会。

27 日 民政部、中央编办、财政部、人力资源和社会保障部联合印发《关于积极推行政府购买服务 加强基层社会救助经办服务能力的意见》。"十三五"时期全面推行政府向社会力量购买社会救助服务工作,使基层社会救助经办服务能力显著增强,困难群众对社会救助服务的满意度明显提升。

29 日 国务院新闻办公室发表《中国健康事业的发展与人权进步》白皮书。系统介绍了符合国情的健康权保障模式、健康环境与条件持续改善、公共卫生服务能力稳步提升、医疗卫生服务质量大幅提高、全民医疗保障体系逐步健全、特定群体的健康水平显著进步、积极参与全球健康治理和国际医疗援助的情况。

10月

4 日 首轮中美执法及网络安全对话在华盛顿举行。中国国务委员、公安部部长郭声琨与美国司法部部长杰夫·塞申斯、国土安全部代理部长伊莲·杜克共同主持。双方回顾总结了两国在执法及网络安全领域合作取得的成

效，并就反恐、禁毒、打击网络犯罪、追逃追赃、遣返非法移民等议题进行深入交流，达成广泛共识。

6 日 中国外交部军控司司长王群在联大阐述中国关于加强全球安全治理、维护世界和平与安全的主张。强调要秉持共同、综合、合作和可持续的安全观；切实维护以《不扩散核武器条约》为基石的现行军控和防扩散体系的权威性和有效性；秉持多边主义，完善多层次的全球安全治理机制。

9 日 2017 年减贫与发展高层论坛在北京举办，主题为"精准扶贫与2030 年可持续发展议程"，国务院副总理汪洋出席论坛并致辞，联合国秘书长古特雷斯向论坛致贺信。来自 13 个国家的政要、16 个国际机构的代表以及专家学者共 200 余人参加论坛。

9 日 中国残联与国务院扶贫办在北京召开深度贫困残疾人脱贫攻坚座谈会。座谈会以深入贯彻落实习近平总书记关于把贫困残疾人作为群体攻坚重点的重要指示为主题，以"深度贫困残疾人脱贫攻坚"为主线，就做好贫困残疾人脱贫攻坚工作开展了深入研讨。

10 日 由全国妇联主办，中国儿童少年基金会、北京师范大学中国公益研究院承办的《中国贫困女童未来职业教育发展需求研究报告》发布暨"春蕾学院"公益项目启动仪式在北京举行。

11 日 最高人民法院、司法部联合出台《关于开展刑事案件律师辩护全覆盖试点工作的办法》。要求依法保障辩护律师执业权利，为辩护律师履行职责提供便利，强调保障律师知情权、阅卷权、调查取证权、申请出庭作证权，尊重律师辩护意见。

12 日 环境保护部、国家发展改革委、水利部联合发布《重点流域水污染防治规划（2016 - 2020 年)》。

16 日 最高人民法院、司法部联合印发《关于开展律师调解试点工作的意见》，规定了律师调解的四种模式，要求建立健全律师调解工作资质管理制度，完善律师调解与诉讼对接机制，对建立科学的经费保障机制做出了安排，要求在北京、黑龙江、上海等 11 个省市开展试点。

18 ～ 24 日 中国共产党第十九次全国代表大会在北京人民大会堂举行。

大会主题是"不忘初心,牢记使命,高举中国特色社会主义伟大旗帜,决胜全面建成小康社会,夺取新时代中国特色社会主义伟大胜利,为实现中华民族伟大复兴的中国梦不懈奋斗"。习近平代表第十八届中央委员会向大会作了题为《决胜全面建成小康社会 夺取新时代中国特色社会主义伟大胜利》的报告。李克强主持大会,2338名代表和特邀代表出席大会。

31日 中国与非盟在北京举行第2次人权磋商。中国外交部人权事务特别代表刘华与非盟委员会政治事务司司长卡贝莱共同主持。双方就中国和非洲人权领域新进展、国际人权形势、多边人权领域合作及人权技术合作等交换了意见。

11月

1日 最高人民检察院检察长曹建明在十二届全国人大常委会第三十次会议上作《最高人民检察院关于人民检察院全面深化司法改革情况的报告》,指明各级检察机关与各政法机关共同推进刑事诉讼领域各项改革,在更高层次上实现惩治犯罪与保障人权相统一。

1日 中国人权研究会在北京召开"深入学习贯彻党的十九大精神座谈会"。全国人大常委会副委员长、中国人权研究会会长向巴平措,中宣部副部长、中国人权研究会副会长崔玉英,中国人权研究会副会长李君如、沈永祥、付子堂,中国人权研究会部分顾问、常务理事和国家人权教育和培训基地的专家参加了会议。

6~8日 中国最高人民检察院刑事执行检察厅和挪威国会行政监察专员办公室在成都共同主办"中挪2017年刑事执行监督与刑事司法人权保障国际研讨会",与会代表围绕刑事执行监督与刑事司法人权保障的主题,对被羁押人的人权保障、羁押必要性审查、刑事执行检察的功能与价值等议题进行了专题研讨。

8日 司法部印发《关于"十三五"加强残疾人公共法律服务的意见》,要求以残疾人公共法律服务需求为导向,健全残疾人权益保障机制,

着力增加残疾人在律师、公证、人民调解、司法鉴定、法律援助、法治宣传等方面的公共法律服务供给。到 2020 年，公共法律服务网络体系覆盖所有残疾人。

14 日　由全国妇联和欧洲妇女院外集团主办、上海市妇联承办的第二届中欧性别平等专题研讨会在上海举行。国务院副总理、国务院妇女儿童工作委员会主任刘延东与欧盟委员会教育、文化、青年和体育委员瑙夫劳契奇出席并致辞。与会代表围绕"助力青年女性就业创业"主题，进行了交流研讨。

14～15 日　由中国人权发展基金会和美国美中关系全国委员会共同主办的第七届中美司法与人权研讨会在纽约举行。来自中美两国人权和司法领域的 20 多位专家学者及法官、律师等相关人士与会，围绕"司法建设与人权保障"的主题进行了研讨。

21 日　全国学生资助管理中心向全体学生资助工作者发出预警，要求保护学生个人信息和隐私，让资助工作"更合规、更有爱、更有温度"。

24 日　由联合国妇女署、北京师范大学、北京王府学校联合举办的"2017·点亮橙色·青年领导力·消除性别暴力 16 日"活动在北京王府学校启动。活动主题是"不让任何人掉队：消除针对妇女和女童的暴力行为"。

24 日　由全国妇联与法国驻华使馆主办、中华女子学院承办的第二届中法性别平等专题研讨会暨第三届中法反家暴研讨会在北京举行。来自中法两国反家暴领域的专家及行动者近百人参加了会议，分享了中法两国对家庭暴力的法律规定和司法实践，探讨了存在的问题和障碍。

27 日～12 月 1 日　由联合国亚太经社会与中国政府共同主办，中国残联（国务院残工委办公室）承办的 2013～2022 年亚洲及太平洋残疾人十年中期审查政府间高官级会议在北京举行。来自亚太经社会各成员国和地区负责残疾人事务的部长级和高官级代表、联合国有关机构代表、非政府组织和残疾人组织代表约 350 人参会。

28～29 日　由中国人权发展基金会、中国博物馆协会、江苏省对外文化交流协会联合主办的第三届人权文博国际研讨会在南京举行，会议主题为"历史、和平、人权"。与会者就文博机构记录和维护史实、开展和平人权教育、加强国际交流合作、构建人类共同记忆等议题进行了研讨交流。

28 日 国家卫生计生委妇幼司在北京召开全国预防艾滋病、梅毒和乙肝母婴传播工作推进会。联合国儿童基金会、世界卫生组织、联合国艾滋病规划署，中国疾控中心妇幼中心、中国性病艾滋病防治协会以及全国 31 个省（区、市）和新疆生产建设兵团共 200 余人参加了会议。

12月

7~8 日 由国务院新闻办公室和外交部举办的首届"南南人权论坛"在北京举办，主题为"构建人类命运共同体：南南人权发展的新机遇"。国家主席习近平致贺信，强调以合作促发展，以发展促人权。中共中央政治局委员、中央书记处书记、中央宣传部部长黄坤明出席开幕式宣读贺信并致辞，来自 70 多个国家和国际组织的官员、学者等 300 余人深入交流，讨论并通过了《北京宣言》。

11 日 教育部印发《义务教育学校管理标准》。从保障学生平等权益、促进学生全面发展、引领教师专业进步、提升教育教学水平、营造和谐美丽环境、建设现代学校制度六大方面，明确了学校的主要管理职责，共涉及 22 项管理任务，包含"坚持免试就近入学原则""实行均衡编班"等 88 条具体内容。

12 日 国务院办公厅印发《保障农民工工资支付工作考核办法》，决定自 2017 年至 2020 年，对各省（区、市）人民政府及新疆生产建设兵团保障农民工工资支付工作实施年度考核，推动落实保障农民工工资支付工作属地监管责任，切实保障农民工劳动报酬权益。

13 日 《最高人民法院关于审理医疗损害责任纠纷案件适用法律若干问题的解释》发布。明确了适用范围、当事人主体资格的确定、举证责任、鉴定程序、责任承担等内容，鼓励医疗机构积极施救危急患者。

14 日　民政部中国社区发展协会在北京发布《2016 年中国城乡社区发展报告》。报告显示，中国 85％的村建立了村民会议或者村民代表会议制度，89％的社区建立了居民（成员）代表会议制度。2016 年共有 9.7 万个村（居）委会完成选举，参与选举的村（居）民登记数为 1.7 亿人，参选率超过 90％。

14 日　由中国人权发展基金会与德国弗里德里希·艾伯特基金会共同举办的"2017·中德人权发展论坛"在北京举行。来自中德两国人权相关领域的专家学者就"特殊群体的权益保障"的主题进行深入研讨。

15 日　国务院新闻办公室发表《中国人权法治化保障的新进展》白皮书，除前言和结束语外，包括六个部分：不断完善人权保障法律体系、依法行政保障公民合法权益、有效提升人权司法保障水平、夯实人权法治化保障的社会基础、加强党对人权法治化保障的领导、积极促进全球人权法治建设。

17 日　中共中央办公厅、国务院办公厅印发《生态环境损害赔偿制度改革方案》。从 2018 年 1 月 1 日起，在全国试行生态环境损害赔偿制度。到 2020 年，力争在全国范围内初步构建责任明确、途径畅通、技术规范、保障有力、赔偿到位、修复有效的生态环境损害赔偿制度。

18 日　中国发展研究基金会组织撰写的《中国儿童发展报告 2017》在北京发布。报告主题是"反贫困与儿童早期发展"，提出"阳光起点"的反贫困与儿童早期发展战略。

18 日　全国人大常委会办公厅发布《关于立法中涉及的重大利益调整论证咨询的工作规范》《关于争议较大的重要立法事项引入第三方评估的工作规范》。

19 日　由中国人权研究会和广东省委宣传部主办、广州大学承办的"新时代中国人权事业的发展"研讨会在广州举行。与会代表围绕习近平新时代中国特色社会主义思想的人权内涵、十八大以来中国人权事业的发展、新时代中国人权事业发展愿景、构建人类命运共同体与世界人权事业的发展等议题进行了研讨交流。

24 日 十二届全国人大常委会第三十一次会议在北京人民大会堂举行第三次全体会议。张德江委员长出席会议。会议听取了全国人大常委会副委员长王胜俊作的关于检查网络安全法、全国人大常委会关于加强网络信息保护的决定实施情况的报告。

26 日 国家统计局网站发布《2016 年生态文明建设年度评价结果公报》，公布了各省份绿色发展指数，排名前 5 位的地区分别为北京、福建、浙江、上海、重庆。绿色发展指数由资源利用指数、环境治理指数、环境质量指数、生态保护指数、增长质量指数、绿色生活指数等 6 个方面构成。

26 日 国家食品药品监管总局出台《食品药品安全监管信息公开管理办法》，界定了监管信息公开范围，阐明了信息公开要求，规范了监管信息公开管理，有助于保障公众的知情权、参与权、表达权和监督权，推进食品药品安全社会共治。

26 日 交通运输部印发《支持深度贫困地区交通扶贫脱贫攻坚实施方案》，明确新增资金、项目向"三区三州"倾斜。

27 日 教育部等十一部门印发《加强中小学生欺凌综合治理方案》。强调要按照教育为先、预防为主、保护为要、法治为基的原则，健全预防、处置学生欺凌的工作体制和规章制度，形成防治中小学生欺凌长效机制，确保把中小学生欺凌防治工作落到实处，把校园建设成最安全、最阳光的地方。

28 日 国务院办公厅印发《关于推进公共资源配置领域政府信息公开的意见》。强调要以保障性安居工程建设、保障性住房分配、国有土地使用权和矿业权出让、政府采购、国有产权交易、工程建设项目招标投标等为重点，推进公共资源配置领域政府信息公开。

B.27
2017年制定、修订或修改的与人权直接相关的法律法规（数据库）

班文战

Abstract

This is the eighth Blue Book on China's human rights, which focuses on the latest progress of China's human rights cause in 2017.

The book includes general reports, thematic reports, research reports, case studies, and appendices.

The general report focuses on the new requirements put forward after the entry into the new era of human rights in China.

The 20 thematic reports focus on the development of various fields of human rights in China in 2017. There are 4 research reports in the column of the right to subsistence and development, which analyze respectively building the community of shared future for human beings and the South-South cooperation in the field of human rights, The Belt and Road initiative and realization of the right to development in the Midwest area, the poverty alleviation in the deep poverty-stricken areas and protection of rural poor people's human rights, the construction of traffic infrastructure and facilities for safeguarding the right to development. In terms of economic, social and cultural rights, there are 3 reports on the unification of urban and rural basic medical insurance and the equal protection of social security rights, the improvement of the public health emergency system and the protection of the rights to life and health, and the prevention and control of water pollution and the protection of the right to health. In terms of civil and political rights, there are 3 reports on the standardization of the powers of public security departments and the protection of human rights, the new progress in the protection of the rights of lawyers, and the protection of the citizens' right to vote in the election of the County and Township People's Congress. There are 6 reports on the protection of human rights of specific groups, including the impact of the implementation of the *Anti-domestic Violence Law* on the protection of women's rights, the new progress in the prohibition of sexual harassment and the protection of women's rights and interests, the network security of juveniles,

the new progress in the construction of campus safety and the protection of the personal security of the minors, the progress in the integrated employment of the disabled, and the progress in ensuring the right to education in the stage of compulsory education for the disabled. There are 3 reports on human rights legislation and international cooperation, including the national human rights legislation in 2017, international cooperation and exchange in the field of human rights, and the contribution of the Xiamen conference of BRIC countries to the cause of human rights in the world. In the area of human rights education and training, a report discusses the education and training of human rights and the rule of law for Chinese police.

In the part of research reports and the case studies, there are 4 reports, including the investigation on the anti-poverty in the cliff villages, the investigation of the protection of the rights of people's livelihood in the area of Sanjiangyuan, the research on the construction of the chest-pain centers in Tianjin, and the analysis on the progress of judicial protection of human rights reflected in the 346 state compensation decisions made by courts.

2 appendices related respectively to the Chronicle of China's human rights in 2017 and the laws and regulations enacted, amended or modified in 2016 that directly related to human rights.

All reports are written with serious attitude and follow the blue book requirements on authority, frontier, originality, positive, forward-looking and timeliness. The authors try to realistically reflect the actual development of China's human rights cause in 2017, objectively analyze the progress and the problems, and make policy recommendations to promote the protection of human rights and prediction on the prospects of China's human rights cause on the basis of full studies.

Contents

I General Report

Abstract: With the entering into the new era of socialism with Chinese characteristics, the development of human rights in China has also entered a new era. The new era requires to satisfy the new demands of human rights, including promoting all-round development of people to promote more comprehensively protection of human rights, promoting the coordinated development to promote more balanced protection of human rights, enhancing the quality of development to promote more fully protection of human rights, strengthening the rule of law and system construction to promote more reliable protection of human rights. In order to meet the requirements of the new era, human rights researchers should actively carry out human rights research, education and cultural construction in the new era.

Keywords: New Era of Human Rights; All-Round Development of Human Beings; Legal Protection of Human Rights

Ⅱ   Thematic Reports

B. 2   Construction of the Community of Shared Future for Human
Beings and the South-South Cooperation in Human Rights

Yin Haozhe / 017

Abstract: The construction of the community of shared future for human beings is a proposal put forward by China for the global human rights governance. The South-South cooperation in human rights is a vivid practice of the Global South to build a community of shared future for human beings in the field of human rights. The basic way for the realization of human rights in the Global South is to promote cooperation by solidarity, to promote development by cooperation and to promote human rights by development. China has made a positive contribution to the promotion of South-South cooperation in human rights.

Keywords: Building the Community of Shared Future for Human Beings; South-South Forum of Human Rights; South-South Cooperation in Human Rights; the Right to Development

B. 3   The Belt and Road Initiative and the Realization of the Right
to Development in China's Central and Western Regions

Chen Jimin / 049

Abstract: The "Belt and Road" is a global public goods initiated by China and co-founded by all parties. The initiative is closely related to the realization of the right to development in China's central and western regions. It has made great achievements in infrastructure connectivity, trade promotion, using mechanisms and platforms, guiding and serving government policies and exploring comparative advantages.

However, it is also facing the problems that infrastructure needs to be improved and the economic structure needs to be optimized urgently. The degree of opening to the outside world still needs to be improved, the effect of appealing talent is lacking, and the ecological environment protection needs to be strengthened. The central and western regions should identify problems in upgrading the right to development, make up for the shortcomings and achieve a rapid and sound balanced development.

Keywords: The Belt and Road; China's Central and Western Regions; The Right to Development

B. 4　The Poverty Alleviation in the Deep Poverty-Stricken Areas and Safeguarding Human Rights of the Rural Poor　*Li Yunlong* / 072

Abstract: Deep poverty-stricken areas include a series of deep poverty-stricken areas, deep poverty-stricken county and deep poverty village. The poverty alleviation in the deep poverty-stricken areas is currently the main task of poverty alleviation in rural areas, and also the key to effectively safeguard the human rights of the poor. Chinese government has focused the precision poverty alleviation on the deep poverty-stricken areas, formulated a series of policies and measures to promote poverty alleviation in deep poverty areas, promoted the overall improvement of production and living conditions in poor areas and a large decrease in the poverty population. Great progress has been made in poverty alleviation.

Keywords: Deep Poverty; Poverty Alleviation; Poverty Population

B. 5　The Construction of Transport Infrastructure and Right to Development　*Xu Yao* / 090

Abstract: The construction of transport infrastructure is a necessary and basic condition for ensuring people's basic standard of living and promoting their rights to

development. In the development of human rights cause, China regards transportation as the "forerunner" of development. In the *National Human Rights Action Plan* (2016 −2020), there is a special clause on transport construction. In the past few years, China had built a lot of railways, highways, waterways and civil aviation to provide safer and more convenient conditions. Especially in the poverty-stricken areas, the government had improved transport infrastructure to provide a solid foundation for them to escape from poverty and develop economic, social and cultural undertakings.

Keywords: Transport Infrastructure; Right to Basic Standard of Living; Right to Development

B. 6　The Integration of Urban-rural Basic Medical Insurance Systems and Equal Protection of Citizen's Rights to Health

Liu Ruiyi, Li Fan / 107

Abstract: The integration of urban and rural medical insurance systems is a necessary prerequisite to eliminate the urban-rural dual division of medical insurance resources and ensure the equal protection of basic medical insurance services. In 2017, China had continued to push forward the reform of urban-rural medical insurance, improve the legal and policy support system, unify the basic urban and rural medical insurance system policies and integrate the urban and rural medical insurance management system. So far, a unified urban and rural medical insurance system has been established in China, breaking the pattern of urban and rural division in relation to basic medical insurance. Urban and rural residents have equal access to basic health care resources and basic health insurance services are more fair, efficient and accessible. The integration of basic medical insurance systems, as well as the level of medical insurance operation and management should be further enhanced to resolve the issues such as unequal distribution of medical resources.

Keywords: Medical Insurance of Urban and Rural Residents; Integration of Medical Insurance; Social Security Rights

B. 7 The Improvement of Public Emergency System and the Right
to Health   *Man Hongjie* / 123

Abstract: Public health emergency system is of great importance to the protection of citizen's right to health. The Chinese government attaches great importance to the construction of a public health emergency response system, has established a relatively complete legislation and plan system, as well as an effective public health emergency response mechanism. The infrastructure and personnel capabilities are continuously strengthened and the emergency response capabilities are fully improved. In recent years, outstanding achievements have been made in the areas of public health emergencies, such as the H7N9 bird flu and in the emergency medical rescue of natural disasters and accidents. China has played a prominent role in the international health emergency rescue of Ebola virus, with the concept of human destiny community. According to the requirements of the "*Healthy China*" *2030 Plan*, the scientifically efficient and sustainable health emergency system with Chinese characteristics will be continuously improved.

Keywords: Health Emergency; System; Public Health Risk; the Right to Health

B. 8 The Water Pollution Control and Protection for Civil
Health Rights   *Zhang Mingtao, Gu Shasha* / 135

Abstract: In 2017, China makes improvement in water pollution control, from formulating laws and standards, perfecting environmental protection supervision and management system, carrying out supervision over the prevention of water pollution,

establishing the system of river leader, strengthening the protection of drinking water sources and the control of water pollution in key river basins in order to improve water quality, which benefits civil health rights. But the work of water pollution control still faces a lot of problems and challenges. In order to protect public health rights, the current system should be perfected from perfecting the government responsibility system of water pollution control, improving joint control system of river areas, regulating grimly pollution discharge, implementing long-term mechanism of environment supervision to realize public health rights.

Keywords: Water Pollution Control; Health Rights; Legal Protection

B. 9   Regulating the Law Enforcement Power of Public Security
and Human Rights Protection   *Zhou Wei*, *Liu Xu* / 150

Abstract: In 2017, the public security organs continued to implement the *Opinions on Deepening the Standardization Construction of Public Security and Law Enforcement*, which came into force in 2016, and also put forth effort to promote the institutional system of standardizing the law enforcement of public security. In the past year, comprehensive reforms in such fields as law enforcement hardware upgrading, restriction of law enforcement arbitrariness, optimization of institutional framework, innovation of law enforcement means, have been carried out for the sake of the law enforcement standardization construction and the level of protection provided by public security enforcement to citizens on their personal safety, personal freedom, property rights and the right to information has also been enhanced. Nevertheless, it has still been insufficient and imbalance in regards to the protection of human dignity, the right to information and the right of supervision. Therefore, the idea of human rights should be further strengthened in police law enforcement and improve the capacity of law enforcement comprehensively so to catch up with the inherent requirement of a balance development of the society.

Keywords: Power of Public Security Law Enforcement; Standardization Construction; System Standards; Protection of Human Rights

B. 10   New Development of Promotion of Lawyer's Practice Rights

Li Cheng / 165

Abstract: The lawyer's practice rights are a series of rights such as the right of meeting, the right of investigation and collection of evidence, the right of application. Laws such as *The Law on Lawyers* and *The Criminal Procedure Law* in P. R. China constantly enrich and develop the rights that lawyers enjoy in practices, laying a normative foundation for lawyer's rights protection. The Supreme People's Court, the Supreme People's Procuratorate, the Ministry of Public Security, the All-China Lawyers Association and other relevant departments have coordinated and established a quick joint action mechanism and a joint meeting to safeguard the practice rights of lawyers in order to quickly handle violations as well as to remove systemic barriers to lawyers' practice rights. In addition, the Lawyers Association has also set up a special body for protecting lawyers' rights and improved the effectiveness of its protection by publishing typical cases of rights protection and summing up the experience of promoting rights protection.

Keywords: Lawyers; Practice Rights; Human Rights Protection

B. 11   The Protection of the Citizen's Right to Vote in the Election of the County and Township People's Congresses   *Liu Ming* / 179

Abstract: The right to vote is the basic political right given to citizens by the constitution of our country. The election of the representatives of the people's Congress is the main way for our citizens to realize the right to vote, and also the way to ensure the people's ownership. From the first half of 2016 to the end of 2017, it was a new round of the election period for the election of the representative of the People's Congress of the county and township. Local governments had orderly promoted the electoral work of the county and Township People's Congress. The local governments had done a lot of work in the protection of citizens' right to know, the protection of

the floating population to vote and the prevention of bribery in the election, which effectively protecting the citizens' right to vote.

Keywords: Right to Vote; the Election of County and Township People's Congresses; Right to Know; Floating Population

B. 12   The Impact of the *Anti-domestic Violence Law* of the China
on Women's Rights   *Lu Haina, Hao Wanyuan* / 193

Abstract: *Anti-domestic Violence Law of People's Republic of China* (hereafter: *Anti-domestic Violence Law*), adopted on 27 December 2015 and entered into force on 1 March 2016, became the first specific law addressing domestic violence issues in China. It has provided legal basis for the victims to bring the domestic violence cases to the public authorities. *Anti-domestic Violence Law* has brought positive impact on the rule of law of China, more importantly, the protection of the victims of domestic violence. Based on legal research, interviews and online survey, this article focuses on the legal analysis of the influence of *Anti-domestic Violence Law*, its implementation and major challenges. At last, recommendations will be concluded for the future improvement of the law. For the purpose of this article, the term "victims of domestic violence" only refers to female victims.

Keywords: Domestic Violence; Human Rights; Anti-domestic Violence Law

B. 13   New Progress in the Prohibition of Sexual Harassment and
the Protection of Women's Rights in China
Zhang Xiaoling, Zhao Mingxia / 215

Abstract: The prohibition of sexual harassment is the basic requirement and important content of safeguarding the rights and interests of women. The prohibition of sexual harassment is a hot concern in 2017. At present, on the basis of the constitutional principles of equality between men and women and the law on the protection of women's rights and interests, the legal system of prohibiting sexual harassment has been established. At the same time, the social related prevention mechanism has been established too. However, there are still a lot of shortcomings in the construction of relevant legal system and mechanism. The nineteen Party's Report further emphasized the protection of women's rights and the implementation of gender equality. Therefore, in the new era, in order to prohibit sexual harassment, we need to improve the awareness of human rights in the whole society, further improve the relevant laws and enforcement mechanism, and promote the new development of social civilization and progress.

Keywords: The Prohibition of Sexual Harassment; Women's Rights and Interests; Gender Equality; Legal System

B. 14   The Safeguard of the Minors' Cyber Security   *Pan Jun* / 230

Abstract: Governing the cyberspace is just a way to perform sovereignty of cyberspace and administer safety of cyberspace, not to go against its independent spirit. The cyber security of the Minors has already become an important issue of worldwide cyberspace governance. The government of China pays a high value on it and improve the minors' sense of cyber security, protect their internet surfing environment through safety education, information control, Humiao and Jingwang action. It also provides regulation through sessions of law. At the same time, the family, the school and the internet enterprises play different roles in the protection for cyber security of the minors by family education, cyberspace courses and industry self-disciplining mechanism.

Keywords: The Minors; Cyber Security; Cyber Governance

B. 15   The Progress in the Development of School Security and the

Personal Safety of Juvenile   *Zhong Hui, Huang Zhouzheng* / 247

Abstract: In 2017, the government established the prominent position of school security in the public security and comprehensive maintenance of social security, clarified the general requirements of risk prevention and control of school security, improve the school security risk prevention system, the risk control mechanism, and the risk mitigation mechanisms of campus accidents. Strengthen relevant responsibility and safeguard mechanism. Whereas, the development of school security and the juvenile security guarantee in China are still facing some problems, including the imperfect legislation system for school security, favor safety facilities over safety conscious, the low participation of social forces.

Keywords: Development of School Security; Rights of Juvenile; Legal Guarantee

B. 16   New Progress in Inclusive Employment of Persons with

Disabilities   *Gong Yan, Xu Yanxia* / 268

Abstract: Inclusive employment of persons with disabilities is of great significance to promote persons with disabilities to participate and integrate into the society and realize equal rights. In 2016, the state council issued *the Project Outline of "the Thirteenth Five Year Plan" on Accelerating the Well-off Process of Persons with Disabilities*, since then, our inclusive employment has obtained greater progress through perfecting legal and policy support system, enhancing the practice activities, training professional service personnel, as well as carrying out exchanges of experience activities and professional research. However, inclusive employment in our country is still in its infancy, and faces many challenges, it is necessary to perfect the legal system of inclusive employment, and make the government to play the leading role in promoting inclusive employment. Meanwhile, it is of great help to strengthen the construction of professional team and the cooperation of social organizations, setup the support mechanism to help the employers to employ persons with disabilities and popularize the concept of human rights to promote the development of inclusive employment.

Keywords: Persons with Disabilities; Inclusive Employment; Human Rights Protection; Supported Employment

B. 17　Progress in Guaranteeing the Right to Education of Persons with Disabilities during Compulsory Education　　*Liu Pu* / 286

Abstract: The degree of protection of the rights of persons with disabilities in education is an important indicator of the human rights situation in a country. Since 2012, the state has attached great importance to education for the handicapped, increased its guarantee and implemented safeguards. The rapid development of education for the handicapped, the enrollment rate of compulsory education increased significantly, the popularization level of compulsory education increased, the proportion of integrated education increased, and the number of special-education teachers has grown. However, the development of compulsory education for the disabled is not balanced, the quality of education is not high, and the development of non-compulsory education is slow. Improve the legal system of education, strengthen education supervision and evaluation, improve the quality of compulsory education, expand the scale of non-compulsory education is the focus of work in the future.

Keywords: the Disabled; the Right to Education; Protection System

B. 18　Analysis Report on China's Human Rights Related Legislation in 2017　　*Ban Wenzhan* / 312

Abstract: China continuously made obvious progress in its human rights

related legislation in 2017. Dozens of laws or regulations directly relevant to human rights were adopted or amended, and a series of legal schemes having effects on human rights were established or improved. The legal protection of individual's rights to life, human dignity, personal liberty, privacy, religious belief, health, adequate standards of living, cultural life, property, environment and effective remedies, as well as the rights to rehabilitation services and education of the persons with disabilities were further strengthened.

Keywords: Human Rights; Legislation; Law; Regulation

B. 19　The Development of China's International Cooperation and Exchanges in Human Rights Field in 2017　*Luo Yanhua* / 333

Abstract: In 2017, China made new breakthroughs in international human rights cooperation and exchanges, mainly manifested in the following: China's ideas of "Building a Community with a Shared Future for Mankind" and "Development Promoting Human Rights" were written into the resolutions of the UN Human Rights Council and became the important contents of international human rights discourse; China set up a new high-end exchange platform for the developing countries through sponsoring the "First South-South Human Rights Forum". As for the regular multilateral and bilateral cooperation and exchanges, China still participates actively and plays a constructive role, appealing to enhance and improve global human rights governance in order to build a just and reasonable international human rights system. Meanwhile, the international exchange activities in non-official level are very active and show some new forms and characteristics.

Keywords: China; Human Rights; International Cooperation; International Exchanges

B. 20　BRICS Common Consensus on Human Rights Foreign

Policies Contribute to the Developments to International

Human Rights Affairs　　　　　　　　*Fan Jizeng* / 354

Abstract: With the deepen Cooperation going on, BRICS has been transforming from a economic transnational organization into a more comprehensive cooperation in many fields. Promotion and protection of human rights steps into a very crucial factor for deepening the cooperation within BRICS states, getting alone with other international organizations and an important consideration that the lead should take into. Though the various cultural traditions and political difference among them, the common non-western political culture and reality in developing states ground their common consensus, more or less, on the discourse of human rights, which has given a very influencial impacts on the global human rights policy-making. The essay demonstrates and clarifies how BRICS concensus on human rights based on the Declarations agreed during BRICS Summit meeting and specific common policies related to human rights promotion from the ministerial annual meetings from 2009 to 2017 bring some new developments on global human rights in recent years.

Keywords: Concensus on Human Rights; International Order; the Right to Development; BRICS; Social Rights.

B. 21　Chinese Police Education and Training on Human Rights and

the Rule of Law　　　　　　　　*Hua Guoyu* / 374

Abstract: Protection of human rights should be regarded as the ultimate goal of police enforcement, and no human rights violations are allowed in police enforcement for any reason. Therefore, the police should accept education and training on human rights and the rule of law to enhance the awareness and skills of guaranteeing human rights. At present, the Chinese police have made some

achievements in education on human rights and the rule of law through college education and on-the-job training programs. However, the current situation of police human rights education is still unsatisfactory and needs to be improved in different aspects.

Keywords: Police; Human Rights and the Rule of Law; Value Concept; Education and Training

Ⅲ   Research Reports and Case Studys

B. 22   Investigation Report on Anti-Poverty of Cliff Villages

Yang Zhiyong, *Cao Shu* / 390

Abstract: After "Cliff Village" was reported by the media in May, 2016, it has aroused strong concern from the relevant departments and the general public. "Cliff Village", as a typical epitome of natural living environment in mountainous areas in our country, has gained great attention in the anti-poverty work. The relevant departments have taken measures to improve transportation, relocate places, support projects and develop education. A series of measures has improved living conditions and helped them to develop the economy, which have effectively guaranteed the local villagers' rights to subsistence and development as well as other basic rights. Although significant progress has been made, some practical problems are being faced with. In the anti-poverty process, it is suggested to carry out precise measures for cliff villages from the following aspects: strengthening the implementation and supervision of relevant laws and policies, balancing education, remaining and adjusting accurate measures to be implemented continuously.

Keywords: Cliff Village; Anti-Poverty; Right to Subsistence; Right to Development

Abstract: All previous Chinese governments have attached great importance to the ecological protection of the Sanjiangyuan and the protection and improvement of the livelihood of the local Tibetan people. Since the implementation of the project of ecological reserve in 2005, the Sanjiangyuan Tibetan area has implemented Returning Grazing Land to Grassland, Sanjiangyuan Ecological Protection Comprehensive Experimental Zone, China Sanjiangyuan National Park and other major projects. Both the ecological, residents' production and living environment have been significantly improved. However, in the process of the construction of the early ecological protection, due to natural conditions, financial guarantee and policies and regulations and other factors, the reserve has the tendency of attaching importance to ecological protection and neglecting the livelihood guarantee. Based on the investigation of the protection and improvement measures of its right to subsistence, education, labor, health, housing and travel rights, this paper analyzes its achievements, problems and prospects and gives a brief overview.

Keywords: Sanjiangyuan Tibetan Area; Livelihood; Rights Guarantee

Abstract: The establishment of a standardized "Chest Pain Centre" system has been providing timely diagnosis and treatment of Cardiovascular disease since 2015, opening a "life channel" for patients and residents in Tianjin. In 2017, there are a total of 23 Chest Pain Centers in Tianjin, including the chest pain center of the Chest Hospital, significantly promoted the effectiveness of cardiovascular disease diagnosis and

treatment with the improvement of professional teams, treatment linkages, treatment procedures, and the availability of local-level medical services. Residents' right to medical care has been greatly improved with the construction of Chest Pain Center system.

Keywords: Chest Pain Center; Medical Right; Medical Service; Tianjin Model

B. 25　The Progress of Judicial Protection on Human Rights:
　　　　Evidence from 346 People's Courts' Decisions on State
　　　　Compensation　　　　　　　*Zhao Shukun, Zhang Baifa* / 452

Abstract: 346 People's Courts' Decisions on State Compensation show the progress in terms of the remedy of right to request state compensation in criminal cases. There is a need to keep promoting right to request state compensation in the future. The following points need to be emphasized: to ensure lawyers' full participation in the procedure of criminal judicial compensation; to refine the system of compensation for emotional damages; to implement and innovate system of negotiation and reconciliation; to promote citizens' legal awareness and legal skills.

Keywords: Time Limits for Case Hearing and Execution; Lawyers; Compensation for Emotional Damages; Reconciliation

Ⅳ　Appendices

B. 26　Chronicle of Human Rights in China in 2017　　*Xu Yao* / 472

B. 27　The Law and Regulations Enacted, Amended and Modified in
　　　　2017 that Directly Related to Human Rights

Ban Wenzhan / 502

❖ 皮书起源 ❖

"皮书"起源于十七、十八世纪的英国，主要指官方或社会组织正式发表的重要文件或报告，多以"白皮书"命名。在中国，"皮书"这一概念被社会广泛接受，并被成功运作、发展成为一种全新的出版形态，则源于中国社会科学院社会科学文献出版社。

❖ 皮书定义 ❖

皮书是对中国与世界发展状况和热点问题进行年度监测，以专业的角度、专家的视野和实证研究方法，针对某一领域或区域现状与发展态势展开分析和预测，具备原创性、实证性、专业性、连续性、前沿性、时效性等特点的公开出版物，由一系列权威研究报告组成。

❖ 皮书作者 ❖

皮书系列的作者以中国社会科学院、著名高校、地方社会科学院的研究人员为主，多为国内一流研究机构的权威专家学者，他们的看法和观点代表了学界对中国与世界的现实和未来最高水平的解读与分析。

❖ 皮书荣誉 ❖

皮书系列已成为社会科学文献出版社的著名图书品牌和中国社会科学院的知名学术品牌。2016年，皮书系列正式列入"十三五"国家重点出版规划项目；2013~2018年，重点皮书列入中国社会科学院承担的国家哲学社会科学创新工程项目；2018年，59种院外皮书使用"中国社会科学院创新工程学术出版项目"标识。

中国皮书网

（网址：www.pishu.cn）

发布皮书研创资讯，传播皮书精彩内容
引领皮书出版潮流，打造皮书服务平台

栏目设置

关于皮书：何谓皮书、皮书分类、皮书大事记、皮书荣誉、
　　　　　皮书出版第一人、皮书编辑部

最新资讯：通知公告、新闻动态、媒体聚焦、网站专题、视频直播、下载专区

皮书研创：皮书规范、皮书选题、皮书出版、皮书研究、研创团队

皮书评奖评价：指标体系、皮书评价、皮书评奖

互动专区：皮书说、社科数托邦、皮书微博、留言板

所获荣誉

2008 年、2011 年，中国皮书网均在全
国新闻出版业网站荣誉评选中获得"最具
商业价值网站"称号；

2012 年，获得"出版业网站百强"称号。

网库合一

2014 年，中国皮书网与皮书数据库端
口合一，实现资源共享。

权威报告·一手数据·特色资源

皮书数据库
ANNUAL REPORT(YEARBOOK)
DATABASE

当代中国经济与社会发展高端智库平台

所获荣誉

- 2016年，入选"'十三五'国家重点电子出版物出版规划骨干工程"
- 2015年，荣获"搜索中国正能量 点赞2015" "创新中国科技创新奖"
- 2013年，荣获"中国出版政府奖·网络出版物奖"提名奖
- 连续多年荣获中国数字出版博览会"数字出版·优秀品牌"奖

成为会员

通过网址www.pishu.com.cn访问皮书数据库网站或下载皮书数据库APP，进行手机号码验证或邮箱验证即可成为皮书数据库会员。

会员福利

- 使用手机号码首次注册的会员，账号自动充值100元体验金，可直接购买和查看数据库内容（仅限PC端）。
- 已注册用户购书后可免费赠送100元皮书数据库充值卡。刮开充值卡涂层获取充值密码，登录并进入"会员中心"—"在线充值"—"充值卡充值"，充值成功后即可购买和查看数据库内容（仅限PC端）。
- 会员福利最终解释权归社会科学文献出版社所有。

数据库服务热线：400-008-6695
数据库服务QQ：2475522410
数据库服务邮箱：database@ssap.cn
图书销售热线：010-59367070/7028
图书服务QQ：1265056568
图书服务邮箱：duzhe@ssap.cn

中国社会发展数据库（下设 12 个子库）

　　全面整合国内外中国社会发展研究成果，汇聚独家统计数据、深度分析报告，涉及社会、人口、政治、教育、法律等 12 个领域，为了解中国社会发展动态、跟踪社会核心热点、分析社会发展趋势提供一站式资源搜索和数据分析与挖掘服务。

中国经济发展数据库（下设 12 个子库）

　　基于"皮书系列"中涉及中国经济发展的研究资料构建，内容涵盖宏观经济、农业经济、工业经济、产业经济等 12 个重点经济领域，为实时掌控经济运行态势、把握经济发展规律、洞察经济形势、进行经济决策提供参考和依据。

中国行业发展数据库（下设 17 个子库）

　　以中国国民经济行业分类为依据，覆盖金融业、旅游、医疗卫生、交通运输、能源矿产等 100 多个行业，跟踪分析国民经济相关行业市场运行状况和政策导向，汇集行业发展前沿资讯，为投资、从业及各种经济决策提供理论基础和实践指导。

中国区域发展数据库（下设 6 个子库）

　　对中国特定区域内的经济、社会、文化等领域现状与发展情况进行深度分析和预测，研究层级至县及县以下行政区，涉及地区、区域经济体、城市、农村等不同维度。为地方经济社会宏观态势研究、发展经验研究、案例分析提供数据服务。

中国文化传媒数据库（下设 18 个子库）

　　汇聚文化传媒领域专家观点、热点资讯，梳理国内外中国文化发展相关学术研究成果、一手统计数据，涵盖文化产业、新闻传播、电影娱乐、文学艺术、群众文化等 18 个重点研究领域。为文化传媒研究提供相关数据、研究报告和综合分析服务。

世界经济与国际关系数据库（下设 6 个子库）

　　立足"皮书系列"世界经济、国际关系相关学术资源，整合世界经济、国际政治、世界文化与科技、全球性问题、国际组织与国际法、区域研究 6 大领域研究成果，为世界经济与国际关系研究提供全方位数据分析，为决策和形势研判提供参考。

法律声明

"皮书系列"（含蓝皮书、绿皮书、黄皮书）之品牌由社会科学文献出版社最早使用并持续至今，现已被中国图书市场所熟知。"皮书系列"的相关商标已在中华人民共和国国家工商行政管理总局商标局注册，如LOGO（ ）、皮书、Pishu、经济蓝皮书、社会蓝皮书等。"皮书系列"图书的注册商标专用权及封面设计、版式设计的著作权均为社会科学文献出版社所有。未经社会科学文献出版社书面授权许可，任何使用与"皮书系列"图书注册商标、封面设计、版式设计相同或者近似的文字、图形或其组合的行为均系侵权行为。

经作者授权，本书的专有出版权及信息网络传播权等为社会科学文献出版社享有。未经社会科学文献出版社书面授权许可，任何就本书内容的复制、发行或以数字形式进行网络传播的行为均系侵权行为。

社会科学文献出版社将通过法律途径追究上述侵权行为的法律责任，维护自身合法权益。

欢迎社会各界人士对侵犯社会科学文献出版社上述权利的侵权行为进行举报。电话：010-59367121，电子邮箱：fawubu@ssap.cn。

社会科学文献出版社